Commodity Science and Technology

제2판

상품학

유인선 전순환 김경진 김 영 이성희 조부연
한상린 문 찬 임승희 배일현 임명재 김태경

Commodity Science and Technology

도서출판
청람

■ 개정판 머리말 ■

석기시대의 부족국가는 '돌'이 부족해서 망한 것이 아니라 '청동기'라는 새로운 패러다임의 출현에 대응이 미흡해서 망했을 것이다. 최근의 4차 산업혁명이란 이슈도 마찬가지로 새로운 패러다임 시프트로 볼 수 있다. 게다가 4차 산업혁명은 '이미 현실이 된 미래'라고 언급되어지고 있다. 유통분야 사례를 하나 들어보면, 식료품과 생필품이 가득 든 장바구니를 들고 계산대 앞에서 길게 줄을 서는 풍경은 곧 사라질 것 같다. 아마존이 계산대 없이 장을 보고 결제할 수 있는 '아마존고'라는 핵심기술을 공개하고 시범매장을 운영하고 있다. RFID 태그 대신에 요즘 뜨는 IoT센서, 컴퓨터 비전, 인공지능(AI)과 자율주행기술 등을 활용해 아마존 ID로 입장해서 구매목록을 확인하고 앱에 등록된 결제수단으로 비용을 결제한다. 국내에서도 최근 마트에서 계산대를 없애려는 다양한 시도가 진행 중인데, 손님은 물건만 담아나가면 끝난다. 또한 아마존고 창고에서는 AI가 자동으로 재고수준을 파악하여 주문을 넣고 로봇이 역시 자동으로 진열한다. 같은 규모의 전통적인 매장에서는 90명의 인력이 담당하던 업무를 단 6명이면 충분히 실행할 수 있다고 한다. 일자리가 줄어드는 우려의 목소리도 있으나, 아마존고는 확실히 경쟁유통사에 비해 압도적인 경쟁력을 보일 것으로 전망되어 대표적인 유통분야의 4차 산업혁명으로 볼 수 있다.

4차 산업혁명이 본격화하면서 기존 제조업과 정보통신(ICT) 융합이 미래 국가경쟁력의 핵심으로 떠올랐다. 위기에 빠진 제조업에 CPS, 로봇, 인공지능(AI), 사물인터넷(IoT), 빅데이터 등을 결합해 산업구조 고도화와 새로운 도약의 발판을 마련해야 한다는 분석이다. 이와 같은 4차 산업혁명을 뒷받침하는 기술들이 모든 사업에 걸쳐 기업들에게 거대한 충격을 주고 있다. 혁신기업들은 디지털 플랫폼을 통해 리서치, 개발, 마케팅, 판매, 유통 등에 접근할 수 있으므로 현재 시장을 점유하고 있는 기업을 제치는 것이 가능한 시대가 왔다고 한다. 따라서 이러한 모든 것이 (사)한국상품학회의 모든 역량을 모아서 4차 산업혁명 이슈에 대처해야 할 사항인 것이다. (사)한국상품학회는 브랜드/마케팅, 생산/서비스, 디자인, 국제통상, 관광/이벤트 분과 등으로 융합된 전문가 집단으로 4차 산업혁명의 이슈들을 종합적으로 연구할 수 있는 독특하고 특별한 학회이다.

(사)한국상품학회는 2011년 출간한 상품학 교과서를 시대상황에 맞게 개정판을 준비하게 되었다. 본서를 기획하는 과정에서 여러 가지로 자문을 해주신 안태호 명예회장님, 김동기 명예회장님 그리고 윤동한 고문님께 깊이 감사드린다. 본 개정판 출판을 격려해주신 이용학 16대 IGWT 회장님과 두 차례의 개정회의를 기획부터 수고해주신 김태경 교수님을 비롯하여 나준희, 배일현, 임승희, 전순환, 문찬 교수님께 심심한 사의를 표한다. 아울러 기꺼이 집필에 참여해주신 여러 교수님들께 감사드리고, 다소 미흡한 점과 개선사항은 이동일 교수님께 넘긴다. 흔쾌히 또 다시 출판을 맡아주신 도서출판 청람의 이수영 사장님과 좋은 책을 만들기 위해 수고해주신 편집부 여러분께도 감사의 말씀을 드린다.

2018년 1월

(사)한국상품학회 회장 유인선

■ 머리말 ■

우리나라의 상품학은 주로 독일과 오스트리아 영향을 받아 연구되었는데 본격적인 연구는 1982년 한국상품학회가 설립되면서부터이다. 초기에는 주로 마케팅과 무역을 전공하는 교수 중심으로 마케팅 접근방법으로 연구되었으나 최근에는 상품학을 종합과학으로 간주하여 여러 학문들 간의 학제 간 연구로 이루어지고 있다.

현재 (사)한국상품학회는 마케팅분과를 비롯하여 생산분과, 디자인분과, 무역통상분과, 관광 · 이벤트분과, 환경분과 등 6개 분과에 관련 학자 및 산업계 임원 600여 명이 회원으로 가입되어 있으며, 연 2~3회 춘추계 학술발표회를 개최하고 있다. 연구 결과는 연 6회 격월간으로 발행하는 「상품학연구」에 게재하여 발표하고 있는데 연간 발표논문은 80여 편에 이를 정도로 활발하다.

또한 (사)한국상품학회는 유럽 및 아시아 20개국의 상품학회가 연합된 국제상품학회(IGWT-International Society of Commodity Science and Technology)의 일원으로 긴밀하게 국제학술교류를 하고 있으며, 제7차(1987년) 및 제16차(2008년) 국제상품학회 심포지엄을 우리나라에서 개최하는 등 국제적 위상이 매우 높다.

이러함에도 불구하고 학회가 설립된 지 30년에 이르기까지 '상품학'에 대한 기본 텍스트북을 발간한 바 없다. 늦은 감이 있지만 이제 여러 교수님들의 적극적인 참여로 이 책을 출간하게 됨을 기쁘게 생각한다. 이 책을 통해서 많은 대학에서 상품학 강의가 확대되길 바라며, 상품을 취급하고 있는 일선 산업계에도 실무향상에 큰 도움이 되기를 기대한다.

본서는 모두 3부 14장으로 구성되어 있다. 제1부는 '상품학의 전반적 이해'로 상품 및 상품학 개념과 상품분류를 다루었다. 제2부는 '상품의 개발 및 관리'로 신상품개발을 비롯하여 경쟁적 포지셔닝, 상품생산과 MIS, 상품의 품질, 가격 및 유통, 판촉관리, 상품과 디자인, 브랜드관리, 명품브랜드 등을 다루었다. 제3부는 '상품학의 확장'으로 서비스상품 및 문화콘텐츠상품, 관광 및 이벤트상품, 유비쿼터스시대의 디지털상품 등 미래지향적인 상품분야를 다루었다.

본서를 기획하는 과정에서 여러 가지로 자문을 해주신 안태호 명예회장님과 김동기 고문님께 깊이 감사드린다. 본서 출판을 격려해주신 이용학 IGWT 회장님과 처음 기획부터 수고해주신 이민상 교수님을 비롯하여 나준희, 이동일, 배일현 교수님께 심심한 사의를 표한다. 아울러 기꺼이 집필에 참여해주신 여러 교수님들께 감사드리며, 다소 서둘러 출판하느라 충분한 집필시간을 드리지 못한 점을 아쉽게 생각하며, 차기 학회장이신 김종순 교수님께 이를 보완해주시길 다음 과제로 부탁드린다.

산업계에 종사하는 사람으로서 전통 있는 학회의 학회장을 맡아 제대로 역할을 하지 못한 점을 이 책의 출간으로 다소간 메꿀 수 있게 되기를 바라며, 쾌히 출판을 맡아주신 도서출판 청람의 이수영 사장님과 좋은 책을 만들기 위해 수고해주신 편집부 여러분께도 감사의 말씀을 드린다.

2011년 5월

(사)한국상품학회 회장 윤동한

■ 상품학 발간에 즈음하여 ■

그동안 사회에서 고대하였던 '상품학'에 대한 전문서적이 우리 학회에서 빛을 보게 되었습니다. 대단히 반가운 일이 아닐 수 없습니다.

특히, 집필하신 교수님들에게 노고를 치하하지 않을 수 없습니다.

물론 과거 대학교재로서 여러 권의 상품학에 대한 서적이 있었지만, 그 대부분이 폐간되거나 아니면 그 내용이 현실에 맞지 않아 외면을 당해 온 것이 사실입니다. 이와 같은 현실에 당면해서 한국상품학회가 학계와 업계의 요청을 받아들여 금번 발간을 하게 되었습니다.

구성의 목차를 3부로 나누어 1부는 상품학에 대한 전반적 이해, 2부는 상품의 개발 및 관리, 3부는 상품학의 확장(광의의 상품) 등 세 부분으로, 누구나 이해하기 쉽도록 설명하고 있습니다.

상품을 떠난 우리들의 소비생활은 있을 수 없습니다. 따라서 상품학은 바로 소비자 모두의 지식이기도 하며 또한 상식화가 되어야만 합니다.

이런 측면에서 상품은 반드시 두 가지 기능을 지닐 필요가 있다고 봅니다.

그 첫째는 상품의 구체적 진실성인 상품 고유기능이며, 둘째는 객체적 현실성인 상품의 시장성입니다. 이 두 가지 기능이 합치되는 데서만 시장성상품으로서 보장되기 마련입니다.

마케팅이 지향하는 목표가 '양질염가'에 있다고 본다면 상품은 어디까지나 '시장성'을 떠날 수 없습니다. 즉, 시장은 상품의 거울입니다.

그러므로 상품학의 구성도 자연과학적인 측면에서만 치중할 일이 아니라, 오히려 사회과학적인 측면에 무게를 두어야 하는 것이 오늘날 상품학의 현실로 봅니다. 즉, 소비자가 보는 상품 또는 시장이 바라보는 상품이 되어야 한다는 것입니다.

이번에 본 학회에서 출판하게 된 '상품학'은 이 두 가지 측면을 모두 수용한 것으로 평가됩니다. 여러분의 많은 애독을 바라는 바입니다.

2011년 5월

한국상품학회 명예회장

안태호 드림

■ 추천사 ■

한국상품학회에서 『상품학』을 발간하게 되어 전임 상품학회장의 한 사람으로서 진심으로 축하드립니다.

상품학은 생산 · 유통 · 소비와 모두 관련이 있기 때문에 생산상품학 · 유통상품학 · 소비상품학으로 분류되기도 하지만 유비쿼터스시대인 요즘엔 상품 자체가 아날로그상품에서 디지털상품으로 옮겨가고 있어 '통합상품학' 또는 '융합상품학' 쪽으로 옮겨가고 있습니다.

뿐만 아니라 서비스나 문화콘텐츠와 같은 무형재와 관광 · 이벤트(event)와 같은 특수상품이 각광을 받고 있습니다.

이 책은 바로 이와 같은 새로운 시대적 조류를 반영한 새로운 '상품학'으로서 높은 평가를 받게 될 것입니다.

디지털시대로 진입한 현대는 정태적인 고객만족시대에서 동태적인 고객감동시대로 진입하여 고객열광, 고객성공, 고객행복을 지향하는 시대로 바뀌고 있습니다.

이 책은 고객을 왕이 아니라 神으로 모셔야 하는 시대적 요청을 반영한 상품학으로서 손색이 없습니다.

이 책의 발간을 기획하고 추친한 윤동한 직전회장(한국콜마(주)대표이사 · 회장)의 물심양면에 걸친 지원이 없었으면 이 책은 세상에 나오지 못했을 것입니다. 감사드립니다.

각 장별로 집필을 맡아주신 필진은 우리나라의 중견학자들로서 각 분야의 전문가들입니다. 집필자 여러분들의 노고에 대하여 경의를 표합니다.

IT와 생산 · 물류 · 판매가 융합되고 있는 요즈음 이 책은 상품학을 공부하려는 분들에게 좋은 길잡이가 될 것으로 확신합니다.

2011년 5월

고려대학교 석좌교수

대한민국학술원 회원

김동기

■ 차 례 ■

PART 01 | 상품학의 전반적 이해

[CHAPTER 01] 상품학 개념의 이해

[CHAPTER 02] 상품의 구성과 유형

PART 01

상품학의 전반적 이해

CHAPTER 01

상품학 개념의 이해

COMMODITY SCIENCE AND TECHNOLOGY

제16차 국제상품학회(IGWT) 심포지엄 한국에서 개최

제16차 국제상품학회 심포지엄이 2008년 8월 16일부터 22까지 5박 6일간 수원대학교 및 라비돌 리조트에서 300여 명의 국내외 학자들이 참석한 가운데 성황리에 개최되었다. 우리나라에서는 1989년 7차 심포지엄을 서울에서 개최한 이래 두 번째이다.

국제상품학회(IGWT)는 오스트리아를 비롯한 유럽 17개국 상품학회와 아시아 한, 중, 일 등 20개국의 상품학회가 연합된 세계적인 상품연구기관으로 2년에 한 번씩 회원국을 돌아가며 상품에 관한 국제심포지엄을 개최하고 있다. 본부는 오스트리아 비엔나에 있는 Vienna University of Economics and Business Administration에 있다.

제16차 IGWT 심포지엄 개막식 장면(2008. 8. 18), 수원대학교 벨칸토아트센터

3일간 상품의 생산 및 유통, 소비에 관련된 논문발표와 열띤 토론이 있었으며, 우리나라 상품의 우수성을 해외학자들에게 알리기 위해 현대자동차 아산공장과 LG핸드폰 평택공장을 산업 시찰하였다. 아울러 상품비교를 위해 롯데백화점 본점도 방문하였다.

또한 외국 상품학자들에게 우리나라의 고유문화를 알리는 것도 상품홍보 못지않게 중요한 것으로 여겨져 각종 문화행사와 고궁을 탐방하였다. 전통 국악공연을 관람하고, 세계적으로 널리 알려진 '난타'를 초청 공연하였다. 용산 국립박물관도 관람하였으며, 유네스코 세계문화유산으로 등재된 창경궁도 탐방하였다.

많은 상품학자들로부터 심포지엄 참가를 통해 한국의 문화와 산업을 이해하는 데 큰 도움과 감동을 받았다는 찬사를 들었다. 본 행사는 한국상품학회가 주관하였으며, 학회장 이용학 교수(수원대)는 정기총회에서 제16대 국제상품학회(IGWT) 회장으로 선출되었다. 성공적인 국제심포지엄 개최는 우리나라의 위상을 한층 올리는 계기가 되었다.

제1절 상품학의 중요성

세계 여러 나라를 여행하다보면 아직도 한국(Korea)을 잘 모르는 사람들이 많지만, '삼성, LG, 현대' 하면 잘 안다. 그들은 각종 광고를 통해서 그리고 현대자동차, 삼성전자, LG전자 제품들을 통해서 평소에 이들을 친숙하게 대해 왔기 때문에 한국보다 더 잘 알고 있는 것이다. 상품이 곧 그 나라 국력을 상징한다.

지난 10년 세계시장에서 한국 상품의 위상이 크게 달라졌다. 이제 갤럭시S와 같은 한국 상품은 선진 시장 주요 매장의 앞자리를 차지하며 글로벌 대표 상품으로 자리잡고 있다. 산업통상자원부는 대한무역투자진흥공사와 함께 매년 연말 세계일류상품을 선정 공고한다. 세계일류상품은 수출품목을 다양화하고 한국의 대표 수출상품을 육성하기 위해 2001년부터 추진하는 사입으로써 세계시장 점유율 5위 이내에 들면서 5% 이상인 제품 중에서 세계 시장 규모가 연간 5천만 달러 이상, 수출이 연간 500만 달러 이상이어야 하는 까다로운 신청조건을 만족해야 한다. 2016년에도 29개 상품, 29개 기업을 현재 일류상품 및 생산기업으로 신규 선정하였고, 64개 상품, 66개 기업을 차세대 일류상품 및 생산기업으로 신규 선정하였다. 그리고 기선정된 일류상품에 대한 생산기업을 8개 추가하였고, 차세대 일류상품에서 현재 일류상품으로 5개 상품, 5개 기업을 승격하였다. 그래서 현재 일류상품 자격을 유지하는 것은 502개 상품, 576개 기업이고, 차세대 일류상품 자격을 유지하는 것은 237개 상품, 248개 기업이다. 다음의 [표 1-1]과 [그림 1-1]은 각각 연도별 세계일류상품 지정현황과 세계일류상품 로고이다.

| 표 1-1 | 연도별 세계일류상품 지정현황

2011년	2012년	2013년	2014년	2015년	2016년
591개	634개	639개	661개	680개	739개

오늘날 자본주의 경제에서 소비자들은 자신들이 필요한 제품들을 대부분 시장에서 교환과정을 통해 구매한다. 교환(exchange)이란 어떤 사람에게 그들이 필요한 것을 주고 그 대가로 자신이 원하는 것을 얻는 행동을 말한다. 교환당사자들이 교환조건에 합의해야만 실제 교환이 이루어진다. 교환과정을 통해 거래되어질 제품은 그것이 눈에 보이는 유형재이든,

그림 1-1 ▸▸ 세계일류상품 로고

주) 세계일류상품은 현재 상품에 적용되는 'Red' 인증마크와 차세대상품에 적용되는 'Blue' 인증마크로 구분하여 적용한다.

서비스와 같이 눈에 보이지 않는 무형재이든 모두 상품(commodity, merchandise)이 된다.

의 · 식 · 주 생활에 꼭 필요한 필수품을 비롯하여 사치품에 이르기까지 상품은 매우 다양해졌으며 이러한 것들 없이는 하루도 살 수 없는 시대가 되었다. 우리나라 온라인 쇼핑몰인 옥션은 가전제품을 비롯하여 컴퓨터, 패션, 식품 등 3천만 개 상품을 취급하는 것으로 나타났다. 금융, 보험, 레저, 관광 등 서비스상품까지 생각하면 우리는 현재 상품의 홍수 속에 살고 있다.

소비자들은 상품을 통해 삶의 질을 향상시키려고 노력한다. 예컨대, 자동차나 컴퓨터, 스마트폰, 냉장고, 유기농식품, 문화상품 등이 이에 해당된다. 또한 소비자들은 상품을 통해 자신의 이미지나 개성을 나타내려고 한다. 예컨대, 패션의류, 명품, 액세서리 등이 이에 해당된다. 그러나 소비자들이 상품에 대한 충분한 지식이나 정보가 없다면 수많은 상품 가운데 그들이 필요한 제품을 어떻게 효율적으로 구매할 수 있겠는가?

제품을 생산하는 기업 입장에서도 제품을 제대로 모르면 팔릴 수 있는 것을 만들 수 없다. 수많은 경쟁제품들이 쏟아져 나오고 있으며 제품수명주기(product life cycle)는 날로 단축되고 있다. 구매자 욕구(needs)가 무엇인지를 정확히 파악하는 것이 급선무이다. 욕구에 맞추어 제품 디자인을 하고 이에 맞는 원료나 재료를 확보하여 품질관리를 잘하려면 상품에 대한 충분한 지식과 정보를 갖춰야 한다.

기업이 생산한 제품이 소비자에게 진달되기까지에는 수많은 유통업자들의 손을 거치게 된다. 도 · 소매업자를 비롯하여 운송, 창고업, 보험, 금융, 광고업에 이르기까지 매우 다양하다. 이들도 그들이 취급하는 상품을 효율적으로 다루기 위해서는 상품에 대한 전문적인 지식을 요한다. 예컨대, 상품위험을 담보로 하는 손해보험의 경우 요율산정을 위해서, 또한 금융업의 경우 상품담보융자를 할 때 상품감정 등을 위해서 상품지식이 필요함은 물론, 소매점의 경우 상품구색을 갖추고 판매강조점(selling point)을 파악하기 위해서 상품지식이 필요하다.

한 나라 국민의 생활수준은 상품이나 서비스의 사용수준에 의해 결정된다. 국민복지 향상을 위해 필요한 상품의 수급관계를 다루는 공공정책 담당자에게도 이러한 업무를 효율적으로 수행하려면 상품에 대한 지식을 요한다. 최근에는 한미 FTA를 비롯하여 여러 나라와 자유무역협정(Free Trade Agreement)을 통해 무역을 확대하고 있는데, 우리에게 유리한 협정을 위해서도 상품에 대한 전문적 지식은 필수적이다.

그동안 독일이나 일본의 수출상품들이 세계시장에서 호평을 받고 주도적 지위를 누려 왔다. 이에 대해 어떤 학자들은 독일이나 일본에서는 일찍부터 상품학 연구가 활발하게 이루어졌기 때문에 이러한 것들이 가능했던 것으로 풀이한다. 오늘날 수출상품이 그 나라의 국력을 상징할 정도로 비중이 커지고 있으며, 소비자는 물론 생산자인 기업, 유통업자, 공공기관 정책수립자들에게 상품에 대한 지식은 필수적이므로 우리나라도 앞으로는 더욱 더 상품학에 대한 연구가 활발히 전개되어야 할 것이다.

본서에서 다루고자 하는 상품학(Commodity Science and Technology, 이하 CST로 약칭함)은 인류가 보다 향상된 경제생활을 영위하기 위해 활용하는 재화와 서비스를 대상으로 연구하는 자연과학과 사회과학에 걸친 융합적인 통합과학이며, 인류복지생활의 향상을 위하여 각종 산업의 재화과 서비스를 상업적 견지에서 그 경제성을 연구하는 상품과학이다.

제2절 상품학의 정의

상품학(CST)이란 인류복지향상을 위해 시장경제에서 합법적인 교환과정을 통해 거래되는 재화와 서비스를 대상으로 연구하는 학문이다. 이러한 상품학의 정의에는 다음과 같은 다섯 가지 특징이 담겨 있다.

첫째, 상품학을 연구하는 목적은 사람들이 살아가는 데 없어서는 안될 각종 상품들을 연구함으로써 삶의 질(quality of life)을 향상시키고 인류복지증진에 기여하는 데 있다.

둘째, 상품은 시장경제에서 수요와 공급원리에 의해 교환이 이루어지기 때문에 계획경제에서 배급되어지는 제품은 상품에 포함되지 않는다. 당연히 교환과정 없이 얻어지는 제품, 예컨대 물이나 자급자족되는 것은 상품에서 제외되며, 일단 교환과정이 끝나 어느 개인의 소유가 된 제품은 더 이상 상품이 아니다.

셋째, 상품은 합법적인 교환과정을 통해 거래가 이루어져야지 불법적으로 이루어지는 거래, 예컨대 마약류나 판매 금지된 무기류, 동 · 식물류 등을 밀거래할 때 이러한 것들은 모두 상품에 포함되지 않는다.

넷째, 자유스런 교환과정을 통해 거래되는 것은 그것이 농산물이나 공산품과 같은 유형재로부터 눈에 보이지 않는 무형재, 예컨대 레저, 관광, 보험, 금융 등 모든 서비스 제품이 상품연구 대상에 포함된다.

그림 1-2 ▶▶ 종합과학으로서의 상품학

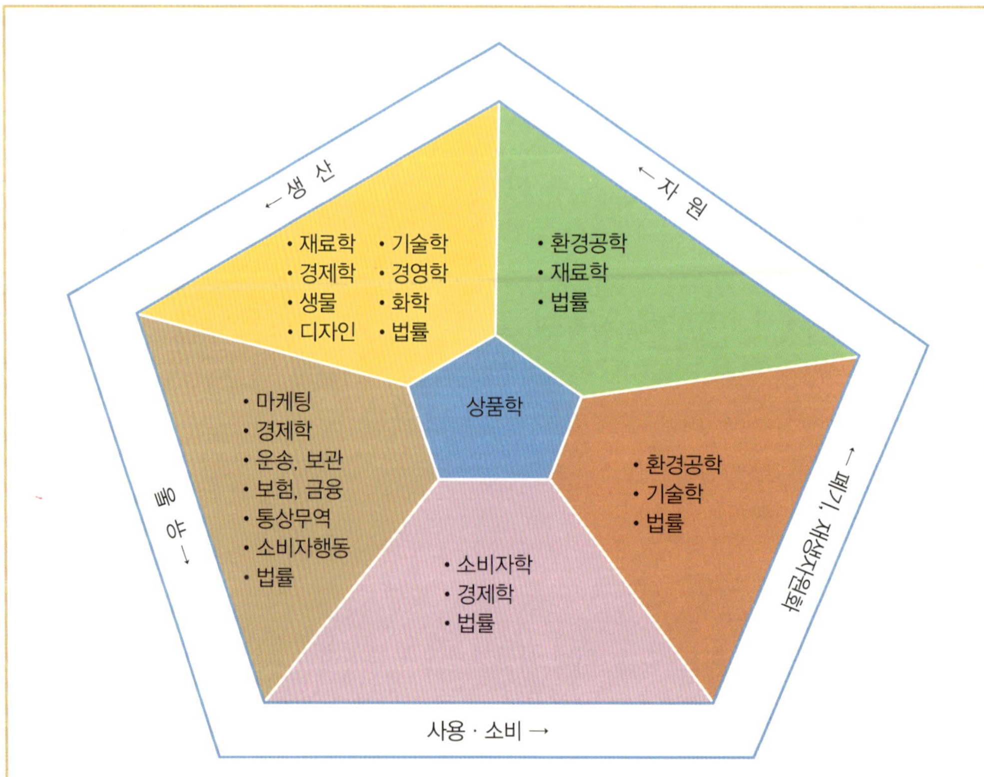

다섯째, 상품은 종합과학의 산물이다. 예를 들어 새로운 모델의 자동차가 탄생하여 소비자에게 전달되기까지에는 생산 → 유통 → 소비과정을 거친다. 이러한 과정을 잘 이해하기 위해서는 여러 가지 자연과학과 사회과학이 필요하다. [그림 1-2]에서 보는 바와 같이 경제학, 경영학, 국제통상학은 물론이고, 각 단계에 관련된 법률을 이해하기 위해서 법학이 필요하며, 생산단계에서 디자인, 공학, 재료학, 화학, 물리학 등이 필요하다. 또한 자동차와 환경이 밀접하므로 환경공학과 같은 학문의 도움도 받아야 한다. 이와 같이 상품학은 단독 학문이 아니고 상품에 관련된 여러 학문들과의 학제 간 연구(interdisciplinary study)를 통해 이루어지는 종합과학이다.

제3절 상품학의 발전과정

1. 유럽의 상품학 발전과정

상품학 연구는 주로 독일과 오스트리아를 중심으로 중세기 중상주의 시대를 배경으로 발전해 왔는데 시발점은 1675년에 프랑스인 사바리(J. Savary)에 의해 출판된『완전한 상인』으로 본다. 이 저술이야말로 오늘날의 경영학의 전신인 상업학에 관한 최초의 학술적인 문헌을 뜻하기 때문이다.

이 책은 크게 2부작으로 나누어져 있는데, 1부에서는 상업인의 여러 가지 규칙에 관하여 언급하면서 내 · 외국의 중요한 도량형과 상품규격, 특히 섬유제품을 실제 사례로 한 규격이나 색채를 설명하고 있다. 더 나아가 상업사용인이 해야 할 일 가운데서 상품의 포장법과 저장법 등을 서술하고 있다. 2부는 외국무역론으로 유럽 여러 나라와 해외식민지에 관한 상업사정, 무역사상 등을 기술하고 있다.

상품학을 최초로 학문적으로 체계화시키는 데 크게 기여한 학자는 독일인 루도비치(Ludovici)로 1756년에 완성한『상인사전(또는 상인대학)』이 있다. 상품학은 상인학 가운데서 첫 번째 영역으로 총론부분인 일반상품학과 각론부분인 특수상품학 두 가지로 나누었다. 일반상품학은 ① 분류, ② 생산, ③ 성질, ④ 감정, ⑤ 선정, ⑥ 가격, ⑦ 손상, ⑧ 저장, ⑨ 개량, ⑩ 장식, ⑪ 위조, ⑫ 용도 등으로 구성되었으며, 특수상품학은 ① 자연생산물, ② 기술생산물로 구분하였다.

독일은 17세기로부터 1970년대까지 상품학을 경영경제적 측면에서 활발하게 연구해오다가 1980년부터 미국의 경영학 및 마케팅에 영향을 받아 마케팅론적으로 연구함에 따라 상품학의 학문적 독자성을 상실했다. 따라서 오늘날의 독일은 상품학 연구가 제품마케팅으로 흡수되어 독자적 연구가 거의 이루어지지 않고 있다.

이에 반해 오스트리아에서는 상품을 자연과학적으로 연구해왔다. 즉, 18~19C세기 기술론(technology)적으로 상품을 연구하다가 1870~1940년까지 재료학적으로 연구하였다. 1945년부터 [그림 1-3]에서 보는 바와 같이 상품을 기술(자연과학)과 경제(사회과학)를 혼합한 종합과학적 접근법으로 연구하기 시작했다.

그림 1-3 ▸▸ 종합과학으로서의 상품과학 영역

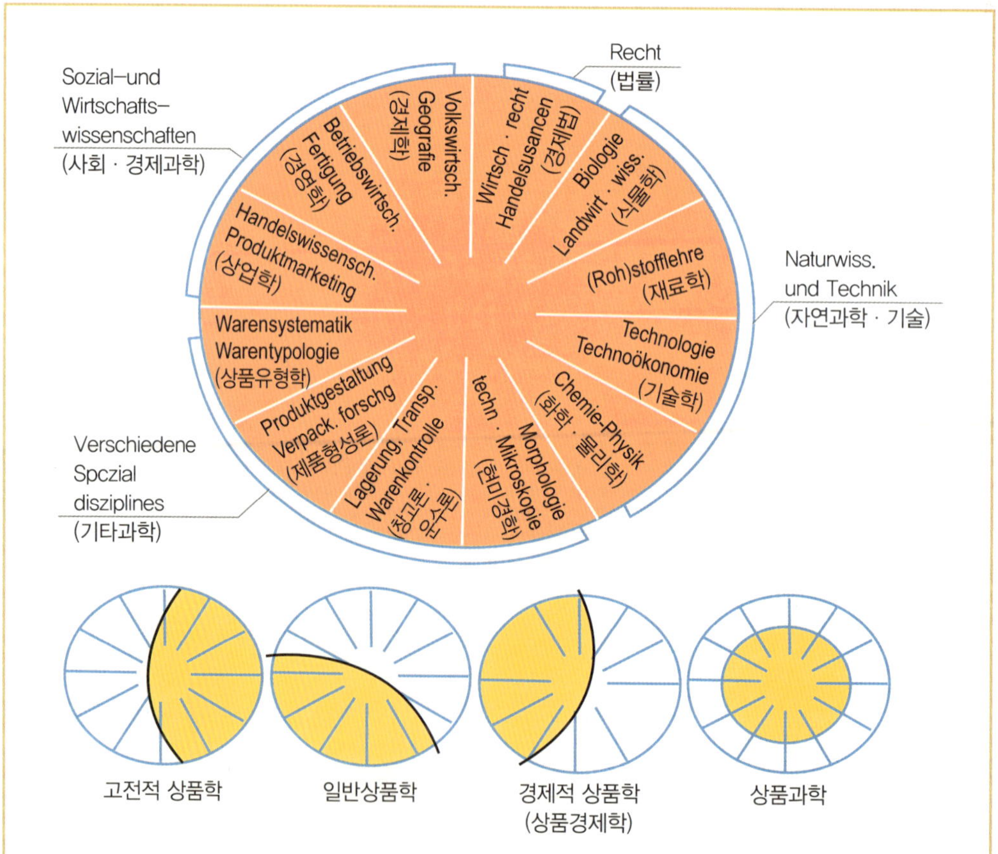

2. 한국의 상품학 발전과정

우리나라는 유럽의 상품학 영향을 받아 발전해 왔다. 1982년 한국상품학회가 설립되면서 주로 마케팅, 무역을 전공하는 교수들이 중심이 되어 연구했는데 초기에는 마케팅 위주로 연구가 이루어졌다. 그러나 오스트리아 학파를 중심으로 결성된 국제상품학회(IGWT: International Society of Commodity Science and Technology)의 일원으로 활동하면서 오스트리아에 영향을 받아 오늘날은 종합과학적으로 학제 간 연구가 이루어지고 있다.

현재 (사)한국상품학회는 브랜드/마케팅 분과를 비롯하여 생산/서비스 분과, 디자인 분과, 국제통상 분과, 관광/이벤트 분과 등 5개 분야로 구성되었으며, 각 분과별 전공교수 및 산업계에서 600여 명의 회원이 가입되어 있다. 매년 봄 · 가을 2~3차 학술발표회를 개최하고 있으며, 연구논문을 격월간으로 「상품학연구」 학회지에 연간 6회씩 발간하고 있다.

국제상품학회는 유럽을 중심으로 20개국 상품학회가 가입된 국제연합 학술연구단체로 1976년에 설립되었다. 2년에 한 번씩 회원국들을 돌아가면서 심포지엄을 개최하여 국제 간 학술교류를 하고 있는데, 우리나라는 7차(1987년) 및 16차(2008년) 두 차례를 서울 및 수원에서 각각 개최한 바 있다. 두 명의 국제상품학회장을 배출할 정도로 우리나라 상품학회의 국제적 위상은 매우 높다.

제4절 상품학 연구분야

상품은 [그림 1-4]에서 보는 바와 같이 자원단계에서 생산단계를 거쳐 상품단계 및 유통을 지나 사용 · 소비단계에 이르며, 사용 후 폐기 및 재활용 자원화하여 자원단계로 순환하는 과정을 반복한다. 이러한 상품의 순환과정을 제대로 이해하기 위해서는 자연과학은 물론 사회과학을 병행하여 연구해야 한다.

즉, 생산단계에서 원료, 성분, 형태, 제조공정, 용도, 품질, 보존, 포장 등을 잘 이해하기 위해 재료학이나 생물학, 화학, 디자인, 식품영양학, 생산운영관리, 환경공학, 생산관련 법률 등의 학문들이 필요하다. 유통 및 소비단계에서 가격, 프로모션, 보관, 운송, 보험, 금융, 소비자행동 등을 잘 이해하기 위해서는 마케팅을 비롯한 경영학, 경제학, 유통관련 법률 등

그림 1-4 ▶▶ 상품의 흐름

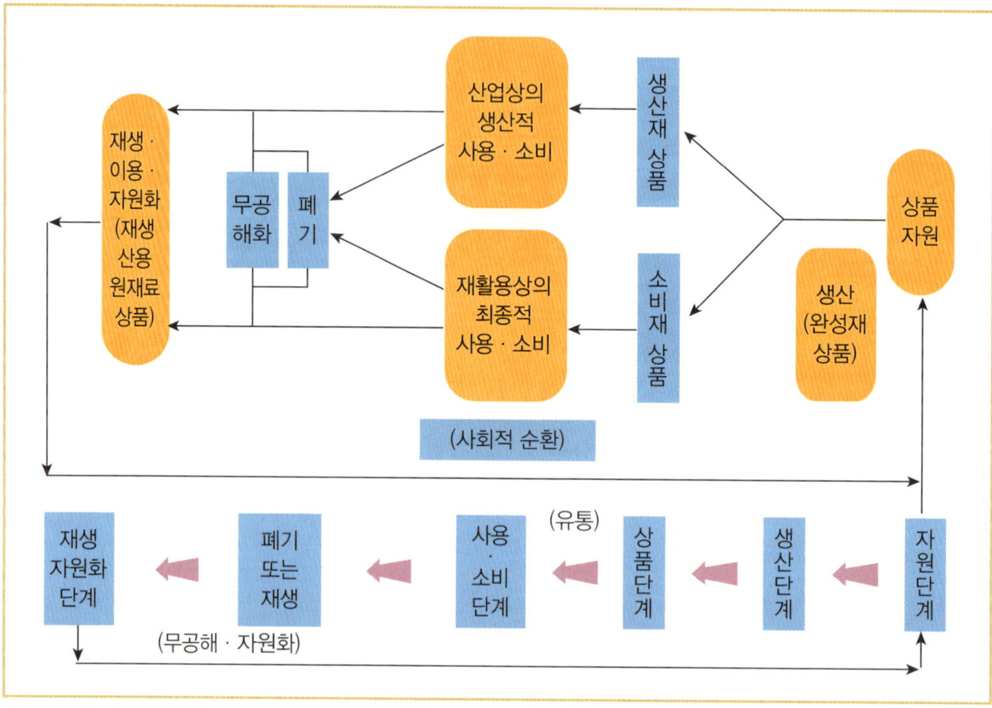

의 학문이 필요하다. 또한 사용 후 폐기 및 재활용단계를 잘 이해하기 위해서는 환경공학, 경제학, 법학 등의 학문이 필요하다.

국제상품학회에서 규정하고 있는 연구범위는 크게 상품(commodity), 환경(environment), 기술(technology), 서비스(services) 등 네 분야로 구체적인 내용은 다음과 같다.

① 상품과학 및 제품관리(commodity science and product management)

② 품질테스트(quality testing)

③ 디자인, 제품의 성분 및 구성, 포장(design, ingredient/components of product, packaging)

④ 식품(food)

⑤ 자원, 에너지, 폐기물(resources, energy, waste)

⑥ 환경 및 품질관리, 품질시스템(environmental and quality management, quality systems)

⑦ 지속가능한 개발(sustainable development)

⑧ 신기술(생명과학, 에너지공급) (new technologies/life science, energy supply)
⑨ 소프트웨어(software)
⑩ 전자상거래(e-commerce)
⑪ 서비스, 예컨대 관광, 엔터테인먼트(services e.g. tourism, entertainment)
⑫ 지속가능 소비(sustainable consumption)
⑬ 세계화 및 무역(globalization and trade)
⑭ 이러한 분야에 대한 교육(education in these fields)

연구해야 할 분야도 산업과 경제가 발전함에 따라 신상품들이 개발되어 새로운 연구분야들이 추가되고 있다. 종래에는 주로 유형재를 중심으로 상품을 정의하고 연구했는데 오늘날 서비스 산업이 발달함에 따라 관광, 엔터테인먼트 등 서비스상품이 추가되었다. 뿐만 아니라 컴퓨터 발달로 소프트웨어 상품이나 전자상거래와 더불어 생명과학이나 신에너지 상품과 같은 신기술도 새로운 연구분야로 추가되었다.

제5절 4차 산업혁명과 상품학

4차 산업혁명은 사물인터넷(IoT), 인공지능(AI), 빅데이터, 자율주행차, 로봇, 공유경제 등 기존에 존재했던 기술들의 '융합'을 통해서 데이터를 기반으로 활용되어지고 성과를 도출하는 기업에게 업(業)의 본질을 변화시키고 있다. 이런 기술변화를 제대로 이해하고 기업혁신에 활용하는 것이 '디지털 전환(digital transformation)'인데, 기업은 조직, 커뮤니케이션, 평가, 마케팅 방식 등 모든 것을 바꾸어야 한다. 즉, 4차 산업혁명은 데이터중심 혁신(data-driven innovation)으로 데이터 및 데이터분석을 활용하여 상품/서비스 혁신, 생산프로세스 혁신, 마케팅 및 조직 혁신 등을 이루는 새로운 패러다임이다.

4차 산업혁명을 선도하는 신기술은 인공지능(AI)이고, 실제로 방대한 데이터를 컴퓨터가 학습하도록 하는 기반기술이 빅데이터이다. 빅데이터 기술은 아무리 방대한 양이라도 크기에 관계없이 모든 종류의 다양한 데이터를 실시간에 분석이 가능하다는 점에서 사회의 모든 변화를 세밀한 단위로 정밀하게 대응할 수 있게 한다. 지난 산업화가 대중적 체형의 표본통

계량으로 기성복을 만들었다면, 빅데이터 기술은 오늘 내 일정에 꼭 맞는 나만의 옷을 만들어주는 기술이다. 즉, 데이터와 데이터와의 연관성을 분석하여 의미있는 정보를 도출하여 기업의 혁신과 사회의 문제점을 개선하기 위한 데이터 중심의 혁신기법이다.

따라서 4차 산업혁명을 이론(theory)보다는 전략(strategy)으로 이해하고, 우리의 현안을 해결하는 '한국형 4차 산업혁명 전략'을 찾는 것을 목표로 설정할 필요가 있는데, (사)한국상품학회는 현대적인 상품학의 근간인 브랜드/마케팅, 생산/서비스, 디자인, 국제통상, 관광/이벤트 분야가 융합되어 종합적으로 구성되어 있어 이러한 목표에 크게 기여할 수 있을 것이다.

| 토의사항 |

01 상품학이란 무엇인지 정의해보시오.

02 유럽의 상품학 발전이 우리나라 상품학 연구에 어떤 영향을 미쳤는지 설명하시오.

03 상품학에서 주로 연구하는 분야는 어떤 것들이 있는지 설명하시오.

04 4차 산업혁명에서 상품학 이슈는 무엇이 있는지 설명하시오.

| 참고문헌 |

- 김성엽 · 주혜영(2008), 글로벌 상품학, 도서출판 대진.
- 김양명(1999), 상품학의 이해, 학문사.
- 김원수(1988), 일반상품학, 법문사, p.43에서 재인용.
- 한의영 · 한동철(2001), 상품학총론, 삼영사, 50-51.
- 한의영 · 한동철(2001), 상품학총론, 삼영사, p.73에서 재인용.
- Savary J.(1675), Le parfait negociant, Paris.
- 롤랜드버거(2017), 4차 산업혁명 이미 와 있는 미래, 다산북스.

CHAPTER 02

상품의 구성과 유형

도·입·사·례

세계일류상품

산업통상자원부 공고 제2016-668호: 「세계일류상품 선정 및 제도운영에 관한 요령」(산업통상자원부 공고 제2015-433호) 제8조 제7항 및 제10조 제6항에 따라 2016년도 세계일류상품 및 생산기업을 다음과 같이 공고한다(2016년 12월 28일 산업통상자원부 장관).

1. 2016년도 현재일류상품 및 생산기업 신규선정: 29개 상품, 29개 기업

연번	업종구분	품목명	생산기업명	품목설명
1	생물·화학	반응성 염료	㈜오영	• 면제품 섬유 염색에 사용하는 반응성 염료
2		사카린	㈜제이엠씨	• 백색의 결정성 분말 인공 감미료 • 각종 식/음료, 치약, 가글액, 제약, 사료, 도금 등에 사용
3		유전자 및 유전체 분석 서비스	㈜마크로젠	• 유전자 구성에 대한 데이터를 분석하여 제공 • 동식물의 유전자분석, 유전자조작, 유전자정보 기반 개인맞춤형 서비스(질병 예방 등)
4	전기·전자·반도체	산업용 엑스선 영상 검출기	㈜레이언스	• 피사체에 조사된 X선을 강도 분포에 따라 디지털신호로 변환 및 영상 획득, 저장, 전송을 수행하기 위한 검출기
5		디지털 사이니지	삼성전자㈜	• 공항·쇼핑몰·관공서·대형빌딩 등 공공장소에 설치해 정보 전달과 광고 등을 목적으로 하는 기업(B2B)용 대형 디스플레이 장치
6		컬러레이저용 전사벨트	㈜상아프론테크	• 컬러레이저 프린터용 전사벨트 전사벨트는 OPC 드럼에 달라 붙은 토너를 용지에 전사시키는 기능을 담당하는 벨트를 말함
7		네트워크 비디오 레코터	㈜아이디스	• 네트워크 케이블을 통해 기압축 인코딩된 영상을 인터넷 프로토콜(IP)로 수신하여 녹화하는 영상보안장치
8		돔형아이피 보안카메라	㈜아이디스	• IP 기반으로 카메라가 촬영한 감시 영상을 저장하고 전송하는 네트워크 감시카메라
9		모바일 장비용 카메라모듈	㈜파트론	• 스마트폰 전면, 후면에 장착되어 영상 촬영이 가능한 스마트폰 부품
10		박막증착 공정용 증발원	㈜알파플러스	• OLED 장비인 증착기의 핵심 부분품 • 증발하려는 물질에 따라 저온/중온/고온용으로 나뉘며 물질을 가열하여 증발시켜 코팅하는 공정에 사용
11		원통형 스퍼터링 타겟	㈜나노신소재	• 디스플레이 부품의 핵심소재 • 액정과 컬러필터 사이에 투명 전도성을 가진 투명한 막을 형성하는 재료

12		디스플레이 감광제용 광개시제	타코마테크놀로지㈜	• 디스플레이용 감광제 및 코팅소재, 자동차 및 전기자동차 디스플레이용 코팅소재 등을 생산하기 위해서 반드시 필요한 핵심소재
13		패턴 매립형 기판(ETS)	㈜심텍	• 초미세회로 및 범프 피치 기판과 반도체 칩이 연결된 구조의 제품 • 고밀도/대용량 반도체 칩과 마더보더와 전기적 연결용 패키지 기판
14	산업 · 기계 플랜트	워터해머 장심도 시추 시스템	㈜한진디엔비	• 150bar 이상의 고압의 물을 이용하여 해머부 피스톤 왕복운동을 통한 타격으로 시추하는 시스템
15		자동차용 모터 웜기어 샤프트	㈜네오티스	• 전자기력으로 발생된 모터 힘을 웜기어를 이용하여 파워 윈도우 모터, 와이퍼 모터, 선루프 모터 등과 같이 자동차의 내 · 외부 장치에 기계적 힘을 전달하는 모터에 사용
16		PCB 라우터	엠에스테크놀로지㈜	• PCB 제조 시 후공정에 활용 • V컷 되어 있는 PCB를 기계로 자동커팅 분리하는 장비
17	수송기계	에틸렌운반선	㈜현대미포조선	• 초저온(−104℃) 액화 에틸렌가스를 운반할 수 있는 대형 탱크 탑재 선박
18		선박엔진용 크로스 헤드핀	현진소재(주)	• 선박엔진 내부에서 피스톤 로드와 커넥팅 로드를 연결하여 피스톤 로드의 왕복 운동을 돕고, 커넥팅 로드의 탈선을 방지하는 장치
19		전자제어 선박엔진의 연료제어장치	㈜화영	• RT−flex 엔진의 핵심장치로 전자제어 밸브를 통해 최적으로 제어하여 고압의 연료와 서보유(Servo)를 연소실로 전달하는 장치
20		다심관	㈜대천	• 관을 여러 가닥으로 한꺼번에 묶고 연속으로 길게 생산하여 시공, 유지 및 관리하기 용이 • 조선 · 해양 및 육상 플랜트, 각종 산업의 유압라인 적용 및 액체, 공기, 가스 등의 이송로로 사용
21		청수공급장치	삼건세기㈜	• 담수 생성기를 통해 만들어진 생산수의 후 처리를 위하여 적용 • 입자가 큰 미생물을 걸러내는 박테리아 살균 정수 장치
22		선박거주구	신한중공업(주)	• 선박에 선원들이 거주하는 공간, 선원들의 사무 공간, 휴식공간, 침실, 서비스 공간 및 항해 공간 등으로 구성
23		해양플랜트 거주구	신한중공업(주)	• 석유 시추 및 원유의 저장, 하역을 위한 해양설비내 시스템 컨트롤 및 거주를 위한 공간
24		천연가스, 특수 고압용기	㈜이엔케이	• 각종 고압가스를 저장하는 원통형의 용기 • 압축천연가스 운반선용, 반도체 제작용 특수가스통용 등의 고압가스용 원통용기

25	철강금속, 석유화학	TV하우징용 PC alloy 수지	롯데첨단소재㈜	• 대형 TV Rear Cover, Front Cover 등에 사용
26		금속접합용 PBT소재	롯데첨단소재㈜	• 특수 플라스틱 소재 • 아노다이징과 같은 금속의 화학적 처리에도 견디는 내구성을 지님
27		음료 cap용 고밀도 폴리에틸렌	한화토탈㈜	• 음료 병마개에 사용되는 고밀도 폴리에틸렌 수지
28		건재 컬러강판	동국제강	• 건재용으로 사용되는 PCM 컬러 도금 강판으로 건재제품 용도에 적합하게 설계된 강판 • 건축 내·외장재, 엘리베이터, 방화문, 차고 도어 등에 사용
29	섬유, 생활용품	가구용필름	㈜LG 하우시스	• 가구 도어용 표면 마감재

2. 2016년도 차세대일류상품 및 생산기업 신규선정: 64개 상품, 66개 기업 (※지면관계상 생략)

제1절 상품의 개념

상품이란 각종 산업의 생산품과 서비스가 인간에게 욕망을 충족시켜줄 수 있는 가치를 지니고 시장의 교환매개체로 유상으로 이동되어 최종 소비자의 손에 들어갈 때까지의 과정에 있는 모든 재화와 서비스를 의미한다. 이와 같은 상품의 개념은 다음과 같이 협의의 상품과 광의의 상품으로 나누어 설명할 수 있다.

1. 좁은 의미(협의)의 상품

상품은 상거래의 대상이 되는 물품을 의미한다. 즉 상품은 물품(commodity)이라는 의미와 상거래의 대상(merchandise)이라는 의미를 모두 포함한다. 이런 의미에서 상품은 상거래 이전의 제품(product)이나 상거래 이후의 소유물(ownership product)과 구분된다. 따라서 상품은 상거래를 위한 가치가 극대화되도록 관리할 필요가 있다. 이런 의미에서 높은 품질을 지닌 제품이라도 상거래의 가치가 낮다면 좋은 상품이라고 볼 수 없다.

즉, 상품이라는 개념 자체가 소비자가 만족하는 가치라는 의미를 내포한다. 그러므로 바람직한 상품관리는 소비자가 만족하는 가격과 유통경로를 가진 제품을 적절한 촉진수단으로 판매하는 과정이다. 한편, 소유물은 소비자의 소유권이라는 법적 권리를 담고 있다. 따라서 소유물은 소비자 보호 등 소비자주의(consumerism)와 관련이 깊다.

좁은 의미의 상품은 상거래의 대상이라는 경제적 교환에 주목한다. 따라서 상거래와 관련 없는 자유재는 상품이 아니며, 경제적 교환대상인 경제재만이 상품이다. 예를 들어, 잡초와 같이 희소성이나 경제성이 없는 물건은 자유재지만, 토목공사에 쓰이는 모래는 경제적 가치가 있으므로 경제재라고 볼 수 있다. 그런데 자유재가 경제재로 바뀌기도 한다. 즉 상품이 아닌 물건이 상품의 가치를 가질 수 있다. 예를 들어, 1980년대 이전 물을 판다는 것은 상상하기 힘든 일이었지만, 환경오염과 건강에 대한 관심 증가로 물이라는 자유재는 생수라는 경제재로서의 상품가치를 지니게 되었다.

그런데 모든 경제재가 상품이 되는 것은 아니다. 경제재는 유형적인 물적 재화(tangible goods)와, 무형적인 용역(service)으로 구분된다. 좁은 의미의 상품은 용역을 제외한 물적 재화만을 상품으로 간주한다. 따라서 미용, 대중교통, 법률, 의료 등의 서비스는 상품이 아니라는 관점이다. 즉 손으로 만질 수 있는 물건만이 상품의 자격을 얻는다.

그러나 모든 물적 재화가 상품이 되는 것은 아니다. 물적 재화 중에서 상거래 대상이 되는 거래재만이 상품이며, 자기충족 물건인 비거래재와 화폐와 같은 교환수단은 상품이 아니다. 예를 들어, 바다에서 잡은 거북이를 소중히 키우고 있다면 비거래재로서 상품이 아니지만 그 거북이를 수산시장에 내놓았다면 거래재로서 상품이 된 것이다.

이 거래재 중 채권, 특허권 등 실질적인 가치를 대신하는 관념재는 상품이 아니다. 실질적인 가치가 유형적인 물건에 직접 표현된 실질재만이 상품이다. 예를 들어, 특허권은 기술이라는 무형적인 자산에 관한 권리를 의미하는데, 특허권 자체는 상품이 아니다. 그러나 특허 기술로 만들어진 제품이 시장에 출시된다면 특허권이라는 관념재가 실질재인 상품으로 전환된 것이다.

정리하자면, 재화는 경제적 교환가치가 있는 경제재와 경제적 교환가치가 없는 자유재로 구분되는데, 일단 자유재는 상품이 아니다. 경제재는 유형적인 물적 재화와 무형적인 용역

그림 2-1 ▸▸ **종합과학으로서의 상품학**

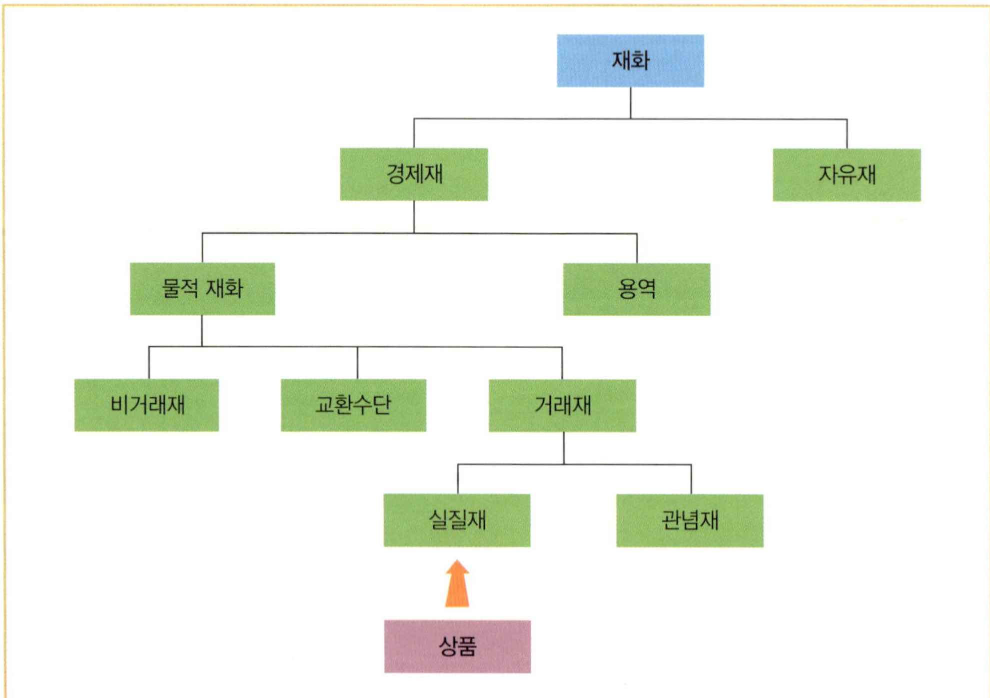

자료: 김양명(2008), 상품학의 이해, 학문사, 41.

으로 구분되는데, 이런 경우 용역은 상품이 아니다. 물적 재화 중 비거래재와 교환수단은 제외하고 오직 거래재만 상품의 자격을 갖는다. 이 거래재 중 관념재를 제외한 실질재가 좁은 의미의 상품이다. [그림 2-1]은 좁은 의미의 상품 개념을 정리한 것이다.

2. 넓은 의미(광의)의 상품

좁은 의미의 상품은 상거래를 목적으로 한 유형적인 실질재만을 상품으로 규정한다. 그러나 산업구조가 2차 산업인 공업 중심에서 3차 산업인 서비스 중심으로 발전해가면서 무형적인 용역의 상거래가 중요해졌다. 따라서 상품의 범위가 유형적인 거래에서 무형적인 거래로 확대되었다. 예를 들어, 법률, 의료서비스, 가사도우미, 미용 등의 용역은 좁은 의미에서는 상품이 아니지만 넓은 의미에서는 상품으로 간주한다.

그리고 산업화사회를 벗어나 정보화사회로 진입하면서 정보와 소프트웨어도 상품으로 간주해야 한다는 견해가 나오게 되었다. 특히 인터넷에 기반한 웹정보 환경에서 유형적인 상품이 인터넷 쇼핑몰을 통해 거래되는 것보다는 인터넷 사이트에서 판매하는 콘텐츠와 소프트웨어의 가치가 중요해졌다. 예를 들어, 싸이월드의 경우 미니홈피를 꾸밀 때 커텐을 구매했다면 그 커텐은 유형적인 상품이 아니라 시각적인 콘텐츠이다. 그리고 싸이월드에서 음악을 구매하면 유형적인 음반이 택배로 배송되는 것이 아니라 음원이라는 콘텐츠가 다운로드되는 형태로 거래된다. 또한 안철수연구소에서 바이러스 백신을 구매하면 소프트웨어로 다운로드받아서 바로 이용하는 경우가 더 많다. 만약 콘텐츠와 소프트웨어를 상품으로 간주하지 않는다면 인터넷/모바일 시대의 상거래를 이론적으로 정립하기가 매우 어려워진다.

따라서 콘텐츠와 소프트웨어를 콘텐츠웨어(contentware)라는 합성어를 통해 상품으로 간주해야 한다는 견해가 나오게 되었다. 이러한 견해는 단순히 상품의 범위를 확장하는 효과를 넘어서 전통적인 4P를 새로운 5C로 이해해야 한다는 통찰을 담고 있다. 즉 유형적인 제품(product)보다 무형적인 콘텐츠웨어(contentware)에 주목해야 한다는 것이다. 그리고 소비자에게 화폐적인 가격(price)을 요구하기보다 소비자의 관심, 방문, 소개, 추천, 참여 등 소비자 몰입(commitment)을 요구하는 것이 바람직하다. 예를 들어, 프리챌 사이트는 섣부른 유료화 정책으로 많은 소비자를 잃어 사라졌지만, 네이버 사이트는 무료뉴스와 지식, 이메일 계정, 블로그 제공으로 많은 소비자의 방문과 몰입을 유도하여 간접광고수익으로 높은 성과를 달성하고 있다.

그리고 장소적 의미에서의 유통관리(place)를 넘어서 소비자와 유통상인의 심리적인 접근성(channel)을 근본적으로 강화해야 한다는 입장이 있다. 예를 들어, 입지를 잘 선정해야 한다는 것이 전통적인 유통관리의 핵심이라면, 새로운 채널관리는 유통경로 구성원 간 조화와 협력에 주안점을 둔다. 한편 기업주도의 일방적인 판촉(promotion)를 넘어서 소비자 간 커뮤니티(community)를 통한 자발적 촉진 및 기업과 소비자 간 쌍방향 커뮤니케이션(communication)이 중요하다는 관점이다. [표 2-1]은 전통적인 4P와 새로운 5C를 대응시켜 설명한 것이다.

| 표 2-1 | 4P와 5C

Product	유형적인 제품	Contentware	무형적인 콘텐츠 및 소프트웨어
Price	화폐적인 가격	Commitment	소비자의 몰입, 관심, 추천, 참여
Place	장소적인 유통	Channel	유통경로 구성원의 조화와 협력
Promotion	기업주도의 일방적 촉진관리	Community & Communication	소비자 간 커뮤니티 및 기업-소비자 간커뮤니케이션을 통한 촉진

자료: 이두희(2003), 통합적 인터넷 마케팅, 박영사, 33.

한편, 소득수준의 향상에 따라 실용적인 목적에서 상품을 구매하는 경우 못지않게 상징적이고 쾌락적인 관점에서 상품을 구매하는 빈도가 증가하였다. 예를 들어, 편하고 내구성이 강한 신발이 인기가 있던 시대도 있었지만, 현재는 디자인이나 브랜드 이미지가 주는 심리적 만족감이 뛰어난 신발이 더 인기 있는 경우가 많다. 즉, 소비자에게 품위와 즐거움을 더해주는 무형적인 요소도 상품으로 포괄해야 한다는 견해이다.

그리고 마케팅 개념의 발전에 따라 유형적인 공산품뿐 아니라 인적요소, 조직체, 아이디어 등 다양한 가치도 상품에 포함시켜야 한다는 주장이 있다. 즉 능력을 갖춘 개인과 조직, 그리고 혁신적인 아이디어 역시 상품이라는 견해이다. 이는 마케팅 개념이 영리기관을 넘어서 비영리기관으로 확장 적용된 시대적 변화에 기인한다. 즉 과거에는 이윤추구가 목적인 기업체 위주로 마케팅을 중시하였다. 그러나 현재는 정부, 학교, 병원 등 비영리기관에서도 고객만족을 위해 마케팅을 중시하는 입장이다. 예를 들어, 대학은 사회와 기업이라는 소비자가 요구하는 상품으로서 학생을 잘 교육하고 관리할 책임이 있다는 사고이다.

한편 환경보호가 중요한 그린마케팅(green marketing) 시대를 맞이하여 소비 이전의 상품뿐 아니라 소비가 끝난 폐기물도 상품으로 간주해야 한다는 견해가 있다. 캔, 병, 신문지, 폐자동차나 폐가구 등 각종 폐기물을 상품으로 간주하면 이를 재활용하려는 의식이 높아진다. 그리고 폐기물을 이용한 상품은 소비자, 정부, 시민단체에게 긍정적인 인식을 심어주어 기업에게 좋은 성과를 안겨줄 가능성이 있다. 사회시스템 측면에서도 폐기물을 상품으로 간주하는 것은 자연에서 시작한 상품이 다시 자연으로 돌아간다는 좋은 순환을 보여주며, 선진국의 폐기된 상품이 개발도상국에서는 유용한 상품으로 거듭난다는 점도 의미있는 현상이라 하겠다.

결론적으로 넓은 의미의 상품은 좁은 의미의 상품이 포함하지 않았던 무형적인 서비스, 인터넷과 관련한 콘텐츠와 소프트웨어, 상징적인 품위와 심리적 즐거움을 주는 요소, 개인, 조직, 아이디어, 그리고 폐기물까지 상품으로 간주한다. 상품의 범위가 점차 확대된 것은 경제적인 환경이 3차산업 중심, 정보화사회, 고소득 시대, 비영리마케팅, 그린마케팅의 시대로 발전하는 현상을 반영하는 것이다.

제2절 상품의 구성요소

1. 상품의 구성

언뜻 상품을 보면 눈에 보이는 물리적인 외형 중심으로 인식하지만 실제 상품은 눈에 보이지 않는 부분까지 포함하여 세 단계로 구성된다. 즉 상품은 핵심상품, 유형상품, 확장상품으로 구성된다.

첫째, 핵심상품은 상품의 핵심적인 편익을 의미한다. 즉 소비자가 비용을 지불하고 구매하려는 본질적인 혜택이 바로 핵심상품이다. 예를 들어, KTX의 핵심상품은 승차감보다는 빠른 이동이다. 무궁화호의 핵심상품은 빠른 이동보다는 실용적인 가격이다. 기업은 소비자가 인식하는 핵심상품을 파악함으로써 자원을 효과적으로 투자할 수 있다. CGV 극장은 영화관에 대한 소비자의 핵심상품이 단순한 영화관람이 아니라 즐거움이라는 것을 파악하고, 영화관 시설을 개선하는 것보다 쇼핑몰, 식당가, 휴식공간 등 멀티플렉스 구성을 통한 복합적인 엔터테인먼트 시설에 투자하여 좋은 성과를 거두었다.

둘째, 유형상품은 핵심상품이 구체화된 형태를 의미한다. 예를 들어, 워커힐호텔은 품위라는 핵심상품에 걸맞는 인테리어와 고급스러운 시설을 갖추었는데, 이것이 유형상품이다. 모나미 볼펜과 몽블랑 볼펜은 핵심상품에서 각각 실용성과 상징성이라는 차이가 있다. 결국 실용적인 소재로 구성된 모나미 볼펜과 우아한 느낌의 몽블랑 볼펜은 이러한 핵심상품의 차이를 반영한 유형상품의 눈에 보이는 차이로 드러나게 된다. 따라서 유형상품을 설계할 때 핵심상품과의 일관성이 중요하다.

셋째, 확장상품은 유형상품의 가치를 확장해주는 부가적인 요소를 의미한다. 상품의 설치, 배달, 대금결제방식, 품질보증, AS 등이 확장상품에 속한다. 기술적인 발전과 치열한 경쟁으로 말미암아 유형상품의 단계에서 상품 간 차이가 미미해졌다. 따라서 기업은 확장상품의 단계에서 경쟁상품에 비하여 차별화하려는 노력을 기울이는 실정이다. [그림 2-2]는 상품구성의 3단계를 표현한 것이다.

그림 2-2 ▸▸ 상품구성의 3단계

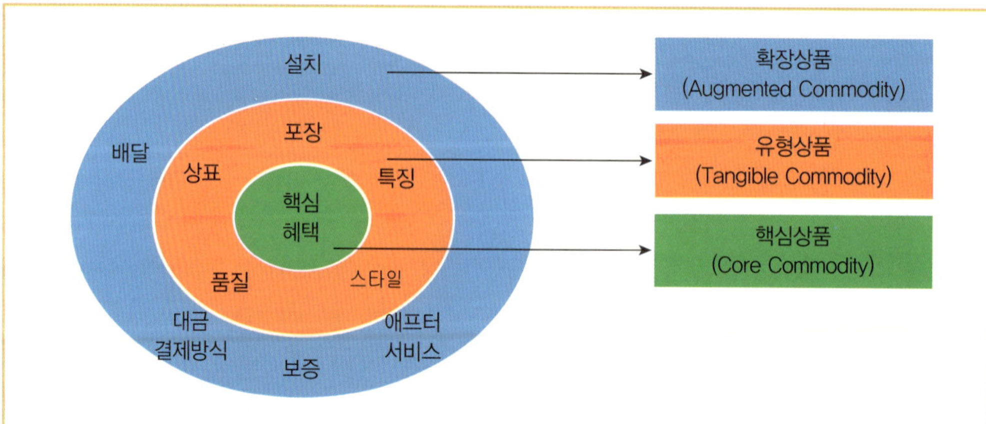

핵심상품을 파악한 다음 유형상품과 확장상품에 속한 하위요소를 일관성 있게 잘 관리할 필요가 있다. 유형상품의 중요한 구성요소는 다음과 같다. 첫째, 품질(quality)은 상품이 지니는 기능을 발휘할 수 있는 능력을 의미한다. 기업은 상품의 품질을 관리함으로써 객관적인 성능을 강화할 수 있다. 둘째, 상품특성(feature)은 품질을 뒷받침하는 부수적인 기능을 의미한다. 예를 들어, 자동차의 컵 받침대는 편리성이라는 품질을 뒷받침하는 상품특성 중 하나이다. 셋째, 스타일(style)은 상품의 색, 크기, 모양, 성분, 무게, 유행 등 심미적인 측면을 의미한다. 최근 젊은 소비자들은 상품의 품질뿐 아니라 스타일을 중시하는 경향이 있다.

넷째, 포장(package)은 상품을 감싸는 물체를 총칭한다. 포장의 실용적 목적은 상품의 본체를 보호하는 것이지만, 최근 상품 이미지를 보완하는 기능이 부각되고 있다. 다섯째, 상표명(brand name)은 상품을 구분하기 위해 부여한 문자, 단어, 숫자 또는 그것의 결합이다. 상표명은 상품구분이라는 기능적 목적보다 상품 이미지를 직접적으로 표현하는 가치로 주목받고 있다.

한편, 확장상품의 중요한 구성요소는 다음과 같다. 첫째, 보장(warranty)은 상품 하자 시 제조업자가 보상할 책임을 명시한 문서이고, 품질보증(guarantee)은 상품 하자 시 유통업자가 교환이나 환불하겠다는 약속이다. 둘째, 대금결제방식(payment)은 소비자가 비용을 지불하는 수단이나 과정을 의미한다. 기업은 신용결제나 할부판매, 보상판매 등을 통해 일시불이 어려운 소비자를 더 많이 유인할 수 있다. 셋째, 배달(delivery)은 소비자에게 상품을 전달하는 과정이다. 최근 택배서비스의 발전으로 배달이 용이해지면서 상품수요가 더욱 증가하였다. 넷째, AS(After-sale Service)는 보증기간 내 문제가 생긴 상품에 대하여 제조업자가 제공하는 서비스를 의미한다. 삼성전자는 높은 AS 만족도를 중심으로 성장할 수 있었다. 다섯째, 설치(installation)는 상품의 즉시 사용이 가능하도록 준비하는 과정을 의미한다. 냉장고나 가구와 같이 육중한 상품 및 컴퓨터나 인터넷과 같이 복잡한 상품은 설치가 중요한 서비스로 작용한다.

2. 상품의 편익과 비용

핵심상품을 깊이 있게 이해하기 위해서 상품의 편익을 살펴보는 것이 필요하다. 편익(benefit)은 소비자가 상품 구매 시 기대하는 혜택이나 만족감을 의미한다. 상품의 편익은 네 종류가 있다.

첫째, 기능적 편익(functional benefit)은 상품의 가장 기본적이고 실용적인 혜택을 의미한다. 예를 들어, 김치냉장고를 사게 되면 365일 내내 맛있는 김치를 먹을 수 있게 되는 것이 기능적 편익이다. 기업은 기술개발과 품질관리를 통해 상품의 기능적 편익을 강화할 수 있다.

둘째, 사회적 편익(social benefit)은 상품 이용 시 드러나는 사회적 지위나 부의 과시로 인한 만족감을 의미한다. 명품 브랜드를 이용하는 것은 소비자에게 사회적 편익을 가져다준다. 사회적 편익은 사회적 지위와 부를 상징해준다고 해서 상징적 편익(symbolic benefit)이라고 불리기도 한다. 예를 들면 그랜저와 같은 고급차를 타고 다닌다면 주변사람들로부터 자신의 신분이나 과시욕구를 충족시켜준다는 것이다.

셋째, 개인적 편익(personal benefit)은 개인의 취미나 취향과 관련한 만족감이다. 우표수집가에게 희귀우표는 개인적 편익을 준다. 소득수준의 향상으로 개인적 취향을 만족시키려는 개인적 편익 시장이 점차 커지고 있다.

넷째, 경험적 편익(experiential benefit)은 마음의 즐거움과 관련한 혜택을 의미한다. 예를 들어, 영화관, 놀이공원 등은 경험적 편익을 제공한다. 마음의 즐거움을 준다고 해서 쾌락적 편익(hedonic benefit)이라고 불리기도 한다.

최근 이러한 편익은 복합적으로 어우러져 소비자에게 더 큰 가치를 제공하기도 한다. 예를 들어, 최근에 발매를 시작한 LG 무선청소기 코드제로 A9는 무선으로 '어디든 자유롭게 오토무빙으로 편하게'라는 기능적 편익에 '선이 사라지면 청소가 행복해진다'는 경험적 편익을 전달하고 있다. 그리고 금가루를 넣은 술은 기능적 편익에 사회적 편익을 더한 것이고, 놀이공원의 대형 전망 회전 기구에 연인 간 코스 요리 서비스를 제공한다면 경험적 편익에 또 다른 경험적 편익을 부가한 것이다.

이러한 상품의 편익은 그 비용과 대비하여 살펴볼 필요가 있다. 왜냐하면 소비자는 비용 대비 편익의 경중을 살펴 상품구매를 결정하기 때문이다. 비용(cost)은 소비자가 상품구매를 위해 지불하는 부담이나 대가를 의미한다. 비용은 네 종류가 있다.

첫째, 화폐적 비용(monetary cost)은 소비자가 지불하는 돈의 대가를 의미한다. 기업은 소비자에게 가격할인, 할부판매 등을 통해 화폐적 비용을 적게 지각하도록 노력할 필요가 있다.

둘째, 시간적 비용(temporal cost)은 소비자가 상품 구매 시 소모하는 시간이나 서비스 구매 시 대기하는 시간을 의미한다. 인터넷 쇼핑몰은 쇼핑의 시간적 비용을 절감해준다. 그리고 기업은 소비자의 대기시간이 지루하지 않도록 배려함으로써 서비스 이용 시 시간적 비용을 줄여줄 필요가 있다.

셋째, 심리적 비용(psychological cost)은 소비자가 상품 구매 시 느끼는 마음의 불편함을 의미한다. 성인용품이나 사치품 구매 시 이러한 불편한 심리가 발생할 수 있다. 기업은 인터넷 판매나 사회적 기여 강조 등을 통해 소비자의 심리적 비용을 줄여줄 필요가 있다.

넷째, 행동적 비용(behavioral cost)은 소비자가 상품을 배달 · 설치하는 과정에서 발생하는 육체적 · 정신적 피로를 의미한다. 기업은 확장상품의 관리를 통해 소비자의 행동적 비용을 배려할 필요가 있다.

결론적으로 상품의 편익이 비용보다 커야 소비자는 상품을 구매한다. 따라서 기업은 소비자가 느끼는 편익은 크게 인식하도록 하고, 소비자가 느끼는 비용은 적게 인식하도록 노력한다면 바람직한 성과를 거둘 수 있을 것이다. 특히 최근에는 기능적 편익과 화폐적 비용이라는 기본적인 측면 이외의 다양한 편익과 비용이 복합적인 상호작용을 일으키고 있으므로, 기업의 세심한 동찰력이 요구된다 하겠다. [그림 2 3]은 편익과 비용의 종류를 표현한 것이다.

그림 2-3 ▸▸ 상품의 편익과 비용

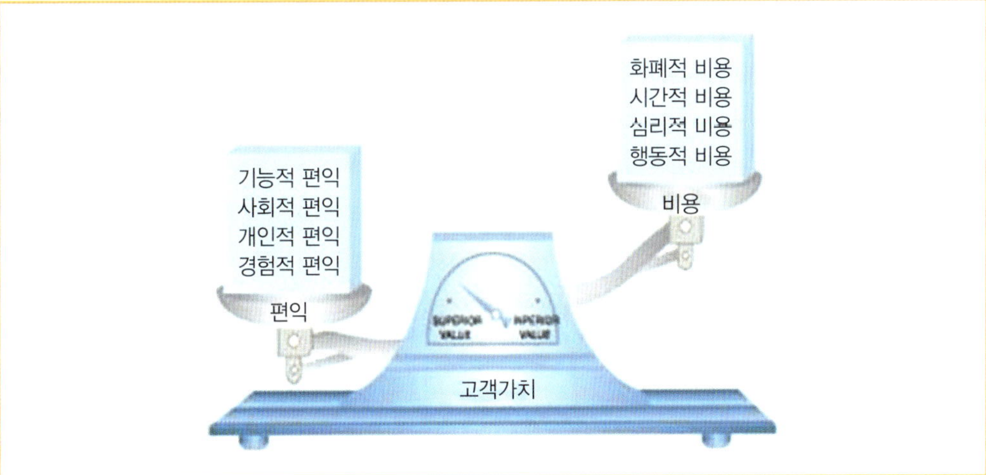

자료: 이용학 · 허남일 · 김학윤(2009), 마케팅(제2판), 무역경영사, 22.

제3절 상품의 유형

1. 사용기간에 따른 상품 유형

상품의 유형은 다양한 기준으로 분류가능하다. 즉 상품은 사용기간, 구매자, 사용목적, 품질추론을 기준으로 각각 분류할 수 있다. 우선 사용기간에 따라 상품을 분류하면 내구재와 비내구재로 나뉜다.

첫째, 내구재(durable goods)는 사용기간이 길고 구매빈도가 적은 상품이다. 자동차, 가구, 주택 등이 대표적인 내구재이다. 내구재는 일반적으로 가격대가 높고 반환이나 변경이 쉽지 않기 때문에 고관여 상품(high involvement commodity)에 속하는 경우가 많다. 고관여 상품은 소비자가 해당 상품에 대하여 관심이 많거나, 중요하다고 생각하거나, 자신과 관련성이 높다고 지각하는 상품이다. 따라서 소비자는 내구재에 대하여 즉흥적인 판단보다는 세심하고 주의깊은 판단과정을 거칠 가능성이 높다.

즉, 내구재는 소비자의 재무적 위험이 크다는 점과 한 번 구매하면 상당기간 시장을 떠나게 된다는 두 가지 중요한 특징이 있다. 따라서 기업으로서는 소비자의 재무적 위험과 불확실성을 어떻게 완화시켜 줄 것인가를 고민할 필요가 있다. 그리고 한 번 구매하고 시장을 떠나 있는 소비자라 할지라도 간헐적인 정보제공을 통해 구매빈도를 단축하게끔 유도하는 전략이 필요하다.

소비자는 내구재에 대하여 관여도가 높고 심사숙고하여 구매를 결정하기 때문에 상품의 품질과 기능 등 본질적인 요소에 집중하는 경향이 있다. 따라서 내구재의 경우 품질이 좋거나 혁신적인 기능이 있다면 상표명이나 브랜드 이미지가 떨어져도 경쟁력을 가질 수 있다. 그러나 내구재는 가격이 비싸고 한 번 구매하면 돌이키기가 어렵기 때문에 재무위험성이 높다. 따라서 소비자는 내구재 구매 시 매우 신중해지며 불확실성에 더 민감한 경향이 있다. 이때 상표명이나 브랜드 이미지는 소비자가 느끼는 재무위험과 불확실성을 완화시켜 주는 역할을 한다. 따라서 내구재의 경우에도 상표명과 브랜드 이미지는 여전히 중요하다.

이렇게 내구재에 있어 품질요인과 브랜드 이미지 요인 중 어떤 부분의 영향력이 큰지는 논란의 여지가 있지만, 기술개발과 경쟁으로 인해 품질차이는 미미해지는 실정이므로 브랜드이미지의 차이가 점점 중요해진다는 것은 부인할 수 없다. 따라서 내구재를 취급하는 기업도 기술개발과 품질관리에 더하여 브랜드 이미지 관리에도 주목해야 할 것이다.

둘째, 비내구재(non-durable goods)는 사용기간이 짧고, 구매빈도가 잦은 상품을 의미한다. 치약, 비누 등 일용품이 대표적인 비내구재이다. 비내구재는 일반적으로 가격대가 낮기 때문에 저관여 상품이 많다. 소비자는 저관여 상품에 대하여 손쉽고 즉흥적인 판단을 통해 구매를 결정하는 경향이 있다. 즉, 세심한 품질비교를 통한 상품구매보다는 기억, 느낌, 습관, 이미지, 가격대, 디자인, 포장, 유통점포 등 즉흥적인 판단의 단서를 통해 손쉽게 비내구재를 구매하는 경우가 많다.

따라서 기업은 비내구재를 판매할 때 상품이 소비자에게 쉽게 기억되고 떠올려질 수 있도록 노력할 필요가 있다. 이런 의미에서 상품의 인지도(awareness) 관리는 비내구재의 경우 특히 중요하다. 인지도는 회상(recall)과 재인(recognition)으로 구성되는데, 회상은 소비자의 머릿속에서 해당 상품이 잘 떠오르는 정도이고, 재인은 진열대 위에서 경쟁상품과 해당 상품이 잘 구별되는 정도를 뜻한다.

기업은 비내구재의 인지도를 높이기 위해 반복광고를 시행할 필요가 있다. 그러나 반복광고는 소비자에게 지루함과 싫증을 유발하기 쉽다. 따라서 광고의 중심 메시지는 반복하되 광고모델이나 배경음악 등 광고의 주변요소는 수시로 바꾸어 줌으로써 소비자의 싫증효과를 완화하면서 상품의 인지도를 효과적으로 높일 수 있다. 그리고 비내구재와 시각적 정보를 결합함으로써 인지도를 높일 수 있다. 예를 들어, KFC는 뚱뚱한 할아버지 석고상과 결부되어 잘 기억된다. 맥도날드는 노란색 엠 아치, 활명수는 부채표의 이미지로 기억된다. 또한 비내구재의 상표명이나 제품특성에 음율이나 멜로디를 부여하면 기억효과가 증진된다. 많은 제약 상품이 어려운 상표명에 리듬이나 멜로디를 부여하여 회상과 재인에서 유리한 고지를 점령하기 위해 노력하고 있다.

또한 비내구재는 소비자의 구매습관이나 구매관성을 타면 지속적으로 유리하다. 소비자는 대개 기존에 쓰던 비내구재를 별 생각없이 계속 구매하는 경향이 있기 때문이다. 따라서 비내구재는 출시 초기에 대규모의 광고를 집행할 필요가 있다. 그리고 유통상인에게 인센티브를 제공하여 유리한 진열대 지점에 자사 상품을 위치하게 하거나, 소비자에게 추천해줄 것을 부탁하는 것도 좋은 방법이다.

2. 구매자에 따른 상품 유형

상품은 구매자에 따라 소비재와 산업재로 구분한다. 첫째, 소비재(consumer goods)는 구매자가 개인 소비자인 상품이다. 이때 소비재는 편의품, 선매품, 전문품으로 구성된다. 편의품은 소비자가 상품구매를 위해 많은 노력을 기울이지 않고 편하게 구매하는 일용품을 의미한다. 선매품은 상품구매를 위해 경쟁상품 간 비교를 중시하는 상품을 말하는데, 가전제품, 가구 등이 대표적이다. 전문품은 소비자가 높은 관여도와 강한 상표충성도를 바탕으로 구매에 많은 노력을 기울이는 상품으로서 고급의류, 스포츠카 등이 여기에 속한다.

소비재는 개인 소비자의 의사결정과정이 중요하다. 기업은 소비자의 의사결정과정을 파악하여 상품관리를 단계적으로 수행할 필요가 있다. 소비재의 경우 소비자는 필요의 인식, 정보탐색, 대안평가, 구매, 구매 후 행동의 5단계를 밟는 것으로 알려졌다. 필요의 인식단계에서 소비자는 소비재의 필요성을 절감하게 되는데, 이는 소비재가 없는 현재의 상황을 불만족스럽게 느끼는 데서 시작한다. 기업은 소비재가 있는 미래의 상황이 이상적이고 만족스러울 것이라는 것을 광고나 판매원 등을 통해 강조함으로써 소비자의 현재 상태를 상대적으로 불만족스럽게 만들 수 있다.

소비자가 해당 소비재에 대하여 필요를 인식하면 그 다음 정보를 탐색하게 된다. 정보탐색은 소비자의 기억 안에서 떠올리는 내적 탐색과 외부에서 정보를 찾는 외적 탐색으로 나누어진다. 내적 탐색에서 상표의 회상 정도는 중요한 역할을 담당한다. 그리고 소비재의 외적 탐색 원천은 가족, 친구와 같은 개인적 원천, 광고나 판매원 같은 상업적 원천, 뉴스나 소비자원 정보 같은 공공적 원천, 개인적 경험에 바탕한 경험적 원천 등이 있다. 기업은 이들 정보원천을 잘 관리할 필요가 있다.

소비자는 정보탐색 결과 고려대상 집합에 속한 소수의 상품을 비교 · 평가하는데, 이 과정을 대안평가단계라고 한다. 대안평가단계에서 우월한 상품이 선택되고, 주변 사람들도 그 상품에 대하여 동의하며, 재무적 여건 및 유통점포 등 상황적 여건이 충족되면 그 소비재는 구매된다. 구매 이후 소비자는 만족 · 불만족을 통해 그 소비재를 반복구매하거나 구매를 중단하게 된다.

둘째, 산업재(industrial goods)는 기업이나 기관이 구매자인 상품을 의미한다. 산업재는 자재, 부품, 자본재, 소모품 등으로 구성된다. 자재는 목재, 원유, 가죽 등의 천연재료를 수집한 것으로 아직 가공되지 않은 상품을 의미한다. 부품은 최종 완성품의 일부를 구성하는 상품으로서 아직 조립되지 않은 상태까지를 포함한다. 예를 들어, 자동차에 아직 부착하지 않은 타이어는 부품이다. 자본재는 상품을 구성하지는 않지만 상품 생산을 원활히 하는데 도움을 주는 제반 장비나 설비를 의미한다. 예를 들어, 대형 컴퓨터, 엘리베이터, 지게차, 팩시밀리 등은 중요한 자본재이다. 소모품은 상품의 구성요소는 아니지만 상품생산을 위해 소모되는 컴퓨터 용지, 볼펜, 프린트 잉크 등을 뜻한다.

산업재는 소비재와 여러 모로 다른 특성을 지닌다. 우선 산업재의 수요는 연쇄적이다. 예를 들어, 자동차 수요가 증가하면 철강과 타이어라는 산업재 수요가 연쇄적으로 증가한다. 철강과 타이어 수요가 증가하면 철광석 수입과 고무 수입이라는 원자재 수요가 연쇄적으로 증가하는 식이다. 그리고 산업재 구매의사결정은 개인이 결정하는 경우보다 조직이 논의와 절차를 통해 결정하는 경우가 많다. 따라서 조직의 특성을 파악해야 산업재 판매가 용이해진다.

산업재 구매행동은 최초의 구매인 신규구매, 동일한 상품을 재구매하는 순수 재구매, 기존 구매에 변화를 가한 변형 재구매로 나뉜다. 그리고 산업재의 구매의사결정 참여자는 사용자, 영향력 행사자, 구매담당자, 의사결정자로 나뉜다. 산업재 판매원은 이들 참여자들 중 일부나 전부를 접촉하여 협의할 필요가 있다. 산업재 구매의사결정 과정은 총 8단계를 밟는데 5단계를 밟는 소비재 구매의사결정 과정에 비해 다소 복잡하다. 즉, 문제의 인식, 전반적 필요의 정의, 제품특성 상세화, 공급업자 탐색, 제안서 제출, 공급자 선택, 주문명세서 작성, 성과 검토의 순을 거친다. 이 단계마다 책임자가 있고 결제과정이 중요하다. 산업재 판매자는 입찰과정에서 승리하기 위해 산업재 구매의사결정 과정 및 해당 담당자를 파악할 필요가 있다.

3. 사용목적에 따른 상품 유형

상품은 사용목적을 기준으로 실용재와 쾌락재로 나누어진다. 첫째, 실용재(utilitarian goods)는 제품의 기능적 편익을 목적으로 구매하는 상품을 의미한다. 일용잡화나 식료품 등이 대표적인 실용재이다. 소비자는 실용재를 구매할 때 기능적인 속성에 주목하기 때문에 소비자가 중요하게 생각하는 속성을 파악하여 경쟁상품에 비해 더 높은 가치를 부여하는 것이 필요하다. 그리고 실용재 판매에는 가격 및 대금결제방식이 중요하다. 가격에 비해 성능이 뛰어나고 대금결제방식에 있어 부담이 적을수록 실용재는 환영받을 가능성이 높다.

그리고 실용재의 경우 적절한 판매촉진을 통해 매출이 증가하기 쉬운 상품이다. 가격할인이나 쿠폰, 사은품이나 경품행사 등 다양한 판매촉진을 통하여 실용재의 단기매출 증가효과를 누릴 수 있다. 실용재의 경우 판매촉진이 적합한 이유는 실용재는 잦은 판매촉진에도 불구하고 브랜드 이미지의 하락으로 인한 손실위험이 적기 때문이다.

둘째, 쾌락재(hedonic goods)는 경험적 편익을 목적으로 구매하는 상품을 의미한다. 마음의 즐거움과 관련한 음악, 영화, 연극 등 문화상품과 놀이공원, 관광 등 위락상품이 대표적이다. 쾌락재는 실용적인 혜택에 주목하지는 않기 때문에 대체로 가격민감도가 낮다. 따라서 어느 정도의 가격부담도 감수하려는 의지가 있다. 그리고 과도하게 낮은 가격은 쾌락재의 인식을 오히려 부정적으로 만들 우려도 있다.

그러나 심리적 한계를 벗어난 쾌락재의 비용부담은 소비자에게 죄책감을 줄 수 있다. 또한 충동구매나 탐닉을 통한 쾌락재 소비는 추후 후회의 감정을 야기하기도 한다. 따라서 쾌락재는 소비자의 절제(self control)가 필요한 상품군이기도 하다. 소비자는 본인이 선호하는 쾌락재 소비가 오랫동안 억압당하면 다른 영역에서의 절제력도 아울러 약해진다는 연구결과가 있다. 따라서 적절한 쾌락재의 소비는 삶의 활력을 더해줄 수 있다.

한편, 쾌락재는 심리적 가치를 중시하기 때문에 정보전달형 광고보다는 이미지 소구형 광고 또는 정서 소구가 더 적합하다. 또한 식품의 경우에는 입맛을 직접적으로 자극하는 시즐광고(sizzle advertising)가 사용되기도 한다. 쾌락재의 소비 유인효과는 강력하지만 지속력은 실용재에 비해 약하다. 그 이유는 소비자가 쾌락재에 대하여 쉽게 싫증효과(satiation effect)를 느끼기 때문이다. 소비자의 싫증효과를 완화하기 위해서 쾌락재는 다양한 상품과 서비스를 지속적으로 출시할 필요가 있다. 한편, 소비자는 횡재로 얻어진 뜻밖의 수입에 대하여 실용재보다는 쾌락재를 더 소비하는 경향을 보였다. 유통점포는 무료쿠폰 등의 사용을 실용재보다는 쾌락재 쪽으로 유도하면 더 높은 판매가 있을 것으로 기대된다.

4. 품질추론에 따른 상품 유형

상품은 소비자의 품질추론을 기준으로 탐색재와 경험재로 나누어진다. 첫째, 탐색재(search goods)는 주어진 제품정보만으로 품질추론이 충분히 가능한 상품을 의미한다. 제품정보가 명확하고 품질 맥락이 균일한 전자제품, 기계제품, 도서나 음반 등이 이에 해당한다. 기업은 소비자가 중시하는 상품정보를 알아보기 쉽게 명시함으로써 탐색재의 수요를 증가시킬 수 있다.

그리고 탐색재는 인터넷 쇼핑몰에서 판매하기에 적합한 상품이다. 인터넷 환경에서 정보를 제시함으로써 소비자의 구매욕구를 자극하거나 정보탐색에 요긴한 단서로 활용될 수 있다. 인터넷 환경에서 탐색재의 정보제시 형태는 응집성(cohesiveness)이 높은 경우와 응집성이 낮은 경우로 구분한다. 응집성이 높은 정보제시 형태는 상품정보 비교가 용이하도록 그림이나 도표로 일목요연하게 정리한 것을 의미한다. 반면에, 응집성이 낮은 정보제시 형태는 상품정보가 문장이나 단어로 흩어져 산만하게 제시한 것을 의미한다.

소비자는 응집성이 높은 정보에 대하여 두 상품 간 차이점에 주목하고, 응집성이 낮은 정보에 대하여 두 상품 간 유사성에 주목한다고 한다. 이것은 응집성이 높게 닮은 쌍둥이 비교 시 서로 다른 점에 주목하고, 응집성이 낮게 닮은 삼촌과 조카 비교 시 서로 닮은 점에 주목하는 것과 같은 이치이다. 따라서 품질에 자신 있는 상품은 경쟁상품과 응집성 높게 정보를 배치하는 것이 바람직하고, 저가격 우위가 있는 상품은 경쟁상품과 응집성 낮게 정보를 배치하는 것이 바람직하다. 왜냐하면 응집성 높은 정보 제시 시 소비자는 두 상품의 품질차이에 주목하고, 응집성 낮은 정보 제시 시 소비자는 두 상품의 품질차이를 미미하게 지각하여 가격차이에 더 주목하기 때문이다.

둘째, 경험재(experience goods)는 주어진 상품정보만으로는 품질추론이 어려워서 실제 상품을 경험해봐야 품질추론이 가능한 상품을 의미한다. 패션의류나 낯선 식품 등은 경험재에 속한다. 경험재는 실제 경험해보아야 하기 때문에 인터넷 쇼핑몰에서 판매하기 적합한 상품은 아니다. 그러나 인터넷 후기나 댓글 등을 통해 다른 소비자의 경험담을 기초로 어느 정도의 추론은 가능하다. 그리고 인터넷 기술의 발전으로 상품정보를 동영상 처리하여 보다 생생한 느낌으로 경험재의 품질추론을 도와주기도 한다.

그러나 모든 경험재가 간접경험으로 품질추론이 가능한 것은 아니다. 그렇다고 경험재를 구매할 때 전부 실제로 경험해보기는 어렵다. 그래서 경험재의 품질추론은 브랜드 인지도나 브랜드 이미지 등 상품의 무형적인 평판을 기초로 하는 경우가 많다. 화장품이나 패션의류, 고급 레스토랑이 브랜드 인지도와 이미지에 각별히 신경쓰는 이유가 바로 그 때문이다.

| 토의사항 |

01 좁은 의미의 상품의 정의와 넓은 의미의 정의를 비교해보고, 이들 정의가 기업에 미치는 장 · 단점을 각각 평가해보시오.

02 상표명과 브랜드 이미지가 내구재와 비내구재에 미치는 영향을 각각 비교해보고, 내구재와 비내구재 상품 사례를 하나씩 선정해 바람직한 판매전략을 각각 논하시오.

03 모바일 쇼핑몰에서 경험재를 판매하기 위해서 어떠한 마케팅전략을 수립해야 할지 탐색재의 경우와 대비하여 논하시오.

| 참고문헌 |

- 김성엽 · 주혜영(2008), 글로벌 상품학, 도서출판 대진.
- 김양명(2008), 상품학의 이해, 학문사.
- 안광호 · 하영원 · 박홍수(2008), 마케팅원론(제4판), 학현사.
- 안광호 · 한상만 · 전성률(2003), 전략적 브랜드관리, 학현사.
- 이두희(2003), 통합적 인터넷 마케팅, 박영사.
- 이용학 · 허남일 · 김학윤(2009), 마케팅(제2판), 무역경영사.
- Coopre-Martin, Elizabeth(1991), "Consumers and Movies: some Findings on Experiential Products," *Advances in Consumer Research*, 18, 372- 378.
- Hirschman, Elizabeth C. and Morris B. Holbrook(1982), "Hedonic Consumption Emerging Concepts, Methods and Propositions," *Journal of Marketing*, 46, 92-101.
- Holbrook, Morris B. and Elizabeth C. Hirschman(1982), "The Experiential Aspects of consumption: consumer Fantasies, Feelings,

and Fun," *Journal of Consumer Research*, 9, 132–140.

- Lofman, Brian(1991), "Elements of Experiential Consumption: An Exploratory Study," *Advances in Consumer Research*, 18, 729–735.
- Pine, II, B. J. and J. H. Gilmore(1999), "The Experience Economy: the Experience Economy: Work is Theatre & Every Business a Stage," *Harvard Business School Press*, Boston.
- Swami, S. and R. Krishna(2006), "Evaluation of Web Sites on Information and Entertainment Properties: The Role of Involvement," *Contemporay Research in Emarketing*, 2, 1–12.

CHAPTER 03

국제통상과 상품분류

COMMODITY SCIENCE AND TECHNOLOGY

HS상품분류분쟁

■ HS상품분류분쟁의 개요

HS상품분류는 1983년 HS협약이 채택되고 1988년 발효된 이래로 전 세계 국가의 모든 분야에서 사용되어져 오고 있다. HS협약은 ① 국제무역 원활화 목적, ② 무역환경 변화 적응 목적, ③ 상품분류체계 통일 목적, ④ 관세교섭 원활화 목적, ⑤ 다목적 상품분류 활용에 목적이 있다.

HS(Harmonized System)란 HS협약의 부속서에 규정된 호와 소호 및 이들에 관련된 코드번호부, 류 및 소호의 주와 HS해석에 관한 통칙 등으로 구성된 품목분류표를 말한다. 이러한 HS상품분류를 위한 주요 분류기준과 해설서 등 부속자료가 존재함에도 불구하고 국가 간 상품분류 분쟁을 야기시키거나 국내 수입통관 과정에서 상품분류관련 분쟁이 꾸준히 발생되고 있다.

특히, 최근에 생산기술과 IT기술의 진보로 인해 복합·다기능 상품들이 다양하게 출시되고 있다. 이러한 복합·다기능 상품들을 수출입하는 기업들은 취급상품의 HS상품분류와 HS품목분류에 대한 기본지식을 충분히 갖추고, 국내외 HS상품분쟁 해결제도를 적극 활용하여 품목분류분쟁에 대비할 필요성이 대두되고 있다.

■ 국제 상품분류분쟁

"TV·휴대폰, EU와의 DMB폰 분쟁 성공적 타결"

– 관세 0% 휴대폰으로 최종 판정 … 관세청 HIT팀 1년 3개월간의 지원 결실

– 환급액만 820만 유로(150억 원), 연간 8,700만 유로(1,560억 원) 관세경감

관세청은 우리나라와 유럽연합(EU)과 관세품목분류(HS코드 적용)상 TV냐 휴대폰이냐의 문제로 분쟁 중이던 DMB폰(TV수신기능이 있는 휴대폰) 분쟁이 성공적으로 타결되었다고 밝혔다. 관세청에 따르면 2009년 7월에 개최된 유럽연합(EU) 집행위원회 산하 관세규정위원회(Customs Code Committee)에서 이들 물품을 일반 휴대폰(관세 0%)으로 분류하는 안이 최종 승인되어, 8월 7일자 EU관보(European Journal)에 게재되었다.

그동안 휴대폰에 TV수신기능이나 GPS(위성항법장치)기능 등이 부가되는 경우, 이를 여전히 휴대폰(관세 0%)으로 보는 한국의 입장과 각각 TV(관세 14%) 및 GPS(관세 3.7%) 등으로 취급하여 관세를 부과하려는 EU와의 견해가 상충되어 왔으며, 2008년도 한 해 동안 삼성전자, LG전자 등 국내 휴대폰업체는 독일, 프랑스, 이탈리아 등 EU 8개국에 DMB폰을 수출하면서 약 1,400만 유로(250억 원)의 관세를 부담하였다.

관세청은 기업의 HS분쟁 문제를 효율적으로 해결 지원하기 위하여 분쟁해결지원 T/F팀을 구성하여, 품목분류 논리 개발·제공, EU와의 양자협상, WCO 질의 및 상정, 지경부·외통부 등 관련부

처와의 공조 등 다양한 채널을 통하여 분쟁해결을 모색하였으며, 최종적으로는 우리나라에게 유리한 결론을 이끌어 분쟁이 타결되었다고 설명했다.

또한 다기능 휴대폰 외에도 남아공과의 덤프트럭, 폴란드와의 Drive IC, 베트남과의 LCD모듈, 필리핀 · 중국과의 휴대폰용 카메라 모듈 등 현재 총 4건의 HS분쟁 물품에 대하여 컨설팅 중이며, 이들 물품에 대하여도 성공적인 타결을 위하여 지원을 하고 있다.

금번 분쟁타결로 인하여 우리나라 업체가 지난 해 이미 납부하고 돌려받을 수 있는 관세환급액만 820만 유로(약 150억 원)이며, 2009년 EU회원국 수출(예정)액으로 환산하면 연간 8,700만 유로(1,560억 원)의 관세부담을 경감할 것으로 예상되고, 향후 우리나라 업체의 유럽시장 점유율을 확대하기 위한 시장경쟁력 확보에도 크게 기여할 것으로 전망된다.

HS상품분류 국제분쟁사례

자료: 관세청

■ 국내 상품분류분쟁

"LG전자 · 도시바 'MCP 관세소송' 승소"

– 삼성전자 1,500억 원대 소송도 영향

– 법원 "전자기기에 해당 안돼 무관세 적용대상"

휴대전화 필수부품인 복합반도체칩(MCP: Multichip Package)에 대한 관세를 둘러싸고 휴대전화 제조업체와 관세당국 간 벌인 3,000억 원대 소송에서 업체가 사실상 승소했다.

MCP는 플래시메모리와 에스램(SRAM) 기능이 함께 들어있어 컴퓨터나 휴대전화 데이터 장치에 쓰이는 장치로, 업체들은 1998년 5월부터 2004년 5월까지 이를 수입하면서 관세율 0%의 집적회로로 신고했다.

그러나 관세당국은 2004년 5월 MCP를 관세율 0%의 집적회로(HS 8542)가 아닌 관세율 8%의 기타 전기기기(HS 8543)로 분류해 삼성전자에 1,500억여 원, 도시바에 420억여 원, LG전자에 225

억여 원 등 140여 개 MCP 수입업체에 총 3,000억여 원의 관세를 부과했다.

업계는 MCP가 전 세계적으로 0%의 관세율을 적용받고 있다고 주장하며 소송을 냈고, 관세당국은 이런 업계 의견을 받아들여 2006년 1월부터 무관세율을 적용하고 있지만 무관세율 시행 이전에 관세를 내지 않은 부분을 추징하는 것은 당연하다고 맞서왔다.

이번 재판의 쟁점은 HS 8542의 집적회로는 반도체 재료의 내부 또는 표면에 한덩어리 상태로 집적돼 있어 분리가 불가능하도록 결합된 회로이며 HS 8543의 기타전자기기는 고유의 기능을 가진 것을 의미하기 때문에 MCP가 독립된 고유의 기능을 가진 전자기기에 해당하는지 여부였다.

재판부는 "MCP는 플래시 메모리와 에스램을 단일 패키지 내에 층층이 쌓은 물품으로, 플래시 메모리와 에스램은 휴대전화 등 메모리가 필요한 각종 전자기기에서 프로그램 및 각종 데이터를 저장하는 메모리 기능을 수행하고 있다"고 설명했다. 또한 "휴대전화는 통신 프로토콜이 없다면 본질적 기능을 할 수 없고, 현대에는 기술의 발달 · 융합으로 음성정보 외에 영상 · 문자정보 등의 송 · 수신 등도 휴대전화의 작동과 조작에 필수불가결한 것으로 봐야 한다"며 MCP가 독립된 고유의 기능을 가진 전자기기에 해당하지 않는다고 밝혔다.

MCP 패키지 및 S-CSP

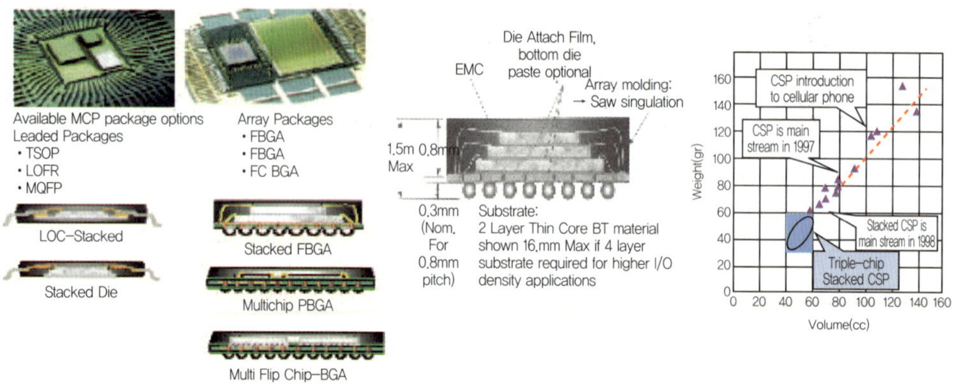

상품분류 또는 품목분류는 수출입승인, 수출입요건확인, 원산지 판정절차와 결정기준, 특히 수입물품의 관세율 결정과 간이정액환급액의 결정 등 수출입과 관련된 각종 분야에서 매우 중요하게 사용되고 있다.

본 장은 제1절 국제통일상품분류의 발달, 제2절 HS 상품분류의 체계, 제3절 무역과 상품분류로 구성되어 있다.

제1절 국제통일상품분류의 발달

1. 국제통일상품분류 제정의 의의와 역사

(1) 국제통일상품분류 제정의 의의

상품의 생산, 출하, 수출입 등의 각종 경제활동에 관한 통계에 대하여 그 정확성, 객관성을 유지하고 상호 비교가능성을 확보하기 위하여 통계조사기관과 각국 간에 공통으로 채택되는 것을 목적으로, 나라마다 또는 국제기구에 의하여 상품분류체계가 작성되었다.

무역구조가 각국 간에 어떻게 다른지, 과거에 어떻게 변화했는지를 알기 위해서는 국가에 걸쳐서 또한 시간을 통해서 동일한 상품분류에서 무역통계를 작성할 필요가 있다. 국제적으로 비교가능한 무역통계의 작성을 위하여 그리고 관세부과의 편의를 위하여 각국의 무역통계의 상품분류를 표준화하는 노력이 옛날부터 국제기구 등에 의하여 행해졌다.

(2) 국제통일상품분류 제정의 역사

무역통계 또는 통관통계는 각국 · 지역의 많은 외국 · 지역과 무역을 하는 항만, 공항 등에 설치된 세관에 신고된 무역거래를 각국 · 지역의 정부기관이 정리하여 집계한 것이다. 일반적으로 무역통계의 기본항목은 ① 무역을 하는 상대국가와 지역, ② 품목, ③ 거래금액, ④ 수량단위, ⑤ 거래수량으로 이루어진다. 이 중 품목에는 크게 2종류의 국제표준분류 체계가 있다. 1개는 유엔이 정한 "표준국제무역분류"(SITC: Standard International Trade

Classification)이고, 나머지 1개는 세계관세기구(WCO: World Customs Organization)가 정한 "상품의 명칭 및 분류에 관한 통일시스템"(HS: Harmonized Commodity Description and Coding System)이다.

현재 대표적인 상품분류 국제표준체계로서는 UN의 "SITC"와 관세협력이사회의 "관세협력이사회품목표(CCCN: Customs Cooperation Council Nomenclature)의 2가지를 들 수 있다. UN의 SITC(1950년)는 국제연맹이 1937년에 발표한 "무역통계를 위한 최소품목표(Minimum List of Commodities for International Trade Statistics)"를 바탕으로 만들었다. 이 무역분류는 "SITC Origin"으로 불리워진다. 이후 SITC는 1960년에 개정 제1판(SITC Rev. 1), 1975년에 개정 제2판(SITC Rev. 2) 및 1985년에 개정 제3판(SITC Rev. 3)이 행해졌다. 그때마다 그것을 무역통계의 기준으로 하도록 UN경제사회이사회는 회원국들에게 권고하였다. SITC의 각 책자에 관한 주요 정보를 표로 만들었다. 한편 세관절차간소화, 표준화 때문에 관세협력이사회가 작성한 품목표가 있다. 관세협력이사회는 세관 수속의 간소화 및 표준화를 목표로 OECD의 전신인 유럽경제협력기구(OEEC)에 의하여 1952년 11월에 설립되어 1955년 관세협력이사회 품목표의 원형인 BTN(Brussels Tariff Nomenclature)을 처음으로 발표하였다. 이후 관세협력이사회 품목표는 2차례 개정되어 1977년에 CCCN, 1983년에 HS(Harmonized Commodity Description and Coding System; 상품의 명칭 및 분류에 관한 통일시스템)이 각각 발표되었다. 2개의 체계 중 관세협력이사회의 품목표는 관세율표로서 이용을 고려한 형식으로 작성되어 있고, 동일한 원자재의 상품은 동일한 부와 류로 분류되고 있는 경향이 있다. 이에 대하여 SITC에서는 동일한 원자재의 상품이라도 가공단계별로 1자리에서 분류코드가 다르고, 경제분석에 이용하기에 적합하다.

2. 국제통일상품분류제도의 변천과정

(1) 제네바품목분류표

1927년 5월 국제연맹이 주관하는 세계경제협의회에서 국제관세율표에 관한 기본골격이 채택되고 관세에 관한 전문가로 구성된 전문위원회가 조직되어 1931년 잠정관세품목분류안, 즉 제네바품목분류표가 제정되었다. 이후 1937년 1차 개정 제네바품목분류표가 완성되었고, 이는 21부 86류 991호로 구성되어 있다. 제네바품목분류표는 통계목적의 국제무역통계를 위한 상품최소목록, 국제표준무역분류(SITC), 관세목적의 브뤼셀관세품목분류표(BTN)의 기초가 되었다.[1)]

(2) SITC

SITC(Standard International Trade Classification; 표준국제무역분류)는 무역상품을 분류하는 방법의 하나로 경제분석과 상품별 무역자료의 국제적 비교를 용이하게 하기 위하여 1950년 7월 UN통계위원회의 조언과 UN경제사회이사회(ECOSOC)의 권고 및 UN회원국들의 협력으로 UN사무국이 작성한 것으로서 1960년, 1974년, 1985년, 2006년의 4번의 개정을 거쳐서 현재에 이르고 있다. 즉, 아시아 장기경제통계데이터베이스 프로젝트의 무역반은 아시아 국가의 상품별 수출입액, 상품별 수출입가격지수의 장기 통계를 작성하면서 상품분류세계로서 UN의 "표준국제상품분류(SITC: Standard International Trade Classification)"의 개정 초판(SITC Rev.1)을 채용하였다. 이는 국제무역구조의 변화 및 다양화에 따라 세계 각국의 국제기관 및 기구는 무역자료에 대한 정확한 분석의 필요성이 점점 커지게 되어 통계상의 무역상품분류의 통일을 꾀하고자 하는 분류방법이다. 현재의 SITC는 2006년에 개정한 것으로서, 무역상품을 1,914개 기본항목(basic item)별로 구분하였다. 이 방법의 특징은 경제분석을 쉽게 할 수 있도록 상품이 분류되어 있으며, SITC는 CCCN과 달리 부 또는 류의 주가 없고 해설도 없다. 우리나라는 1971년 이전까지 이 방식을 사용하였다.

| 표 3-1 | SITC의 개정과정

개정년도	SITC Origin	SITC Rev. 1	SITC Rev. 2	SITC Rev. 3
	1950년	1960년	1975년	1985년
대분류(1자리)의 항목수	10	10	10	10
중분류(2자리)의 항목수	52	56	63	67
소분류(3자리)의 항목수	150	177	233	262
세분류(4자리)의 항목수	–	625	786	1,033
세세분류(5자리)의 항목수	570	1,312	1,832	3,121

자료: http://www.ier.hit-u.ac.jp/COE/Japanese/Newsletter/No.6.japanese/HYOU.HTML

1) 김대철 외 13인, 상품학, 도서출판 청람, 2015, 41.

2) http://www.ier.hit-u.ac.jp/COE/Japanese/Newsletter/No.6.japanese/GAKU.html

상기의 표에서 보는 바와 같이, SITC는 SITC Origin에서는 4자릿수 분류인 세분류(subgroup)가 존재하지 않았던 것을 제외하면 5자리까지 분류구조를 취하고 있으며 1자리의 대분류의 항목수는 10에 유지됐다. 다만, 그 아래의 세부분류의 항목수가 늘어나고 있다.[2)]

여기서 SITC Rev.3의 품목분류를 표시하면 다음과 같다.

| 표 3-2 | SITC Rev.3의 품목분류

SITC 코드		SITC 명칭
제0부	00	동물(어패류를 제외한 살아 있는 것)
	01	고기 및 그 조제품
	02	낙농 제품 및 조란
	03	어패류 및 그 조제품
	04	곡물 및 그 조제품
	05	과일 및 야채
	06	당류와 그 조제품 및 꿀
	07	커피, 차, 코코아, 향신료 및 이들 제품
	08	사료(분쇄되지 않은 곡물을 제외)
	09	그 밖의 식료품 및 조제품
제1부	1	음료 및 담배
	11	음료
	12	담배(담배)
제2부	2	원재료(비식용, 비광물 연료)
	21	원피 및 모피(이기기지 않은 것)
	22	석유 채굴용 씨 및 과실
	23	생고무(합성고무 및 재생고무를 포함)
	24	목재 및 코르크
	25	펄프 및 폐지
	26	직물용 섬유(양모의 톱 및 소모를 제외) 및 그 쓰레기(실 및 직물이 아닌 것)
	27	비료(정제하지 않은 것) 및 찌꺼기의 광물(석탄, 석유, 귀금속 제외)
	28	금속광물 및 금속 부스러기
	28	그 밖의 동물성 또는 식물성의 원자재
제3부	3	광물 연료, 윤활유 및 관련 물질

	31	
	32	석탄, 코크스 및 연탄
	33	석유, 석유제품 및 관련 재료
	34	천연가스 및 제조가스
	35	전력
제4부	4	동물성 또는 식물성 유지
	41	동물성 유지
	42	식물성 유지(비휘발성)(정제하지 않은 것, 정제 또는 분리된 것)
	43	동물성 또는 식물성 가공유지 및 밀랍, 혼합물, 식용에 적합하지 않은 조제품
제5부	5	화학제품
	51	유기화학품
	52	무기화학품
	53	물감, 이기기제, 인료, 칙색제
	54	의약품
	55	정유, 조제향료, 화장품, 연마제 및 세제
	56	비료(SITC272에 포함되지 않은 것)
	07	플라스틱(일차 형태의 것)
	08	플라스틱 제품(일차 형태가 아닌 것)
	09	그 밖의 화공품
제6부	6	원료 특제품
	61	가죽 및 가죽제품, 모피제품
	62	고무제품
	63	목제품 및 코르크제품(가구를 제외)
	64	종이, 판지 및 이들 제품, 제지용 펄프제품
	65	직물용 섬유의 실, 직물 및 섬유제품
	66	그 밖의 비금속 광물제품
	67	철강
	68	비철금속
	69	그 밖의 금속제품
제7부	7	기계 및 운송용 기기
	71	원동기
	72	산업용 기기류
	73	금속가공기계

	74	그 밖의 일반산업기계기구 및 그 부품
	75	사무용 기계 · 자동데이터처리 기계
	76	기통신기기, 녹음재생장치
	77	그 밖의 전기기계기구 · 그 부분품
	78	도로운송차량(에어쿠션차량을 포함)
	79	그 밖의 운송기기
제8부	8	잡제품
	81	조립식 건축물; 위생설비, 급배수설비, 난방기구 및 조명기구 및 그 장착기구
	82	가구 및 그 부분품; 침구, 매트리스, 매트리스 받침대, 쿠션 및 이와 유사한 침구류
	83	여행용구, 핸드백 및 이와 유사한 용기
	84	의류
	85	신발
	87	광학기기, 의료용 기기, 계측기기 및 제어장치
	88	사진용 기계기구 · 그 소모품, 광학용품 및 시계
	89	그 밖의 잡제품
제9부	9	특수취급품
	93	특수취급제품(종류별로 분류되지 않은 것)
	96	금화 이외의 화폐(법화가 아닌 것)
	97	금(화폐가 아닌 것)(금광석 및 농축한 것 제외)

(3) CCCN

CCCN(Customs Cooperation Council Nomenclature; 관세협력이사회 상품분류표)은 세계 각국의 관세행정을 개선하고 통일화를 도모하고자 1952년에 설립된 국제기구인 관세협력이사회(CCC)가 상품분류의 국제적 통일을 기하기 위하여 쥬네브 관세품목표를 기초로 하여 1955년 7월에 작성한 전 상품의 분류리스트다. CCCN은 1955년 11월 11일에 발효한 CCC의 품목분류에 관한 협약의 부속서로서 탄생하였으며, 1976년 6월 CCC총회에서 CCCN으로 명칭을 변경함에 따라 우리나라는 1977년 상반기부터 종전에 BTN이라 하던 것을 CCCN으로 명칭을 바꾸어 1987년까지 사용하였다. HS가 제정되어 시행되기 전에는 153개국 이상이 관세율표상의 품목을 CCCN방식으로 분류하고 있었는데, 이는 CCCN분류방식을 취함으로써 관세율표상의 품목분류에 있어 공통형을 수립할 수 있고, 국제 간 거래물품에 대한 각국의 규제와 세율의 비교가 용이하고, 통상 및 관세율에 관한 국제 간의 교섭을 간소화하며, 각국의 물품분류에 있어 최대한의 통일성을 제공할 수 있기 때문에 132개국 이상이 CCCN방식을 관세율표로 채택하였었다. 우리나라는 1968년 7월 2일에 CCCN에 가맹하였고, 1979년 1월부터 CCCN을 개정관세율로 적용하였다. CCCN의 특징은 모든 상품을 21개부, 99류, 1010세번으로 분류하여 약 60,000개의 구체적 상품을 표시한다.

3. HS

(1) HS조약의 의의

HS(Harmonized Commodity Description and Coding System; Harmonized System; 국제통일상품분류제도; 조화제도)[3]는 "상품의 명칭 및 분류에 관한 통일시스템(Harmonized Commodity Description and Coding System)에 관한 국제조약(HS조약)"에 근거하여 정해진 코드번호로서, 국제무역상품의 명칭 및 분류를 세계적으로 통일할 목적으로 작성되었다. 이는 CCCN에 비하여 무역통계의 수집 · 비교 · 분석을 용이하게 하고 국제교섭에 필요한 정확하고 비교가능한 데이터수집을 용이하게 하여 원활한 국제무역을 증진시킬 수 있다고 인정되고 있다. CCCN이 순수하게 관세를 부과하는 목적이라면, HS는 관세 · 무역 · 통계 · 운송 · 보험 등의 전 분야에서 사용될 수 있도록 CCCN을 보완한 다국적 상품분류이다.

우리나라는 1988년 1월 1일부터 HS제도를 도입하여 한국통일상품분류(HSR)를 제정 · 시행하고, 1992년 1월부터는 관세 · 통계 통합품목분류(HSK)[4]로 변경하여 사용하고 있다. 즉, 1988년부터 우리나라(1988년 1월 1일부터 이를 채택 · 시행)를 비롯한 세계의 주요 무역국가들이 이 분류방식을 채택 · 시행하고 있는 바, 2017년 9월 현재 세계관세기구(WCO)가 관리하고 있는 이 조약에는 한국 등 153개 국가 및 EU가 가입하고 있다. 또한 비회원국이라도 HS코드를 사용하는 국가와 지역이 있기 때문에 이러한 국가와 지역을 포함하면 200

3) HS(Harmonized System)협약은 관세협력이사회(CCC)가 품목분류를 통일하여 국제무역을 증진시킬 목적으로 제정한 국제적인 통일품목분류체계로서 HS협약체약국 103개국을 포함한 전 세계 170여 개국이 사용 중이며, 우리나라는 현재 10단위 11,176개(6단위 5,113개)로 운영 중이다.

4) HSK(Harmonized System of Korea)는 HS협약에 의한 HS품목분류표 6단위 코드를 국제적 필요에 의해 10단위로 세분화한 관세 · 통계통합품목분류표로서 산업부고시로 운영 중이다.

그림 3-1 ▶▶ HS 개정 일정

시행(1988년) → 1차 개정(1992년) → 2차 개정(1996년) → 3차 개정(2002년) → 4차 개정(2007년) → 5차 개정(2012년) → 6차 개정(2017년 1월 1일)

개 이상의 국가와 지역이 HS코드를 사용하고 있다.

이러한 HS는 1931년 제네바 품목분류표가 효시이며, 1988년 1월 1일 시행된 이후 5년마다 개정되고 있다. 즉, HS의 개정은 시대의 흐름에 맞게 거의 5년마다 재검토를 하는 것이 애초부터 회원국에 의해 합의됐으며 최근에는 2017년 1월 1일에 개정되었다.

2017년 개정 주요점은 식량, 항말라리아, 대나무 및 화학품과 관련된 기술혁신을 반영한 신제품(하이브리드 자동차, LED램프, 카메라의 촬영막대) 등의 품목이 신설된 것이다.

(2) HS분류체계의 개발배경

1960년대 세계무역의 급속한 확대와 함께 무역관계자 간에 무역에 관련하는 절차와 데이터를 국제적으로 통일할 필요가 있다는 인식이 높아졌다. 그 필요성을 나타내는 대표 예로서, 하나의 국제거래로 화물이 이동하는 것에 따라 17개의 상품분류체계에서 분류가 행해지고 많은 노력과 비용이 들고 있는 것이 보고되었다. 그래서 유럽경제위원회는 이 문제를 거론하여 논의한 결과, 1970년대 초경 그 같은 무역관계자의 부담을 경감하고 데이터의 자동전송을 효율적으로 할 수 있게 하려면 각종 상품코드를 통일할 필요가 있다는 것, 그런 통일품목표를 개발하는 기관으로서는 CCC가 최적이라는 합의에 이르렀다. 이것이 HS를 개발하게 된 발단이다.

당시 유럽을 포함하는 많은 국가는 이미 CCCN을 채용하고 있었지만, 미국과 캐나다는 독자적인 분류체계에 의한 관세율표를 사용하고 있었기 때문에 CCCN을 채용한 국가와 이를 채용하지 않은 국가 간에 무역협상의 공통기반이 부족하였을 뿐만 아니라 수출입통계의 비교에도 많은 어려움이 있었다. 따라서, CCCN의 채용국은 이러한 독자적인 상품분류를 비관세장벽으로 간주하여 CCCN을 채택하도록 요청하였다.

미국정부도 CCCN을 채용하기 위한 검토를 실시했으나 도중 CCCN은 미국이 참여하지 않고 유럽이 개발한 것이다 등의 반대 목소리가 높아졌기 때문에 드디어 CCCN을 채용하는 것을 단념했다. 이 움직임 또 전후해서 CCC는 새로운 품목표(HS)를 개발할 가능성에 대한 예비적인 연구를 한 결과, 쇼와 48년 교토총회에서 HS를 개발하기로 정식 결정했다. 그래서 CCC에는 HS위원회가 설치되어 미국, 캐나다가 정식 멤버로 그 작업에 참여하는 동시에, 미국 출신이 이 위원회의 의장에 선출됐다. 이와 같이 HS 개발목적의 하나로 미국, 캐나다를 같은 씨름판에 끌어들이는 진정한 국제적 통일을 도모하는 것에 있다. 미국 측도 HS위원회의 작업에는 관세청 외 1974년 통상 법(608조)에 의하여 관세율 개정을 위한 조사 등을 임무로 하는 국제무역위원회(ITC)에도 적극 참여하도록 준비를 갖췄다.

(3) HS조약의 개발과정

HS의 개발작업은 HS위원회가 중심이 되고 CCCN을 관리하는 품목표위원회가 협력하는 형태로 진행되었다. HS위원회에는 미국, 캐나다, 영국, 프랑스, 일본 등의 주요 8개 국가 외에 EC, GATT, UN, IATA 등의 국제기구도 정식 회원으로서 참여하였다. 이러한 품목표위원회 산하에 작업부회가 설치되어 품목표를 만든다는 기술적이고 실질적인 작업의 대부분은 이 작업부회에서 이루어지게 되었다. 여기에는 HS위원회의 정식회원이 아니라 많은 나라들(주로 CCCN 채택국)도 참가하여 다수결방식으로 작업이 진행되었다.

HS품목분류표의 개발에 있어서는 가이드라인이 제시되고 이에 따른 작업이 진행됐다. 즉, CCCN(4자릿수)을 기반으로 하는 HS를 개발하는 것으로 하여 이 등급에서는 CCCN 작성 후의 기술의 진보, 무역구조의 변화 등을 감안하여 기본적 분류체계의 일부를 재편성하거나 무역액이 편중되어 있는 품목을 4자릿수의 수준으로 분할하거나 신규 상품을 특별히 제시하고 분류체계의 업데이트를 시도하였다. 그러나 4자릿수의 품목만으로는 무역통계 및 기타 무역관련 데이터를 파악하는 목적으로는 대충 지나는 면이 있으므로 현존하는 각종 상품분류표(예를 들면, 유엔의 표준국제무역분류(SITC), 일본의 실행관세율표, 미국의 관세율표(TSUSA) 및 수출통계표(SCHEDULE-B), 캐나다의 관세율표 및 수입상품분류표, 유럽공동무역통계품목표(NIMEXE), 세계항공화물분류표(WACCC), 표준운송상품코드(STCC) 등)을 참고로 하여 4자릿수의 품목하에서 무역상 중요한 품목을 열거함으로써 6자릿수의 수준의 정밀한 분류체계를 만들고, 이를 어떤 방식으로 실시한 것인지에 대한 정책문제가 열심히 토의되었다.

당초 4자릿수의 품목은 CCCN조약의 개정에 의해서 또 5, 6자릿수의 품목은 권고에 의해서 실시하자는 의견이 대종을 차지했지만 4~6자릿수의 품목표 전체를 HS조약으로 하자는 미국의 주장에 따라 선진국은 관세율표 및 통계품목표에 6자릿수의 품목의 모든 것을 완전

채용해야 한다는 생각을 명확히 내놓았다. 이에 대하여 선진국 중에서도 각종 의견이 나와서 진지한 토의가 이루어졌지만 결국 선진국에 대해서는 6자릿수까지 완전채용(단, 통합관세 및 통계품목표에서 완전채용하는 방식도 가능)하려고 하는 데 합의를 봤다. LDC에 대해서는 즉시 HS는 정밀하고 방대한 품목표의 모든 것을 채용하는 것은 적당하지 않으므로 어쨌든 5, 6자릿수의 세분에 대해서는 부분채용을 가능하게 하는 것에 대체로 합의하였다. HS조약의 작성과정에서 다른 주요 쟁점은 EC의 투표권 문제였다. HS를 개발하는 과정에서, EC국가들의 블록투표에 자주 시달린 미국은 HS조약하에서는 EC와 그 가맹국이 HS조약에 가입하더라도 전체적으로 1표밖에 행사할 수 없는 것을 조약상 명문화하는 것을 요구하였고 EC 측도 마침내 양보하였다. 이외에도 조약의 개정절차에 대해서도 논의가 행해졌다.[5]

(4) HS조약의 주요 내용

HS조약은 HS품목분류표를 부록에 넣고 있지만 그 주요 내용을 살펴보면 다음과 같다.

첫째, 이 조약의 전문에 규정된 HS조약의 목적은 ① 국제무역을 원활히 하는 것, ② 무역통계의 수집 · 비교 및 분석을 용이하게 하는 것, ③ 관세협상에 필요한 정확하고 비교가능한 데이터를 수집가능하게 하는 것, ④ 상업목적의 상품분류에도 사용가능한 품목분류표를 제공하는 것이다.

둘째, 이 조약의 본문 제3조에서는 체약국의 의무에 대하여 규정하고 있다. 즉, 체약국은 자국의 관세율표 및 수출입통계품목분류표를 HS분류(6자릿수)에 일치시켜야 하는데, HS분류(6자릿수) 이하의 국내세분을 마련하는 것은 금지하고 있지 않다. 이외에도 체약국은 HS분류에 따라 무역통계를 공표할 것도 의무화하고 있다.

셋째, 이 조약의 본문 제12조에서는 체약국이 되기 위한 절차를 규정하고 있다. 즉, 이 조약의 체약국이 되기 위하여는 ① 비준을 조건으로 하지 않고 서명할 것, ② 비준을 조건으로 서명하고 이후 비준서를 기탁할 것, ③ 조약의 서명개방기간의 종료 후 가입할 것 등의 절차가 필요하다.

---

5) 国際統一商品分類(HS)について, http://www.dl.ndl.go.jp/view/download/digidepo_3515728_po_389_i.pdf?contentNo=9&alternativeNo=

(5) HS코드의 관리기구

HS코드는 세계관세기구(WCO: World Customs Organization)에 의하여 관리되고 있는데, 이는 각국 관세제도의 조화 · 간이화와 관세행정의 국제협력을 추진하는 국제기구로서 벨기에의 브뤼셀에 본부를 두고 있다. WCO의 성립은 1950년 12월 15일에 작성된 "관세협력이사회를 설립하는 조약"으로 거슬러 올라간다. 이 조약의 발효(1952년 11월 4일)에 따라 WCO가 탄생하였으며, 1953년 1월 26일 제1차 총회가 개최되었다.

WCO사무국은 1998년 1월에 기구개정을 하면서 HS조약의 유지와 관리, WTO 관세평가협정 및 WTO가 원산지규칙 협정의 기술적 문제를 검토하는 관세 · 무역국 각국의 감시단속 분야 및 세관절차 분야의 여러 문제를 검토하는 감시 · 절차국으로 구성되어 있다. 즉, WCO는 총회를 중심으로 각종 위원회와 그 산하에 소위원회, 실무작업반을 통하여 활동하고 있으며, 세관제도의 조화 · 통일과 관세행정에 관한 국제협력을 목적으로 다음과 같은 임무를 맡고 있다.

① 분류 및 세관절차에 관한 조약의 작성 · 재검토 · 통일적 해석
② 국제무역의 안전확보 및 무역원활화에 관한 가이드라인 등의 작성 · 추진
③ WTO가 주관하는 관세평가 및 원산지규칙에 관한 협정의 통일적 해석 및 적용을 위한 기술적 검토
④ 국제적인 약물 및 지식재산권 침해물품 등의 감시 · 단속의 협력, 관세기술협력의 추진

제2절 HS상품분류의 체계

1. HS상품분류체계의 구성

HS조약은 본문과 부속서로 구성되어 있는데, 본문은 전문과 20개의 조항으로 구성되어 있고, 부속서는 HS품목분류표로 구성되어 있다.

현재 HS품목분류표는 21개부(Section), 97개류(Chapter), 1241개호(Heading)로 구성되어 있다. 즉, HS코드는 모든 품목을 성분별 또는 용도별로 분류하고 있는바, 21개의 '부'

(Section)로 대분류하여 6자리의 숫자로 나타내고 있다. 류를 크게 21분류에 집계한 것이 부(Section)이다. 6자리의 수에서 위의 2자리의 수를 류(Chapter), 류를 포함하는 위의 4자리의 수를 항(Heading), 항을 포함하는 위의 6자리의 수를 호(Sub heading)라고 한다. 부와 류는 변경되지 않지만, 항과 호는 WCO에 의한 4~5년의 개정주기에 따라 변경될 수 있다.

HS조약의 가맹국은 상품분류체계 6단위까지는 세계적으로 통일된 분류체계로서 6단위까지는 첨가 또는 감축 등의 변경없이 그대로 사용해야 하고, 6단위 이하인 '호'의 아래에는 국내법에 근거하여 더 세분하여 사용할 수 있다. 10단위 품목수, 즉 7자리부터는 품목별 거래실적 등을 감안하여 수시로 조정하고 있다. 즉, 각 나라마다 6단위 소호의 범위 내에서 이를 세분하여 10자리까지 사용할 수 있는데, 우리나라는 7자리부터 10자리까지 사용하면서 HSK(HS of Korea)라고 하고 있으며, EU는 8자리, 일본은 9자리까지 사용하고 있다.

| 표 3-3 | 품목분류의 단위구분 및 구성

<table>
<tr><td>단위
분류</td><td>0 0 − 0 0 0 − 0 0 − 0 0 0
(대분류) (중분류) (소분류) (세분류)</td><td rowspan="2">소호(Sub heading)
호(Heading)
류(Chapter)
8 7 0 4 2 1
자동차
화물차
5톤 이하 화물차</td></tr>
<tr><td>단위
구분</td><td>• 2단위: 부류구분(부류 전체 표시)
• 4단위: 품목종류 표시
• 6단위: 개별품목 분류(전 세계 6단위 공통코드 분류)
• 10단위: 개별품목 추가 상세분류(해당국 상세분류)</td></tr>
</table>

예를 들면, 현행의 실행 관세율표의 '말(01.01)'은 다음과 같이 세분화되고 있다.

| 표 3-4 | 관세율표상의 품목분류의 실례(말)

품목번호			품명(2017년)
0101			살아 있는 말, 당나귀, 노새, 버새
0101	2		말
0101	21		번식용
0101	21	1000	농가 사육용
0101	21	9000	기타
0101	29		기타
0101	29	1000	경주말

0101	29	9000	기타
0101	30		당나귀
0101	30	1000	번식용
0101	30	9000	기타
0101	90	0000	기타

(2) HS상품분류체계의 분석

HS품목분류표의 기본구조를 살펴보면 다음과 같다.

그림 3-2 ▸▸ HS품목분류표의 기본구조

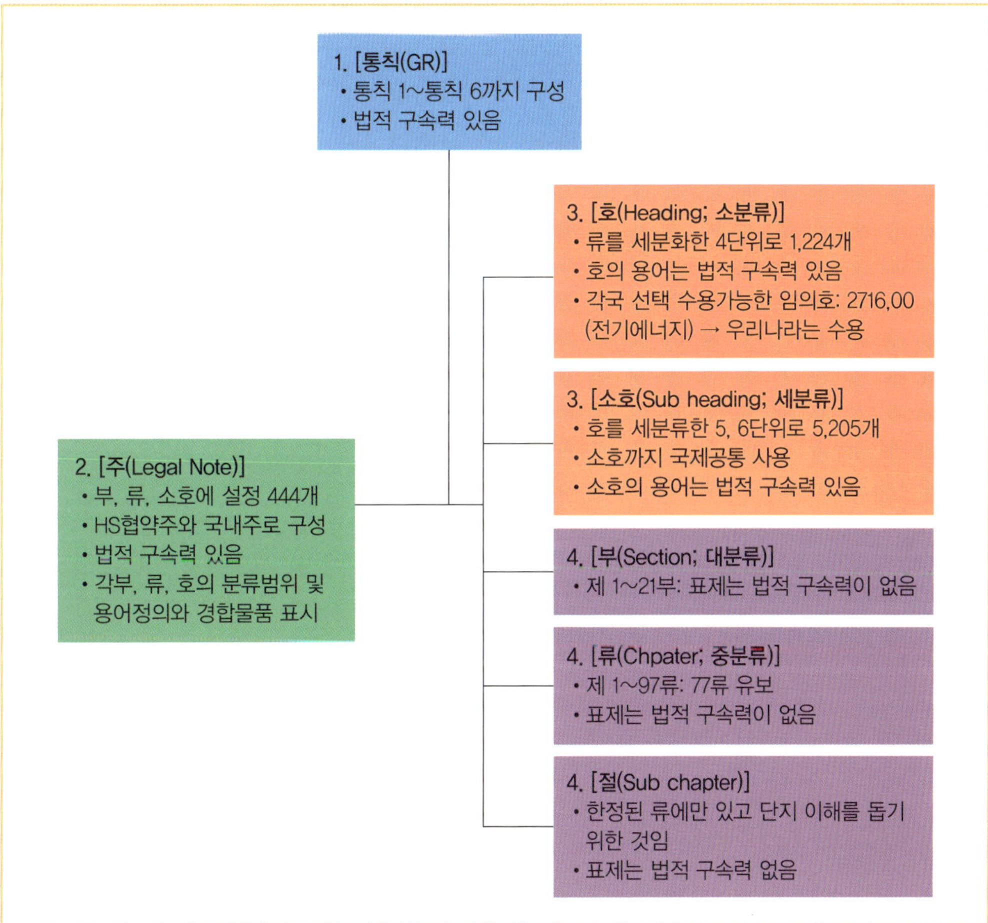

자료: 관세청

한편, HS의 기본구성을 정리하면 다음 표와 같다.

| 표 3-5 | HS품목분류체계

제1부	제1류~ 제5류	살아 있는 동물과 동물성 생산품
		01: 제1류 살아 있는 동물 02: 제2류 육과 식용 설육(屑肉) 03: 제3류 어류 : 갑각류 · 연체동물과 그 밖의 수생(水生) 무척추동물 04: 제4류 낙농품, 새의 알, 천연꿀, 다른 류로 분류되지 않은 식용인 동물성 생산품 05: 제5류 다른 류로 분류되지 않은 동물성 생산품
제2부	제6류~ 제14류	식물성 생산품
		06: 제6류 살아 있는 수목과 그 밖의 식물, 인경(鱗莖) · 뿌리와 이와 유사한 물품, 절화(切花)와 장식용 잎 07: 제7류 식용의 채소 · 뿌리 · 괴경(塊莖) 08: 제8류 식용의 과실과 견과류, 감귤류 · 멜론의 껍질 09: 제9류 커피 · 차 · 마테(maté) · 향신료 10: 제10류 곡물 11: 제11류 제분공업의 생산품과 맥아, 전분, 이눌린(inulin), 밀의 글루텐(gluten) 12: 제12류 채유(採油)에 적합한 종자와 과실, 각종 종자와 과실, 공업용 · 의약용 식물, 짚과 사료용 식물 13: 제13류 락(lac), 검 · 수지 · 그 밖의 식물성 수액과 추출물(extract) 14: 제14류 식물성 편조물(編組物)용 재료와 다른 류로 분류되지 않은 식물성 생산품
제3부	제15류	동물성 · 식물성 지방과 기름 및 이들의 분해생산물, 조제한 식용 지방과 동물성 · 식물성 납
제4부	제16류~ 제24류	조제 식료품, 음료 · 주류 · 식초, 담배 · 제조한 담배 대용물
		16: 제16류 육류 · 어류 · 갑각류 · 연체동물이나 그 밖의 수생(水生) 무척추동물의 조제품 17: 제17류 당류(糖類)와 설탕과자 18: 제18류 코코아와 그 조제품 19: 제19류 곡물 · 고운 가루 · 전분 · 밀크의 조제품과 베이커리 제품 20: 제20류 채소 · 과실 · 견과류나 식물의 그 밖의 부분의 조제품 21: 제21류 각종 조제 식료품 22: 제22류 음료 · 주류 · 식초 23: 제23류 식품 공업에서 생기는 잔재물과 웨이스트(waste), 조제 사료 24: 제24류 담배와 제조한 담배 대용물
제5부	제25류~ 제27류	광물성 생산품
		25: 제25류 소금, 황, 토석류(土石類), 석고 · 석회 · 시멘트 26: 제26류 광(鑛) · 슬래그(slag) · 회(灰) 27: 제27류 광물성 연료 · 광물유(鑛物油)와 이들의 증류물, 역청(瀝青)물질, 광물성 왁스

부	류	내용
제6부	제28류~제38류	화학공업이나 연관공업의 생산품
		28: 제28류 무기화학품, 귀금속 · 희토류(稀土類)금속 · 방사성원소 · 동위원소의 유기화합물이나 무기화합물 29: 제29류 유기화학품 30: 제30류 의료용품 31: 제31류 비료 32: 제32류 유연용 · 염색용 추출물(extract), 탄닌과 이들의 유도체, 염료 · 안료와 그 밖의 착색제, 페인트 · 바니시(varnish), 퍼티(putty)와 그 밖의 매스틱(mastic), 잉크 33: 제33류 정유(essential oil)와 레지노이드(resinoid), 조제향료와 화장품 · 화장용품 34: 제34류 비누 · 유기계면활성제 · 조제 세제 · 조제 윤활제 · 인조 왁스 · 조제 왁스 · 광택용이나 연마용 조제품 · 양초와 이와 유사한 물품 · 조형용 페이스트(paste) · 치과용 왁스와 플라스터(plaster)를 기본재료로 한 치과용 조제품 35: 제35류 단백질계 물질, 변성전분, 글루(glue), 효소 36: 제36류 화약류, 화공품, 성냥, 발화성 합금, 특정 가연성 조제품 37: 제37류 사진용이나 영화용 재료 38: 제38류 각종 화학공업 생산품
제7부	제39류~제40류	플라스틱과 그 제품, 고무와 그 제품
		39: 제39류 플라스틱과 그 제품 40: 제40류 고무와 그 제품
제8부	제41류~제43류	원피 · 가죽 · 모피와 이들의 제품, 마구, 여행용구 · 핸드백과 이와 유사한 용기, 동물 거트(gut)[누에의 거트(gut)는 제외한다]의 제품
		41: 제41류 원피(모피는 제외한다)와 가죽 42: 제42류 가죽제품, 마구, 여행용구 · 핸드백과 이와 유사한 용기, 동물 거트(gut)[누에의 거트(gut)는 제외한다]의 제품 43: 제43류 모피 · 인조모피와 이들의 제품
제9부	제44류~제46류	목재와 그 제품, 목탄, 코르크와 그 제품, 짚 · 에스파르토(esparto)나 그 밖의 조물 재료의 제품, 바구니 세공물(basketware)과 지조세공물(枝條細工物)
		44: 제44류 목재와 그 제품, 목탄 45: 제45류 코르크(cork)와 그 제품 46: 제46류 짚 · 에스파르토(esparto)나 그 밖의 조물 재료의 제품, 바구니 세공물(basketware)과 지조세공물(枝條細工物)
제10부	제47류~제49류	목재나 그 밖의 섬유질 셀룰로오스재료의 펄프, 회수한 종이 · 판지[웨이스트(waste)와 스크랩(scrap)], 종이 · 판지와 이들의 제품
		47: 제47류 목재나 그 밖의 섬유질 셀룰로오스재료의 펄프, 회수한 종이 · 판지[웨이스트(waste)와 스크랩(scrap)] 48: 제48류 종이와 판지, 제지용 펄프 · 종이 · 판지의 제품 49: 제49류 인쇄서적 · 신문 · 회화 · 그 밖의 인쇄물, 수제(手製)문서 · 타자문서 · 도면

부	류	내용
제11부	제50류~제63류	방직용 섬유와 방직용 섬유의 제품
		50: 제50류 견 51: 제51류 양모 · 동물의 부드러운 털이나 거친 털 · 말의 털로 만든 실과 직물 52: 제52류 면 53: 제53류 그 밖의 식물성 방직용 섬유, 종이실(paper yarn)과 종이실로 만든 직물 54: 제54류 인조필라멘트, 인조방직용 섬유재료의 스트립(strip)과 이와 유사한 것 55: 제55류 인조스테이플 섬유 56: 제56류 워딩(wadding) · 펠트(felt) · 부직포, 특수사, 끈 · 배의 밧줄(cordage) · 로프 · 케이블과 이들의 제품 57: 제57류 양탄자류와 그 밖의 방직용 섬유로 만든 바닥깔개 58: 제58류 특수직물, 터프트(tuft)한 직물, 레이스, 태피스트리(tapestry), 트리밍(trimming), 자수천 59: 제59류 침투 · 도포 · 피복하거나 적층한 방직용 섬유의 직물, 공업용인 방직용 섬유제품 60: 제60류 메리야스 편물과 뜨개질 편물 61: 제61류 의류와 그 부속품(메리야스 편물이나 뜨개질 편물에만 적용한다) 62: 제62류 의류와 그 부속품(메리야스 편물이나 뜨개질 편물은 제외한다) 63: 제63류 제품으로 된 방직용 섬유의 그 밖의 물품, 세트, 사용하던 의류 · 방직용 섬유제품, 넝마
제12부	제64류~제67류	신발류 · 모자류 · 산류(傘類) · 지팡이 · 시트스틱(seat-stick) · 채찍 · 승마용 채찍과 이들의 부분품, 조제 깃털과 그 제품, 조화, 사람 머리카락으로 된 제품
		64: 제64류 신발류 · 각반과 이와 유사한 것, 이들의 부분품 65: 제65류 모자류와 그 부분품 66: 제66류 산류(傘類) · 지팡이 · 시트스틱(seat-stick) · 채찍 · 승마용 채찍과 이들의 부분품 67: 제67류 조제 깃털 · 솜털과 그 제품, 조화, 사람 머리카락으로 된 제품
제13부	제68류~제70류	돌 · 플라스터(plaster) · 시멘트 · 석면 · 운모나 이와 유사한 재료의 제품, 도자제품, 유리와 유리제품
		68: 제68류 돌 · 플라스터(plaster) · 시멘트 · 석면 · 운모나 이와 유사한 재료의 제품 69: 제69류 도자제품 70: 제70류 유리와 유리제품
제14부	제71류	천연진주 · 양식진주 · 귀석 · 반귀석 · 귀금속 · 귀금속을 입힌 금속과 이들의 제품, 모조 신변장식용품, 주화

제15부	제72류~제83류	비금속과 그 제품
		72: 제72류 철강 73: 제73류 철강의 제품 74: 제74류 구리와 그 제품 75: 제75류 니켈과 그 제품 76: 제76류 알루미늄과 그 제품 77: 제77류 유보 78: 제78류 납과 그 제품 79: 제79류 아연과 그 제품 80: 제80류 주석과 그 제품 81: 제81류 그 밖의 비금속(卑金屬), 서멧(cermet), 이들의 제품 82: 제82류 비금속(卑金屬)으로 만든 공구 · 도구 · 칼붙이 · 스푼 · 포크, 이들의 부분품 83: 제83류 비금속(卑金屬)으로 만든 각종 제품
제16부	제84류~제85류	기계류 · 전기기기와 이들의 부분품, 녹음기 · 음성재생기 · 텔레비전의 영상과 음향의 기록기 · 재생기와 이들의 부분품 · 부속품
		84: 제84류 원자로 · 보일러 · 기계류와 이들의 부분품 85: 제85류 전기기기와 그 부분품, 녹음기 · 음성 재생기 · 텔레비전의 영상과 음성의 기록기 · 재생기와 이들의 부분품 · 부속품
제17부	제86류~제89류	차량 · 항공기 · 선박과 수송기기 관련품
		86: 제86류 철도용이나 궤도용 기관차 · 차량과 이들의 부분품, 철도용이나 궤도용 장비품과 그 부분품, 기계식(전기기계식을 포함한다) 각종 교통신호용 기기 87: 제87류 철도용이나 궤도용 외의 차량과 그 부분품 · 부속품 88: 제88류 항공기와 우주선, 이들의 부분품 89: 제89류 선박과 수상 구조물
제18부	제90류~제92류	광학기기 · 사진용 기기 · 영화용 기기 · 측정기기 · 검사기기 · 정밀기기 · 의료용 기기, 시계, 악기, 이들의 부분품과 부속품
		90: 제90류 광학기기 · 사진용 기기 · 영화용 기기 · 측정기기 · 검사기기 · 정밀기기 · 의료용 기기, 이들의 부분품과 부속품 91: 제91류 시계와 그 부분품 92: 제92류 악기와 그 부분품과 부속품
제19부	제93류	무기 · 총포탄과 이들의 부분품과 부속품
제20부	제94류~제96류	잡품
		94: 제94류 가구, 침구 · 매트리스 · 매트리스 서포트(mattress support) · 쿠션과 이와 유사한 물품, 다른 류로 분류되지 않은 램프 · 조명기구, 조명용 사인 · 조명용 네임플레이트(name-plate)와 이와 유사한 물품, 조립식 건축물 95: 제95류 완구 · 게임용구 · 운동용구와 이들의 부분품과 부속품 96: 제96류 잡품
제21부	제97류	예술품 · 수집품 · 골동품

(2) HS분류체계의 주요국의 비교

HS조약의 가맹국은 상품분류체계 6단위까지는 세계적으로 통일된 분류체계로서 6단위까지는 첨가 또는 감축 등의 변경없이 그대로 사용해야 하고, 6단위 이하인 '호'의 아래에는 국내법에 근거하여 더 세분하여 사용할 수 있는 바, 다음의 표에서 보는 바와 같이 6단위 이하부터 10단위까지는 주요국마다 약간 다르게 분류하고 있음을 알 수 있다.

| 표 3-6 | HS의 한국과 미국의 비교

한국				미국			
품목번호			품명	품목번호			품명
0101			살아 있는 말, 당나귀, 노새, 버새	0101			살아 있는 말, 당나귀, 노새, 버새
0101	2		말				말
0101	21		번식용	0101	21	00	번식용
0101	21	1000	농가 사육용	0101	21	0010	
0101	21	9000	기타	0101	21	0020	
0101	29		기타	0101	29	00	
0101	29	1000	경주말	0101	29	0010	
0101	29	9000	기타	0101	29	0090	
0101	30		당나귀	0101	30	0000	
0101	30	1000	번식용	0101	90		
0101	30	9000	기타	0101	90	3000	
0101	90	0000	기타	0101	90	4000	

| 표 3-7 | HS의 한국과 EU의 비교

한국				유럽연합(EU)			
품목번호			품명	품목번호			품명
0101			살아있는 말, 당나귀, 노새, 버새	0101			살아있는 말, 당나귀, 노새, 버새
0101	2		말				말
0101	21		번식용	0101	21		번식용
0101	21	1000	농가 사육용	0101	29		기타

0101	21	9000	기타	0101	29	10	도축용
0101	29		기타	0101	29	90	기타
0101	29	1000	경주말	0101	30		당나귀
0101	29	9000	기타	0101	90		기타
0101	30		당나귀	0101			
0101	30	1000	번식용	0101			
0101	30	9000	기타	0101			
0101	90	0000	기타	0101			

제3절 무역과 상품분류

1. 무역에서 상품분류의 적용

(1) 수출입품목관리에 따른 상품분류의 적용

1) 수출입품목관리체계

수출입품목에 대한 관리는 수출 또는 수입에 대한 직접규제방식으로서 개별품목의 수출입 제한 여부에 대한 종합관리체계이다. 따라서 수출 또는 수입을 하고자 하는 자는 해당품목의 수출 · 수입승인 이전에 해당품목의 수출입이 규제되는지의 여부에 대하여 사전에 점검한 후 만일 동 품목이 규제조치에 해당할 경우 이 규제를 해제할 수 있는 요건을 갖추어야 적법하게 수출입할 수 있다. 수출입품목에 대한 관리는 수출입공고 등을 통하여 이루어진다. 수출입품목관리의 공고체계는 「대외무역법」에 근거한 수출입공고 및 전략물자 수출입고시, 그리고 52개 개별법에 의한 제한내용을 취합해서 공고하는 통합공고로 이루어져 있다.

물품 등의 수출 또는 수입과 관련한 품목관리공고 중 「대외무역법」에 의한 수출입공고는 경제정책목표의 달성을 위한 규제라 할 수 있다. 그러나 통합공고는 경제외적 목적을 달성하기 위한 공고이므로 통합공고상의 수입규제는 WTO규정에서도 용인된다.

참고로, 전략물자수출입고시에서는 HS코드에 의한 품목분류방식을 사용하고 있지 않기

그림 3-3 ▸▸ 수출입품목관리체계

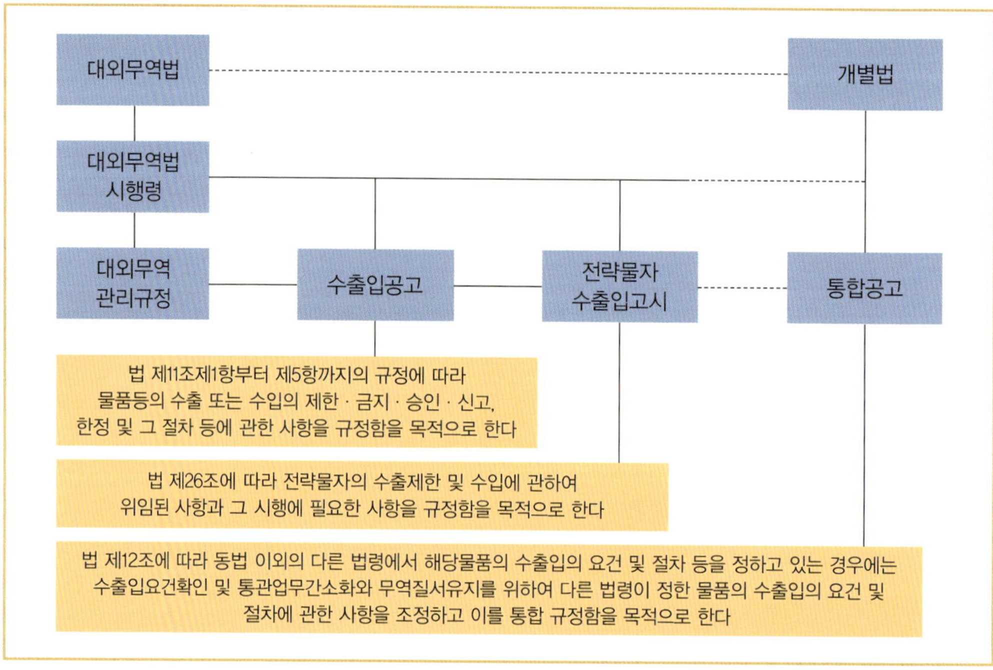

때문에 여기에서는 살펴보지 않는다.

2) 수출입공고와 기타 관련공고의 관계

수출입공고와 기타 관련공고의 관계를 살펴보면 다음과 같다.

첫째, 수출입공고란 수출입을 제한하고자 하는 경우 제한품목에 대한 수출입요령을 공고하는 것으로서, 수출입품목관리를 위한 기본공고라고 할 수 있으며, 산업통상자원부장관이 승인대상물품등의 품목별 수량 · 금액 · 규격 및 수출 또는 수입지역 등의 한정 등 물품등의 수출 또는 수입의 제한 및 절차 등을 정하여 공고하는 것을 말한다.

수출입공고 제1조에서는 "이 고시는 「대외무역법」 제11조 제1항 내지 제5항의 규정에 따라 물품등의 수출 또는 수입의 제한 · 금지, 승인, 신고, 한정 및 그 절차 등에 관한 사항을 규정함을 목적으로 한다"고 규정하고 있다. 따라서 수출입공고에는 ① 헌법에 의하여 체결 · 공포된 조약이나 일반적으로 승인된 국제법규상의 의무이행을 위하여 산업통상자원부장관이 지정 · 고시하는 물품등, ② 생물자원보호를 위하여 산업통상자원부장관이 지정 · 고시하는 물품등, ③ 교역상대국과의 경제협력증진을 위하여 산업통상자원부장관이 지정 · 고시하는 물품등, ④ 방위산업용 원료 · 기재, 항공기 및 동 부분품 기타 원활한 물자수급 · 과학기술의 발전 및 통상 · 산업정책상 필요하다고 인정하여 산업통상자원부장관이 해당품목을 관장하는 관계 행정기관의 장과 협의를 거쳐 지정 · 고시하는 물품등이 포함되며, 이외에도 수출입승인면제대상물품, 수출입승인사항의 변경승인 또는 변경신고, 수출입승인대상물품등의 품목별 수량 · 금액 · 규격 및 수출 또는 수입지역 등의 한정 등이 포함된다.

둘째, 통합공고란 산업통상자원부장관이 수출 · 수입요령의 제정 또는 개정내용을 관계 행정기관의 장으로부터 제출받아 그 수출 · 수입요령을 통합하여 공고하는 것으로서, 「대외무역법」 제12조에 따라 「대외무역법」 외의 다른 법령에 해당물품에 대한 수출입의 요건 및 절차 등을 정하고 있는 경우에 수출입요건 확인 및 통관업무의 간소화와 무역질서유지를 위하여 다른 법령이 정한 물품의 수출 또는 수입의 요건 및 절차에 관한 사항을 조정하고 이를 통합하여 규정함을 목적으로 한다(통합공고 제1조). 통합공고에는 수입물량 규제보다는 품질검사, 형식승인 등 절차상의 요건확인을 통한 규제가 대부분이다.

수출입공고에서는 수출입을 제한하고 있지 않은 품목이라도 공중도덕보호, 국민보건 및 안전보호, 사회질서유지, 문화재보호, 환경보호 등을 위하여 해당품목을 관장하는 52개 개별법[6]에서 수출입을 제한하고 있는 경우에는 동 개별법상의 제한요건을 충족해야만 수출입할 수 있다. 즉, 통합공고상의 요건확인품목이라 하더라도 수출입공고상의 제한품목이 아니면 수출입승인대상에 포함되지 않는다. 이러한 경우에는 해당 개별법에서 정하고 있는 요건확인을 받은 후 세관에 수출입신고하여 수출입을 이행하면 된다. 다시 말하면, 수출입공고와 통합공고는 상호독립적이므로 수출입공고에서 제한품목이 아니라 할지라도 통합공고에

---

6) 통합공고상에서 해당물품의 수출입요건 및 절차 등을 통합하여 규정할 법령은 다음과 같다(통합공고 제3조). 약사법, 마약류관리에 관한 법률, 화장품법, 식품위생법, 검역법, 화학물질관리법, 화학물질의 등록 및 평가 등에 관한 법률, 양곡관리법, 비료관리법, 농약관리법, 가축전염병예방법, 식물방역법, 종자산업법, 축산법, 품질경영 및 공산품안전관리법, 전기용품안전관리법, 계량에 관한 법률, 석유 및 석유대체연료사업법, 원자력안전법, 전파법, 야생생물 보호 및 관리에 관한 법률, 폐기물의 국가 간 이동 및 그 처리에 관한 법률, 대기환경보전법, 소음 · 진동관리법, 자동차관리법, 산업안전보건법, 오존층보호를 위한 특정 물질의 제조규정 등에 관한 법률, 건설기계관리법, 먹는물관리법, 자원의 절약과 재활용촉진에 관한 법률, 화학무기 · 생물무기의 금지와 특정화학물질 · 생물작용제 등의 제조 · 수출입규제 등에 관한 법률, 축산물 위생관리법, 건강기능식품에 관한 법률, 농수산물품질관리법, 방위사업법, 수산업법, 고압가스안전관리법, 영화 및 비디오물의 진흥에 관한 법률, 게임산업진흥에 관한 법률, 음악산업진흥에 관한 법률, 하수도법, 주세법, 지방세법, 총포 · 도검 · 화약류 등의 안전관리에 관한 법률, 출판 및 인쇄진흥법, 의료기기법, 인체조직안전 및 관리 등에 관한 법률, 지상파텔레비전방송의 디지털전환과 디지털방송의 활성화에 관한 특별법, 수산생물질병관리법, 사료관리법, 생물다양성 보전 및 이용에 관한 법률, 폐기물관리법, 전기 · 전자제품 및 자동차의 자원순환에 관한 법률, 액화석유의 안전관리 및 사업법, 목재의 지속가능한 이용에 관한 법률, 농수산생명자원의 보존 · 관리 및 이용에 관한 법률, 기타 특정 물품의 수출입절차 또는 요령을 정한 법률 및 국제협약, 수입식품안전관리특별법, 어린이제품안전특별법

서 수출입을 제한하고 있는 경우에는 이를 배제할 수 없다. 즉, 양공고체계에 의한 제한내용을 동시에 충족해야 한다.

이와 관련된 수출입공고와 통합공고의 규정을 살펴보면 다음과 같다. 즉, 수출입공고에 따른 수출 또는 수입승인에도 불구하고 통합공고상에 수출 및 수입하고자 하는 물품의 수출 · 수입요령을 정하는 것이 있는 경우에는 동 요령의 요건을 충족하여야 한다(수출입공고 제2조).

또한, 통합공고에서 정한 요건확인의 내용과 수출입공고와 전략물자수출입고시의 제한내용이 동시에 적용될 경우에는 이 고시에서 정한 요건확인의 내용과 수출입공고의 제한내용이 모두 충족되어야만 수출 또는 수입할 수 있다. 또한 1개의 요건확인품목에 대해 2개 이상의 법령이 관련되어 [별표 1, 2]의 수출입요령에서 2개 이상의 요건확인을 받을 것을 규정하고 있는 경우에는 해당 요건확인품목에 대한 해당 법령의 적용대상 물품이나 고시대상품목의 분류가 용도기준으로 된 물품 이외에는 해당물품에 부과된 2개 이상의 요건을 이 고시가 정한 요건확인기관에서 확인받아야 한다(통합공고 제7조 제1항 및 제2항).

3) 원산지규정에 따른 품목분류의 적용

원산지제도는 수출입물품의 원산지규정(원산지의 판정 · 확인) 및 원산지표시에 관한 제반 규율체계로서, 1991년 7월 1일부터 「대외무역법」에 도입되어 시행되고 있다. 즉, 원산지제도는 수출입물품의 원산지[7]가 어느 국가인지를 판정 · 확인 · 표시하는 제도로서, 원산지규정(원산지의 판정과 확인)과 원산지표시제도로 구분할 수 있다.

특히, 특혜원산지규정(preferential rules of origin)[8]에 따라 관세특혜를 부여받는 경우에는 해당 협정 등에서 특혜대상품목이 HS코드에 따라 명시되고 있으며, 대외무역법에 따라 원산지표시대상물품이 지정되거나 원산지표시면제대상물품으로 지정되는 경우, 또는 세번변경기준 등에 의하여 원산지를 판정하는 경우에 HS코드에 따라 분류하고 있다.

---

7) 원산지(origin of goods)란 특정 물품이 성장(growth), 생산(production), 제조(manufacture) 또는 가공(processing)된 지역이나 국가 또는 물품의 국적(nationality of goods)을 말하는 것으로서, 자본의 투자국 · 디자인수행국 · 기술의 제공국 · 상표의 소유국 등과는 무관한 개념이다. 일반적으로 정치적 실체를 지닌 국가를 원산지로 할 수 있으며, 사이판 등과 같이 국경선 밖에 있는 보호령, 홍콩 등과 같이 독립된 관세영역이나 자치권을 보유한 지역, 스코틀랜드와 같이 국제상거래 관행상 지역명이 원산지로 인정되는 지역 등도 원산지가 될 수 있다.

8) 특혜원산지규정은 일반특혜관세제도(GSP), 개도국 간의 특혜관세제도(GSTP), 다자간 무역협정인 방콕협정(ESCAP), 자유무역협정(FTA: Free Trade Agreement) 등으로 관세특혜를 부여하는 경우에 적용되는 원산지 규정이다.

(2) 수출입통관에 따른 상품분류의 적용

물품을 수출입할 경우에는 세관장에게 수출입신고를 한 후 수출입신고수리를 받는 절차인 수출입통관절차를 이행하여야 한다. 수출입통관절차를 이행하기 위하여 작성하는 수출입신고서에서는 HS코드를 반드시 기재하여야 한다. 이러한 HS코드는 관세청 홈페이지에서 확인할 수 있다.

2. 수출입공고등의 품목분류

(1) 수출입공고등의 품목분류방법

여기에서 수출입공고등이란 수출입공고와 통합공고를 말하는데, 수출입공고의 품목분류는 HS(Harmonized Commodity Description and Coding System) 상품분류에 의하며, 동 분류된 품목의 세분류는 관세 · 통계통합 품목분류표(HSK)에 의한다(수출입공고 제3조). 또한, 통

그림 3-4 ▶▶ 수출입공고상 품목분류방식

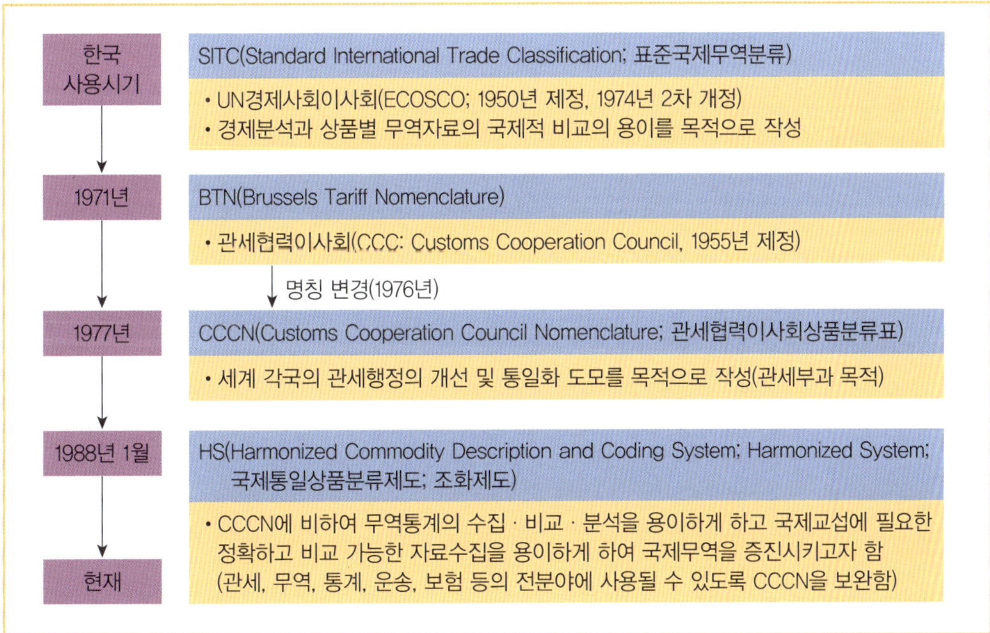

합공고상의 요건확인품목은 HS(Harmonized Commodity Description and Coding System)에 따라 분류하여 지정함을 원칙으로 한다. 다만, 무역정책 목적 및 해당법령의 목적 수행상 필요에 의해 세분류하여 표기할 수 있다(통합공고 제3조).

수출입공고등의 품목분류는 1971년까지는 SITC(Standard International Trade Classification)방식이 사용되었으며, 1971년도 상반기부터 BTN(Brussels Tariff Nomenclature)방식이 사용되어 오다가, 1976년에 BTN의 명칭이 CCCN(Customs Cooperation Council Nomenclature)으로 변경됨으로써 1977년 상반기부터는 CCCN방식을 사용하였으나, 1983년에 HS협약이 채택되고 1987년에 HS협약이 발효됨에 따라, 1988년 1월 1일부터 현재까지 HS(Harmonized System)방식을 채택 · 사용하고 있다.

(2) 수출입공고 등의 품목표시방법

우리나라는 GATT에 가입(1967년 4월)하면서 1967년 7월 25일부터 수출입품목관리체계를 허용품목표시제(positive list system)에서 불허품목표시제(nagative list system)로 전환하였다. 따라서 품목별로 수출입을 금지하거나 제한하고 있지 않으면 자유롭게 수출입할 수 있다.

그림 3-5 ▸▸ 수출입공고상 품목표시방법

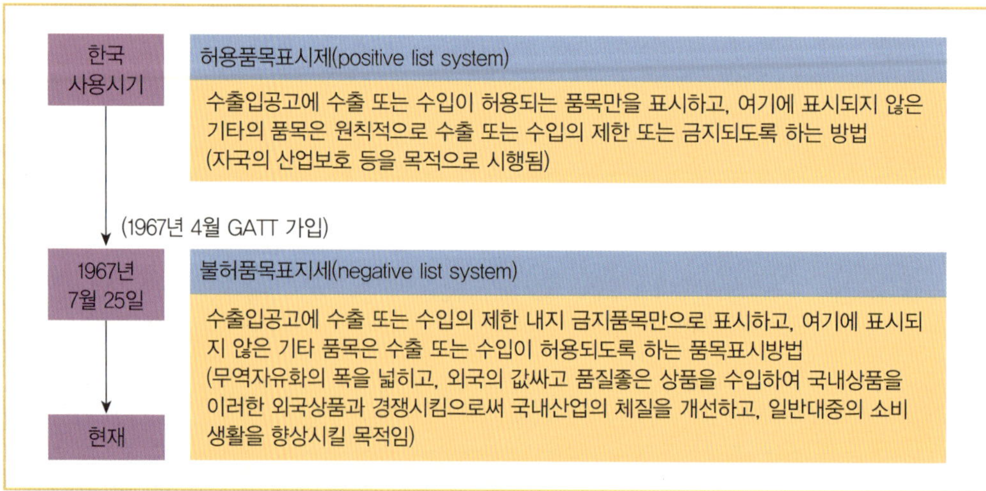

1) 허용품목표시제(positive list system)

허용품목표시제(positive list system)는 수출입공고 등에 수출 또는 수입이 허용되는 품목만을 표시하고 여기에 표시되지 않은 기타의 품목은 원칙적으로 수출 또는 수입이 제한 또는 금지되도록 하는 수출입공고 등의 품목표시방법이다.

2) 불허품목표시제(negative list system)

불허품목표시제(negative list system)는 수출입공고 등에 수출 또는 수입의 제한 내지 금지품목만으로 표시하고 여기에 표시되지 않은 기타 품목은 수출 또는 수입이 허용되도록 하는 수출입공고 등의 품목표시방법이다.

3. 수출입공고상의 품목관리와 수출입승인제도

(1) 수출입공고상의 품목관리

현재 수출입공고상의 품목은 수출금지품목, 수출제한품목(수출승인품목) 및 수입제한품목(수입승인품목)으로 분류되어 있으며,[9] 수출금지품목은 [별표 1]에, 수출제한품목은 [별표 2]에, 수입제한품목은 [별표 3]에 각각 게기되어 있다. 이와 같이 수출입공고상의 [별표 1]에 게기된 수출금지품목에는 수출이 금지되는 고래고기, 화강암, 사암, 개의 생모피 · 모피 · 모피제품 등이 있으며, [별표 2]에 게기된 수출제한품목에는 수출승인을 받아야 수출이 가능한 규사, 자갈, 대리석 등의 수출승인대상물품이 있다. 또한, [별표 3]에 게기된 수입제한품목에는 항공기 및 동 부분품 등의 수입승인대상물품이 있다.

---

9) 금지품목(prohibited item)은 구체적인 금지문언이 있는 품목으로서 실질적인 금지품목을 말하고, 승인품목(approval item)은 승인이라는 일정한 요건을 갖추어야 수출입이 가능한 품목을 말한다. 한편, 1997년 이전까지의 수출입공고상의 품목은 금지품목(prohibited item), 제한승인품목(restricted approval item), 자동승인품목(automatic approval item)으로 구분되어 있었으나, 자동승인품목에 해당하는 물품이 1997년 개정 시에 모두 수출입승인에서 제외됨으로써 자동승인품목이라는 명칭은 사용하지 않고 있다.

그림 3-6 ▶▶ 수출입공고상의 수출입금지 및 제한품목(2017년 5월 현재)

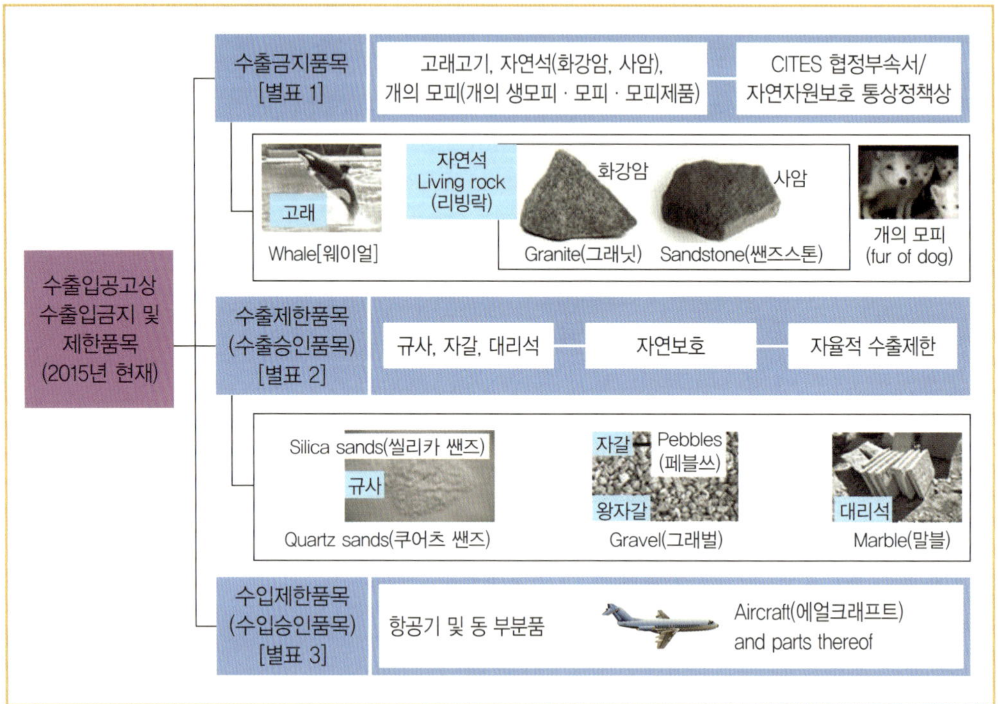

1) 수출금지품목

수출금지품목이란 [별표 1]에 게기한 품목으로서, [별표 1]에 게기한 품목은 수출이 금지된다(수출입공고 제4조).

| 표 3-8 | [수출입공고 별표 1] 수출금지품목

HS	품목	수출요령
0208	기타의 육과 식용설육(신선 · 냉장 또는 냉동한 것에 한한다)	
40	고래, 돌고래류(고래목의 포유동물) 및 바다소(바다소목의 포유동물)의 것	다음의 것은 수출할 수 없음. ① 고래고기
0210	육과 식용설육(염장 · 염수장 · 건조 또는 훈제한 것에 한한다) 및 육 또는 설육의 식용의 분과 조분	
9	기타(육 또는 설육의 분과 조분을 포함)	
92	고래, 돌고래류(고래목의 포유동물) 및 바다소(바다소목의 포유동물)의 것	다음의 것은 수출할 수 없음. ① 고래고기

2516	화강암 · 반암 · 현무암 · 사암과 기타 석비용 또는 건축용의 암석	
1	화강암	
11	조상의 것 또는 거칠게 다음은 것	다음의 것은 수출할 수 없음 ① 자연석
12	톱질 또는 기타의 방법으로 단순히 절단하여 직사각형(정사각형을 포함한다)모양의 블록상 또는 슬랩상으로 한 것.	
2516. 2	사암	
⋮ (생략)	⋮ (생략)	⋮ (생략)

2) 수출제한품목

수출제한품목이란 [별표 2]에 게기한 품목으로서, [별표 2]에 게기한 품목은 각 품목별 수출요령에 따라 수출승인하여야 하며, 산업통상자원부장관은 수출절차의 간소화를 위하여 특히 필요한 경우 [별표 2]의 수출요령에도 불구하고 수출승인기관을 따로 정하여 승인하게 할 수 있다(수출입공고 제5조 및 제7조).

수출입공고 [별표 2]의 수출제한품목인 경우에는 동 공고상의 수출요령에 따라 수출승인기관으로부터 승인을 받은 후 수출할 수 있다. 따라서 수출제한품목에 대하여 수출승인하는 기관은 수출입승인제도의 수출승인기관과 관련하여 자세히 설명하고 있다.

| 표 3-9 | [수출입공고 별표 2] 수출제한품목

HS	품목	수출요령
2505	천연모래(착색된 것인지의 여부를 불문하며, 제26류의 금속을 함유하는 모래를 제외한다)	
10	규사	다음의 것은 한국골재협회의 승인을 받아 수출할 수 있음 ① 규산분(SiO_2)이 90% 이하의 것
90	기타	
⋮ (생략)	⋮ (생략)	⋮ (생략)

3) 수입제한품목

수입제한품목은 [별표 3]에 게기한 품목으로서, [별표 3]에 게기한 품목은 각 품목별 수입요령에 따라 수입을 승인하여야 하며, 「대외무역법」 제16조에 따른 외화획득용 원료 · 기재를 수입하는 경우에는 수입제한품목이라 할지라도 별도의 제한 없이 수입승인할 수 있다(수출입공고 제6조).

즉, 수출입공고 [별표 3]에 게기되어 있는 수입제한품목은 항공기 및 동 부분품의 수입으로서, 이들 품목은 한국항공우주산업진흥협회의 승인을 받아 수입할 수 있다.

| 표 3-10 | [수출입공고 별표 3] 수입제한품목

HS	품목	수입요령
3920.99.1000	플라스틱제의 기타 판, 시트, 필름, 박 또는 스트립(셀룰라가 아닌 것으로서 기타 재료로 보강, 적층, 지지 또는 이와 유사하게 결합되지 아니하는 것) 중 항공기용의 것	한국항공우주산업진흥협회의 승인을 받아 수입할 수 있음
4011.30.0000	고무제의 공기타이어(신품) 중 항공기용의 것	
4012.13.0000	고무제의 공기타이어(재생품) 중 항공기용의 것	
4012.20.1000	고무제의 공기타이어(중고품) 중 항공기용의 것	
4011.90.1040	고무제의 공기타이어 플랩중 항공기용의 것	
4013.90.1000	고무제의 인너튜브 중 항공기용의 것	
⋮ (생략)	⋮ (생략)	⋮ (생략)

(2) 수출입제한품목에 대한 수출입승인제도

1) 수출입승인(Export or Import Approval)의 의의

물품등의 수출입과 이에 따른 대금을 받거나 지급하는 것은 이 법의 목적의 범위에서 자유롭게 이루어져야 하며, 무역거래자는 대외신용도 확보 등 자유무역질서를 유지하기 위하여 자기 책임으로 그 거래를 성실히 이행하여야 한다(법 제10조 제1항 및 제2항).

그러나 산업통상자원부장관은 다음 각호의 어느 하나에 해당하는 이행 등을 위하여 필요하다고 인정하여 지정 · 고시하는 물품등의 수출 또는 수입을 제한하거나 금지할 수 있다(법 제11조 제1항 및 영 제16조).

① 헌법에 따라 체결 · 공포된 조약과 일반적으로 승인된 국제법규에 따른 의무의 이행

② 생물자원의 보호

③ 교역상대국과의 경제협력증진
④ 국방상 원활한 물자수급
⑤ 과학기술의 발전
⑥ 그 밖에 통상 · 산업정책에 필요한 사항으로서 대통령령으로 정하는 사항, 즉 항공 관련 품목의 안전관리에 관한 사항

이 규정에 따라 산업통상자원부장관이 필요하다고 인정하는 경우를 제외하고는 원칙적으로 모든 물품등의 수출입 및 수출입대금의 영수 또는 지급은 자유로우며, 무역거래자는 대외신용도 확보 등 자유무역질서의 유지를 위하여 자기 책임으로 성실히 무역거래를 이행하도록 하고 있다.

결과적으로 수출입이 제한 또는 금지되지 않는 대부분의 품목에 대하여는 사전에 승인을 받지 않고 무역거래자가 자기 책임으로 자유롭게 수출입을 이행한다. 그러나 산업통상자원부장관은 사후점검체제인 과학적인 무역업무처리기반을 구축함으로써 관세청 또는 외국환은행으로부터 수출입통관기록 또는 수출입대금결제기록 등 무역거래자의 수출입이행에 관한 정보를 제공받아 수출입거래가 질서있고 효율적으로 이행되었는지 여부를 사후에 점검한 후 자신의 책임을 이행하지 않은 무역거래자에 대하여는 과징금, 과태료 등 「대외무역법」에 따른 제반 벌칙을 부과하고 있다.

따라서, 수출입승인이란 대금결제사항이 제외된 상태로 수출입공고에 따라 수출입이 제한되는 물품등을 수출입이 가능하게 되도록 허가하여 주는 절차라고 할 수 있다. 즉, 수출입승인은 상대적 금지에서만 가능한 것이며 절대적 금지(국가의 기밀을 누설하는 물품, 유가증권 위조, 국헌을 문란하게 하는 물품 등)는 어떠한 경우에도 수출입승인을 할 수 없다.

2) 수출입승인대상물품

산업통상자원부장관은 긴급히 처리하여야 하는 물품등과 그 밖에 수출 또는 수입절차를 간소화하기 위한 물품등으로서 대통령령으로 정하는 기준에 해당하는 물품등의 수출 또는 수입을 제외하고는 헌법에 따라 체결 · 공포된 조약과 일반적으로 승인된 국제법규에 따른 의무의 이행, 생물자원의 보호, 교역상대국과의 경제협력증진, 국방상 원활한 물자수급, 과학기술의 발전, 그 밖에 통상 · 산업정책에 필요한 사항으로서 대통령령으로 정하는 사항(항공 관련 품목의 안전관리에 관한 사항)의 어느 하나에 해당하는 이행 등을 위하여 필요하다

고 인정하여 지정 · 고시하는 물품등, 즉 산업통상자원부장관이 수출 또는 수입을 제한하거나 금지할 수 있는 다음의 물품등 중에서 수출 또는 수입승인 대상으로 지정 · 고시한 물품등을 수출하거나 수입하려는 자는 대통령령으로 정하는 바에 따라 산업통상자원부장관의 승인을 받아야 한다. 여기에서, "산업통상자원부장관이 수출 또는 수입승인대상물품등으로 지정 · 고시한 물품 등"이란 수출입공고에 정한 물품등(단, 중계무역물품, 외국인수수입물품, 외국인도수출물품, 선용품[10]은 제외)을 말한다(법 제11조 제2항, 영 제16조 및 규정 제9조).

① 헌법에 따라 체결 · 공포된 조약과 일반적으로 승인된 국제법규에 따른 의무의 이행을 위하여 산업통상자원부장관이 지정 · 고시하는 물품등
② 생물자원의 보호를 위하여 산업통상자원부장관이 지정 · 고시하는 물품등
③ 교역상대국과의 경제협력증진을 위하여 산업통상자원부장관이 지정 · 고시하는 물품등
④ 국방상 원활한 물자수급을 위하여 산업통상자원부장관이 지정 · 고시하는 물품등
⑤ 과학기술의 발전을 위하여 산업통상자원부장관이 지정 · 고시하는 물품등
⑥ 그 밖에 통상 · 산업정책에 필요한 사항으로서 대통령령으로 정하는 사항, 즉 항공 관련 품목의 안전관리에 관한 사항을 위하여 산업통상자원부장관이 지정 · 고시하는 물품등

또한, 산업통상자원부장관은 필요하다고 인정하면 제1항과 제2항에 따른 승인대상물품등의 품목별 수량(quantity) · 금액(price) · 규격(standard) 및 수출 또는 수입지역(export or import area) 등을 한정할 수 있으며, 제1항부터 제6항까지의 규정에 따른 제한 · 금지, 승인, 승인의 유효기간 설정 및 연장, 신고, 한정 및 그 절차 등을 정한 경우에는 이를 공고하여야 한다(법 제11조 제6항 및 제7항).

따라서, 수출입계약을 체결한 후 이를 이행하기 위하여 사전에 산업통상자원부장관으로부터 수출입승인을 받아야 하는 품목, 즉 수출입승인대상물품등은 중계무역물품, 외국인수수입물품, 외국인도수출물품, 선용품을 제외한 ① 수출입공고상의 제한품목, ② 수출입공고상의 제한품목을 외화획득용 원료 · 기재로 수입하는 물품등이다.

참고로 플랜트수출 승인물품등 및 전략물자 수출입고시 대상물품등은 승인간주처리하고 별도관리하고 있다. 또한 통합공고 대상물품은 「대외무역법」상 수출입승인대상에서 제외하

10) "선용품"이란 음료, 식품, 연료, 소모품, 밧줄, 수리용예비부분품 및 부속품, 집기 이와 유사한 물품으로서 해당 선박에서만 사용되는 것을 말하고, "기용품"이란 선용품에 준하는 물품으로서 해당 항공기에서만 사용되는 것을 말한다(「관세법」 제2조 제9호 및 제10호).

그림 3-7 ▸▸ 수출입승인대상물품 및 요건확인 대상물품

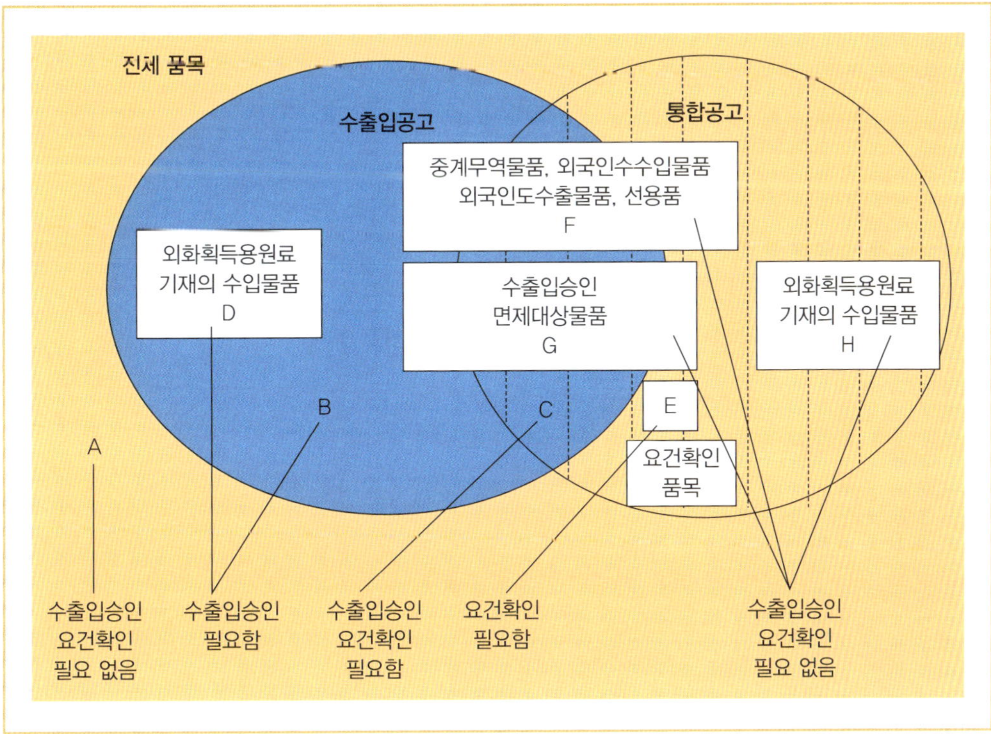

여 각 개별법에 의해서만 관리되도록 하고 있다. 즉, 「대외무역법」 이외의 52개 개별법에 의한 수출입제한내용을 통합하여 고시하는 통합공고에 따라 요건확인 등을 받아야 하는 물품 등은 수출입승인대상에 포함되지 않는다. 따라서 해당 개별법에서 정하고 있는 바에 따라 요건확인 등을 받은 후 곧바로 세관에 수출신고나 수입신고를 함으로써 수출입을 이행하면 된다.

다만, 통합공고에 의한 요건확인품목이라도 다음의 하나에 해당하는 경우에는 이 고시가 정한 요건 및 절차를 거치지 아니하고 수출입할 수 있다(통합공고 제12조).

① 외화획득용 원료 · 기재의 수입물품등

② 중계무역물품, 외국인수수입물품, 외국인도수출물품, 선(기)용품

③ 「대외무역법시행령」 제27조에 따른 사유에 해당하는 경우(즉, 수출입승인면제대상물품 등)

④ 통합공고 제3조 제1항의 해당법령에서 요건확인 면제사유에 해당하는 경우

한편, 수출입공고에 의한 수출입승인대상물품이라 하더라도 소액거래품, 거래의 성질, 외교상의 이유, 출입국인의 휴대물품 등의 특수성 때문에 수출입절차의 간편, 신속과 편의를 도모해주기 위하여 수출입승인면제대상물품으로 지정하여 운영하고 있는 바, 수출입승인승인대상물품은 대외무역관리규정 [별표 3]과 [별표 4]에 지정되어 있다. 이를 간략하게 살펴보면 다음의 표와 같다.

| 표 3-11 | 수출입승인의 면제대상물품

수출승인 면제대상물품	① 외교관, 기타 산업통상자원부장관이 정하는 자의 특정 물품 ② 긴급을 요하는 물품 ③ 무역거래를 원활히 하기 위하여 수출하는 물품등 ④ 주된 사업목적 달성을 위하여 수출하는 물품등 ⑤ 무상으로 수출하는 물품 등 ⑥ 특정 지역에 대하여 수출하는 물품 등 ⑦ 공공성을 가지는 물품 등 ⑧ 기타 상행위 이외의 목적으로 수출하는 물품 ⑨ 해외이주자의 해외이주 시 반출하는 물품
수입승인 면제대상물품	① 외교관, 기타 산업통상자원부장관이 정하는 자의 특정 물품 ② 긴급을 요하는 물품 ③ 무역거래를 원활히 하기 위하여 수입하는 물품등 ④ 주된 사업목적 달성을 위하여 수입하는 물품등 ⑤ 무상으로 수입하는 물품 등 ⑥ 특정지역으로부터 수입하는 물품 등 ⑦ 공공성을 가지는 물품 등 ⑧ 기타 상행위 이외의 목적으로 수입하는 물품 ⑨ 외국환거래가 수반되지 아니하는 물품

3) 수출입승인기관

산업통상자원부장관의 권한은 그 일부를 대통령령이 정하는 바에 따라 관련기관에 위임 또는 위탁할 수 있는 바(법 제52조 제1항), 산업통상자원부장관은 수출입승인대상물품등에 대한 ① 수출 또는 수입의 승인, 변경승인 및 변경사항 신고의 수리에 관한 권한을 "산업통상자원부장관이 지정하여 고시하는 관계 행정기관 또는 단체의 장", 즉 수출입공고에서 산업통상자원부장관이 지정 · 고시한 기관 · 단체(이하 "승인기관"이라 한다)의 장에게 위탁한다(영 제91조 제7항 및 규정 제8조).

현행 수출입공고에 의한 수출승인기관은 한국골재협회이며, 수출제한품목을 HS류별로 분류해 볼때 08류, 25류이다.

| 표 3-12 | 수출승인기관

수출제한품목(수출승인대상물품)			수출승인기관
HS류별	품목코드	품목	
25류	2505, 2517	규사, 자갈, 대리석	한국골재협회

한편, 현행 수출입공고상의 수입승인기관은 한국항공우주산업진흥협회이다. 수입제한품목은 항공기 및 동 부분품(HS 39류, 40류, 70류, 84류, 85류, 88류, 90류 및 94류)이다.

| 표 3-13 | 수입승인기관

수입제한품목(수입승인대상물품)			수입승인기관
HS류별	품목코드	품목	
39류	3920	항공기 및 동 부분품	한국항공우주산업진흥협회
40류	4011~4013, 4016		
70류	7007		
84류	8407, 8409, 8411~8414, 8421, 8466, 8483		
85류	8511, 8526, 8544		
88류	8801, 8802		
90류	9014, 9032		
94류	9401		

3. 통합공고상의 품목분류와 요건확인제도

(1) 통합공고상의 품목분류

통합공고상의 품목은 통합공고상의 [별표 1(수출요령)]과 [별표 2(수입요령)]에서 제한되는 품목인 수출입요건확인품목과 별도규정품목이다. 이러한 품목은 요건확인대상품목이 된다.

1) 요건확인품목

요건확인품목은 수출입요령에서 주무부처의 장 또는 관련단체의 장으로부터 허가, 추천, 신고, 검사, 검정, 시험방법, 형식승인 등을 받도록 한 물품을 말한다.

2) 별도규정품목

별도규정품목은 통합공고 [별표 1, 2]의 수출입요령에 게기되지 않은 경우라도 수출입의 요건확인이 필요한 품목으로서, 통합공고 제8조에 규정되어 있는 마약 및 향정신성의약품, 대마, 마약류의 원료물질, 식품류, 검역물품, 통관제한품목, 보호문화재, 방산물자, 농약 또는 원제, 화학물질(화학물질확인내역서제출대상, 유해성심사대상, 유해성심사면제대상), 유독물 및 관찰물질, 취급제한 · 금지물질, 이식대상 수산물, 축산물류, 중국 및 베트남에 수출하려는 수산물, 건강기능식품 등이다.

참고로, 통합공고 [별표 1]의 수출요령과 [별표 2]의 수입요령의 일부만을 살펴보면 다음과 같다.

| 표 3-14 | 통합공고 [별표 1] 수출요령

세번		품명	수출요령	관련법령
0101	21	번식용의 것	1. 통합공고 [별표 5]에 게기된 품목의 것으로서 야생생물보호 및 관리에 관한 법률에 의거 적법하게 포획한 것(인공사육 및 수출된 것 포함)은 시장 · 군수 · 구청장의 허가를 받아 수출할 수 있음. 2. 통합공고 [별표 6]에 게기된 CITES 규제대상품목은 유역환경청장 또는 지방환경청장의 허가를 받아 수출할 수 있음.	야생생물보호 및 관리에 관한 법률
0101	29	기타	1. 통합공고 [별표 5]에 게기된 품목의 것으로서 야생생물보호 및 관리에 관한 법률에 의거 적법하게 포획한 것(인공사육 및 수출된 것 포함)은 시장 · 군수 · 구청장의 허가를 받아 수출할 수 있음. 2. 통합공고 [별표 6]에 게기된 CITES 규제대상품목은 유역환경청장 또는 지방환경청장의 허가를 받아 수출할 수 있음.	야생생물보호 및 관리에 관한 법률
			3. 가축전염병예방법에 의거 지정검역물은 농림축산검역본부장의 검역을 받아 수출할 수 있음	가축전염병예방법

0101	30	당나귀	1. 통합공고 [별표 5]에 게기된 품목의 것으로서 야생생물보호 및 관리에 관한 법률에 의거 적법하게 포획한 것(인공사육 및 수출된 것 포함)은 시장 · 군수 · 구청장의 허가를 받아 수출할 수 있음. 2. 통합공고 [별표 6]에 게기된 CITES 규제대상품목은 유역환경청장 또는 지방환경청장의 허가를 받아 수출할 수 있음.	야생생물보호 및 관리에 관한 법률
0101	90	기타	1. 통합공고 [별표 5]에 게기된 품목의 것으로서 야생생물보호 및 관리에 관한 법률에 의거 적법하게 포획한 것(인공사육 및 수출된 것 포함)은 시장 · 군수 · 구청장의 허가를 받아 수출할 수 있음. 2. 통합공고 [별표 6]에 게기된 CITES 규제대상품목은 유역환경청장 또는 지방환경청장의 허가를 받아 수출할 수 있음.	야생생물보호 및 관리에 관한 법률
0102	21	소(번식용의 것)	1. 다음의 것은 한국종축개량협회의 장에게 신고를 필한 후 수출할 수 있음	축산법
			① 한우	축산법
			2. 기타의 것은 동 개별법상 수출요건확인 없이 수출할 수 있음	축산법
		〈생략〉 ⋮	〈생략〉	〈생략〉 ⋮

| 표 3-15 | 통합공고 [별표 2] 수입요령

세번				품명	수입요령	관련법령
0101	21	10	00	농가사육용의 것	1. 통합공고 [별표 5]에 게기된 품목의 것으로서 야생생물보호 및 관리에 관한 법률에 의거 적법하게 포획한 것(인공사육 및 수입된 것 포함)은 시장 · 군수 · 구청장의 허가를 받아 수입할 수 있음.	야생생물보호 및 관리에 관한 법률
					2. 통합공고 [별표 6]에 게기된 CITES 규제대상품목은 유역환경청장 또는 지방환경청장의 허가를 받아 수입할 수 있음.	야생생물보호 및 관리에 관한 법률
					3. 농림축산검역본부장에게 신고하고 검역을 받아야 한다(가축전염병예방법 제32조의 규정에 의한 수입금지지역에서 생산 또는 발송되었거나 그 지역을 경유한 지정검역물은 수입할 수 없음).	가축전염병예방법

0101	21	90	00	기타	1. 통합공고 [별표 5]에 게기된 품목의 것으로서 야생생물보호 및 관리에 관한 법률에 의거 적법하게 포획한 것(인공사육 및 수입된 것 포함)은 시장 · 군수 · 구청장의 허가를 받아 수입할 수 있음	야생생물보호 및 관리에 관한 법률
					2. 통합공고 [별표 6]에 게기된 CITES 규제대상품목은 유역환경청장 또는 지방환경청장의 허가를 받아 수입할 수 있음	야생생물보호 및 관리에 관한 법률
					3. 농림축산검역본부장에게 신고하고 검역을 받아야 한다(가축전염병예방법 제32조의 규정에 의한 수입금지지역에서 생산 또는 발송되었거나 그 지역을 경유한 지정검역물은 수입할 수 없음).	가축전염병예방법
0101	29	10	00	경주말	1. 통합공고 [별표 5]에 게기된 품목의 것으로서 야생생물보호 및 관리에 관한 법률에 의거 적법하게 포획한 것(인공사육 및 수입된 것 포함)은 시장 · 군수 · 구청장의 허가를 받아 수입할 수 있음	야생생물보호 및 관리에 관한 법률
					2. 통합공고 [별표 6]에 게기된 CITES 규제대상품목은 유역환경청장 또는 지방환경청장의 허가를 받아 수입할 수 있음	야생생물보호 및 관리에 관한 법률
					3. 농림축산검역본부장에게 신고하고 검역을 받아야 한다(가축전염병예방법 제32조의 규정에 의한 수입금지지역에서 생산 또는 발송되었거나 그 지역을 경유한 지정검역물은 수입할 수 없음).	가축전염병예방법
0101	29	90	00	기타	1. 통합공고 [별표 5]에 게기된 품목의 것으로서 야생생물보호 및 관리에 관한 법률에 의거 적법하게 포획한 것(인공사육 및 수입된 것 포함)은 시장 · 군수 · 구청장의 허가를 받아 수입할 수 있음	야생생물보호 및 관리에 관한 법률
					2. 통합공고 [별표 6]에 게기된 CITES 규제대상품목은 유역환경청장 또는 지방환경청장의 허가를 받아 수입할 수 있음	야생생물보호 및 관리에 관한 법률
					3. 농림축산검역본부장에게 신고하고 검역을 받아야 한다(가축전염병예방법 제32조의 규정에 의한 수입금지지역에서 생산 또는 발송되었거나 그 지역을 경유한 지정검역물은 수입할 수 없음).	가축전염병예방법
0101	30	10	00	번식용의 것	1. 통합공고 [별표 5]에 게기된 품목의 것으로서 야생생물보호 및 관리에 관한 법률에 의거 적법하게 포획한 것(인공사육 및 수입된 것 포함)은 시장 · 군수 · 구청장의 허가를 받아 수입할 수 있음	야생생물보호 및 관리에 관한 법률

					2. 통합공고 [별표 6]에 게기된 CITES 규제대상품목은 유역환경청장 또는 지방환경청장의 허가를 받아 수입할 수 있음	야생생물보호 및 관리에 관한 법률
					3. 농림축산검역본부장에게 신고하고 검역을 받아야 한다(가축전염병예방법 제32조의 규정에 의한 수입금지지역에서 생산 또는 발송되었거나 그 지역을 경유한 지정검역물은 수입할 수 없음).	가축전염병예방법
0101	30	90	00	기타	1. 통합공고 [별표 5]에 게기된 품목의 것으로서 야생생물보호 및 관리에 관한 법률에 의거 적법하게 포획한 것(인공사육 및 수입된 것 포함)은 시장 · 군수 · 구청장의 허가를 받아 수입할 수 있음	야생생물보호 및 관리에 관한 법률
					2. 통합공고 [별표 6]에 게기된 CITES 규제대상품목은 유역환경청장 또는 지방환경청장의 허가를 받아 수입할 수 있음	야생생물보호 및 관리에 관한 법률
					3. 농림축산검역본부장에게 신고하고 검역을 받아야 한다(가축전염병예방법 제32조의 규정에 의한 수입금지지역에서 생산 또는 발송되었거나 그 지역을 경유한 지정검역물은 수입할 수 없음).	가축전염병예방법
0101	90	00	00	기타	1. 통합공고 [별표 5]에 게기된 품목의 것으로서 야생생물보호 및 관리에 관한 법률에 의거 적법하게 포획한 것(인공사육 및 수입된 것 포함)은 시장 · 군수 · 구청장의 허가를 받아 수입할 수 있음	야생생물보호 및 관리에 관한 법률
					2. 통합공고 [별표 6]에 게기된 CITES 규제대상품목은 유역환경청장 또는 지방환경청장의 허가를 받아 수입할 수 있음	야생생물보호 및 관리에 관한 법률
					3. 농림축산검역본부장에게 신고하고 검역을 받아야 한다(가축전염병예방법 제32조의 규정에 의한 수입금지지역에서 생산 또는 발송되었거나 그 지역을 경유한 지정검역물은 수입할 수 없음).	가축전염병예방법
0102	21	10	00	젖소(축우, 번식용의 것)	1. 농림축산검역본부장에게 신고하고 검역을 받아야 한다(가축전염병예방법 제32조의 규정에 의한 수입금지지역에서 생산 또는 발송되었거나 그 지역을 경유한 지정검역물은 수입할 수 없음).	가축전염병예방법
					2. 한국종축개량협회장에게 신고를 필한 후 수입할 수 있음	축산법

(2) 통합공고상의 제한품목에 대한 요건확인제도

1) 수출입요건확인의 의의

요건확인은 통합공고에 의하여 수출입이 제한되는 물품등을 수출입이 가능하게 되도록 허가해주는 절차로서, 수출입요건확인기관이 통합공고상의 52개 개별법에 의하여 수출입이 제한되는 물품인 요건확인품목에 대하여 수출입통관 전후에 허가, 추천, 신고, 검사, 검정, 시험방법, 형식승인 등을 행하는 것을 말한다. 즉, 수출입업자는 물품을 수출 또는 수입하기 전에 그 수출입대상물품이 통합공고에 따른 요건확인품목인 경우에는 요건확인기관에 수출입요건확인을 신청하여 요건확인을 받아야 한다. 그러나 요건확인품목인 아닌 경우에는 요건확인을 받을 필요가 없으므로 요건확인은 필요한 경우에만 받게 되어 있다.

2) 수출입요건확인의 대상물품과 면제대상물품

수출입요건확인의 대상물품은 상기에서 살펴본 바와 같이, 통합공고상의 [별표 1(수출요령)]과 [별표 2(수입요령)]에서 제한되는 품목인 수출입요건확인품목과 별도규정품목이다. 이러한 요건확인대상물품이라 하더라도 수출입 시 통합공고상의 52개 개별법에 따라 수출입 요건 및 절차의 적용이 면제되는 요건확인대상물품이 있다.

3) 수출입요건확인기관 및 요건면제확인기관

통합공고 제2조의 규정에 의하면, "수출입요건확인기관"이란 수출입통관 전후에 허가, 추천, 신고, 검사, 검정, 시험방법, 형식승인 등의 수출입을 위한 요건확인서를 발급하는 주무부처 또는 관련단체를 말하고, "요건면제확인기관"이란 이 고시 및 제3조 제1항의 법령에 의하여 관계행정기관의 장이 [별표 2]에 규정된 수입요령의 적용면제를 확인하도록 지정한 기관을 말한다. 다만, 요건면제확인기관이 별도로 지정되지 아니한 경우에는 해당물품의 요건확인기관을 요건면제확인기관으로 본다.

4. 원산지규정상의 품목분류

(1) 원산지표시대상물품과 면제대상물품

원산지표시는 원산지국가를 수출입물품에 인쇄, 라벨, 주조 등의 방법으로 보기 쉽고 견고하게 표시하는 것으로서 내외무역법에서는 원산지표시대상물품과 원산지표시면제대상물품을 지정하여 운영하고 있다.

그림 3-8 ▸▸ 원산지표시대상물품과 원산지표시방법

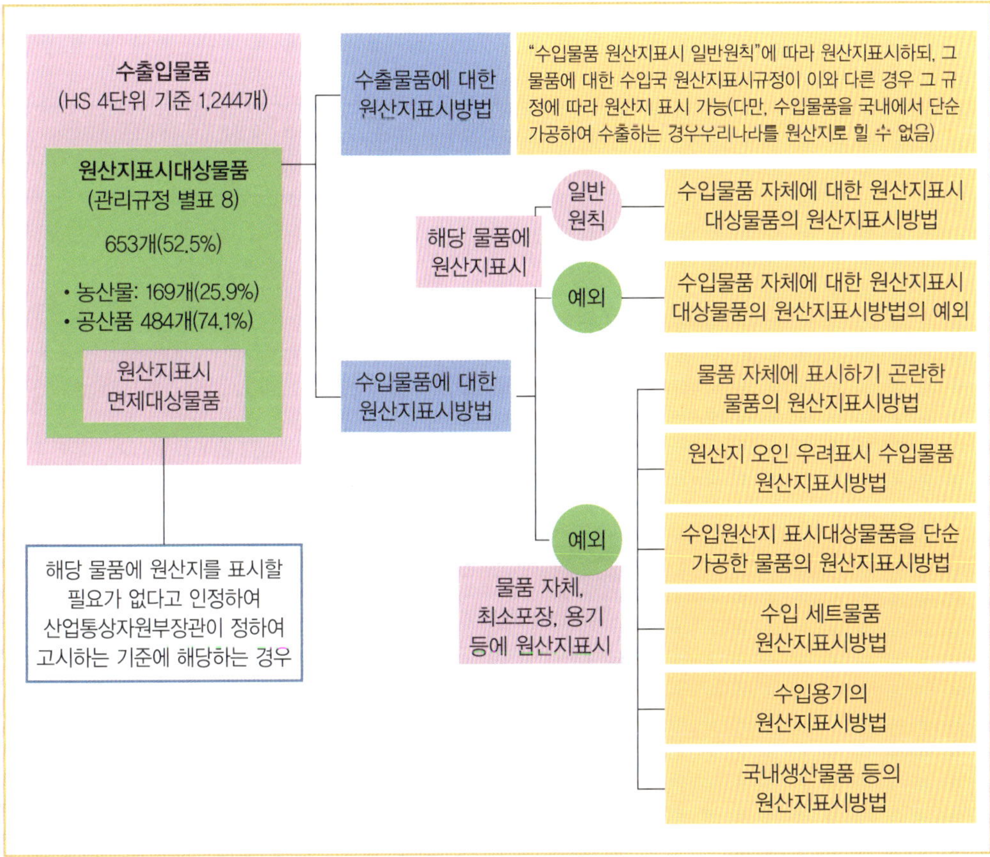

1) 원산지표시대상물품

원산지표시대상물품(goods requiring the indication of origin)이란 산업통상자원부장

관이 공정한 거래질서(fair trade order)의 확립과 생산자 및 소비자보호를 도모하기 위하여 원산지를 표시하여야 하는 대상으로 공고한 물품으로서, [별표 8]에 게기된 수입물품을 말한다. 따라서 원산지표시대상물품을 수출 또는 수입하려는 자는 그 물품에 대하여 원산지의 표시를 하여야 하는 바, 원산지표시대상물품으로 지정된 수입물품에 원산지를 표시하여야 한다(법 제33조 제1항 및 규정 제75조 제1항).

현재 원산지표시대상물품은 일반 소비자가 직접 구매 사용하는 품목으로서 HS4단위를 기준으로 653개 품목(농산물 169개, 공산품 484개로 전체 품목 1,244개의 52.5%)을 대상으로 하고 있다. 원산지표시를 할 범위는 해당 수입물품 및 재사용이 가능한 포장용품 또는 해당 수입품과 구분판매가 가능한 부속품 및 부분품 등 부장품까지 포함하고 있다.

| 표 3-16 | 원산지표시대상 품목비율

전체 품목: 1,244 (HS 4단위 기준)	원산지표시대상 품목: 653(52.5%)	농산물	169(25.9%)
		공산품	484(74.1%)

자료: 산업통상자원부

| 표 3-17 | 대외무역관리규정 [별표 8] 원산지표시대상물품

HS류별	품목코드
01류	0102, 0106(자라에 한함)
02류	0201, 0202, 0203, 0204, 0205, 0206, 0207, 0208, 0209, 0210
03류	0301, 0302, 0303, 0304, 0305, 0306, 0307, 0308
04류	0401, 0402, 0403, 0404, 0405, 0406, 0407, 0408, 0409, 0410
05류	0504, 0506, 0507, 0510
06류	0601, 0602, 0603, 0604
07류	0701, 0702, 0703, 0704, 0705, 0706, 0707, 0708, 0709, 0710, 0711, 0712, 0713, 0714
08류	0801, 0802, 0803, 0804, 0805, 0806, 0807, 0808, 0809, 0810, 0811, 0812, 0813, 0814
09류	0901, 0902, 0903, 0904, 0906, 0907, 0908, 0910
10류	1001, 1002, 1003, 1004, 1005, 1006, 1007, 1008
11류	1101, 1102, 1103, 1104, 1105, 1106, 1107, 1108, 1109
12류	1201, 1202, 1203, 1204, 1205, 1206, 1207, 1208, 1209, 1211, 1212
13류	1302

15류	1501, 1502, 1503, 1504, 1507, 1508, 1509, 1510, 1511, 1512, 1513, 1514, 1515, 1516, 1517, 1520, 1521, 1522
16류	1601, 1602, 1603, 1604, 1605
17류	1701, 1702, 1703, 1704
18류	1801, 1802, 1803, 1804, 1805, 1806
19류	1901, 1902, 1903, 1904, 1905
20류	2001, 2002, 2003, 2004, 2005, 2006, 2007, 2008, 2009
21류	2101, 2102, 2103, 2104, 2105, 2106
22류	2201, 2202, 2203, 2204, 2205, 2206, 2207, 2208, 2209
23류	2301, 2303, 2308, 2309
24류	2401, 2402, 2403
25류	2501
28류	2815.11, 2853
30류	3003, 3004, 3005, 3006
31류	3101
32류	3201, 3202, 3203, 3204, 3205, 3206, 3207, 3208, 3209, 3210, 3211, 3212, 3213, 3214, 3215
33류	3301, 3302, 3303, 3304, 3305, 3306, 3307
34류	3401, 3402, 3403, 3404, 3405, 3406, 3407
35류	3504, 3505, 3506
36류	3604, 3605, 3606
37류	3702, 3703, 3704, 3707
38류	3808, 3814, 3820, 3824, 3826
39류	3916, 3917, 3918, 3919, 3920, 3921, 3922, 3923, 3924, 3925, 3926
40류	4006, 4007, 4008, 4009, 4010, 4011, 4012, 4013, 4014, 4015, 4016, 4017
41류	4114, 4115
42류	4202, 4203, 4205, 4206
43류	4303, 4304
44류	4402, 4409, 4410, 4411, 4412, 4413, 4414, 4415, 4416, 4417, 4418, 4419, 4420, 4421
46류	4601, 4602
48류	4802, 4803, 4804, 4805, 4806, 4807, 4808, 4809, 4810, 4811, 4813, 4814, 4816, 4817, 4818, 4819, 4820, 4821, 4823
49류	4905, 4909

50류	5006, 5007
51류	5109, 5110, 5111, 5112, 5113
52류	5204, 5207, 5208, 5209, 5210, 5211, 5212
53류	5309, 5310, 5311
54류	5401, 5406, 5407, 5408
55류	5502, 5508, 5511, 5512, 5513, 5514, 5515, 5516
56류	5601, 5602, 5603, 5604
57류	5701, 5702, 5703, 5704, 5705
58류	5801, 5802, 5803, 5804, 5805, 5806, 5807, 5808, 5809, 5810, 5811
59류	5909(소방호스에 한함)
60류	6001, 6002
61류	6101, 6102, 6103, 6104, 6105, 6106, 6107, 6108, 6109, 6110, 6111, 6112, 6113, 6114, 6115, 6116, 6117
62류	6201, 6202, 6203, 6204, 6205, 6206, 6207, 6208, 6209, 6210, 6211, 6212, 6213, 6214, 6215, 6216, 6217
63류	6301, 6302, 6303, 6304, 6305, 6306, 6307, 6308, 6309, 6310
64류	6401, 6402, 6403, 6404, 6405, 6406
65류	6501, 6502, 6504, 6505, 6506, 6507
66류	6601, 6602, 6603
67류	6704
68류	6801, 6802, 6804, 6806, 6809, 6810, 6815
69류	6902, 6903, 6906, 6907, 6908, 6910, 6911, 6912, 6913, 6914
70류	7003, 7004, 7005, 7006, 7007, 7008, 7009, 7010, 7013, 7014, 7015, 7018, 7019, 7020
71류	7113, 7114, 7116, 7117
72류	7208, 7210(전기, 용융, 착색 아연도금강판에 한함), 7214, 7216, 7219, 7225, 7226, 7228
73류	7307(플랜지에 한함), 7311, 7315, 7317, 7318, 7319, 7320, 7321, 7322, 7323, 7324, 7325, 7326
74류	7415, 7418, 7419
75류	7508
76류	7607, 7612, 7613, 7615, 7616
78류	7806
79류	7907
80류	8007

82류	8201, 8202, 8203, 8204, 8205, 8206, 8207, 8208, 8209, 8210, 8211, 8212, 8213, 8214, 8215
83류	8301, 8302, 8303, 8304, 8305, 8306
84류	8407, 8408, 8409, 8413, 8414, 8415, 8416, 8417, 8418, 8419, 8421, 8422, 8423, 8424, 8425, 8431, 8432, 8433, 8434, 8435, 8436, 8437, 8438, 8440, 8441, 8442, 8443, 8448, 8450, 8451, 8452, 8453, 8456, 8465, 8466, 8467, 8468, 8469, 8470, 8471, 8472, 8473, 8476, 8479, 8481, 8482, 8483, 8484, 8487
85류	8501, 8502, 8503, 8504, 8505, 8506, 8507, 8508, 8509, 8510, 8511, 8512, 8513, 8514, 8515, 8516, 8517, 8518, 8519, 8521, 8522, 8523, 8525, 8526, 8527, 8528, 8529, 8531, 8532, 8533, 8534, 8535, 8536, 8537, 8538, 8539, 8540, 8541, 8542, 8543, 8544, 8545, 8546, 8547, 8548
87류	8701, 8702, 8703, 8704, 8705, 8706, 8707, 8708, 8711, 8712, 8713 ,8715, 8716
89류	8903
90류	9001, 9002, 9003, 9004, 9005, 9006, 9010, 9011, 9012, 9013, 9015, 9016, 9017, 9018, 9019, 9021, 9024, 9025, 9026, 9027, 9028, 9029, 9031, 9032, 9033
91류	9101, 9102, 9103, 9104, 9105, 9106, 9107, 9108, 9109, 9110, 9111, 9112, 9113, 9114
92류	9201, 9202, 9205, 9206, 9207, 9208, 9209
94류	9401, 9402, 9403, 9404, 9405
95류	9503, 9504, 9505, 9506, 9507, 9508
96류	9603, 9604, 9605, 9607, 9608, 9609, 9610, 9611, 9612, 9613, 9614, 9615, 9616, 9617, 9618, 9619

2) 원산지표시면제대상물품

원산지표시면제대상은 원산지표시제도의 근본적인 목적이 최종소비자를 보호하는 데 있다는 점에 착안하여 검토할 수 있다.

원산지표시대상물품에 대한 원산지표시방법의 규정에 불구하고 해당 물품에 원산지를 표시할 필요가 없다고 인정하여 산업통상자원부장관이 정하여 고시하는 기준에 해당하는 경우에는 산업통상자원부장관이 정하여 고시하는 바에 따라 원산지표시를 생략할 수 있는 바, 물품 또는 포장 · 용기에 원산지를 표시하여야 하는 수입물품이 다음의 어느 하나에 해당되는 경우에는 원산지를 표시하지 아니할 수 있다(영 제56조 제2항 및 규정 제82조 제1항).

① 외화획득용 원료 및 시설기재로 수입되는 물품

② 개인에게 무상 송부된 탁송품, 별송품 또는 여행자 휴대품

③ 수입 후 실질적 변형을 일으키는 제조공정에 투입되는 부품 및 원재료로서 실수요자가

그림 3-9 ▶▶ 원산지표시면제대상물품

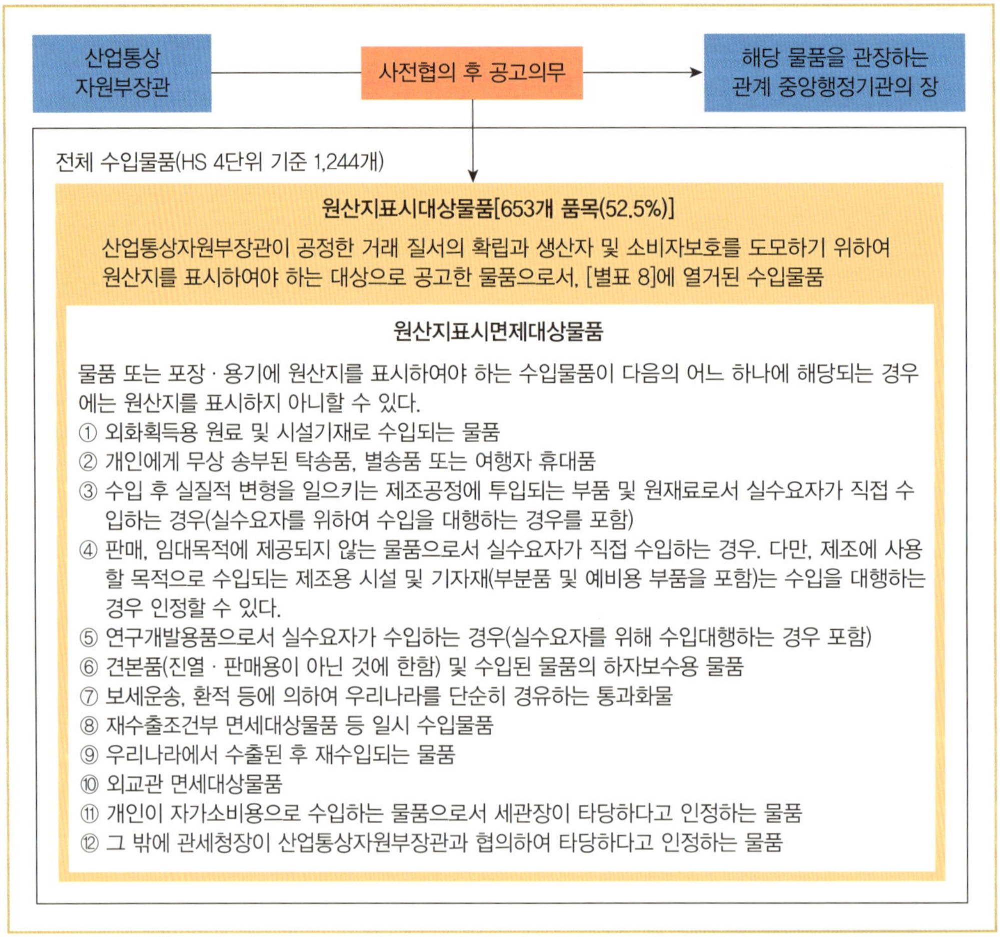

직접 수입하는 경우(실수요자를 위하여 수입을 대행하는 경우를 포함)

④ 판매 또는 임대목적에 제공되지 않는 물품으로서 실수요자가 직접 수입하는 경우. 다만, 제조에 사용할 목적으로 수입되는 제조용 시설 및 기자재(부분품 및 예비용 부품을 포함)는 수입을 대행하는 경우 인정할 수 있다.

⑤ 연구개발용품으로서 실수요자가 수입하는 경우(실수요자를 위하여 수입을 대행하는 경우를 포함)

⑥ 견본품(진열 · 판매용이 아닌 것에 한함) 및 수입된 물품의 하자보수용 물품

⑦ 보세운송, 환적 등에 의하여 우리나라를 단순히 경유하는 통과화물

⑧ 재수출조건부 면세대상물품 등 일시 수입물품

⑨ 우리나라에서 수출된 후 재수입되는 물품

⑩ 외교관 면세대상물품

⑪ 개인이 자가소비용으로 수입하는 물품으로서 세관장이 타당하다고 인정하는 물품

⑫ 그 밖에 관세청장이 산업통상자원부장관과 협의하여 타당하다고 인정하는 물품

(2) 원산지판정기준의 적용에 따른 품목분류

대외무역법령에서는 실질적 변형이 행해지는 경우, 원칙적으로 세번변경기준(HS 6단위 변경)이 적용되고 예외적으로 부가가치기준(카메라), 가공공정기준(주요부품 또는 주요공정기준; 소, 돼지, 기타 가축, 의류 등)이 보완적으로 적용되고 있다. 즉, 현행 대외무역법령은 실질적 변형이 행해지는 경우 부가가치기준이나 주요공정기준이 적용되는 물품을 제외하고는 원칙적으로 세번변경기준을 적용하고 있다.

1) 세번변경기준이 적용되는 품목

세번변경기준(change of tariff classification criterion; tariff shift criterion)은 제조 · 가

그림 3-10 ▸▸ 세번변경기준의 실례

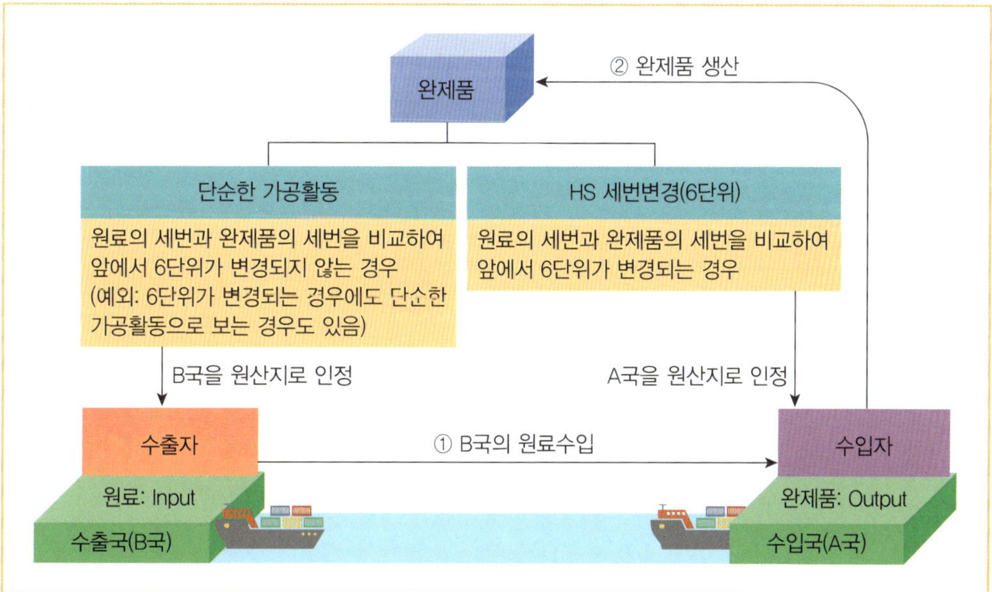

공과정에 사용된 원료(input)의 세번과 상이한 세번(HS 6단위 기준)의 완제품(output)을 생산한 국가를 원산지로 보는 기준으로서, 누구든지 객관적인 HS 세번만 알면 판정이 가능한 기준이다. 예를 들면, A국이 B국으로부터 유리섬유(HS 7019.00)를 수입하여 제조 · 가공과정을 통하여 직물(HS 4016.00)을 생산한 경우에는 B국을 원산지로 한다.

2) 부가가치기준이 적용되는 품목

부가가치기준(value added criterion)[11]은 특정 제품의 전체가치 중에서 일정비율 이상의 부가가치를 창출하는 국가를 원산지로 보는 기준으로서, 세번변경이 실질적 변형을 반영하지 못하는 경우 또는 주요부품이나 주요공정을 특정하기 어려운 경우에 주로 사용된다.

대외무역관리규정 [별표 9]에 의하면, 부가가치기준이 적용되는 품목은 다음 표에 나타나 있는 것처럼 카메라 1개 품목으로서, 완제품에 사용된 원료 및 부품의 부가가치가 완제품 부가가치의 35% 이상인 경우 해당 원료 및 부품을 생산 또는 최초로 공급한 국가를 원산지로 본다. 다만, 35% 이상인 국가가 없거나 2개국 이상인 경우는 주요부품(셔터, 렌즈, 줌경통, 파인더)이 차지하는 부가가치의 비율이 높은 국가를 원산지로 본다.

| 표 3-18 | 대외무역관리규정 [별표 9] 특정수입물품의 원산지

품목명	원산지판정기준
HS 9006.51 렌즈를 통하여 볼 수 있는 파인더(싱글렌즈레플렉스)를 갖춘 것(폭이 35밀리미터 이하의 롤필름용인 것에 한하며 특수용도 사진기 또는 일회용 사진기는 제외) HS 9006.53 기타(폭이 35밀리미터의 롤필름용인 것에 한하며 특수용도 사진기 또는 일회용 사진기는 제외)	다음 각호의 기준을 순차적으로 적용한다. 1. 해당 물품에 사용된 원료 및 부품의 부가가치가 완제품 부가가치의 35% 이상인 경우 해당 원료 및 부품을 생산 또는 최초로 공급한 국가 2. 제1호의 국가가 없거나 2개국 이상인 경우는 주요부품(셔터, 렌즈, 줌경통, 파인더)이 차지하는 부가가치의 비율이 높은 국가

3) 가공공정기준

가공공정기준(processing operation criterion)[12]은 가장 객관적인 기준으로 제조공정 중

11) "부가가치기준"이란 수출품의 제조과정에서 수출국이 부가한 가치의 정도에 따라 해당 제품의 수출국이 원산지 국가인지 여부를 결정하는 기준으로서, 적용하는 부가가치율은 각국에 따라 상이하다(수출물품원산지증명발급규정 제1-3조 제4항).

12) "가공공정기준"이란 부가가치적용품목이 35% 이상 생산한 국가가 하나도 없거나 35% 이상을 생산한 국가가

특정한 공정을 수행하거나 특정한 부품을 사용한 국가를 원산지로 하는 기준이다.[13] 즉, 이는 각 품목별로 기술적으로 중요한 제조 · 가공공정을 열거하여 해당공정이 수행된 국가를 원산지로 보는 기준이다.

대외무역관리규정 [별표 9]의 하단에서는 주요공정기준이 적용되는 품목으로서 가축과 섬유류를 표시하고 있다. 예를 들면, 소, 돼지 및 기타 가축 등이 출생국과 사육국이 다를 때, 소가 6개월 이상, 돼지가 2개월 이상, 소와 돼지 이외의 기타 가축이 1개월 이상 사육된 경우에는 해당 사육국을 원산지로 하고, 각각 그 기간에 미달하는 경우에는 출생국을 원산지로 한다.

그림 3-11 ▸▸ 가공공정기준의 실례

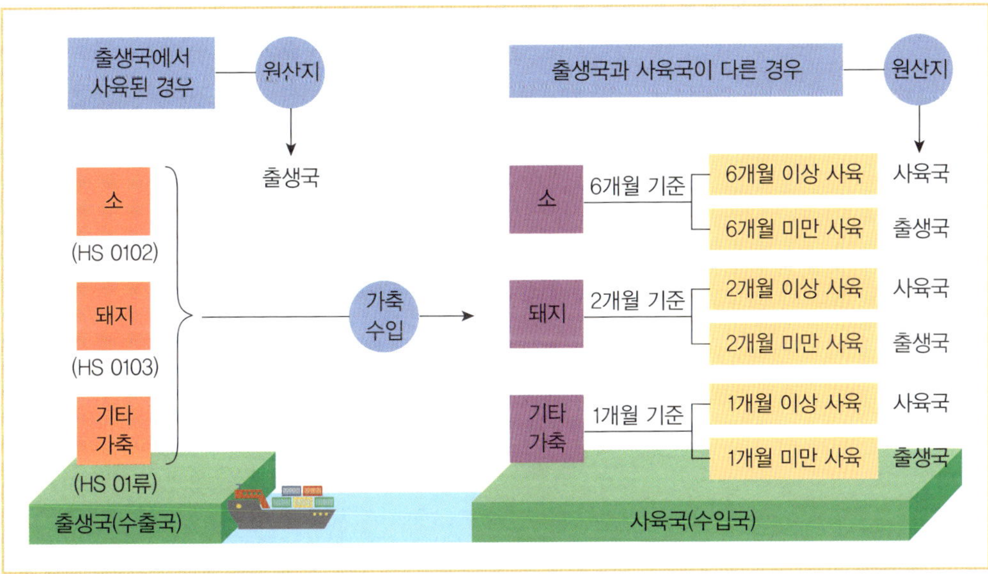

2개국 이상인 경우에 "주요부품"을 생산한 국가 또는 "주요공정"이 이루어진 국가를 원산지로 인정하는 기준으로서 부가가치기준을 보완하는 기준이다(수출물품원산지증명발급규정 제1-3조 제3항). 부가가치는 어떤 기업의 연간생산액에서 그 생산에 소요된 원재료, 연료, 다른 기업이 납품한 부품 등 다른 기업의 생산물을 공제한 것을 말한다.

13) 산업통상자원부, 원산지표시제도 주요내용, 2003. 6.

| 표 3-19 | [별표 9] 특정수입물품의 원산지

품목명	원산지판정기준
HS 0102 소	출생국을 원산지로 한다. 다만, 출생국과 사육국이 다른 경우에는 다음 기준에 따른다. 해당 국가에서 6개월 이상 사육된 경우에는 해당 사육국을 원산지로 하고, 6개월 미만 사육된 경우에는 출생국을 원산지로 한다.
HS 0103 돼지	출생국을 원산지로 한다. 다만, 출생국과 사육국이 다른 경우에는 다음 기준에 따른다. 해당 국가에서 2개월 이상 사육된 경우에는 해당 사육국을 원산지로 하고, 2개월 미만 사육된 경우에는 출생국을 원산지로 한다.
소와 돼지 이외의 그 밖의 가축으로서 HS 01류의 것	출생국을 원산지로 한다. 다만, 출생국과 사육국이 다른 경우에는 다음 기준에 따른다. 해당 국가에서 1개월 이상 사육된 경우에는 해당 사육국을 원산지로 하고, 1개월 미만 사육된 경우에는 출생국을 원산지로 한다.

품목명	원산지기준(안)	
HS 6101–6117 (편직된 의류 및 그 부속품)	1) 제품형태로 편물(knit to shape)되는 물품(부품과 부속품을 포함한다); 6101–6117의 것	편직공정 수행국 (knit shape)
	2) 부품형태로 편물된 부품을 봉제하여 생산되는 물품; 6101–6115의 것	봉제공정 수행국
	3) 재단(cut to shape)된 부품을 봉제하여 생산되는 물품; 6101–6115의 것	봉제공정 수행국
	4) 자수된 편평제품(손수건, 쇼울, 스카프, 머플러, 만틸라, 베일 및 이와 유사한 물품); 6117.10.6117.80의 것	편직공정 수행국. 단, 기포원단의 공장도 가격의 50%를 초과하는 자수공정을 수행할 경우 자수공정 수행국
	5) 그 밖의 편평제품(손수건, 쇼울, 스카, 머플러, 만틸라, 베일 및 이와 유사한 물품); 6117.10.6117.80의 것	편직공정 수행국
	6) 부품형태로 편물된 부품을 봉제하여 생산되는 부속품(넥타이류, 장갑류 및 이와 유사한 물품); 6116, 6117.20, 6117.80의 것	부품의 편직공정 수행국 (형태를 갖게 knit된 곳)
	7) 재단된 부품을 봉제하여 생산되는 부속품(넥타이류, 장갑류 및 이와 유사한 물품); 6116, 6117.20, 6117.80의 것	봉제공정 수행국
	8) 부품형태로 편물된 부품을 봉제하여 생산된 부품; 6117.90의 것	부품 편직공정 수행국

	9) 재단된 부품을 봉제하여 생산되는 부품; 6117.90의 것	재단공정 수행국
	10) 자수되었으나 봉제되지 아니한 부품; 6101–6117의 것	편직공정 수행국. 단, 기포원단의 공장도 가격의 50%를 초과하는 자수공정을 수행할 경우 자수공정 수행국
	11) 그 밖에 봉제되지 아니한 부품; 6101–6107의 것	편직공정 수행국
HS 6201–6217 (편직을 제외한 의류 및 그 부속품)	1) 부품을 봉제하여 생산되는 물품(6209의 기저귀를 제외한다); 6201–6212	봉제공정 수행국
	2) 기저귀; 6209의 것	제직공정 수행국
	3) 자수된 편평제품(손수건, 쇼울, 스카프, 머플러, 만틸라, 베일 및 이와 유사한 물품); 6213, 6214, 6217.10의 것	제직공정 수행국. 단, 기포원단의 공장도 가격의 50%를 초과하는 자수공정을 수행할 경우 자수공정 수행국
	4) 그 밖의 편평제품(손수건, 쇼울, 스카프, 머플러, 반틸라, 베일 및 이와 유사한 물품); 6213, 6214, 6217.10의 것	제직공정 수행국
	5) 부품을 봉제하여 생산된 부속품(넥타이류, 장갑류 및 이와 유사한 물품); 6215, 6216, 6217.10의 것	봉제공정 수행국
	6) 봉제된 부품; 6217.90의 것	재단공정 수행국
	7) 자수된 부품; 6201–6217의 것	제직공정 수행국. 단 기포원단의 공장도 가격의 50%를 초과하는 자수공정을 수행할 경우 자수공정 수행국
	8) 그 밖의 부품; 6201–6217의 것	제직공정 수행국
HS 6301–6308 (제품으로 된 방직용 섬유제품)	1) 부품을 봉제하여 생산되는 물품; 6303, 6304, 6306, 6307.20	재단공정 수행국
	2) 자수된 물품; 6301–6308의 것 6301.10 제외)	제직(또는 편직)공정 수행국. 단 기포원단의 공장도 가격의 50%를 초과하는 자수공정을 수행할 경우 자수공성 수행국
	3) 부분품으로 구성된 불품; 6308의 것	Set의 본질적 특성을 구성하는 물품 제조국
	4) 그 밖의 제품; 6301, 6302, 6305, 6307.10, 6307.90 (6301.10 제외)	제직(또는 편직)공정 수행국
HS 7411.22 구리–니켈 합금으로 만든 것(백동)이나 구리–니켈–아연 합금으로 만든 것(양백)		냉간인발공정(인발, 열처리, 확관) 수행국

5. 관세법상의 품목분류

(1) 수입물품의 관세율결정과 품목분류

수입통관을 위한 수입신고 시에 수입신고서에 기재하는 관세액은 관세율을 근거로 계산된다. 즉, 수입물품에 대한 관세는 해당 품목번호마다 적용되는 관세율이 미리 정해져 있기 때문에 HS코드에 규정되어 있는 해당 품목을 정확히 분류하여 HS코드를 특정하여야만 납부할 관세액을 계산하여 결정할 수 있다.

HS 6자리는 HS조약에 가입한 회원국이나 준거국이 동일하게 공통적으로 분류하고 있기 때문에 각국마다 동일하다. 각국마다 특정 품목에 대한 HS번호가 6단위까지는 동일하기 때문에 현지의 언어로 작성된 관세율표에서 특정 품목에 대한 수입세율을 조사할 경우 HS번호만 정확하게 알고 있으면 현지의 언어를 모르더라도 한국의 관세율표의 코드와 대비해보면 관세율을 쉽게 이해할 수 있다.

특히, 특정 물품이 기능은 유사하지만 형태가 다른 경우 또는 형태는 유사하지만 기능이 다른 경우에는 품목번호가 달라지며, 또한 부분품이 범용성인지 또는 전용인지에 따라서도 품목번호가 달라지기 때문에 수입신고 시에 품목분류번호를 적정하게 표시하여야만 정확한 관세를 납부할 수 있게 된다.

(2) 관세법상의 품목분류 사전심사제도

품목분류 사전심사제도는 관세법 제86조 및 관세법시행령 제106조에 따라 수출입신고를 하기 전에 수출입자가 스스로 품목을 분류하는 데 어려움이 있는 경우 수출입자의 신청에 따라 관세청의 관세평가분류원장이 법적 효력이 있는 품목번호를 결정하여 회신하는 제도이다.

특히, 어떤 품목이 어떤 HS코드에 해당되는지를 판단하는 것은 전문적인 지식을 필요로 한다. 수출자가 통보한 HS코드를 안이하게 그대로 사용하여 수입신고를 진행하였을 경우에는 혹시 나중에 그 번호의 적용이 적정하지 못한 것으로 판단이 될 경우에는 신고서류를 정정하거나 수정신고를 해야 할 필요가 있을 수 있다. 이러한 경우를 대비하여 처음으로 수입하는 품목의 경우에는 관세청의 품목분류 사전심사제도를 이용하는 등 사전에 HS코드나 관세율에 대하여 확인하는 것이 바람직하다.

품목분류 사전심사의 신청자격이 있는 자는 물품을 수출입하려는 자, 수출할 물품의 제조자 및 「관세사법」에 따른 관세사 · 관세법인 또는 통관취급법인으로서, 관세청전자통관시스템(UNI-PASS: https://unipass.customs.go.kr)에 접속하여 품목분류사전심사 신청서(품목분류사전심사제도 운영에 관한 고시 별지 제1호의 서식 갑지 및 을지), 견본 및 증빙서류를 첨부하여 인터넷으로 접수할 수 있는 바, 접수순서는 UNI-PASS → 전자신고 → 신고서작성 → 품목분류 → 품목분류사전심사신청의 순서를 하면 된다. 한편, 우편 또는 방문으로 방법으로도 신청가능하다.

| 토의사항 |

01 상품을 분류하는 목적은 무엇인지 설명해보시오.

02 종전의 SITC나 CCCN에서 HS로 변경된 이유는 무엇인지 설명해보시오.

03 HS품목분류가 무역에 어떻게 적용되고 있는지 설명해보시오.

| 참고문헌 |

- 김대철 외 13인(2015), 상품학, 도서출판 청람.
- 전순환(2015), 대외무역법(제13개정판), 한올출판사.
- 대외무역법
- 대외무역법시행령
- 대외무역관리규정
- 수출입공고
- 통합공고
- 수출물품원산지증명발급규정
- http://www.ier.hit-u.ac.jp/COE/Japanese/Newsletter/No.6.japanese/GAKU.html
- 国際統一商品分類(HS)について, http://www.dl.ndl.go.jp/view/download/digidepo_3515728_po_389_i.pdf?contentNo=9&alternativeNo=
- 산업통상자원부, 원산지표시제도 주요내용, 2003. 6.

PART 02

상품의 개발 및 관리

CHAPTER 04

경쟁적 포지셔닝

COMMODITY SCIENCE AND TECHNOLOGY

도 · 입 · 사 · 례

경쟁우위와 포지셔닝전략으로 세계 1위를 달성한 싱가포르항공

한 분야에서 세계 최고를 한다는 것은 엄청난 일이다. 이 세계 1위를 19년 동안 유지한다면 어떤 비결이 있지 않을까? 싱가포르항공이 세계적인 여행잡지 콘데나스트 트래블러가 뽑은 세계 최고 국제선 항공사로 선정됐다. 19년째 줄곧 1위를 달리고 있다. 콘데나스트 트래블러는 콘데나스트미디어그룹이 발간하는 세계적인 여행잡지다. 콘데나스트미디어그룹은 보그, W, GQ 등 유명 패션잡지를 비롯해 20여 개의 세계적인 잡지를 발간하고 있다. 콘데나스트 트래블러는 여행산업으로부터 독립적인 위치에서 기사를 작성하고 평가를 하는 곳으로 유명하다. 최우수 항공사 선정도 독자 설문조사를 기초로 선정된다. 이번 조사에선 300만 명의 독자들이 설문조사에 참여했다. 싱가포르항공은 콘데나스트 트래블러상이 제정된 이후 20회 중 19번에 걸쳐 최고 항공사상을 수상했다. 올해 조사에선 싱가포르항공은 아시아를 향하는 태평양 루트 비즈니스클래스 부문과 대서양 구간 최고 비즈니스클래스 부문에서 1위에 선정됐다. 대한항공은 태평양 구간 비즈니스클래스 부문에서 9위에 올랐고, 아시아나항공은 10위권에 이름을 올리지 못했다.

싱가포르항공의 비결은 무엇일까? 가장 빠르게, 가장 좋은 서비스를 제공하는 전통 덕이라고 설명했다. 기내에 승무원이 탑승해 기내서비스를 제공한 것은 미국의 팬암이 최초다. 그러나 싱가포르항공은 기내서비스를 한층 업그레이드했다. 1970년대부터 이코노미클래스에 헤드셋과 음료를 무료 제공하기 시작했고, 1991년에 기내 위성전화를 처음 설치했다. 1990년대부터 전문요리사들로 기내식단을 개발하기 시작했고, 극장 스타일의 영화서비스 등을 처음으로 도입했다. 지난 7월엔 비즈니스클래스에 컴퓨터를 설치, 비행 중에 사무를 볼 수 있는 서비스도 개발했다. 싱가포르항공 모든 좌석에 장착된 USB 포트에 개인 USB 장치를 연결하면 노트북 없이도 워드작업이나 뉴스검색 등을 할 수 있고 각종 정보도 살펴볼 수 있다. 최신 기종 항공기를 고수하는 것도 고객들의 높은 평가를 받는 이유다. 싱가포르항공의 평균 비행기기령은 6.5년이다. 대한항공은 7년으로 조금 길다. 미국이나 유럽엔 평균기령이 10년이 넘는 항공사들도 많다. 싱가포르항공은 세계 최초로 에어버스의 A380기를 인도받았고 추가로 19대를 도입할 예정이다. 대한항공은 2009년에 최신 항공기인 보잉 787을 도입할 예정이고 2010년부터 A380을 도입할 예정이다. 아시아나항공은 신기종 도입계획을 아직 세우지 못했다. 싱가포르항공 부사장 후앙 젠 엔은 "고객들의 변함없는 관심과 성원에 감사드린다"며 "앞으로도 최상의 서비스를 위해 끊임 없이 노력하겠다"고 말했다.

한편 싱가포르항공은 세계 최대 항공기를 통하여 특유의 포지셔닝을 추진하고 있다. 세계 최대 규모의 점보 항공기인 에어버스 A380이 역사적인 첫 상업비행의 준비를 마쳤다. 싱가포르항공은 지난 15일 프랑스 툴루즈 에어버스 본사에서 A380 인도 행사를 갖고 A380기를 인수했다고 밝혔다. 싱가포르항공이 주문한 19대의 A380 항공기 중 첫 번째이자 세계 최초로 상업비행을 시작하는 A380 항공기다. A380엔 롤스로이스가 만든 엔진 트렌트900이 탑재돼 있다. 트렌트900은 롤스로이스와 6개 개발파트너가 함께 만든 엔진으로 배기가스와 소음 면에서 월등한 성능을 보인다.

A380은 2인용 침대를 갖춘 1등석 12개 실과 비즈니스 60석, 이코노미 399석을 갖추고 있다. 현존하는 항공기 중 가장 큰 크기를 자랑한다. 싱가포르항공은 A380의 첫 운항지를 싱가포르-시드니 노선을 확정했다. A380은 오는 25일 싱가포르에서 시드니로 첫 상업운항을 하게 된다. 싱가포르항공은 A380의 세계 첫 비행을 기념해 자선경매 이벤트를 마련했다. 싱가포르항공은 A380 첫 비행에서 발생하는 모든 항공권의 수익을 자선단체에 기부키로 했다. 항공권 좌석은 이베이를 통해 경매방식으로 팔렸다. 이 중 1등급 좌석 2석은 10만 380달러에 팔려 사상 최고가를 기록했다. 정상운임 3,391달러의 30배에 달하는 가격이다. 27일 시드니에서 싱가포르로 출발하는 비행기는 정상가격에 팔린다. 첫 항공의 자선행사에 참여하는 기업들도 많았다. 연료공급자 중 하나인 엑슨모빌항공은 첫 비행에 드는 연료를 기부할 예정이다. 이베이는 항공권 좌석 경매의 수수료 및 비용을 보조키로 했으며 글로벌 온라인 결제 솔루션인 페이팔은 자선행사를 돕기 위해 비용을 분배할 예정이다. 수익금은 싱가포르 커뮤니티 자금, 시드니 소재 아동병원 랜드위크와 웨스트미드의 아동병원, 국경 없는 의사회인 MSF 등에 골고루 분배된다. 싱가포르항공의 츄춘생 대표는 "최초로 상업화된 A380은 항공 역사에 중요한 순간을 장식할 것"이라며 "일생에 단 한 번 있는 경험으로 항공여행의 새로운 장을 열게 될 것"이라고 말했다. 그는 이어 "우리가 행사를 진행하는 동안에도 자선수익의 혜택을 받을 불우한 사람들을 잊지말아야 한다"고 덧붙였다.

그리고 싱가포르항공의 심벌과도 같은 싱가포르 걸(Singapore Girl)은 싱가포르항공의 차별화된 브랜드 전략을 위한 노력을 잘 보여준다. 싱가포르 걸은 이 항공사의 승무원을 의미하는데, 이미 세계적으로 유명하다. 싱가포르항공은 1972년 개항 당시 프랑스의 고급 패션 디자이너 피에르 발망(Pierre Balmain)에게 싱가포르 전통 의상을 모티브로 한 승무원 의상 제작을 의뢰하였고, 이 의상은 싱가포르항공을 나타내는 독특한 심벌의 역할을 한다. 싱가포르 걸의 따뜻하고 부드럽고 온화한 동양적 이미지는 뛰어난 서비스품질을 추구한다는 기업의 목표와 어우러져 싱가포르항공의 브랜드 이미지 형성에 지대한 영향을 미쳤다.

싱가포르항공사는 또한 오감 브랜딩의 성공사례로 손꼽힌다. 싱가포르항공은 기내에서 스테판 플로리안 워터스라 불리는 매력적인 향기가 나는 것으로 유명하다. 싱가포르항공은 자신만의 향기를 만들기 위해 유명 향수업체의 도움을 얻어 스테판 플로리안 워터스를 직접 기획 · 제작하였다. 스테판 플로리안 워터스는 뜨거운 물수건은 물론이고 기내 전체에 퍼져나간다. 싱가포르항공을 이용한 사람들은 누구나 기내의 독특한 향기에 대한 좋은 추억을 가지게 된다고 한다. 또한 이러한 향을 이용한 브랜딩은 경쟁사들이 모방할 수 없는 독특한 정체성 형성에 기여하여 경쟁상품이 넘쳐나는 시장에서 싱가포르항공의 브랜드를 차별화하는 데 많은 도움을 준다.

그리고 싱가포르항공은 자사 홈페이지를 통해 싱가포르, 샌프란시스코, 호주, 유럽 등 11개 도시 왕복 항공권을 미리 구매하는 고객에게 특가 요금을 제공하는 '얼리버드 온라인 프로모션'을 실시하였다. 싱가포르항공의 이번 프로모션은 기존요금 대비 약 30% 정도 저렴한 것으로 이코노미석 기준 싱가포르 왕복 항공권을 43만 8,600원에 판매하며, 미국 샌프란시스코 100만 9,000원, 시드니를 포함한 멜번, 퍼스 등 호주 지역은 101만 1,900원 등에 이용할 수 있다. 또한 남아프리카공화국의 케이프타운과 요하네스버그, 브라질 상파울루는 각각 116만 3,900원, 201만 9,900원부터 이용가능하다. 단, 싱가포르 왕복항공권의 경우 인천에서 오후 4시 20분에 출발히는 SQ609편과 싱가포르에서 오전 8시 5분에 출발하는 복편 SQ608편을 이용하는 경우에만 할인이 적용된다.

한편 모든 얼리버드 항공권은 싱가포르항공 홈페이지를 통해 예약 및 구매가 이루어지며, 예약은 3월 25일까지, 여행기간은 6월 1일부터 7월 15일까지로 한정되어 있다. 단 7월 1일~15일 여행 시에는 준성수기 요금 9만 300원을 추가해야 한다. 항공업계 관계자는 "통상적으로 대형 네트워크항공사들의 경우 항공권 할인이 큰 얼리버드제 시행을 꺼리는 데 반해 싱가포르항공의 경우 전략적인 프로모션으로 할인항공권 제공에 나선 데는 그만큼 시장경쟁이 치열해졌음을 의미한다"고 전했다. 이에 따라 올해 항공시장은 유가인상으로 항공권가격에 더해지는 유류할증료가 높아지면서 항공권 판매가 줄 수 있는 만큼 지난해와 같은 호황 없이 보다 치열한 시장경쟁이 예상된다.

결론적으로 싱가포르항공은 시장세분화, 표적시장 선정, 포지셔닝전략을 통하여 고객의 니즈를 잘 파악하였다. 그리고 표적고객이 바라는 상품, 가격, 촉진, 유통관리를 통하여 고객의 만족을 증진시켰다. 그 결과 지속적으로 세계 1위 항공사의 명예를 차지하게 되었다. 이것은 소비자행동분석에 근거한 합리적인 마케팅전략과 포지셔닝 노력이 경쟁사보다 우월한 성과를 보장해줄 수 있다는 교훈을 주고 있다.

자료: 머니투데이경제, 2007년 10월 17일

제1절 지각도와 포지셔닝

1. 지각도와 경쟁구조 파악

(1) 상품평가기준에 대한 요인분석

소비자는 상품을 선택할 때 경쟁상품과 비교하는 과정을 거친다. 따라서 경쟁상품보다 뛰어난 속성이 많을수록 소비자에게 선택될 가능성이 높다. 상품의 품질과 브랜드 이미지는 경쟁상품과 비교하여 관리할 필요가 있다. 예를 들어, 2000년대 초에 유럽시장에서 삼성 애니콜은 노키아와 경쟁하였다. 당시 애니콜의 경쟁상품이었던 노키아 휴대폰은 컬러 액정화면이 뛰어났다. 그런데 시장조사 결과 당시 유럽의 젊은 소비자들은 컬러 화면보다 디자인 속성을 더 중시하는 것으로 나타났다. 이에 애니콜은 디자인 개발에 투자하였고, 유럽시장에서 큰 성공을 거두었다.

이는 4차 산업혁명적 발상의 성공이었다. 1차 산업혁명(1760~1840년)은 철도 · 증기기관의 발명 이후의 기계에 의한 생산혁신이었고, 2차 산업혁명(19세기 말~20세기 초)은 전기와 생산조립라인 등 대량생산체계 구축혁신이었으며, 3차 산업혁명은 반도체와 메인프레임 컴퓨팅(1960년대), PC(1970~1980년대), 인터넷(1990년대)의 발달을 통한 정보기술 시대로 정리된다. 4차 산업혁명은 '초연결성(hyper-connected)', '초지능화(hyper-intelligent)의 특성을 가지고 있으며, 사물인터넷(IoT), 클라우드 등 정보통신기술(ICT)을 통해 인간과 인간, 사물과 사물, 인간과 사물이 상호 연결되고 빅데이터와 인공지능 등으로 보다 지능화된 사회로 변화될 것으로 예측된다. 즉 삼성전자의 성공은 상품과 디지털 감성의 결합을 통한 성공이었던 것이다.

이렇게 상품개발은 경쟁상품의 강 · 약점 및 소비자의 평가기준을 고려하여 결정하여야 한다. 즉 소비자가 중시하는 평가기준에서 경쟁상품보다 뛰어난 속성을 개발할 필요가 있다. 소비자가 중시하는 평가기준에서 경쟁상품이 취약한 입장이라면 매우 유리한 상품기회를 맞이할 수 있다. 예를 들어, 1990년대 초에 OB맥주에 비하여 크라운맥주는 브랜드 이미지 측면에서 불리하였다. 당시 소비자는 맥주를 평가할 때 브랜드 이미지도 중시하였지만 웰빙시대를 맞이하여 깨끗한 물이라는 속성도 암묵적으로 중시하였다. 그때 OB맥주를 생산하던 두산그룹에서 낙동강 페놀 중금속 유출이라는 악재에 휩싸였다. 이에 크라운맥주는 지하암

반수의 깨끗한 물을 강조하는 하이트라는 신상품을 출시하여 경쟁상황을 역전시켰다.

소비자의 상품 평가기준과 경쟁상품에 대한 상대적 인식을 그림으로 나타낸 것을 지각도(perceptual map)라고 한다. 기업은 지각도를 통하여 소비자가 중시하는 요인에서 경쟁상품보다 더 뛰어난 신상품을 개발하거나 기존상품을 개선할 수 있다. [그림 4-1]은 김치냉장고 세 상품에 대한 지각도의 예이다.

그림 4-1 ▸▸ 김치냉장고에 대한 지각도의 예

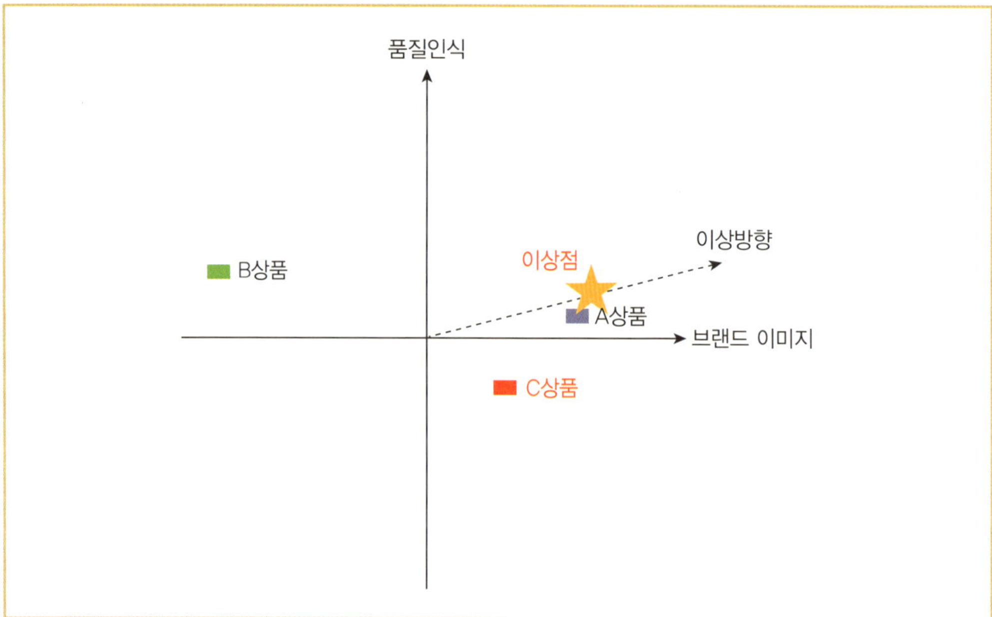

지각도는 요인분석(factor analysis)을 토대로 그릴 수 있다. 요인분석은 소비자가 중시하는 많은 속성들을 소수의 요인으로 압축 정리하는 분석방법이다. 예를 들어, 김치냉장고를 구매할 때 소비자가 중시하는 속성들은 가격, 광고모델, 판매원 설명, 주변인 영향력, 내부용기 크기, 디자인, AS서비스 만족도 등 많은 것으로 조사되었다. 이들 속성은 요인분석 결과 유사한 속성끼리 묶여져 품질인식 요인과 브랜드 이미지 요인 등 두 요인으로 정리된다. 예를 들어, 광고모델은 브랜드 이미지 요인에 속하게 되고, 내부용기 크기는 품질인식 요인에 속하게 되는 식이다.

요인분석은 많은 수의 속성을 적은 수의 요인으로 정리하여 경쟁구조를 보다 간단명료하게 확인할 수 있게 해준다. [그림 4-1]을 보면 브랜드 이미지와 품질인식 요인 측면에서 A

상품은 뛰어난 브랜드 이미지와 평범한 품질인식을 받고 있다. B상품은 열등한 브랜드 이미지와 다소 우수한 품질인식을 받고 있다. C상품은 다소 우수한 브랜드 이미지와 부족한 품질인식을 받고 있음을 알 수 있다. 어떤 상품이 소비자에게 가장 선호되는지는 소비자가 가장 이상적으로 생각하는 지점과 방향을 살펴보아야 파악할 수 있다. 이를 위해 회귀분석(regression)을 통한 이상점 파악이 필요하다.

(2) 이상적인 신상품을 위한 회귀분석

성공적인 신상품 개발을 위해서 소비자가 가장 선호하는 평가기준의 지점과 방향을 살펴보아야 한다. 소비자가 가장 선호하는 지점을 이상점(ideal point)이라 하고, 이상점과 원점을 연결한 선을 이상방향(ideal vector)이라고 한다. 어떤 상품이 이상방향에 가까울수록 그 상품은 소비자에게 선호될 가능성이 높다. [그림 4-1]에서 A상품이 이상방향과 가장 근접했음을 알 수 있다. 만약 김치냉장고 신상품을 개발 중인 기업이라면 A상품을 가장 유력한 경쟁상품으로 고려해야 할 것이다.

이상점과 이상방향은 회귀분석을 통해 파악한다. 회귀분석은 결과에 영향을 미치는 원인들을 파악하는 분석방법이다. 김치냉장고의 예에서, 크게 브랜드 이미지 요인과 품질인식 요인이라는 두 원인이 상품의 선호도라는 결과에 영향을 미치는 것으로 나타났다. 회귀분석 결과 품질인식보다는 브랜드 이미지 요인이 더 중요한 원인으로 나타났다. 그것은 [그림 4-1]에서 이상방향이 브랜드 이미지 쪽에 더 근접한 기울기로 나타난 것을 통해 알 수 있다.

이렇게 요인분석과 회귀분석을 통한 지각도를 검토하여 소비자의 평가기준 및 유력한 경쟁상품을 파악할 수 있다. 그러면 경쟁상품에 대항하여 어떤 신상품을 개발해야 할까? 김치냉장고의 예에서 브랜드 이미지가 뛰어난 상품이 소비자에게 가장 선호된다는 것을 알 수 있다. 신상품 개발전략은 유력한 경쟁자인 A상품보다 더 뛰어난 브랜드 이미지 창출에 초점을 맞출 수도 있고, 겉으로 드러난 브랜드 이미지 및 품질인식 요인 이외에 다른 창의적인 차별화 요인을 제안할 수도 있다.

기존상품의 핵심 강점과 동일한 차원에서의 개선전략을 정렬차별화(alignable differentiation)라고 하며, 기존상품의 핵심 강점과 전혀 다른 차원에서의 차별화를 비정렬차별화(nonalignable differentiation)라고 한다. 만약 A상품보다 더 우월한 브랜드 이미지를 내세운다면 이는 정렬차별화전략이고, A상품의 강점인 브랜드 이미지와는 전혀 다른 요인, 예를 들어 획기적으로 저렴한 가격을 내세운다면 이는 비정렬차별화라고 할 수 있다.

두 차별화전략 중 어떤 것이 바람직한지는 소비자의 관여도 및 제조사 명성에 따라 달라진다. 소비자의 관여도가 높거나 제조사 명성이 높은 경우 소비자는 비정렬차별화에도 의미를 부여하기 때문에 비정렬차별화가 바람직할 수 있다. 그러나 소비자의 관여도가 낮거나 제조사 명성이 낮은 경우 소비자는 비정렬차별화는 과소평가할 가능성이 있으므로 명확한 정렬차별화가 더 바람직하다.

2. 포지셔닝과 경쟁우위

(1) 포지셔닝의 중요성

소비자가 상품을 평가할 때 수많은 속성들을 일일이 검토하는 경우는 드물다. 대체로 몇 개의 요인으로 상품을 손쉽게 평가하는 경향이 있다. 상품의 인식도 마찬가지로 단순화된 이미지로 지각하는 경향이 있다. 예를 들어, 벤츠라는 자동차를 떠올리면 고급이라는 심플한 이미지가 동시에 떠오른다. 즉 소비자는 벤츠를 기억할 때 복잡하고 정교한 기계적 특징들을 검토하는 것이 아니라, 독일산 고급 자동차의 이미지로 기억한다. 또 엘라스틴샴푸를 인식할 때 화학성분은 관심 없고, 광고모델인 전지현의 부드러운 머릿결과 결부하여 기억하게 된다. 이것은 상품의 포지셔닝이 단순해야 하며, 이 단순한 이미지의 영향력이 강하다는 것을 암시한다.

포지셔닝(positioning)은 소비자의 마음 속에 상품의 브랜드 이미지를 각인시키는 과정을 의미한다. 경쟁상품의 포지셔닝과 겹치지 않으면서 소비자에게 호소력 있는 포지셔닝 개발이 필요하다. 예를 들어, 벤츠와 BMW는 세계시장에서 경쟁하고 있다. 벤츠가 이미 고급 승용차의 강력한 포지셔닝을 선점하였으므로, BMW는 차별화된 포지셔닝 지점을 찾기가 쉽지 않았다. 이런 경우 브랜드 개성(brand personality)을 파악하는 것이 필요하다. 브랜드 개성은 상품의 이미지를 사람의 성격유형으로 파악하고자 하는 개념이다. 따라서 브랜드 개성은 브랜드 이미지보다 더 구체적이고 상세한 포지셔닝을 가능하게 해준다. BMW의 예에서, 소비자조사 결과 벤츠의 브랜드 개성은 대대손손 부유한 귀족의 브랜드 개성이 있었다. 따라서 BMW는 자수성가한 성공인의 개성에 초점을 맞추어 차별화된 포지셔닝에 성공하였다.

이렇게 후발 브랜드는 선발 브랜드에 비하여 구체적이고 상세한 포지셔닝 노력을 기울일 필요가 있다. 후발 브랜드가 추상적이고 포괄적인 포지셔닝전략을 추진한다면 자칫 선발 브랜드의 미끼 정도로 전락할 우려가 있다. 예를 들어, 스포츠 이온음료의 이미지는 선발브랜드인 포카리스웨트가 차지하고 있었다. 동일하게 스포츠 이온음료를 강조한 이오니카는 시장성과가 좋지 않았지만 게토레이는 남성적인 갈증해소음료의 이미지를 강조하여 포카리스웨트를 상대적으로 여성적이고 정적인 음료로 몰아붙이는 데 성공하였다.

4차 산업혁명 시대를 맞이하여 포지셔닝의 중요성은 더욱 커지고 있다. 1차 산업혁명의 증기기관, 2차 산업혁명의 전기제품, 3차 산업혁명의 인터넷이라는 강력한 이미지에 덧입어 4차 산업혁명 시대를 대표할 만한 아이콘이 무엇인지 국가와 기업 모두 고민해야 할 시점에 왔다.

(2) 포지셔닝전략 수립

상품의 포지셔닝전략은 경쟁상품의 상대적 강 · 약점을 파악하는 데서 시작한다. 경쟁상품이 취약한 영역에서 포지셔닝을 추진할 때 그 효과는 배가된다. 경쟁상품의 강 · 약점을 파악할 때 제품영역, 서비스영역, 인적영역, 이미지영역 등 네 차원을 살펴볼 필요가 있다.

첫째, 제품영역은 상품의 성능, 디자인 등 상품의 물리적 특성을 포함한다. 경쟁상품의 성능, 품질, 디자인 등 유형적인 요소를 검토하여 소비자에게 어떻게 인식되고 있는지 파악할 필요가 있다. 둘째, 서비스영역은 상품의 물리적 특성 이외에 상품의 가치가 전달되는 과정에서 종업원이 고객을 섬기는 부분이다. 소비자의 서비스만족이 중요해지고 있으므로 경쟁상품의 서비스특성을 파악할 필요가 있다. 셋째, 인적영역은 임직원의 선발, 훈련과 관련되어 있다. 경쟁사에 비해 더 높은 가치를 제공할 수 있는 임직원은 상품의 지속적인 경쟁력을 담보한다. 경쟁사에 비해 더 우수한 임직원의 선발과 훈련이 필요하다. 넷째, 이미지영역은 무형적이고 심리적인 상품 인식이다. 동일한 품질이라 할지라도 이미지에 따라 다른 평가를 받을 수 있다. 따라서 경쟁상품의 이미지를 파악할 필요가 있다.

경쟁상품의 장 · 단점 파악 이후에 적절한 경쟁우위를 선택해야 한다. 경쟁우위는 크게 원가우위, 차별화우위, 집중화우위 세 가지로 구성된다. 원가우위는 비슷한 품질의 상품을 낮은 원가로 생산하는 이점을 의미한다. 상품은 원가우위를 통하여 저가격의 우위를 누릴 수 있다. 예를 들어, 우리나라의 포스코는 대규모 생산공장으로 인한 규모의 경제 덕분에 철강상품을 경쟁상품에 비하여 저렴하게 생산하는 데 성공하였다. 차별화우위는 경쟁상품이 쉽게 모방하기 힘든 독특한 가치를 부여하는 것을 의미한다. 예를 들어, 애플의 아이폰은 독특하고 일관성 있는 심플한 디자인을 강조하면서 전 세계적인 차별화에 성공하였다. 집중화우위는 기업역량에 부족한 경우 제한적인 세분시장의 소비자에게 집중하는 전략을 의미한다. 예를 들어, 한국야쿠르트사는 비빔면 시장에 집중하였고, 미국의 아메리칸모터스는 SUV 시장에 집중하였다.

제2절 소비자 의사결정과정

1. 상품 평가에 대한 소비자 태도

(1) 소비자 태도의 형성과 변화

소비자 태도(consumer attitude)는 소비자가 상품에 대하여 가지는 긍정적이거나 부정적인 입장을 의미한다. 이때 소비자가 상품에 대하여 가지는 태도는 세 가지 요소로 나누어진다.

첫째, 인지적 태도는 소비자가 상품에 대하여 이성적인 관점에서 긍정적이거나 부정적인 생각을 가지게 된 것을 말한다. 즉 A자동차는 연비가 좋아서 마음에 들고, B자동차는 연비가 떨어져서 마음에 들지 않는다면 이 소비자는 자동차에 대한 인지적 태도가 있는 것이다.

둘째, 감성적 태도는 소비자가 상품에 대하여 정서적인 관점에서 좋아하거나 싫어하는 느낌을 받게 된 것을 말한다. 예를 들어, A자동차는 왠지 호감이 가고, B자동차는 왠지 느낌이 좋지 않다면 이 소비자는 자동차에 대한 감성적 태도가 있는 것이다.

셋째, 행동적 태도는 소비자가 상품에 대하여 의지를 가지고 긍정적이거나 부정적인 행동을 취하는 것을 의미한다. 예를 들어, A자동차를 적극적으로 구매하거나, B자동차에 대하여 부정적인 구전을 일으킨다면 이 소비자는 행동적 태도를 나타낸 것이다.

소비자의 태도는 상품에 대한 소비자의 관점을 반영한다. 기업은 자사 상품에 대한 소비자의 태도를 분석하여 상품의 품질 개선과 이미지 포지셔닝의 단서로 활용할 수 있다. 소비자 태도는 상품에 대한 실용적 관점, 가치표현적 관점, 자기방어적 관점, 지식 관점 등 네 가지 관점에서 형성된다.

첫째, 소비자는 실용적 관점에서 비용보다 편익이 큰 상품에 대하여 긍정적인 태도를 형성한다. 즉 소비자가 상품을 얻기 위해 희생하는 부담보다, 그 상품으로부터 얻는 혜택이나 만족감이 클수록 그 상품에 대한 태도는 좋아지는 것이다.

둘째, 가치표현적 관점에서 소비자는 자아(self)가 추구하는 이상적인 가치와 일치하는 이미지의 상품은 좋아하고, 불일치하는 이미지의 상품은 꺼려한다. 예를 들어, 품위를 중시하는 소비자는 고급 이미지의 상품에 대하여 실용적 이미지의 상품보다 더 호의적인 태도를 보일 수 있다.

셋째, 자기방어적 관점에서 소비자 태도가 형성되기도 한다. 즉 소비자는 자신의 내면적 약점을 보완해주거나 방어해주는 상품에 대하여 긍정적 태도를 가지게 된다는 것이다. 이 관점은 프로이트의 심리분석적 이론에서 가져온 것이다. 예를 들어, 스스로 남자답지 못하다고 생각하는 남성일수록 남성적 이미지가 강한 말보로 담배 등을 선호한다는 것이다. 그리고 내면적 자부심이 약한 사람일수록 최고급 명품 브랜드를 선호한다는 관점이다.

넷째, 지식 관점에서 소비자 태도가 형성된다. 이것은 고정관념이 상품에 대한 판단지식으로 작용하여 기존 관념에 따라 상품에 대한 태도가 강화되는 현상을 의미한다. 예를 들어, 삼성전자의 상품에 대하여 긍정적인 고정관념이 있는 소비자는 휴대폰, MP3 플레이어, 벽걸이 TV 등 서로 다른 상품에 있어서도 모두 삼성이 만들면 다르다는 태도가 강화하게 되는 식이다.

상품에 대한 소비자 태도는 일단 형성되면 쉽게 바뀌지 않는 것으로 알려졌다. 특히 부정적인 상품 태도를 바꾸기란 어렵다. 그러나 기업이 지속적인 상품관리 활동을 통해 소비자 태도를 바꾸는 것이 불가능한 것은 아니다. 이론적으로 두 가지 방법을 통해 상품에 대한 소비자 태도를 변화시킬 수 있다.

첫째, 부기모형(bookkeeping model)으로서 상품에 대한 소비자의 기존 태도에 반대되는 작은 증거들을 지속적이고 반복적으로 제시함으로써 소비자 태도를 변화시킬 수 있다. 예를 들어, A화장품은 너무 자극적이어서 마음에 들지 않는다는 소비자 태도가 있다고 하자. A화장품은 부기모형에 따라 부드러운 느낌의 화장품 신상품들을 지속적으로 출시하는 것이다. 소비자의 기존 태도에 반대되는 증거들이 지속적으로 축적되면 결국 소비자 태도가 바뀌게 될 것이다.

둘째, 전환모형(conversion model)으로서 소비자의 기존 태도에 극단적으로 반대되는 큰 증거만이 소비자 태도를 일시에 바꾼다는 관점이다. 예를 들어, A화장품은 자극적이라는 소비자 태도는 단순히 부드러움을 강조하는 화장품 신상품들의 지속적인 출시로는 바뀌지 않는다는 것이다. 충격적일 만큼 큰 증거 하나가 소비자의 기존 태도를 바꿀 수 있기 때문에, 이를테면 무자극 화학물질의 개발로 노벨화학상을 수상한 연구자가 직접 개발에 참여한 신상품이라든지 하는 큰 주장이 소비자의 기존 태도를 바꿀 수 있다는 견해이다.

두 모형 중 어떤 것이 더 합리적인지는 논란이 있다. 그러나 전환모형으로서의 큰 증거 하나는 소비자 태도를 전반적으로 바꾸기보다는 그 사건 하나만 예외적인 것으로 치부될 가능성이 높다는 견해도 있다. 따라서, 기업은 경영환경과 시장상황에 맞추어 소비자 태도를 잘 파악하고, 그에 따라 소비자 태도를 긍정적으로 변화시켜 나갈 수 있는 지속적인 노력을 기울여야 할 것이다.

(2) 상품 평가와 소비자의 선택

소비자는 상품에 대하여 어떤 심리적 관점을 가지고 평가할까? 다속성 태도 모형(multi-attribute attitude model)은 소비자가 하나의 상품을 여러 개의 속성들의 집합체로 생각하고서 상품을 평가한다고 제안한다. 예를 들어, 자동차는 엔진성능, 승차감, 디자인, 제조사명성, 연비 등 여러 속성들의 집합체라는 것이다. 이 관점은 소비자의 상품 속성에 대한 평가점수와 속성 중요도의 가중치를 파악할 수 있다면 소비자의 태도를 숫자로 명확하게 표현할 수 있다고 설명한다.

상품 평가와 관련한 소비자 태도는 문헌고찰, 인터뷰, 설문조사 등을 통해 파악할 수 있다. 예를 들어, 자동차 평가에 대한 소비자 태도를 파악하기 위해 우선 관련 문헌과 관련 인터뷰를 통해 소비자가 자동차 평가 시 중요시하는 속성들을 수집할 수 있다. 이 속성들은 설문지의 질문항목이 되어서 각 상품별 속성점수를 측정할 수 있고, 각 속성별 중요도까지 파악할 수 있다. 이를테면, 문헌고찰과 인터뷰를 통해 소비자가 자동차를 평가할 때 엔진성능, 승차감, 디자인, 제조사명성 등 네 속성을 가장 중시하는 것으로 나타났다면, 이들 네 속성이 설문지의 주요 항목이 된다.

그 다음 표적시장에 속한 소비자가 구매를 고려하는 경쟁상품들 각각에 대하여 이들 네 속성에 대한 만족도를 질문한다. 예를 들어, 표적소비자가 A자동차와 B자동차에 대하여 구매를 고민한다면, "귀하가 생각하기에 A자동차의 엔진 성능은 마음에 드십니까"라는 질문을 10점 만점의 측정값에 응답하도록 하는 식이다. 그리고 속성중요도를 파악하기 위해 엔진성능, 승차감, 디자인, 제조사명성 등 네 속성이 합쳐서 100%가 되도록 중요도를 각각 쓰도록 하면 된다. 이에 따라 A자동차와 B자동차의 네 속성에 대한 각 평가점수가 나오고, 각 속성별 중요도가 퍼센트로 나오게 된다. [표 4-1]은 자동차에 대한 평가점수 결과의 예이다.

| 표 4-1 | 자동차에 대한 소비자 평가(단, 괄호 안은 속성중요도)

구매대안	엔진성능(40%)	승차감(30%)	디자인(20%)	제조사명성(10%)
A자동차	10	8	6	4
B자동차	4	6	8	10

다속성 태도 모형을 통해 [표 4-1]에서 나타난 두 자동차의 태도점수를 계산할 수 있다. A자동차의 태도점수는 엔진성능에 대한 평가점수와 엔진성능에 대한 속성중요도를 곱하고, 여기에 승차감에 대한 평가점수와 승차감에 대한 속성중요도를 곱하여 더하는 식으로 계산한다. 이렇게 계산하면 A자동차의 평가점수는 10×(0.4)+8×(0.3)+6×(0.2)+4×(0.1)로서 총점은 10점 만점에 8점이다. B자동차의 평가점수는 이런 식으로 계산하면 6점이다. 따라서 소비자가 A자동차에 대하여 B자동차보다 더 긍정적인 태도를 가지고 있다고 말할 수 있다. 한편, B자동차는 중요도가 높은 엔진성능 속성에서 소비자 평가를 개선할 필요가 있음을 알게 된다.

상품에 대한 소비자 선택은 소비자의 태도가 큰 영향을 미친다. 즉 소비자는 긍정적 태도를 형성한 상품에 대하여 구매할 가능성이 높다. 그러나 본인의 상품 태도가 높다고 그 상품이 모두 선택되는 것은 아니다. 소비자의 상품 선택에는 사회적 영향력이 개입한다. 예를 들어, 본인은 A자동차를 B자동차보다 좋게 생각하지만, 부인과 자녀가 B자동차를 강력히 선호한다면 결국 어떤 자동차가 선택될지는 쉽게 단정할 수 없다. 상품 선택에 대한 타인의 영향력을 사회적 영향력이라고 하는데, 사회적 영향력의 크기는 타인의 견해에 순응하려는 당사자의 마음가짐에 따라 달라진다. 만약 가족의 견해에 순응하려는 정도가 강한 소비자의 경우 A자동차보다 B자동차 쪽으로 기울 가능성이 높아지는 것이다. 따라서 상품판매에 나선 기업은 상품에 대한 소비자의 평가뿐 아니라 소비자를 둘러싼 사회적 영향력과 순응 정도도 함께 파악할 필요가 있다.

4차 산업혁명 시대에 소비자의 판단은 외부의 영향을 더 많이 받을 것으로 예상된다. 유형제품과 무형서비스뿐 아니라 인공지능과 로봇이라는 지성적 기계의 출현은 소비자의 판단에 간접적이고 암묵적인 영향을 주는 것이 아니라 직접적이고 명시적인 영향을 줄 것으로 전망된다. 기업은 소비자를 설득하기 전에 먼저 로봇을 설득해야 할지도 모른다.

2. 상품 구매 후 소비자 행동

(1) 상품에 대한 소비자 만족

최근 상품관리에 있어 판매 후 활동의 중요성이 높아지고 있다. 이것은 상품 구매 후 소비자 만족 여부의 영향력이 증대하고 있음을 반영한다. 소비자가 상품에 대하여 만족하게 되면 재구매 의도가 높아지고, 상품에 대한 충성도가 올라가고, 주위 사람들에게 해당 상품을 긍정적으로 구전한다. 반면에 상품에 대하여 불만족한 소비자는 재구매하지 않고, 주변 사람들에게 부정적으로 입소문 낼 가능성이 높다. 소비자의 지속적인 재구매 행동을 통한 지속가능한 경영과 고객충성도 제고를 통한 브랜드 자산 구축, 그리고 긍정적인 구전을 통한 브랜드 이미지 제고가 기업의 중요한 목표임을 감안하면 소비자의 만족 여부는 매우 중요하다.

그러면 소비자는 어떤 상품에 대하여 만족할까? 상식적으로 볼 때 품질이 뛰어난 상품이 만족을 줄 가능성이 높다. 그러나 상품 자체의 품질 못지않게 소비자 만족에 중요한 영향을 미치는 요인은 소비자의 사전기대(prior expectation)이다. 소비자가 상품에 대하여 기존에 가지고 있던 기대수준과 비교하여 실제 품질인식이 어떠한지가 소비자 만족에 결정적인 영향을 준다. 예를 들어, A상품은 품질평가에서 7점을 받았고, B상품은 5점을 받았을지라도, A상품의 사전기대가 9점, B상품의 사전기대가 3점이었다면, 소비자는 B상품을 A상품보다 더 만족하게 된다. 즉 소비자의 만족감은 절대적이고 객관적이라기보다는 상대적이고 상황에 달라지는 부분이 크다.

따라서 소비자의 기대수준을 무작정 높이려는 시도는 사후 불만족으로 이어질 가능성이 있다. 그러므로 허위광고나 과장광고는 지양되어야 한다. 그리고 최근 연구에 따르면 미신에 대한 소비자의 무의식적인 기대도 상품 만족에 영향을 미치는 것으로 나타났다. 예를 들어 중국 소비자가 미신적으로 선호하는 붉은색 전기밥솥이 고장났을 때, 중립적인 녹색 전기밥솥이 고장났을 때보다 중국 소비자의 불만족 정도가 높았다. 이 결과는 중국 소비자가 선호하는 8개들이 테니스공이 불량품일 때의 불만 정도가 중립적인 10개들이 테니스공이 불량품일 때보다 더 높았다는 것으로 재확인되었다. 따라서 소비자의 기대수준을 의식적이거나 무의식적이거나 간에 품질 이상으로 높이려는 시도는 지혜롭지 못하다.

이렇게 사전기대와 사후 품질인식의 차이는 소비자 만족에 큰 영향을 준다. 그 밖에 소비자의 자아이미지(self image)와 경쟁상품의 가치도 소비자 만족에 영향을 미치는 것으로 나타났다. 소비자는 자아이미지와 일치하는 상품에 대하여 만족하고, 불일치하는 상품에 대하여 불만족한다. 그리고 경쟁상품의 가치보다 높은 상품은 소비자에게 만족을 주고, 경쟁상품보다 낮은 가치를 가진 상품은 불만족을 준다. 따라서 소비자 만족에 대한 관리는 소비자의 사전기대, 소비자가 추구하는 자아이미지, 경쟁상품의 가치를 종합적으로 고려할 필요가 있다.

(2) 상품 불만족에 대한 귀인

소비자가 모든 상품에 대하여 만족하리라는 보장은 없다. 어떠한 이유에서든 소비자는 상품에 대하여 불만족할 가능성이 있다. 부정적인 영역의 효과가 긍정적인 영역의 효과보다 크다는 부정성효과이론(negativity effect)이나, 동일한 정도의 손실이 주는 고통이 동일한 정도의 이득이 주는 기쁨보다 훨씬 크다는 기대전망이론(prospect theory)을 고려할 때, 소비자 불만족에 대한 관리는 중요하다는 것을 알 수 있다.

소비자는 상품에 대하여 불만족하게 되면 왜 자신에게 그런 불행스러운 결과가 닥쳤는지 고심하게 된다. 이렇게 결과에 대한 원인을 탐색하는 과정을 귀인(attribution)이라고 한다. 소비자는 귀인을 통해 상품 불만족이 주는 부정적 정서를 이성적으로 해결하고자 노력한다. 소비자가 귀인 과정에서 주목하는 사항은 다음과 같다. 첫째, 지속성으로서 이런 불만족 사태가 일시적인가 지속적인가를 고민한다. 둘째, 원천 탐색으로서 불만족 사태의 근본 원인이 기업에게 있는가 소비자 자신에게 있는가를 고민한다. 셋째, 통제가능성으로서 불만족 사태를 소비자 스스로 통제할 수 있는가 또는 통제할 수 없는가를 고민한다. 만약 불만족 사태가 지속적이고, 기업에게 책임이 있고, 소비자 스스로 통제할 수 없다고 믿는 순간 상품에 대한 불만족은 폭발적으로 증대될 가능성이 높다. 따라서 기업은 소비자 불만족 귀인의 심리적 과정을 파악하여 소비자 불만행동에 대응할 필요가 있다.

제3절 소비자 정보처리과정

1. 상품관여도와 정보탐색

(1) 상품에 대한 동기와 관여도의 역할

소비자의 상품에 대한 정보처리과정은 획일적이지 않다. 어떤 상품에 대하여는 체계적으로 정보를 수집하고 심사숙고하여 구매를 결정하는 반면, 어떤 상품에 대하여는 즉흥적인 느낌으로 손쉽게 구매를 결정하기도 한다. 심사숙고하는 정보처리과정을 체계적 과정(systematic processing)이라고 부르고, 즉흥적이고 손쉬운 정보처리과정을 휴리스틱과정(heuristic processing)이라고 부른다. 소비자가 체계적 과정을 거치는 상품에 대하여는 자세한 상품정보를 제공하는 정보전달형 광고가 적절하다. 그러나 소비자가 휴리스틱과정을 거치는 상품에 대하여는 즉흥적 느낌을 좋게 하는 이미지 광고가 더 효과적일 것이다.

그러면 소비자는 어떠한 경우에 체계적 과정을 거치고, 어떠한 경우에 휴리스틱과정을 거치게 될까? 이것은 상품에 대한 관여도(involvement)와 관련이 깊다. 관여도는 상품에 대한 소비자의 관심 정도, 중요성 지각 정도, 관련성 지각 정도를 담고 있다. 즉 어떤 상품에 대하여 관심이 많거나, 중요하다고 생각하거나, 자신과 관련성이 높다고 생각할수록 그 상품에 대한 관여도가 높아진다. 일반적으로 고가격 상품, 기술적으로 복잡한 상품, 건강 등 본질적인 가치와 관련한 상품에 대하여 관여도가 높다. 이들 고관여 상품에 대하여 소비자는 체계적 정보처리과정을 밟을 가능성이 높다.

소비자의 동기(motivation)도 정보처리과정에 영향을 준다. 동기는 어떤 행동을 지속하게 만드는 심리적 의욕을 의미한다. 소비자의 상품에 대한 동기는 크게 두 가지로 구성된다. 첫째, 실용적 동기로서 상품의 실용적이고 기능적인 측면에 주목하여 상품을 구매하고자 하는 목적의식이다. 예를 들어, 소비자가 잘 써지는 볼펜을 선호하고, 저렴하고 양이 푸짐한 음식점을 좋아한다면 이 소비자는 실용적 동기로서 정보처리를 한다고 볼 수 있다. 둘째, 쾌락적 동기로서 마음의 즐거움을 주는 상품을 구매하고자 하는 목적의식이다. 예를 들어, 볼펜의 실용적 측면이 아니라 디자인이나 브랜드가 주는 만족감에 주목하여 볼펜을 구매하거나, 음식점의 가격이나 양이 아니라 인테리어나 전망에 주목하여 음식점을 선택한다면 이 소비자는 쾌락적 동기로서 정보처리를 한다고 볼 수 있다. 이때 실용적 동기를 추구하는 소비자는 체계적 정보처리과정을 밟을 가능성이 높고, 쾌락적 동기를 추구하는 소비자는 휴리스틱과정을 밟을 가능성이 높다고 한다. 따라서 상품관리를 위한 정보제공은 소비자의 관여도와 동기를 고려하여 실행해야 할 것이다.

(2) 상품정보의 지각과 이해

소비자는 상품정보를 어떻게 지각하고 어떻게 이해할까? 소비자는 동일한 대상도 다르게 지각하거나 이해할 가능성이 있다. 그 이유는 소비자가 상품을 이해할 때 사용하는 해석의 틀(the frame of interpretation)이 제각기 다르기 때문이다. 좀 더 구체적으로 말하자면, 소비자는 상품을 개별적으로 지각하기보다는 범주화해서 지각하는 경우가 많다. 이것을 지각적 범주화(perceptual categorization)라고 한다.

예를 들어, 소비자가 신상품을 처음 대면하였을 때 그 상품의 정보를 눈여겨보기 전에, 우선 그 상품이 속한 범주가 어떤 것인지 떠올리기 쉽다. 예를 들어, 르노삼성자동차사에서 SM5라는 신상품 자동차를 출시하였을 때, 소비자는 SM5의 성능을 살펴보기 전에 SM5가 소형차 범주인지, 중형차 범주인지, 대형차 범주인지를 먼저 살펴보고 즉각적인 선입관을 형성한다. SM5는 중형차 범주에 속하기 때문에 친숙한 중형차인 현대 쏘나타자동차를 떠올리고 그와 비교하여 SM5의 품질을 이해하고 추론하게 된다.

이러한 지각적 범주화는 신상품의 이해에 많은 영향을 미친다. 특히 기술적으로 융복합화된 신상품일수록 소비자의 범주화 초점을 어디에 두게 하느냐에 따라 시장가치가 달라질 수 있다. 예를 들어, 디지털 카메라가 처음 출시되었을 때 이 신상품은 기능적으로는 필름 카메라에 가깝고 기술적으로는 컴퓨터 스캐너에 가까웠다. 그러나 디지털 카메라라는 명칭에서 알 수 있듯이, 제조사는 디지털 카메라를 휴대용 스캐너가 아닌 디지털화된 카메라라고 명명하였다. 그 이유는 소비자가 디지털 카메라를 휴대용 스캐너로 지각적 범주화를 하게 되면 카메라로 지각적 범주화를 할 때보다 시장규모가 훨씬 작아지기 때문이었다.

소비자는 지각적 범주화 이외에 지각적 추론(perceptual inference)을 통해서도 상품을 지각하고 이해한다. 지각적 추론은 소비자가 상품을 직접적으로 평가하지 않고, 간접적인 단서를 활용하여 추리하고 이해하는 과정을 의미한다. 상품의 가격이나 상표명, 유통점포, 포장 등은 지각적 추론을 위한 대표적인 단서들이다. 예를 들어, 소비자는 가격이 비싸거나, 유명한 상표거나, 고급 유통점포에서 판매되거나, 포장이 화려하면 상품의 품질도 높을 것이라고 추론한다. 그러나 실제 품질과 이들 단서는 독립적이기 때문에 소비자는 현명한 자세로 상품을 평가할 필요가 있다. 한편 기업은 이러한 소비자의 지각적 추론을 잘 파악하여 상품의 비본질적인 단서들을 적절하게 관리해야 할 것이다.

4차 산업혁명 시대를 맞이하여 소비자의 인식과 이해 분야도 극적 전환을 맞이하게 되리라 예상된다. 인공지능이나 로봇이 복잡한 제품정보를 단순화해서 설명하거나 설정하는 일이 빈번해질 것이기 때문이다. 이 혁신은 암산이나 주판이 전자계산기로 대체된 변화 이상일 것이다. 그러나 소비자의 직관이 중요한 분야 또는 감성적인 판단에는 여전히 로봇보다는 인간의 능력이 중요할 것으로 전망된다.

2. 상품에 대한 기억과 학습

(1) 상품정보에 대한 소비자의 기억

상품의 가치는 어디서 비롯될까? 상품의 품질에 대한 만족감이 중요한 요인이 될 것이다. 품질차이가 미미하다면 상품이미지에 대한 기억이 상품평가에 중요한 역할을 담당하게 된다. 기업이 광고나 마케팅을 통하여 소비자에게 전달하려는 것도 상품의 품질이나 이미지에 대한 긍정적인 기억이다. 소비자는 상품에 대한 긍정적인 기억 때문에 나이키 운동화나 코카콜라 음료를 좋아한다. 또는 상품에 대한 부정적인 기억 때문에 특정 상품에 대해서는 구매를 거부하거나 심지어 부정적인 구전을 전달하기도 하는 것이다.

소비자는 상품정보를 어떻게 기억할까? 소비자의 상품정보는 단일 개념으로 기억되는 것이 아니라, 유사한 개념들끼리 그물망처럼 연결되어 하나의 기억구조를 이룬다는 견해가 널리 받아들여지고 있다. 이렇게 유사한 개념들로 이루어진 기억구조를 스키마(schema)라고 부른다. 예를 들어, 코카콜라의 스키마는 빨간 캔, 코카콜라 알파벳 로고, 북극곰 등의 개념으로 이루어져 있다.

기업은 자사 상품의 스키마를 파악하여 소비자에게 부정적으로 평가받을 만한 개념이 포함되어 있는 것은 아닌지 점검할 필요가 있다. 예를 들어, KFC의 스키마는 후라이드치킨, 비스킷, 펩시콜라, 뚱뚱한 할아버지 석고상 등의 개념으로 구성되어 있다. 과거에 뚱뚱한 할아버지 개념은 후덕하고 긍정적인 이미지였지만, 최근 비만과 성인병의 영향으로 뚱뚱한 할아버지 이미지는 건강하지 못하고 부정적인 이미지로 변화하였다. 이에 따라 일부 KFC 매장은 뚱뚱한 할아버지 석고상을 정문 앞에서 철거하는 작업을 진행하기도 하였다.

소비자의 상품정보가 스키마로 기억된다면 서비스정보는 스크립트(script)로 기억된다. 스크립트는 행동과 행동의 연결이 한덩어리로 기억되어 있는 상태를 의미한다. 예를 들어, KFC의 스크립트는 문을 열고 들어가는 행동, 그 다음 판매원에게 주문하는 행동, 그 다음 음식물을 가지고 테이블에서 식사하는 행동, 그 다음 셀프 서비스로 뒤처리를 하고 퇴장하는 행동 순으로 기억되어 있다. 이 행동들의 연결은 너무나 익숙하고 자연스러워서 고민이나 어려움이 전혀 없다. 기업은 소비자가 가지고 있는 스크립트의 기억을 잘 파악하여 소비자의 서비스 이용을 더 편리하게 만들어줄 수 있다. 또는 차별화전략의 일환으로서 스크립트에 일부러 혼선을 주어서 독특한 서비스 가치를 창출할 수도 있다.

소비자가 특정 상품에 대한 스키마를 형성하거나, 서비스에 대한 스크립트를 형성하게 되는 것은 반복적 학습의 산물이다. 즉 기업이 지속적인 광고나 마케팅활동을 통하여 소비자에게 스키마와 스크립트 기억구조를 형성하게 만든 것이다. 바람직한 기억구조의 창출은 상품의 브랜드 가치를 크게 높일 수 있다. 아모레퍼시픽의 설화수 화장품은 고급 한방화장품이라는 스키마를 소비자에게 심어주기 위해 몇 년에 걸쳐서 광고, 샘플링 제공, 잡지 발간, 패션쇼 개최, 사회적 책임활동 전개 등 일관성 있는 촉진활동을 펼쳤다. 그 결과 일부 매장에서는 글로벌 기업인 샤넬 브랜드를 제치고 설화수가 최고 매출을 기록하기도 하였다. 이렇게 기업관리자는 소비자의 기억구조를 파악하여 자사 상품의 가치를 높이는 노력을 지속적으로 모색해야 할 것이다.

(2) 소비자의 상품경험에 대한 학습

소비자는 상품경험을 학습(learning)을 통해 기억한다. 상품경험에 관한 학습은 학교에서의 지식습득을 의미하는 것은 아니지만 그 원리는 동일하다. 소비자에게 새로운 상품정보를 입력하거나 기존 기억에 변화를 주는 것이 학습의 과정이다. 상품경험의 학습은 소비자의 상품평가에 무의식적인 영향을 줄 수 있다.

소비자는 반복적인 학습을 통하여 친숙하게 된 상품을 호의적으로 평가할 가능성이 높다. 이것을 단순노출효과(mere exposure effect)라고 하는데, 친숙성이 높아질수록 호감이 커지는 현상이다. 특정 상품이 소비자에게 반복적으로 노출되면 그 상품의 친숙성이 커진다. 소비자는 친숙한 상품을 다시 보게 될 때 그 상품에 대한 추가적인 학습을 위한 인지적 에너지가 소모되지 않게 된다. 인지적 에너지가 소모되지 않는 편안하고 여유로운 기분은 그 상품이 무언가 장점이 많기 때문이라는 착각을 불러일으킨다. 그 결과 친숙한 상품을 장점이 많은 상품이라고 호감을 갖게 되는 현상이 발생한다. 실험연구에서 소비자에게 친숙한 상품이 주는 편안한 느낌이 상품 자체의 장점이 많아서가 아니라고 경고를 주자 친숙성이 호감을 높이는 효과가 사라졌다. 결론적으로 기업은 반복광고를 통해 소비자에게 친숙한 느낌을 주는 노력을 지속해야 할 것이다.

소비자의 자동적인 신체 반응이 학습을 통하여 상품평가에 영향을 미치기도 한다. 파블로프의 개 실험으로 유명한 고전적 조건화(classical conditioning)이론은 학습을 통한 무의식적인 소비자 반응을 잘 설명해준다. 개에게 먹이를 주면 개의 입에 침이 고인다. 이것은 개의 자동적이고 무조건적인 반응이다. 그런데 개에게 먹이를 줄 때마다 종을 치는 행동을 한 달 정도 반복하면 먹이와 종소리가 개의 머릿속에서 연결되어 학습된다. 그 이후 종만 쳐도 개의 입에는 침이 고이게 된다. 즉 종소리라는 조건이 개의 입에 침이 고이는 무조건적 반응을 유도한 것이다.

이 이론은 광고의 배경음악에 활용되었다. 유쾌하고 즐거운 음악은 자동적으로 소비자의 기분을 좋게 만든다. 그런데 유쾌한 음악과 광고상품을 연결지어서 소비자에게 학습시키면 나중에 그 상품이나 그 광고만 보아도 소비자의 기분이 좋아지는 고전적 조건화반응이 일어나게 되는 것이다. 이 원리에 따라 소비자가 좋아하는 광고모델을 등장시키는 것도 유사한 효과를 일으킨다고 볼 수 있다.

한편 소비자는 자신이 선택한 사건의 결과를 살펴보고 향후 동일한 선택을 강화하거나 회피하기도 한다. 이를 수단적 조건화(instrumental conditioning)라고 하는데, 긍정적 결과를 주는 선택은 강화하고 부정적 결과를 주는 선택은 회피하는 것을 나타난다. 쥐를 대상으로 한 실험에서 미로상자에 가둔 쥐에게 오른쪽 출구로 나가는 버튼은 밟으면 먹이를 주고, 왼쪽 출구로 나가는 버튼을 밟으면 전기 충격을 주었다. 이 조치를 반복 학습시킨 후 미로상자에서 쥐를 꺼냈을 때 그 쥐는 지속적으로 오른쪽 방향으로만 향하였다.

소비자 역시 수단적 조건화의 영향을 받는다. 지속적 만족을 주는 브랜드 또는 지속적 불만족을 주는 브랜드에 대하여는 향후 무조건적인 선호 또는 회피의 양상을 보일 수 있다. 과거 우리나라 상품의 품질이 선진국 상품에 비해 열악하였을 때 국산은 무조건 폄하하고 외제품은 무조건 높이 평가하였던 현상도 수단적 조건화의 한 예라고 볼 수 있다. 기업은 소비자의 수단적 조건화 정도를 잘 파악하여 그에 걸맞는 상품전략을 수립할 필요가 있다.

제4절 STP분석

1. 시장세분화

(1) 상품욕구에 대한 시장세분화

소비자의 욕구는 점차 세분화되고 있다. 예를 들어, 과거에는 작은 플라스틱 용기에 담긴 살색의 요구르트가 전체 요구르트 시장을 대표하였다. 최근에는 소비자의 욕구가 세분화되어 떠먹는 요구르트, 캡슐에 유산균이 싸인 요구르트, 과즙이 함유된 요구르트 등 다양한 형태로 세분화되었다. 이는 마케팅의 관점에서 모든 고객을 하나로 간주하는 대량 마케팅(mass marketing)의 시대가 서물었음을 의미한다. 현재는 세분화된 소비지 집단에 적합한 상품이 맞춤 출시되는 시대가 되었다.

세분화된 시장에 적합한 상품을 출시하기 위해서 STP분석이 필요하다. 즉 시장세분화(segmentation), 표적시장 선정(targeting), 포지셔닝(positioning)이 그것이다. 시장세분화는 시장과 소비자를 특정한 기준에 맞추어 분류하는 과정이다. 이렇게 세분화된 시장 중에서 자사 상품과 가장 적합성이 높은 세분시장에 집중하는 과정이 표적시장 선정이다. 그리고 포지셔닝은 표적시장에 속한 소비자의 마음 속에 기업이 추구하는 상품이미지를 각인시키는 과정이다.

시장세분화의 분류기준은 지리적 · 인구통계적 · 심리적 변수가 모두 가능하다. 즉 지리적 변수에 따라 서울 시장, 수원 시장, 인천 시장 등으로 시장을 나눌 수 있다. 그리고 나이, 성별, 소득수준 등 인구통계적 변수에 따라 20대 고소득층 여성 시장, 30대 중산층 남성 시장 등으로 시장을 분류할 수도 있다. 또는 라이프스타일, 성격 등 심리적 변수에 따라 여가를 중시하는 고객집단, 경제성을 중시하는 고객집단 등으로 시장을 분류하는 것도 가능하다.

이렇게 다양한 시장세분화 결과 중 어떤 분류가 바람직한지는 다음 조건을 토대로 검토할 수 있다. 첫째, 측정가능성(measurability)으로서 세분시장에 속한 각 소비자 특성은 측정가능해야 한다는 것이다. 파악이 불가능한 세분시장이 존재한다면 그러한 시장세분화는 바람직하지 않다. 둘째, 접근가능성(accessibility)으로서 세분시장에 속한 소비자에게 기업의 광고 및 마케팅 노력이 다가갈 수 있어야 한다는 것이다. 셋째, 실질성(substantiality)으로서 세분시장의 크기는 이익을 달성할 정도로 실질적인 규모가 되어야 한다는 것이다. 너무 작은 세분시장은 바람직하지 않다. 이러한 요건들이 충족되는 시장세분화인지 검토하여 시장세분화 변수를 결정하는 것이 필요하다.

(2) 시장세분화 절차

시장세분화를 진행하기 위해서 일단 시장상황을 분석하고 소비자 집단에 대한 조사를 실시할 필요가 있다. 문헌검토와 인터뷰, 설문조사 등을 통하여 해당 소비자 집단에 가장 적합한 시장세분화 변수 대안을 선정한다. 선정된 시장세분화 변수를 토대로 시장세분화를 실시하는데, 지나치게 포괄적인 분류나 지나치게 세부적인 분류는 바람직하지 않다. 예를 들어 단순히 성별로 남성 시장과 여성 시장으로 나누는 것은 대체로 너무 포괄적이다. 그러나 42세 고소득층 남성 시장과 43세 고소득층 남성 시장으로 나누는 것은 너무 세부적인 분류이다. 세분시장 분류 정도는 동일한 세분시장 내의 소비자 특성은 동질적이고, 서로 다른 세분시장 간 소비자 특성은 이질적이 되도록 해야 한다. 이 기준을 동질성/이질성 원리(homogeneous/heterogeneous principle)라고 한다. 예를 들어, 42세 고소득층 남성 시장과 43세 고소득층 남성 시장의 특성이 서로 동질적이라면 하나의 세분시장으로 합쳐야 하고, 서로 다르다면 다른 세분시장으로 구분하는 것이 바람직하다는 논리다.

이렇게 시장세분화가 끝나면, 앞서 제시한 바람직한 시장세분화의 요건(측정가능성, 접근가능성, 실질성)에 따라 세분시장의 특성을 검토할 필요가 있다. 이 요건에 맞지 않는다면 다른 변수를 고려하여 시장세분화를 다시 수행해야 한다. 이렇게 동질성/이질성 원리 및 바람직한 시장세분화의 요건을 토대로 시장세분화를 반복적으로 검토하여 최적의 세분시장을 도출할 수 있게 된다.

2. 표적시장 선정과 포지셔닝

(1) 상품 개념과 세분시장의 적합성

시장세분화 결과 전체 시장은 여러 세분시장으로 구분된다. 그러면 기업은 어떤 세분시장에 집중해야 할 것인가? 이러한 표적시장 선정의 문제는 신중하게 접근해야 한다. 일반적으로 가장 매력도가 높은 세분시장을 표적으로 삼는 것이 합리적이다. 세분시장의 매력도는 시장규모와 성장률, 경쟁 정도, 기업의 목표와 자원을 종합적으로 고려하여 판단한다. 그러나 가장 중요한 관점은 기업이 추구하는 상품 개념과 가장 적합성이 높은 세분시장을 표적으로 삼는다는 원칙이다.

상품 개념은 기업이 해당 상품을 어떤 이미지로 소비자에게 전달할 것인지에 대한 아이디어이다. 예를 들어, 나이키는 운동을 좋아하는 청소년의 역동적인 이미지를 하나의 콘셉트로 삼아서 상품 개발과 광고 아이디어에 적용하였다. 이러한 상품 개념에 가장 적합성이 높은 세분시장이 바로 나이키의 표적시장이 되는 것이다. 그런데 상품 개념에서 직접적으로 관련된 소비자 집단만이 표적시장이 되는 것은 아니다. 상품 개념에 심리적으로 동조하는 소비자도 표적시장이 될 수 있다. 따라서 나이키의 표적시장은 문자 그대로 농구를 좋아하는 청소년뿐 아니라 그러한 역동적이고 활동적인 이미지를 높게 평가하는 중장년층도 표적시장이 될 수 있다. 이는 마치 존슨즈 베이비 로션의 표적시장이 아기뿐 아니라 아기 피부를 닮고 싶어하는 모든 여성들이 되는 것과 마찬가지다.

결론적으로, 기업이 추구하는 상품 개념과 가장 적합성이 높은 세분시장 중 규모와 성장률, 경쟁 강도, 기업의 목표와 자원을 고려하여 가장 매력도 높은 세분시장을 표적으로 삼아야 할 것이다. 그리고 일단 표적시장이 선정되면 다른 세분시장은 과감히 포기해야 한다. 여러 세분시장을 동시에 만족시키려는 노력은 자칫 어떤 세분시장도 만족시키지 못하는 우를 범할 수 있다. 일례로, 1980년대 초 미국시장에서 펩시콜라는 '새로운 세대의 새로운 선택'이라는 슬로건을 토대로 젊은 이미지를 상품 개념으로 삼아 코카콜라의 이미지를 낡은 것으로 몰아가는 데 성공하였다. 그러나 노년층까지 포괄하겠다는 과욕을 부린 나머지 백발이 성성한 왕년의 팝 스타를 광고모델로 등장시키는 '올드 팝 펩시' 캠페인을 통해 기존의 젊은 이미지를 혼란시켰다. 그 결과 매출이 하락하였고, 펩시의 코카콜라에 대한 공격은 잠시 무뎌졌다.

(2) 표적시장에 대한 포지셔닝전략

표적시장이 선정되면 상품 개념을 구체화된 이미지로 소구하는 포지셔닝전략을 수행해야 한다. 포지셔닝전략은 다음과 같은 다섯 요소를 토대로 수행할 수 있다.

첫째, 상품 속성에 기초한 포지셔닝으로서, 상품의 기능적 편익을 강조하여 소비자의 인지적 태도를 높일 수 있다. 예를 들어, 죽염치약은 죽염 성분을 강조하여 잇몸질환 예방을 강조하였고, 볼보자동차는 안전성을 지속적으로 강조한다. 둘째, 사용상황에 기초한 포지셔닝으로서, CJ의 컨디션은 술 마실 때 마시는 음료로 포지셔닝했고, 롯데 빼빼로는 11월 11일 연인들 간 선물을 주고받는 상황을 포지셔닝하였다. 셋째, 전형성에 기초한 포지셔닝으로서, 해당 제품범주를 대표하는 듯한 이미지를 강조하는 것이다. 예를 들어, 비자카드는 글로벌 신용카드의 대표라는 것을 강조하고, 미닛메이드 주스는 글로벌 매출 1위를 강조한다. 넷째, 사용자에 기초한 포지셔닝으로서, 클린앤클리어는 여고생들의 화장품으로 각인되어 있고, 에르메스 가방은 귀부인을 사용자로 가정하고 있다. 다섯째, 경쟁자에 기초한 포지셔닝으로서, Avis는 2위 렌터카를 강조하여 1위인 허츠를 겨냥하였고, 7-up은 카페인과 색소가 없음을 강조함으로써 역설적으로 코카콜라를 압박하기도 하였다.

바람직한 포지셔닝은 '단순한 단일의 이미지(simple & single image)'라고 볼 수 있다. 소비자가 하나의 상품에 여러 가지 이미지를 동시에 기억하기 어려워하기 때문에, 단일의 이미지를 반복적으로 전달하는 노력이 필요하다. 예를 들어, 다시다는 10년 이상 꾸준히 '고향의 맛' 포지셔닝을 강조한 덕분에 사실상 화학조미료임에도 불구하고 그러한 부정적 이미지를 탈색하는 데 성공할 수 있었다. 그러나 LG텔레콤은 지난 수년간 이미지 포지셔닝이 수시로 바뀜으로써 소비자에게 일관적인 단일의 이미지를 주는 데 실패하였다. 이는 기업의 포지셔닝 노력이 광고기획사에게 전담될 때 발생하는 문제인데, 광고기획사가 바뀌면 기존 포지셔닝이 바뀌는 경우가 흔하기 때문이다. 따라서 기업은 포지셔닝이 일단 확정되면 그 기조를 유지하면서 광고를 실행해야 한다. 즉 광고의 중심요소인 이미지 포지셔닝은 그대로 유지하되 광고의 주변요소인 광고모델, 배경음악 등은 수시로 바꾸어주어 소비자의 싫증효과를 완화시키는 것이 필요하다.

4차 산업혁명 시대에 기존의 STP가 어떻게 변화할 것인지 예상하는 것은 쉽지 않다. 그러나 분명한 것은 STP전략 수립마저도 인공지능이나 로봇의 영향을 받으리라는 것이다. 이 결과로 기존의 사람이 할 수 없었던 초미세 시장세분화가 가능해질지도 모른다. 또는 모든 포지셔닝이 최적화 수준에서 완성되어 낭비적 경쟁 동기가 사라질 수 있다. 이것이 소비자에게 유리할지 기업에게 이익일지는 가늠하기 어렵다. 그렇지만 STP 절차에 인공지능을 가미한 기업이 더 우월한 위치를 차지하리라는 점은 충분히 예상가능하다.

| 토의사항 |

01 이동수단이 1차, 2차, 3차, 4차 산업혁명 시대에 각각 어떻게 변화해왔고 변화해나갈 것인지 생각해보시오.

02 디지털, 인공지능, 로봇에 대해 부정적인 고정관념이 있는 소비자를 어떻게 설득할 것인지 제안해보시오.

03 야후 코리아(Yahoo Korea)의 한국 시장 실패사례에서, STP 관점에서 어떤 부분이 잘못되었는지 살펴보시오.

| 참고문헌 |

- 김근배(2003), "포지셔닝과 재포지셔닝 전략의 평가를 위한 의사결정지원 시스템," 마케팅연구, 18(3), 73-92.
- 김병운(2016), "4차 산업혁명 핵심, 산업인터넷," 경제규제와 법, 9(1), 215-232.
- 김원호(2016), "4차산업혁명, 마케팅 혁명의 길," 마케팅, 50(2), 9-16.
- 박종원(2010), "소비자의 기억, 정서, 판단에 관한 연구의 최신 동향," 소비자학연구, 21(2), 237-285.
- 안광호 · 하영원 · 박흥수(2008), 마케팅원론(제4판), 학현사.
- 원동규 · 이상필(2016), "인공지능과 제4차 산업혁명의 함의," IE매거진, 23(2), 13-22.
- 이문규 · 김현경(2002), "온라인 공동마케팅에 대한 소비자 평가: 정보처리 이론적 관점," 소비자학연구, 13(3), 215-244.
- 이문규 · 홍성태(2001), 소비자행동의 이해, 법문사.
- 이용학 · 허남일 · 김학윤(2009), 마케팅(제2판), 무역경영사.
- 이진용(2010), "소비자행동 관련 분야의 행동론적 의사결정이론의 연구동

향 고찰: 2000-20009년 국내 연구를 중심으로," 소비자학연구, 21(2), 193-236.

- 이학식 · 안광호 · 하영원(2009), 소비자행동(제4판), 법문사.
- 장필성(2016), "[EU] 2016 다보스포럼: 다가오는 4차 산업혁명에 대한 우리의 전략은?," 과학기술정책, 211(1), 93-119.
- 하영원 · 김진교(1994), "시장영역의 변화에 따른 상대적 지각변화에 근거한 다속성 확산모형에 관한 연구," 마케팅연구, 9(1).
- Bettman, James R., Mary F. Luce, and John W. Payne(1998), "Constructive Consumer Choice Processes," *Journal of Consumer Research*, 25(December), 187-217.
- Green, Paul E. and V. Srinivasan(1990), "Conjoint Analysis in Marketing: New Development with Implications for Research and Practice," *Journal of Marketing*, 54(5), 3-19.
- Green, Paul, E and Abba M. Krieger(1991), "Segmenting Markets with Conjoint Analysis," *Journal of Marketing*, 55(October), 20-31.
- Hoch, Stephen, J. and Young-Won Ha(1986), "Consumer Learning: Advertising and the Ambiguity of Product Experience," *Journal of Consumer Research*, 13(October), 221-233.
- Parasuraman, A., Valarie A. Zeithaml, and Leonard L. Berry(1985), "A Conceptual Model of Service Quality and Its Implications for Future Research," *Journal of Marketing*, 49(3), 41-50.
- Petty, Richard, E., John T. Cacioppo, and David Schumann(1983), "Central and Peripheral Routes to Advertising Effectiveness: The Moderating Role of Involvement," *Journal of Consumer Research*, 10(September), 135-146.
- Russo, J. Edward, Margaret G. Meloy, and Victoria H. Medvec (1998), "Predecisional Distortion of Product Information." *Journal of Marketing Research*, 35(November), 438-452.

- Simonson, Itamar and Amos Tversky(1992), "Choice in Context: Tradeoff Contrast and Extremeness Aversion," *Journal of Marketing Research*, 29(August), 281–295.
- Trope, Yaccov and Nira Liberman(2010), "Construal Level Theory of Psychological Distance," *Psychological Review*, 117(2), 440–463.
- Wakslak, Cheryl J., Yaacov Trope, Nira Liberman, and Rotem Alony(2006), "Seeing the Forest When Entry is Unlikely: Probability and the Mental Representation of Events," *Journal of Experimental Psychology*: General, 135(4), 641–653.
- Wyer, Jr. Robert S. and Thomas K. Srull(1986), "Human Cognition in Its Social Context," *Psychological Review*, 93(3), 322–359.

CHAPTER 05

신상품 개발

COMMODITY SCIENCE AND TECHNOLOGY

도 · 입 · 사 · 례

켈로그(Kellogg)의 다양한 신제품 개발과정

자료: 켈로그홈페이지

급변하는 시장환경에서 살아남기 위해 기업은 소비자선호도 및 트렌드, 경쟁사동향 등의 시장상황을 잘 파악하고 대응해야 한다. 많은 리스크를 부담해야 하는 신제품 개발도 이러한 노력을 바탕으로 이루어져야 한다. 신제품의 경우 혁신제품의 매출증가 기여도가 개선제품의 6배라는 연구결과가 있지만 혁신적인 신제품 개발은 쉽지 않다.

그러나 켈로그의 경우 혁신적인 신제품을 계속 개발함으로써 최고의 브랜드가치를 유지하고 있다. 켈로그는 시리얼 판매 기업 중 가장 사랑받고 있는 강력한 브랜드로서 세계에서 가장 잘 팔리는 아침식사 시리얼 15개 중 12개가 켈로그에서 만든 제품이다.

Special K는 켈로그만의 특별한 몸매관리 브랜드 상품으로서 1956년 미국에 처음 소개된 이후 50년 이상 켈로그만의 특별한 몸매관리 브랜드로 성장해왔다. 2000년부터 2007년까지 전 세계적으로 약 400%의 성장률을 보인 브랜드로서 콘푸로스트보다 더 많이 판매되고 있다.

전 세계 시리얼 마켓의 40% 이상을 장악하고 있는 켈로그의 가장 성공적인 신제품인 Special K의 개발과정에 대해 살펴보자.

Kellogg Special K 신제품 개발 프로세스

1. 아이디어 관리: 현 시장 소비자들의 욕구 및 경쟁제품 분석을 통해 시장이 필요로 하고 성공할 수 있는 아이디어 창출 후 전문가들과 다양한 시장조사를 통해 아이디어를 선별한다. Special K는 다이어트를 원하는 여성을 겨냥한 아이디어로 출발하였다.
2. 콘셉트 개발: 선별한 아이디어를 통해 콘셉트를 개발한다. Special K의 경우 시리얼로 개발될지, 바(bar)로 개발될지에 대한 콘셉트를 의미한다. 콘셉트 개발 후 테스트를 통해 개발가능성 및 그에 대한 비용 등을 알아보게 된다.
3. 사업성 분석: 사업성 분석에서는 설문조사, 시장조사 및 유사한 콘셉트의 타사 제품을 조사하고, 본 제품만의 강력한 장점 등을 고려하게 된다. 유사한 제품의 가격 대비 생산단가 등이 중요한 평가척도가 된다.
4. 시제품 개발: 사업성 분석 결과를 바탕으로 시제품을 개발한다.
5. 시험 마케팅: 시제품을 통한 시험 마케팅을 실시한다. 일단 일부지역에만 공급하든가 혹은 한 국가에만 공급하든가 하여 제품의 성공 여부 및 가장 효율적인 마케팅전략을 모색한다.
6. 상업화: 시험 마케팅 결과에 따라 본격적인 제품홍보가 진행되며 출시를 하게 된다.

켈로그의 몸매관리푸드 Special K

하루 한끼 맛있게 드세요 – 켈로그에서 새로 나온 몸매관리푸드

스페셜 K 1회 제공량(40g)에는

열량	탄수화물	당류	단백질	지방	포화지방산	트랜스지방	콜레스토롤	나트륨
152kcal	31.6g	8g	6g	0.2g	0g	0g	0mg	280mg
	10%		10%	0.4%	0%		0%	14%

%영양소기준치
%수치는 켈로그 스페셜 K 1회 제공량을 먹었을 때,
1일영양소 기준치의 몇 %를 섭취할 수 있는지를 나타낸 수치입니다.

자료: 켈로그 홈페이지

자료: www.emars.co.kr 사례 발췌 재인용

기업이 시장을 세분화하고, 표적시장을 선정하고, 포지셔닝 콘셉트를 결정하면 그에 부합하는 상품을 개발하게 되는데, 신상품 개발은 단순히 연구개발부서에서 담당하는 것이 아니라 마케팅부서에서 주도적으로 신상품 개발과정의 모든 단계에 관여하게 된다.

소비자는 지속적으로 신상품을 원하고 있고, 그에 따라 기업은 지속적인 매출증대를 위해 기존 상품을 신상품으로 대체하는 작업을 하게 된다. 700여 개 기업을 대상으로 진행된 Booz, Allen & Hamilton의 연구에 의하면 이 기업들은 이익의 31%가 향후 5년간 도입될 신상품을 통해서 얻어지는 것으로 나타났다.

제1절 신상품 개발전략

1. 신상품의 유형

신상품이란 시장에서 새로운 것으로 받아들여지는 상품이나 서비스 혹은 제품과 서비스의 결합을 말한다.[1] 일반적으로 신상품이라 하면 기업이 자체적인 연구개발 노력을 통해 개발한 상품을 말하며 완전 신상품뿐만 아니라 기존상품의 개선상품(improved products), 수정상품(modified products)을 포함하며, 경우에 따라서는 기존상품도 시장에서 신상품으로 받아들여질 수 있다. 이러한 신상품은 새로움(newness)의 정도에 따라 달라지는데, 다음 두 가지 차원으로 정의될 수 있다.

첫째, 기업 입장에서 새로워야 한다. 이는 기업이 지금까지 생산하거나 판매하지 않았던 유형의 상품이어야 한다는 것으로서, 다른 기업이 취급하고 있는지의 여부와는 상관없는 조건이다.

둘째, 시장 입장에서 새로워야 한다. 즉, 시장에 지금까지 없던 유형의 상품이어야 한다.

위의 두 가지 차원을 통해 신상품의 유형을 다음 여섯 가지로 분류할 수 있다.[2]

---

1) Dacko, Scott G(2008). *The Advanced Dictionary of Marketing-Putting Theory to Use*, Oxford University Press.

2) Booz(1982), Allen and Hamilton, *New Products Management for the 1980s*, New York.

(1) 완전신상품(new to the world products)

이 유형의 신상품은 완전히 새로운 제품군을 통해 새로운 시장을 창출하는 경우로서 전체 신상품의 10% 정도만이 이에 해당한다. 예를 들어, 세계 최초로 출시된 TV, 개인용 컴퓨터, 가정용 VR게임기, 3D 프린터, 3M의 포스트잇 등이 이에 해당한다.

(2) 신상품라인(new product lines)

이 유형은 시장에서 완전히 새로운 것은 아니지만 해당 기업 입장에서는 새로운 상품인 경우에 해당한다. 즉, 기존상품의 혁신적 발전을 통해 기존제품군 시장에 처음으로 출시된 신상품으로서 전체 신상품의 20% 정도가 이 유형에 속한다. 예를 들어, 많은 경쟁자들이 존재하는 기존 음료시장에 성인들을 위한 기능성 드링크를 출시하는 경우가 이에 해당한다.

(3) 기존 상품라인의 추가상품(additions to existing product lines)

해당 기업 입장에서는 새로운 상품이지만 기존 상품라인 내에서 보완적으로 만들어지는 신상품을 말하며, 전체 신상품의 26% 정도가 이 유형에 속한다. 이 유형은 기존에 생산하던 상품라인에서 크기나 향 등의 속성을 보완하는 경우에서 흔히 볼 수 있다. 예를 들어, 롯데제과에서 출시한 '거꾸로 수박바'가 이에 해당한다. 롯제데과는 수박바의 초록색 부분의 맛이 더 좋으니 초록 부분을 늘려달라는 고객의 요구를 반영하여 기존 수박바에서 초록 부분과 빨간 부분을 뒤바꾼 거꾸로 수박바를 출시한 것이다. 거꾸로 수박바는 하루 판매량 13만 개를 기록하며 출시 후 10일 동안 1초에 한 개씩 팔려나가는 성과를 거두었다.

(4) 기존상품의 개선 및 수정상품(improvements and revisions to existing products)

기존상품에 비해 성능이나 지각된 가치를 증가시킴으로써 기존상품을 대체하는 신상품을 말하며, 전체 신상품의 26% 정도가 이 유형에 해당한다. 예를 들어, 기존 TV시장에서 디스플레이의 속성을 수정하여 곡면(curved) 디스플레이 TV를 출시한 것을 들 수 있다.

(5) 재포지셔닝(repositioning)

기존상품을 이용하여 새로운 시장이나 세분시장을 표적으로 재포지셔닝하는 경우로서, 전체 신상품의 7% 정도가 이 유형에 해당한다. 예를 들어, 기존상품의 새로운 용도를 개발하는 것도 이 유형에 해당한다.

(6) 원가절감(cost reductions)

기존상품과 비슷한 성과를 저렴한 원가로 달성시켜주는 신상품으로서, 전체 신상품의 11%가 이 유형에 해당한다.

위 여섯 가지 유형분류에 꼭 부합하지는 않는 경우로서, 해당 기업 입장에서는 새로운 상품이지만 시장 관점에서는 전혀 새롭지 않은 경우도 신상품으로 분류될 수 있으며, 이를 모방신상품(me too product)이라 한다.

신상품 유형분류에서도 보았듯이 완전신상품은 전체 신상품 개발유형에서 10% 정도에 불과하다. 이는 완전신상품의 경우 시장의 반응이 반드시 긍정적일 것이라는 보장이 없고 그만큼 많은 위험을 감수해야 하기 때문이다. 따라서 대부분의 경우 기업은 혁신적인 상품을 개발하는 것보다는 기존상품을 개선하는 쪽으로 노력을 더 기울이는 경향이 있다.

2. 신상품의 성공요인과 실패요인

시장에는 해마다 수없이 많은 신상품들이 출시된다. 그러나 이들 중 개발 당시의 기대에 부응하여 기업에 수익을 가져다주는 신상품들은 그리 많지 않다.

일반적으로 성공한 신상품은 다음 몇 가지 요인들을 가지고 있는 것으로 설명된다.[3)]

① 고객의 니즈를 충족시키며 높은 가치를 실현시키는 상품이었다.

② 기술적 우위를 가지며 혁신적인 상품이었다.

③ 성장가능성에 대한 세밀한 분석이 있었으며 경쟁이 그다지 치열하지 않았다.

---

3) Urban Glen L. and John R. Hauser(1993), *Design and Marketing of New Products*, 2nd ed., Prentice-Hall.

④ 기업의 역량에 잘 부합하는 상품이었다.

⑤ 최고경영층의 적극적인 지원이 있었다.

이러한 사항을 고려함에도 불구하고 신상품의 성공은 매우 어려운 일이다. 물론 신상품 실패의 개념을 어떤 수준으로 정의하느냐에 따라 다르겠지만 신상품 개발을 다룬 연구들에 따르면 신상품 실패율은 75%에서 80%에 달하며, 신용카드, 보험 등과 같은 서비스상품들의 신상품 실패율도 이와 비슷하게 나타났다.[4)5)] 이 실패율은 출시된 신상품에 대한 실패율이며, 신상품 개발과정에서 기각되어진 아이디어를 포함하면 이 실패율은 더 높아진다.

그렇다면 신상품 실패의 원인은 어디에 있는 것일까? Urban and Hauser(1993)는 신상품 실패와 관련된 여러 연구들을 종합하여 [표 5-1]과 같은 신상품 실패원인과 대책을 제시하였다.

| 표 5-1 | 신상품 실패원인과 대책

실패원인	설명	대책
너무 작은 시장	• 상품에 대한 수요부족	• 시장정의 및 시장잠재력에 대한 추정 • 설계 및 테스트단계에서 수요예측
기업과의 낮은 부합도	• 기업능력이 상품생산과 마케팅 요구에 적합하지 않음	• 기업의 능력과 일치하는 전략계획 수립 • 출시 전 다시 테스트
새롭거나 다르지 않음	• 소비자에게 신상품 인식 실패 • 기술적으로는 신상품이더라도 소비자에게 주는 편익이 불명확	• 창조적이고 체계적인 아이디어 창출 • 소비자지향적 상품 설계 • 출시 전 상품과 상품 포지셔닝 테스트
실제적 편익이 없음	• 소비자 니즈에 비해 나은 효용 제공 못함 • 핵심기술에 대한 과소투자	• 상품설계에서 전략적 편익 포지션 정의하고 그 편익을 충족할 수 있는 상품생산 • R&D는 상품성능을 실질적으로 향상시킬 수 있도록 설계
경쟁사 대비 포지셔닝 미약	• 지각된 편익이 경쟁상품보다 낮다	• 지각도 작성, 선호분석을 통한 경쟁상품과의 차이 발견

4) Clancy, Kevin J. and Robert S. Shulman(1991), *The Marketing Revolution: A Radical manifesto for Dominating the Marketplace*, New York: Harper Business.

5) Cooper, Robert G. and Elko J. Kleinschmidt(1991), "New Product Processes at Leading Industrial Firms," *Industrial Marketing Management*, May, 137–147.

유통업자의 지원부족	• 유통업자 지원유도 실패 • 상품에 대한 설명이 제공되지 않음 • 상품을 쉽게 구입할 수 없음	• 유통경로를 시장확대의 요소로 고려 • 서비스 제공도 상품설계의 일부분임 • 출시 전 테스트를 통해 유통업자 반응 검증
예측오차	• 매출 과대예측에 의한 과대생산 • 매출 과소예측에 의한 기회상실	• 체계적인 설계 및 테스트를 통한 오차감소
부적절한 타이밍	• 때늦은 진입 • 긴 개발기간 • 기술 또는 시장기회를 놓침	• 빠른 출시를 위한 과정 설계 • 변화 모니터링 • 진입 혹은 지연 사이의 상쇄관계 고려
경쟁자 반응	• 신상품 성공하기 전에 경쟁자의 빠른 반응 • 가격과 촉진 강화 • 경쟁자가 디자인을 모방하여 더 좋게 만듬	• 경쟁에 대한 전략적 포지셔닝 • 디자인, 가격, 마케팅 계획에 있어서 경쟁적 반응 고려 • '만약~라면' 시나리오 설정 • 테스트와 출시를 모니터함 • 선점우위를 점하기 위한 공격적 행동
기술상의 주요 변화	• 급격한 기술변화에 의한 허점노출 • 구기술에 너무 오랫동안 집착	• 새 기술 모니터링 • 새 기술에 의한 새로운 이익기회 모색 • 지속적 R&D 투자 • 기술변화에 대한 비상계획 수립
고객기호 변화	• 신상품 시장침투 전에 소비자기호 변화	• 설계, 테스트, 출시 단계에서 소비자기호에 대한 지속적 모니터링
환경여건 변화	• 경쟁상황이나 원료비 등과 같은 중요요소의 급작스런 변화	• 기회파악 시 환경여건 분석 • 테스트와 출시 시 철저한 모니터링
조직의 문제	• 마케팅, R&D, 생산부문 간 충돌발생 • 설계와 마케팅의 중요사항에 대한 불충분한 커뮤니케이션	• 커뮤니케이션 장려, 고품질 설계프로그램 이용 • 각 단계마다 경영진이 진척상황 검토 • go/ no go 결정 시 객관적 기준 적용
기능간 조정부족	• R&D가 소비자 니즈에 맞지 않는 상품 개발 • 마케팅은 실현 불가능한 편익 고집 • 상품생산을 어렵게 만드는 설계변경	• 신상품 개발과정을 통해 마케팅, R&D, 기술 및 생산부문 조정 • 소비자 제안을 설계의 중심으로 삼음

자료: Urban Glen L. and John R. Hauser(1993), *Design and Marketing of New Products*, 2nd ed., Prentice-Hall, 이유재 · 박찬수(2000), 신상품 마케팅, 시그마프레스, 재인용.

3. 신상품 개발전략 유형[6]

기업은 신상품 개발 시 경쟁자보다 먼저 개발하느냐 혹은 경쟁자보다 나중에 개발하느냐의 기본적인 기로에서 의사결정을 하게 된다. 이러한 관점에서 신상품 개발전략은 선제전략과 대응전략으로 구분할 수 있다. 선제전략(proactive strategy)은 신상품을 경쟁기업보다 앞서서 시장에 출시하여 경쟁기업들에 대한 선점우위를 점하기 위한 방법이며, 대응전략(reactive strategy)은 경쟁기업이 신상품을 출시하는 것을 기다렸다가 그 상품이 성공하는 경우 이에 대응하여 모방상품이나 보다 나은 상품을 개발하여 출시하는 방법이다.

(1) 선제전략

선제전략은 고객의 니즈를 토대로 하는 전략과 R&D에 기초한 전략, 그리고 창입가직 진략으로 나눌 수 있다. Urban and Hauser는 이 외에도 선제전략에 인수(aquisition)와 제휴를 들고 있지만, 본 장에서는 특정 기업 자체적인 개발역량을 기반으로 하는 전략만을 설명하기로 한다.

우선, 고객 니즈를 토대로 하는 전략은 고객의 현시적 니즈(current needs)를 조사하여 이를 충족시키는 편익을 제공하는 욕구충족형 신상품을 개발하는 전략이다. 이를 위해서는 기업은 시장조사와 소비자와의 커뮤니케이션 활동 등을 적극적으로 수행해야 한다. P&G, General Foods, 맥도날드 등 대부분의 소비재 기업들의 신상품개발 전략이 이에 해당한다. 예를 들어, 본죽에서 "고객의 새로운 죽제품 아이디어를 본죽에서 700만원에 구입하겠습니다"라는 공모전 프로그램도 고객의 현시적 니즈를 토대로 하는 신상품 개발전략에 해당한다고 할 수 있다.

둘째, R&D에 기초한 전략은 기술적으로 우월한 신상품을 개발하기 위한 방법이다. 즉, 고객의 잠재적 니즈(latent needs)를 예측하고 R&D를 통해 신상품화하여 고객의 니즈를 유발하는 욕구유발형 신상품을 개발하는 전략이다. 최첨단 디지털기기 등 기술집약형 신상품의 상당부분이 이에 해당하는데, 소비자들은 대부분 기술적인 전문성을 갖고 있지 않기 때문에 막연하게 불만이 있더라도 이를 해결할 수 있는 구체적인 방법을 알지 못하여 현시적 니즈로 표출하기 어려운 경우라고 할 수 있다. 이 경우 기업이 이러한 막연하고 잠재적인 욕

---

6) Urban Glen L. and John R. Hauser(1993), *Design and Marketing of New Products*, 2nd ed., Prentice-Hall.

구를 파악하고 R&D를 통해 그에 부합하는 신상품을 개발하게 된다.

셋째, 창업가적 전략은 독창적인 아이디어를 가지고 도전의식과 열정으로 새로운 시장을 창출하거나 시장에서 성공할 수 있는 신상품을 구체화하는 방법이다.

이러한 선제전략은 새로운 시장에 진입할 때, 특허나 혁신이 시장에서 보호받을 수 있을 때, 급격한 매출증가가 필요할 때, 높은 매출이나 이익을 제공하는 시장일 때, 신상품을 개발하는 데 필요한 자원과 시간이 충분할 때, 경쟁기업의 보다 나은 두 번째 전략을 통한 급격한 시장진입을 막을 수 있을 때, 그리고 유통경로상에서 상당한 영향력을 가지고 있을 때 적절한 전략이다.

(2) 대응전략

대응전략은 모방전략과 보다 나은 두 번째 전략, 그리고 방어전략으로 나눌 수 있다. 모방전략(imitative strategy)은 경쟁기업이 선발진입한 신상품이 성공할 것으로 예상되거나 혹은 성공한 직후에 유사상품을 만들어 재빨리 출시하는 방법으로서 'Me too' 전략이라고도 한다. 이 경우 진입시차를 최소화함으로써 경쟁기업의 신상품이 소비자에게 선발상품으로 인식되는 것을 차단하는 것이 매우 중요한 관건이라 할 수 있다.

보다 나은 두 번째 전략(second but better strategy)은 경쟁기업의 신상품에 비해 기능이나 품질 등의 요인에서 더 우수한 상품을 개발하는 방법이다. 이 경우 단순한 모방이 아니기 때문에 경쟁기업의 선발진입 상품에 비해 차별적인 포지셔닝 콘셉트를 개발하여 시장에 진출할 수도 있다. 이 전략은 경쟁기업의 신상품을 직접적으로 공격하는 것이 아니라 나름대로 차별화된 독특한 편익을 제공하는 틈새시장에 자사의 신상품을 진출시키는 전략이라고 할 수 있다.

방어전략(defensive strategy)은 경쟁기업이 출시한 신상품이 자사 상품의 매출에 부정적 영향을 미칠 것이 우려되는 경우 자사의 기존상품을 보호(예: 점유율 방어)하기 위한 신상품을 개발하는 방법이다. 위와 같은 경우 기존상품의 방어를 위해서는 대부분 가격, 촉진, 광고 등과 같은 마케팅 믹스를 통한 전략이 사용되지만, 방어적 신상품 개발을 통해서 행해지기도 한다. 이 경우 자사 상품의 매출을 저해할 우려가 있는 경쟁기업의 신상품과 브랜드명이나 디자인이 유사한 방어적 신상품을 개발하기도 한다.

이러한 대응전략은 기존상품이나 시장에 집중이 필요할 때, 개발비용을 회수하기에 시장이 너무 작을 때, 특허나 혁신을 시장에서 보호받기 어려울 때, 경쟁사의 모방에 의해 시장

지위를 잃을 가능성이 높을 때, 경쟁기업에 의해 유통경로가 지배당하고 있을 때 적절한 전략이다.

선제전략과 대응전략의 선택은 기업이 처한 상황에 따라 달라지는데, 급격한 매출증가가 필요하거나, 신시장에 진입할 때, 높은 매출이나 이익이 보장되는 시장의 경우, 시장에서 특허 등으로 혁신이 보호받을 수 있을 때, 신상품 개발에 필요한 시간과 자원이 충분할 때, 그리고 경쟁자의 보다 나은 두 번째 전략을 통한 시장진입을 막을 수 있을 때 선제전략 선택이 가능하다. 그러나 기존상품이나 기존시장에 집중이 필요하거나 개발비용을 회수하기에는 시장의 규모가 작을 때, 혁신에 대한 보호를 받기 어려울 때, 경쟁자의 모방전략에 의해 쉽게 잠식당할 우려가 있을 때에는 대응전략을 선택하는 것이 바람직하다(Urban and Hauser, 1993).

제2절 신상품 개발과정

신상품 개발절차는 [그림 5-1]과 같이 아이디어 개발, 상품콘셉트 개발과 테스트, 마케팅 전략 개발, 사업성분석과 상품개발, 시험마케팅, 상업화(출시)의 여섯 단계로 구성된다.

그림 5-1 ▸▸ 신상품 개발과정

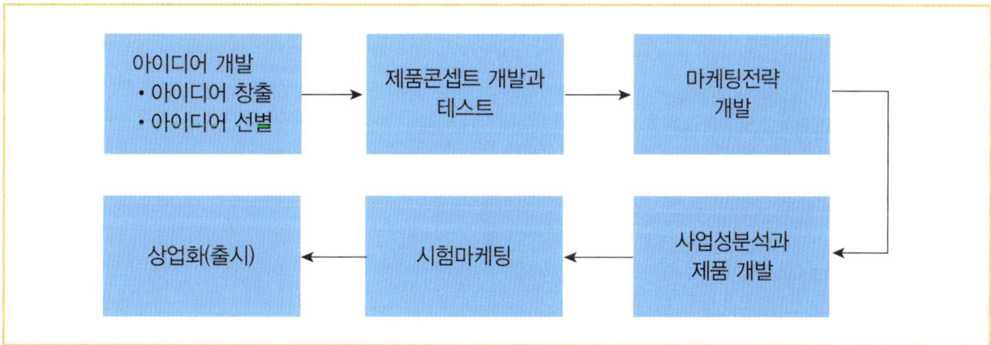

1. 아이디어 개발

아이디어 개발(idea development) 단계는 아이디어 창출(idea generation)과 아이디어 선별(idea screening)로 구분된다.

(1) 아이디어 창출

1) 신상품 아이디어 원천

신상품 아이디어의 원천은 고객니즈, 기업내부 구성원, 경쟁기업 및 협력기업, 최고경영진, 환경변화 등에서 찾아볼 수 있다.

① 고객니즈

신상품 아이디어 탐색의 이론적 출발점은 고객니즈라고 할 수 있다. 기업은 고객설문조사, 표적집단면접법, 그리고 고객제안이나 불평신고 등을 통해 사용자인 고객의 니즈를 파악하고 이를 통해 신상품 아이디어를 얻어낼 수 있다. 최상의 아이디어 중 상당수는 현재 사용하고 있는 상품에 대한 문제점을 물어보는 과정을 통해 얻어진다. 예를 들어, 자동차회사는 최근 구매고객이 구입한 자동차에 대해 어떤 점이 만족스럽고 혹은 불만족스러운지, 그리고 어떤 개선점을 필요로 하는지를 조사하고 그러한 개선에 대해 어느 정도까지 비용을 지불할 의향이 있는지 등을 조사함으로써 상품개선을 위한 아이디어를 얻을 수 있다. 일본 KFC 마케팅 그룹에서는 20만 명에 이르는 페이스북 팬들에게 설문조사를 실시하여 고객의 다양한 니즈를 파악하고 있다.

② 기업내부 구성원

신상품 아이디어의 또 다른 중요한 원천은 연구개발진, 엔지니어, 디자이너 등과 같은 기업내부 구성원들이다. 즉, 기업 내 전 사원들이 신상품 아이디어의 원천이 될 수 있다. 성공적인 기업들은 상품 및 서비스를 개선하기 위한 직원들의 새로운 아이디어를 장려하는 문화를 가지고 있다. 안철수연구소에는 직원들의 아이디어 활성화와 자율적인 개발 문화를 선도하기 위해 작은 아이디어(i)도 소중히 해 정식 프로젝트로 자격을 부여한다(Qualify)라는 뜻을 가진 'iQ'라는 특별한 프로그램을 운영하고 있다.

③ 경쟁기업 및 협력기업

기업은 경쟁기업의 상품과 서비스를 연구함으로써 신상품 아이디어를 얻을 수 있으며, 유통업체나 납품업체 등의 협력기업을 통해서도 경쟁기업에 대한 정보를 얻을 수 있다. 경쟁기업의 신상품을 통해서 고객이 무엇을 원하는지를 파악할 수 있으며, 경쟁기업의 상품을 분석해서 모방전략이나 보다 나은 두 번째 전략을 통한 신상품을 준비할 수 있다. 또한 유통업체는 고객과 보다 가까운 위치에서 고객의 정보를 얻을 수 있으며, 경쟁자에 대한 정보도 얻을 수 있다. 따라서 많은 기업들이 유통업체나 납품업체와 긴밀한 관계를 유지하기 위해 노력한다.

④ 최고경영진

최고경영진도 신상품 아이디어의 주요 원천이 될 수 있다. 그러나 시장에 대한 면밀한 조사가 뒷받침되지 않고 오직 최고경영진의 아이디어와 추진력만을 바탕으로 진행되는 신상품 아이디어의 경우에는 꼭 성공을 보장하기는 어렵다. 일반적으로 신제품 아이디어에 있어서 최고경영진의 개입은 기술집약적인 신제품에는 긍정적이지만, 상대적으로 소비재 신제품에 있어서는 꼭 바람직한 결과를 가져오는 것은 아니다. 기술집약적인 신제품의 경우에는 최고경영진의 경험과 세계시장동향에 대한 이해도가 높기 때문에 신제품 아이디어 창출에 도움이 될 수 있다. 그러나 일반 소비재 신제품의 경우에는 소수의 최고경영진이 다양한 고객의 욕구를 파악하는 데 한계가 있고, 오히려 고객과의 접촉이 잦은 실무진들이 고객의 욕구를 신속하게 파악할 수 있기 때문이다.

⑤ 환경변화

과거와 달리 오늘날의 기업경영 환경은 매우 복잡하고 급격하게 변화하고 있다. 특히 경제적 환경, 인구통계적 환경변화는 소비자 욕구와 수요에 직접적인 영향을 미치기 때문에 매우 중요한 환경요인이라 할 수 있다. 따라서 환경감시활동을 강화함으로써 경쟁기업에 비해 한 발 앞서 환경변화를 반영하는 신상품 아이디어를 개발할 수도 있을 것이다. 예를 들어, 미세먼지가 사회적인 문제로 대두되면서 미세먼지를 걸러낼 수 있는 수백만 원대의 가정용 공기청정기 시장이 커져가고 있고, 1인가구수가 증가하면서 혼밥, 혼술 등의 1인소비 문화가 자리잡으면서 매장에서 1인용 실속패키지 신상품을 출시하는 경우가 이에 해당한다.

2) 아이디어 창출기법

신상품 아이디어 창출기법은 대표적으로 다음과 같이 분류해볼 수 있다.

① 속성열거법(attribute listing)

이 기법은 기존상품이 갖고 있는 주요 속성들을 열거하고 각 속성들을 조정하여 개선된 상품을 모색하는 것이다. Osborn은 어떤 대상과 그 속성에 대해 다른 용도로 사용가능(put to other uses), 개조(adapt), 확대(magnify), 축소(minify), 대체(substitute), 재배열(rearrange), 반대로 뒤집기(reverse), 결합(combine)[7] 가능성에 대한 질문을 함으로써 유용한 아이디어를 얻을 수 있다고 하였다.

② 강제적 결합법(forced relationships)

이 기법은 몇 가지 상품이 갖고 있는 속성들을 강제적으로 결합하는 방법이다. 오늘날 소위 컨버전트(convergent) 상품으로 불리는 경우가 이에 해당한다. 예를 들어, 휴대폰에 MP3, 디지털카메라, DMB, 플래쉬, 리모컨, 신용카드 등의 기능이 결합된 형태가 강제적 결합법에 의한 신상품이라 할 수 있다.

③ 형태분석법(morphological analysis)[8]

이 기법은 상품이 갖는 문제의 구조적 차원(변수)을 찾아내고 각 차원(변수)들 간의 관계를 조사함으로써 신상품 아이디어를 얻는 방법이다. 예를 들어, '장치를 이용하여 무언가를 한 장소에서 다른 장소로 옮기는 것'이 문제라고 하자. 이 경우 중요한 차원(변수)은 장치의 유형(type of vehicle; 수레형, 의자형, 침대형), 매개물의 종류(type of medium; 공기, 물, 딱딱한 표면, 기름, 레일), 그리고 동력의 유형(type of power source; 압축공기, 내연기관, 전기모터)이라고 할 수 있다. 따라서 내연기관에 의해 딱딱한 표면 위를 움직이는 수레형 이동장치인 자동차가 만들어진 것이다. 제트엔진 역시 1930년대에 형태적 분석법이 적용되어 개발된 사례이다. 점화의 종류(자동점화, 외부점화), 연료상태(기체, 액체, 고체) 등과 같은 주요 여섯 가지 변수를 정의하고, 여섯 개의 변수로 576개의 조합을 만들어 여러 가지 혁신적인 시도를 한 결과 제트엔진이 만들어진 것이다.

---

7) Osborn, Alex F.(1963), *Applied Imagination*, 3rd ed., New York: Scribner's, 286-287.

8) Kotler, Philip(1994), *Marketing Management Analysis-Planning, Implementation and Control*, 8th ed., Prentice-Hall, 324.

④ 고객니즈 파악(need/problem identification)

이 기법은 위에서 소개된 기법과 달리 소비자의 기여가 필요한 방법이다. 즉, 소비자에게 특정 상품이나 제품군을 사용하는 데 있어서 발생하는 문제점이나 추가적인 니즈를 조사하여 반영하는 방법이다. TV시청 시 보다 현실감 있는 사운드를 원하는 고객의 추가적인 니즈를 반영하여 출시된 '사운드 바(Sound Bar)'가 좋은 예이다. 보통의 경우, 고객은 니즈뿐만 아니라 해결방안에 대한 아이디어들을 가지고 있는 경우가 많기 때문에 주기적인 조사를 통해 고객니즈와 아이디어를 수집하는 것이 필요하다.

⑤ 브레인스토밍(brainstorming)

이 기법은 구체적인 문제상황을 주고 6~10명이 모여 한 시간 이상 토론하는 과정에서 신상품 아이디어를 얻어내는 방법으로서, 한 아이디어가 다른 아이디어를 파생적으로 유도함으로써 가급적 다양한 아이디어를 도출해내기 위한 방법이다.

이 외에도, 기술혁신에 따른 기술동향 예측 등을 통해서도 신제품 아이디어가 만들어지는데, 델파이기법(Delphi method)을 통해 신상품 성공 여부에 대한 여러 전문가들의 판단이 합의에 이를 때까지 반복적으로 의견수렴이 이루어지기도 한다.

(2) 아이디어 선별

아이디어 창출 과정에서 수많은 아이디어들이 도출되면 아이디어 선별 과정을 통해 매력적이고 실행가능한 몇 가지 아이디어만을 남겨두고 나머지 아이디어들을 제거하게 된다. 아이디어 선별 과정에서 기업은 Drop error와 Go error 등 두 가지 유형의 오류를 주의해야 한다. 먼저, Drop error는 좋은 아이디어임에도 불구하고 잘못 판단하여 이를 기각하는 오류로서 알파(α)오류 혹은 1종오류라고도 하며, 생산자 위험과 관련되는 오류이다. 반대로, Go error는 좋지 않은 아이디어를 잘못 판단하여 계속 진행시키는 오류로서 베타(β)오류 혹은 2종오류라고도 하며, 소비자 위험과 관련되는 오류이다.

신상품 아이디어는 여러 가지 측면을 고려하여 평가되는데, 일반적으로 아이디어 평가 시 고려하는 요인들과 그 과정은 [표 5-2]와 같다.

| 표 5-2 | 신상품 아이디어 평가기준

상품성공요인	상대적 가중치(A)	기업의 경쟁력 수준(B)	평가(A × B)
기업특성과 의지	.20	.6	.120
마케팅	.20	.9	.180
R&D	.20	.7	.140
인적자원	.15	.6	.090
재무자원	.10	.9	.090
생산능력	.05	.8	.040
입지와 설비	.05	.3	.015
원자재 구매와 공급	.05	.9	.045
합계	1.00		.720*

* 평가척도: .00~.40 열악함; .41~.75 보통; .76~1.00 좋음; 최소수용점수: .70

자료: Kotler, Philip(1994), *Marketing Management Analysis-Planning, Implementation, and Control*, 8th ed., Prentice-Hall.

2. 상품 콘셉트 개발과 테스트

(1) 상품 콘셉트 개발

상품 콘셉트(product concept)는 상품 아이디어를 소비자들이 이해할 수 있는 용어로 보다 정교하게 표현한 것이다. 예를 들어, 숙취해소음료 컨디션의 경우 '콩나물 잔뿌리 성분이 들어 있어 숙취해소에 탁월한 기능성음료'로, 세제의 경우 '활성화 효소가 첨가되어 기름때 찌든때가 잘 빠지는 세제'로 상품 콘셉트를 설정할 수 있다. 상품 아이디어에 대해 다음과 같은 질문을 하고 이에 대한 답을 찾음으로써 몇 가지 상품 콘셉트를 개발할 수 있다. 이 상품의 사용자는 누구인가? 이 상품이 제공하는 본질적인 편익은 무엇인가? 이 상품은 어떤 상황에서 사용되는가?

상품 콘셉트가 개발되면 이를 브랜드 콘셉트로 전환하는 단계를 거치게 된다. 브랜드 콘셉트(brand concept)는 브랜드 포지셔닝 맵(지각도)상에서 기존 브랜드들의 위치를 살펴보고 기존 상품들과는 차별적인 위치를 염두에 두고 결정하게 된다.

(2) 상품 콘셉트 테스트

상품 콘셉트 테스트(product concept testing)는 표적소비자들에게 상품 콘셉트를 제시하고 그에 대한 평가를 구하는 단계이다. 이 경우 상품 콘셉트는 상징적으로 제시될 수도 있고, 단어나 그림을 통한 구체적인 기술서로 제시될 수도 있으며, 혹은 물리적인 형태로 제시될 수도 있다.

제시된 상품 콘셉트에 대하여 소비자들에게 다음과 같은 질문들을 통해 상품 콘셉트 테스트를 하게 된다.

① 상품 콘셉트에서 제시된 편익들은 명확하며 믿을 수 있는가?
② 이 상품은 당신의 욕구를 충족시키거나 문제를 해결해 줄 수 있는가?
③ 당신의 욕구를 충족시키고 만족시키는 기존상품이 있는가?
④ 그 상품이 주는 가치에 비해 가격이 합리적인가?
⑤ 그 상품을 구입할 것인가?(꼭 구입하겠다, 아마도 구입할 것이다, 아마도 구입하지 않을 것이다, 절대 구입하지 않겠다)
⑥ 누가 이 상품을 사용할 것이며, 언제 얼마나 자주 사용할 것인가?

이 질문들에 대한 응답을 종합하여 상품 콘셉트가 소비자에게 얼마나 강력하게 소구하는지를 판단해야 한다.

3. 마케팅전략 개발

상품 콘셉트 개발과 테스트가 끝나면 이 상품을 시장에 도입하기 위한 마케팅전략을 개발해야 한다. 그러나 신제품 마케팅전략이라고 해서 일반적인 마케팅전략에서 고려할 내용들과 크게 다르지는 않으며, 일반적으로 다음과 같은 세 부문에 걸쳐 진행된다.[9]

첫 번째 부문은 표적시장의 규모, 구조, 행동과 출시 후 처음 몇 년 동안의 상품포지셔닝, 매출액, 시장점유율, 목표이익 등에 대한 기술이다. 두 번째 부문은 출시 후 첫 해의 가격 및 유통전략, 그리고 마케팅 예산에 대한 계획을 세우는 것이다. 세 번째 부문은 장기매출목표

9) Kotler, Philip(1994), *Marketing Management Analysis-Planning, Implementation, and Control*, 8th ed., Prentice-Hall, 333-334.

와 목표이익을 설정하고 마케팅믹스 전략을 세우는 것이다.

4. 사업성분석과 상품개발

(1) 사업성분석

사업성분석(business analysis)이란 그 상품이 개발된 경우의 표적시장을 잠정적으로 결정하고 현시점에서 고려하는 가격, 유통, 촉진 등의 마케팅노력 투입 시 예상되는 매출과 이익 등을 추정하는 것이다.[10] 사업성분석 단계에서는 기본적으로 매출, 원가, 이익에 대한 예상자료들을 검토하여 그 대안이 기업목표를 충족시킬 수 있는지를 판단하고 그 결과에 따라 상품개발 단계로의 이동 여부를 결정하게 된다. 예상매출 추정방식은 해당 상품을 소비자가 일회성으로 구입하는지, 간헐적으로 구입하는지, 혹은 자주 구입하는지에 따라 달라진다. 예상매출 추정 후에는 예상되는 비용과 이윤에 대한 추정을 하게 된다. 이 과정은 R&D부서, 생산부서, 마케팅부서, 재무부서 등의 의견을 종합하여 행해지는데, 가장 단순한 방법은 손익분기점(BEP: Break Even Point) 분석이다.

손익분기점이란 일정기간 총수익의 합계에서 총비용의 합계를 차감했을 때 이익도 손실도 생기지 않는 경우의 매출액/매출량을 말한다. 즉, 매출액/매출량이 그 이하로 감소하면 손실이 나며, 그 이상으로 증가하면 이익을 가져오는 기점을 가리킨다. 손익분기점을 구하기 위해선 모든 비용을 고정비와 변동비로 분류하여 매출액과의 관계를 검토하게 된다. 손익분기점은 '고정비÷단위당 공헌이익'으로 구해지며, 단위당 공헌이익은 1단위 판매하는 데 따르는 순이익의 의미로서 '가격−변동비'로 구해진다.

(2) 상품개발

상품 콘셉트가 사업성분석을 통해 긍정적인 평가를 얻게 되면 지금까지 언어나 그림으로 표현되어 있던 상품기술서 혹은 모형상품에 대해 실체적 상품을 만들기 위한 R&D 혹은 엔지니어링 단계에 돌입하게 되는데 이 단계가 상품개발(product development) 단계이다. 이 단계에서는 상품 아이디어가 기술적으로나 상업적으로 실현가능한 상품으로 전환될 수

10) 이학식(2010), 마케팅, 법문사, 274.

있는지에 대한 답을 얻게 된다.

이 단계에서 R&D부서는 상품 콘셉트의 물리적 버전을 몇 가지 만들어내는데 이를 시제품, 혹은 원형(prototype)이라 한다. 원형은 계획된 생산원가 한도 내에서 만들어져야 하며, 상품 콘셉트 기술서에 설명된 핵심속성들을 담고 있어야 하고 정상적인 사용상황에서 완전한 기능을 수행할 수 있어야 한다.

원형이 준비되면 상품 자체가 설계기준과 상품 콘셉트를 잘 충족시키고 있는지에 대하여 엄격한 기능적 시험과 소비자 테스트를 거쳐야 한다. 기능적 시험(functional tests)은 상품이 안전하고 효과적으로 기능을 수행하는지를 확인하기 위해 실험실과 실제 소비현장에서 행해진다. 소비자 테스트(consumer tests)는 실험실에서 행해질 수도 있고 샘플을 집으로 가져가서 사용해보도록(HUT: Home Usage Test) 해서 행해질 수도 있다.

5. 시험마케팅

시제품 테스트를 통과하게 되면 브랜드명을 결정하고 포장을 하는 등 기본적인 마케팅 프로그램을 적용하여 보다 현실적인 시장환경하에서 테스트를 하게 된다. 시험마케팅은 소비자와 유통업자들이 실제로 어떻게 상품을 사용하고 재구매하는지, 그리고 신상품의 시장규모가 얼마나 되는지를 미리 학습하기 위한 목적으로 시행된다.

시험마케팅을 통해 마케팅관리자는 소비자, 유통업자, 마케팅의 효과성, 시장잠재력 등에 관한 중요한 정보를 얻을 수 있으며, 혹시 향후 발생할지도 모르는 시장실패의 위험요소를 찾아내서 미연에 대비할 수 있다. 그러나 시험마케팅을 하게 되면 비용이 추가되며, 신상품 출시시기가 지연될 수 있다는 단점이 있고, 무엇보다 경쟁자에게 신상품의 정보가 노출되어 경쟁자에게 아이디어와 시간적 여유를 줄 수 있다는 위험도 있기 때문에 모든 경우에 반드시 시험마케팅을 해야 하는 것은 아니다.

소비재를 대상으로 하는 시험마케팅은 그 적용범위에 따라 다음과 같은 방법들이 적용된다.

첫째, 표준시험시장법(standard test marketing)[11]은 표적시장에 대해 대표성을 갖는 몇 개 도시를 대상으로 시험마케팅을 실시하는 방법이다. 이 방법은 거의 실제 시장상황에서 행해지기 때문에 시험마케팅의 결과가 향후 실제 신상품 출시의 결과를 가장 가깝게 보여준

11) *Ibid.*, 276.

다는 장점이 있다. 그러나 시험마케팅 시행범위가 넓기 때문에 비용이 많이 들고 경쟁자에게 노출될 가능성이 가장 높다는 단점을 가지고 있다.

둘째, 통제시험시장법(controlled test marketing)은 표준시험시장법의 범위를 축소시켜 몇 개의 매장을 대상으로 시험마케팅을 실시하는 방법이다. 이 경우 조사주체가 매장 내 선반위치, 노출면의 수, 디스플레이, 구매시점(POP) 프로모션, 가격 등을 계획적으로 통제하게 된다. 제한된 범위 내에서 진행되므로 시간과 비용이 적게 들고 경쟁자에게 노출될 가능성도 상대적으로 낮지만, 표준시험시장법에 비해 시험마케팅의 결과에 대한 일반화가능성이 낮다는 단점이 있다.

셋째, 모의시험시장법(simulated test marketing)은 실험실과 같은 모의쇼핑공간에서 시험마케팅을 실시하는 방법이다. 보통 30~40명의 소비자들을 대상으로 진행되는데, 먼저 이들에게 신상품을 포함한 상품광고와 판촉을 실시하고 일정금액을 지급한 후 모의매장에서 쇼핑을 하게 된다. 이 과정에서 소비자들이 특정 상품을 선택한 이유에 대해 추가적인 질문을 할 수 있으며, 일정기간 상품 사용 후 상품에 대한 만족도나 의견 등을 조사할 수 있다. 모의시험시장법의 한 방법으로서 온라인이나 모바일 환경에서 시험마케팅을 실시하는 경우도 있다. 이 경우는 실제 구매행동 측정보다는 구매의도 측정에 가까운 방법으로서, 실제 매장이나 제품 없이도 실시가 가능하며 소비자의 반응에 따라 제품사양이나 가격, 디자인 등의 조건을 변경해가면서도 시험마케팅을 실시할 수 있다는 장점이 있다.

산업재를 대상으로 하는 시험마케팅은 일반적으로 알파테스팅(alpha testing)과 베타테스팅(beta testing)으로 행해진다. 알파테스팅은 회사 내부적으로 상품성과, 신뢰성, 디자인, 운영비용 등을 측정하고 개선하기 위해 행해지는 테스트이며, 베타테스팅은 알파테스트를 통과한 후 잠재고객들을 선정해서 해당고객들이 있는 장소에서 은밀하게 실시하는 테스트이다. 이 외에도 트레이드쇼를 통해서 혹은 유통업자를 대상으로 하는 전시회를 통해서도 시험마케팅이 이루어진다.

6. 상업화(출시)

시험마케팅을 통해 긍정적인 결과를 얻었다면 본격적인 상업화(출시)를 준비하게 된다. 성공적인 출시를 위해서는 마케팅 관련활동과 생산부서의 완벽한 준비가 이루어져야 한다.

예컨대, 신상품을 판매할 중간상과 영업 및 판매직원들에 대한 충분한 교육이 이루어져야 하고, 대량생산이 가능하도록 설비와 원료 및 부품조달 계획이 수립되어야 한다. 필요하다면 추가인력 배치도 이루어져야 한다. 또한 마케팅활동과 생산활동의 시기적 조절도 필요하다. 불필요한 재고가 누적되거나 반대로 생산이 수요를 제때에 충족시키기 못하는 데에 따르는 손실이 발생할 수도 있기 때문이다.

출시계획을 수립하는 네 있어서 중요한 점은 출시시기를 결정하는 것과 목표품질의 상품이 계획한 장소(표적시장)에 적시에 충분히 공급될 수 있도록 하는 것이다.

신상품 출시에서 시장진입시기(market entry timing)는 핵심적인 요소이다. 만약, 신상품 출시를 앞두고 있는 시점에서 경쟁기업의 신상품 개발이 거의 끝나간다는 정보를 입수했다면 선발진입(first entry), 동시진입(parallel entry), 혹은 후발진입(late entry) 여부를 결정해야 한다. 출시시기를 결정할 때는 이 외에도 여러 가지 요인들을 고려해야 한다. 예컨대, 신상품과 기존상품과의 관계도 고려사항이다. 즉, 신상품이 기업의 기존상품을 대체하게 되는 경우에는 기존상품의 재고가 다 소진될 때까지 신상품의 출시를 미룰 수도 있을 것이다.

신상품 출시의 지리적 범위도 매우 중요한 요소이다. 소규모 기업의 경우에는 기업이 보유한 자원과 역량을 고려하여 하나의 도시와 같은 작은 시장을 표적으로 선정하고 점차적으로 시장을 확장해가는 전략을 우선적으로 고려할 수 있다. 그러나 대기업의 경우에는 전국 혹은 세계시장을 대상으로 동시에 출시하는 전략을 사용할 수 있다.

제3절 신상품 확산 및 수용과 제품수명주기

1. 신상품 확산 및 수용

Rogers는 확산과정(diffusion process)을 "발명이나 창조로부터 최종사용자나 수용자에게 이르기까지의 아이디어 전파"로 정의하고 있다.[12] 한편, 수용(adoption)은 "개인이 어떤 상품을 정규적으로 사용하겠다고 결정하는 것"을 말한다. 따라서 수용과정(adoption

12) Rogers, Everett M.(1962), *Diffusion of Innovations*, New York: Free Press.

process)은 "개인이 혁신에 대해 처음 들은 시점에서부터 최종 수용에 이르기까지의 심리적 과정"에 초점을 두는 개념이다. 신상품 수용자들은 인지(awareness), 관심(interest), 평가(evaluation), 시용(trial), 수용(adoption)의 다섯 단계를 통해 최종수용에 이르게 된다.

신상품이 시장에 출시되었을 때 개인소비자들의 수용시점은 개인마다 제각기 다르다. Rogers는 소비자들의 수용시점 혹은 수용하려는 경향에 따라 혁신수용자, 조기수용자, 조기다수자, 후기다수자, 최후수용자로 분류하였다([그림 5-2]).[13]

그림 5-2 ▸▸ 혁신의 상대적 수용시점에 따른 수용자 유형 분류

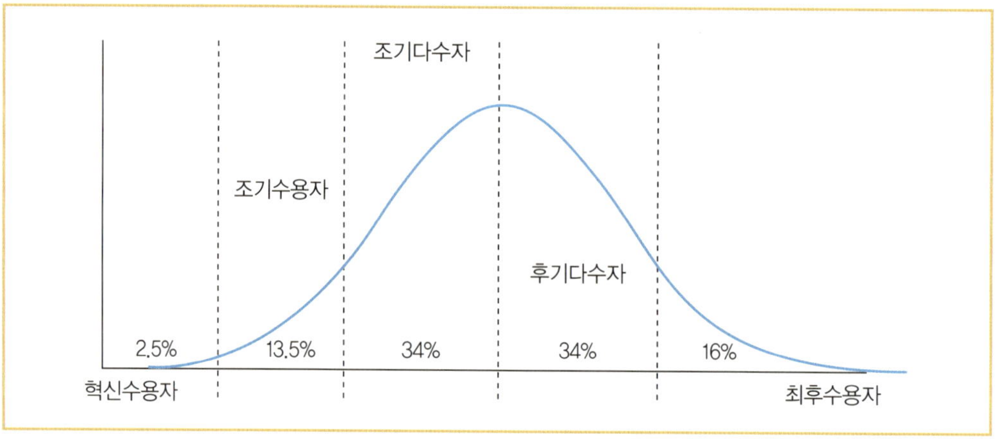

혁신수용자(innovators)는 학력과 소득이 높고 변화에 대해 긍정적인 태도를 가지고 있으며 대중매체와 같은 외부 정보원천에 연결되어 있는 것으로 나타났다. 이들은 일부 위험을 감수하고서라도 새로운 아이디어를 기꺼이 시도하려는 경향을 보인다.

조기수용자(early adopters)는 존경을 받는 사람들이며 의견선도자(opinion leaders)로서 새로운 아이디어를 신중하면서도 빠르게 수용하는 경향을 보인다.

조기다수자(early majority)는 신중한 사람들로서 조심스러우나 보통사람들보다 약간 앞서서 새로운 아이디어를 수용한다.

후기다수자(late majority)는 회의적인 사람들로서 새로운 아이디어를 대다수의 사람들이 수용할 때 사용한다.

최후수용자(laggards)는 전통적인 사람들로서 옛 방식을 고수하는 것을 좋아한다. 이들은

13) *Ibid.*; Rogers, Everett M. and F. F. Shoemaker, *Communications of Innovations: A Cross-Cultural Approach*, New York: The Free Press, 1971.

변화에 대해 의심을 많이 하며 혁신에 비판적이며, 새로운 아이디어가 전통으로 자리잡고 난 후에야 수용한다.

2. 제품수명주기

상품이 시장에 출시되면 시간이 지남에 따라 확산과 수용과정을 통해 성장기와 성숙기를 거쳐 쇠퇴기를 맞게 되는데, 이 과정이 마치 생물이 나고 자라서 죽기까지의 과정과 유사하기 때문에 이를 제품수명주기(PLC: Product Life Cycle)라 한다.

제품수명주기는 모든 상품의 경우에 동일한 형태로 나타나는 것은 아니며, 일반적인 제품수명주기 형태는 [그림 5-3]과 같이 S자 형태를 가진다. 제품수명주기를 통해 도입기(introduction stage), 성장기(growth stage), 성숙기(maturity stage) 및 쇠퇴기(decline stage)에 이르는 상품의 진화과정을 알 수 있으며, 각 단계별 마케팅전략을 수행하기 위한 시사점을 얻을 수 있다.

그림 5-3 ▶▶ 제품수명주기

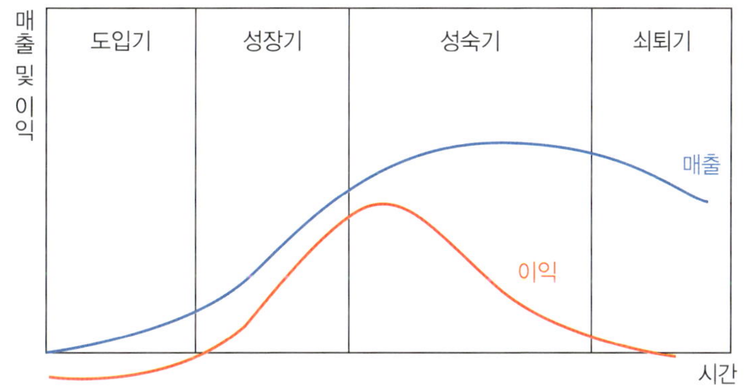

위 그림에서 도입기의 완만한 매출성장 곡선은 그만큼 소비자의 타성적 구매를 극복하기 어려우며 신상품 시용구매를 자극하기가 어렵다는 것을 의미한다. 시간이 지나면서 많은 신규구매자들이 해당 상품을 일단 성공적인 것으로 인식하고 매력을 느끼기 시작하면 급격한 매출성장을 가져오게 된다. 급격한 성장에 의해 빠른 확산이 이루어지고 그 결과 시간이 더

흐르면 잠재구매자들은 포화상태에 이르게 된다. 그리고 마지막으로 시장에 새로운 대체상품이 등장하게 되면서 기존상품은 쇠퇴기를 맞게 되는 것이다.

위에서 언급했듯이 제품수명주기는 상품의 유형, 소비패턴, 그리고 기업의 마케팅 노력에 의해 다른 형태로 나타날 수 있다. S자 형태 이외에도 [그림 5-4]와 같이 다양한 형태의 제품수명주기를 발견할 수 있다.

그림 5-4 ▶▶ 특수한 형태의 제품수명주기

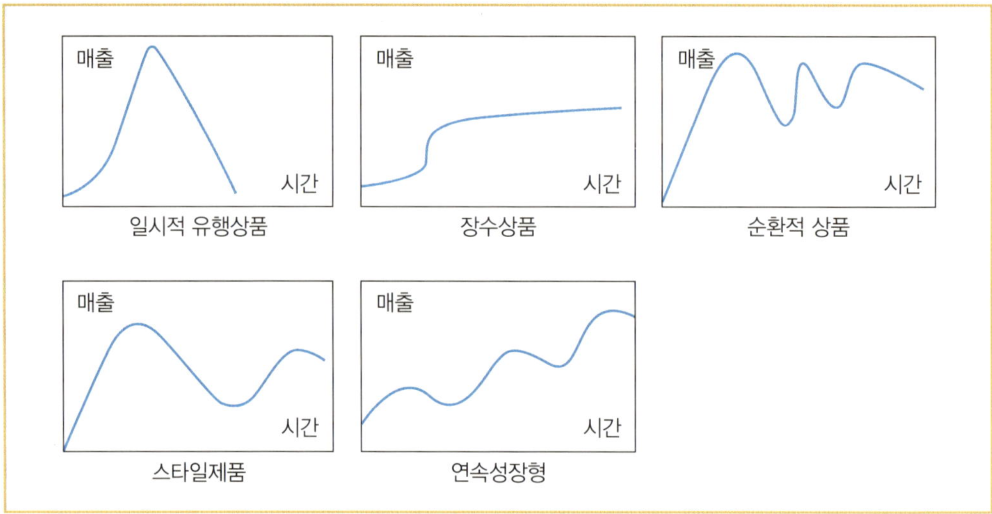

제품수명주기의 각 단계별 특징과 전략적 시사점은 [표 5-3]과 같이 요약될 수 있다.[14]

| 표 5-3 | 제품수명주기 각 단계별 특징과 전략적 시사점

	도입기	성장기	성숙기	쇠퇴기
〈단계별 특징〉				
판매량	낮음	급속성장	판매극대점 도달 (증가율 둔화)	절대판매량 감소
단위당 원가	높음	점차 하락	낮아짐	낮음
이익(현금흐름)	적자 또는 낮은 이익	점차 증가	높은 이익 (감소 시작)	감소

14) Baker, Michael J.(1999), *Encyclopedia of Marketing*, IEBM, 357; Day, George S.(1986), *Analysis for Strategic Market Decisions*, West Publishing Company, 90.

고객층	혁신수용자	조기수용자	조기다수자/ 후기다수자	최후수용자 (보수층)
고객당 비용	높음	평균	낮음	낮음
경쟁자	없거나 소수	증가	많음(감소 시작)	감소
〈전략〉				
마케팅 목표	상품인지도 형성 시용구매 창출	시장점유율 확대 (성장기에는 점유율 확대 용이)	이익극대화를 위한 시장점유율 유지	비용절감, 투자회수
브랜드 전략	브랜드 구축전략	브랜드 강화전략	브랜드 재활성화 전략	
차별화 우위	제품성과	브랜드 이미지	가격과 서비스	가격
조직운영 초점	혁신	마케팅	효율성	비용절감
〈마케팅 믹스〉				
상품	기본형태의 상품	상품확내, 품질개선 및 서비스 향상, 품질보증 도입	브랜드, 모델 다양화	경쟁력 없는 취약상품 단계적 철수
가격	고가전략 (혹은 저가전략)	시장침투가격	경쟁사 대응의 방어적 가격(다른 단계보다 낮은 가격)	저가전략
유통	선택적 유통	집중적 유통	집중적 유통	선택적 유통
광고	조기수용자와 중간상에 대한 상품인지 형성	일반 소비자층의 인지도와 관심 향상	브랜드 차이 및 상품편익 차이 강조	핵심고객, 고정고객 유지를 위한 최소한의 광고
판매촉진	시용구매 유도를 위한 강력한 중간상, 소비자 촉진	수요상장에 따른 매출액 대비 판촉비중 감소	자사브랜드로의 전환을 유도하기 위한 판촉 증대 기존 고객의 소비·시용량 증대	최저수준

| 토의사항 |

01 4차 산업혁명 시대를 맞아 고객의 새로운 수요욕구를 창출할 수 있는 상품을 하나 떠올려서 신상품 개발과정 각 단계별 의사결정을 수행해보시오.

02 서비스상품과 같은 무형상품과 유형상품의 신상품 개발과정 단계별 차이를 생각해보시오.

03 우리 주변에 있는 대부분의 상품들을 제품수명주기상 성숙기에 들어서 있는 상품들이다. 이들 중 임의로 한 상품을 선택하여 현 상황에서 쇠퇴기를 대비하기 위한 적절한 전략을 구상해보시오.

| 참고문헌 |

- 신종칠 · 전종근 · 홍성태 · 김동진(2004), 신경제시대의 마케팅, 시그마프레스.
- 이유재 · 박찬수(2000), 신상품 마케팅, 시그마프레스.
- 이학식(2015), 마케팅, 법문사.
- Baker, Michael J.(1999), *Encyclopedia of Marketing*, IEBM.
- Booz(1982), Allen and Hamilton, *New Products Management for the 1980s*, New York.
- Clancy, Kevin J. and Robert S. Shulman(1991), *The Marketing Revolution: A Radical manifesto for Dominating the Marketplace*, New York: Harper Business.
- Cooper, Robert G. and Elko J. Kleinschmidt(1991), "New Product Processes at Leading Industrial Firms," *Industrial Marketing Management*, May, 137–147.
- Dacko, Scott G.(2008), *The Advanced Dictionary of Marketing-*

Putting Theory to Use, Oxford University Press.

- Day, George S.(1986), *Analysis for Strategic Market Decisions*, West Publishing Company.
- Kotler, Philip(2003), *A Framework For Marketing Management*, 2nd ed., Prentice-Hall.
- Kotler, Philip(1994), *Marketing Management Analysis-Planning, Implementation, and Control*, 8th ed., Prentice-Hall.
- Osborn, Alex F.(1963), *Applied Imagination*, 3rd ed., New York: Scribner's.
- Rogers, Everett M.(1962), *Diffusion of Innovations*, New York: Free Press.
- Rogers, Everett M. and F. F. Shoemaker(1971), *Communications of Innovations: A Cross-Cultural Approach*, New York: The Free Press.
- Urban Glen L. and John R. Hauser(1993), *Design and Marketing of New Products*, 2nd ed., Prentice-Hall.

CHAPTER 06

상품의 생산관리 및 MIS

도·입·사·례

1971년 Texas의 Love Field에 본부를 두고 설립한 사우스웨스트항공사는 저가항공서비스 상품을 제공하는 회사로 30여 년이 지난 오늘날까지 단 한 번도 적자운영이 없었던 성공적인 기업으로 유명하다. 거의 모든 세계적인 항공사들이 재정상의 어려움을 겪었고 특히, 9·11테러 및 서브프라임 모기지 사태를 겪으면서 많은 항공사들이 도산하는 상황에서 어떻게 이 기업은 수익을 창출하여 항공산업에 있어서 유례없는 성공신화를 이룰 수 있었을까? 한마디로 얘기하면 저가전략에 따른 하부기능들의 일관성 및 운영관리를 통한 효율성과 효과성의 달성이라고 할 수 있다.

좀 더 자세히 살펴보면 이 기업은 저기를 달성하기 위하여 기내식을 없애고 탑승시스템의 간소화, 도심 가까이 있는 붐비지 않는 공항의 선택 등 운영효율을 높이는 정책을 사용하였다. 특히, 이 기업이 채택한 항공서비스 네트워크의 구조를 보면 point-to-point라는 직항노선체제를 시용하였는데, 이 모델을 통해서 다음 비행 스케줄에 있어서의 독립성 및 효율성을 달성할 수 있었다. 즉, 한 비행기가 도착해서 다음 비행을 위해 출발할 때까지의 소요시간이 업계 평균보다 약 30분 정도 절약 가능하였다. 이러한 효과는 사우스웨스트항공사 매출의 반 이상을 다른 항공사들보다 절약할 수 있는 규모라고 할 수 있다. 이처럼 성공하는 기업들을 살펴보면 공통적으로 기업전략에 기반한 적절한 생산운영관리가 수반되었다는 것을 알 수 있다. 아무리 좋은 기업전략이라도 그에 기초한 효율적인 운영이 이루어질 경우 성공전략이 될 수 있지만 그렇지 않으면 실패전략이 되어버리는 것이다. 그만큼 효율적인 생산운영관리가 중요하다고 할 수 있다.

제1절 생산관리 개요

1. 생산관리의 정의

상품의 생산기능은 인력, 물자, 설비, 자본 등을 투입하여 프로세스라고 불리는 일련의 변환과정을 거쳐 최종 산출물인 제품 또는 서비스를 창출하는 기능을 말하며, 마케팅이나 재무와 마찬가지로 기업활동에 있어서 핵심적인 역할을 담당한다. 그러면 과연 이러한 생산을 관리한다는 것은 무엇인가? 생산관리는 제품이나 서비스상품을 효율적이고 효과적으로 생산하고자 하는 것에 관한 의사결정을 연구하는 경영학의 한 분야라고 할 수 있다. 여기서 효율성은 가능한 한 최소자원의 투입을 통해서 제품을 생산하거나 혹은 서비스를 제공하는 것을 의미하며, 효과성은 최대의 가치를 창출하기 위하여 적합한 일을 하는 것을 의미한다.

따라서 생산관리담당자는 기업에서 제품 및 서비스를 창출하는 데 있어서 중추적인 역할을 담당한다고 할 수 있다. 생산관리자의 담당업무는 그 기업이 속한 산업의 형태와 성격 또는 제품의 차이로 인하여 기업마다 각각 다를 수 있다. 그러나 생산관리자의 기본 역할은 어느 기업이나 비슷하며, 대체적으로 생산기능 및 생산시스템의 효율적 · 효과적 관리를 위한 계획, 통제 및 운영상의 의사결정 문제를 수행한다.

여기서 사용하고 있는 생산관리라는 용어는 주로 제조업뿐만 아니라 서비스업 모두를 대상으로 하는 포괄적인 의미로 사용된다. 그러면 제조업뿐만 아니라 서비스업 모두를 포함하는 용어로 왜 생산관리라는 용어를 사용하여 왔을까? 제품 또는 서비스 생산의 효과적 · 효율적 관리에 대한 연구는 주로 제조업을 중심으로 생겨났으며 그동안 서비스 부문에 대한 비중이 상대적으로 적었기 때문에 생산관리(production management)로 불리어 왔다. 그러나 최근에는 서비스 부문이 경제에서 차지하는 비중이 점점 커지기 시작하면서부터 서비스 부문도 연구대상에 포함하게 되었고, 이 두 부문에 대한 관리를 합하여 운영관리(operations management)라고도 한다.

2. 생산관리의 발전

생산관리의 현대적 발전은 테일러(Frederic Taylor)에 의한 과학적 관리법(Scientific management)에서 그 기원을 찾을 수 있다. 과학적 관리법은 '테일러시스템'이라고도 불리는데 작업자의 하루의 적당한 작업량, 즉 과업을 과학적(합리적)으로 결정하기 위해 시간연구와 동작연구를 실험적으로 실시한다. 이렇게 파악된 작업량을 바탕으로 능률에 따른 차별적 성과급제를 적용시킴으로써 능률의 증진을 꾀한다. 또한 각 과업에 적당한 작업자의 선택방법과 교육, 훈련방법 등을 고안한다. 더 나아가서 공장조직을 종래의 직계조직에서 철저한 기능조직으로 전환한 직능적 직장제도를 채용해서 작업자와 경영자가 각자의 직분에 따라서 일하며 협동하게 하는 것이 과학적 관리법이다. 이러한 과학적 관리법을 활용하여 T 모델이라 불리는 포드자동차의 대량생산에의 성공은 자동차산업 발전에 큰 기여를 하게 된다.

이 시기에는 의사결정모델에 의한 관리기법도 사용되었는데 이것은 생산시스템을 수리적 모델로 나타내어 가장 합리적인 관리방안을 마련하고자 하는 시도라고 볼 수 있다. 그러한 대표적인 예로써, F. W. Harris에 의한 재고관리를 위한 경제적 주문량모델, Dodge and Romig의 통계적 품질관리를 위한 관리도와 표본검사법, 그리고 OR(Operations Research) 또는 경영과학(Management Science) 기법 등이 포함된다.

그러나 생산관리기법이 획기적인 발전을 시작하게 된 것은 1970년대부터 시작된 생산관리에 있어서의 컴퓨터의 사용이라고 볼 수 있다. 당시 IBM사의 오릭키(Joseph Orlicky)는 컴퓨터를 활용하여 자재소요계획(MRP: Material Requirements Planning)이라고 불리는 컴퓨터 프로그램을 개발하였다. 이는 최종제품을 구성하고 있는 원자재, 부품, 그리고 반제품 등의 모든 종속 수요품목에 대한 일종의 재고관리프로그램으로서, 수많은 부품으로 이루어지는 최종제품의 수요변화에 신속히 대처할 수 있도록 생산일정계획을 수립하고 재고 및 구매관리가 컴퓨터를 통해서 자동적으로 처리되도록 하였다.

다음으로 생산관리의 발전에 크게 영향을 미친 것은 1980년대에 일본기업에서 시작된 도요타생산시스템(TPS: Toyota Production System)이라 불리는 적시생산시스템(JIT: Just-In-Time)과 전사적품질관리(TQM: Total Quality Management) 등이다. JIT는 일본의 도요타가 개발한 것으로서, 현장에 부품이 필요한 시점에 즉시 부품조달이 가능케 함으로써 재고의 최소화와 효율적인 대량생산이 가능케 하는 생산관리방식이다. 한편, TQM은 제품의 품질을 향상시키기 위해서는 제품의 품질과 직접적인 관련이 있는 생산 및 품질관리부서 등의 노력만으로는 그 한계가 있으며, 기업의 모든 구성원이 전사적인 활동을 통해 적극적으로 노력하여야만 한다는 품질관리방식이라고 할 수 있다. 이를 위해 모든 구성원들의 품질향상을 위한 조별 활동 및 현장직원의 제안 등이 권장된다. 또한 TQM이 기존의 품질관리방식과 구분되는 특징적인 것은 품질을 바라보는 시각이 다르다는 것이다. 지금까지의 품질에 대한 정의는 생산된 제품의 설계된 규격과의 일치 여부로 판정하는 것이었으나, TQM은 품질을 고객관점에서 바라본다. 즉, 아무리 물리적으로 설계된 규격과 차이가 없더라도 고객이 아니라고 느끼면 품질이 불량하다고 보는 시각이다. 즉, 제품 및 서비스의 품질은 고객의 요구에 일치하는가의 여부로 결정된다는 것이다.

1990년대에는 마이클 해머(Michael Hammer) 등이 주창한 기업의 업무프로세스혁신에 관한 비즈니스 프로세스 리엔지니어링(BPR: Business Process Reengineering)이 소개되었다. 이 기법은 기존의 업무프로세스를 가치관점에서 재설계하여 업무프로세스의 신속성과 가치를 향상시키고자 하는 것이다. 즉, BPR은 기존의 업무를 근본적으로 가치관점에서 분석하여 가치가 발생되지 않는 업무는 삭제하고, 이렇게 재설계된 업무프로세스는 가능한 한 컴퓨터 프로그램을 활용하여 자동화하자는 것으로서, 점진적이고 지속적인 개선보다는 급진적인 변화를 추구하는 기법이다.

2000년대에는 공급사슬관리(SCM: Supply Chain Management)라는 기법이 생산관리의 새로운 추세로 등장하였다. 대부분의 기업들은 제조와 유통, 즉 원재료를 구매해서 이들을 중간제품 또는 최종제품으로 변환시키고 완성된 제품을 고객들에게 배달해주는 네트워크의 한 구성원의 역할을 담당하고 있다. 가장 간단한 네트워크는 제조와 유통의 두 가지 기능을 한 곳에서 수행하는 하나의 사이트로 구성된 네트워크일 것이다. 하지만 대부분의 기업들은 공급업자, 제조업자, 유통업자, 그리고 고객들로 이루어진 복잡한 네트워크를 구성하고 있으며 몇몇 기업들은 이러한 네트워크가 전 세계에 걸쳐 널리 퍼져 있는 보다 복잡한 네트워크를 형성하고 있다. 우리는 이러한 네트워크를 공급사슬 또는 가치사슬이라고 한다.

공급사슬관리의 핵심 아이디어는 기업 내의 혁신차원을 벗어나서 공급업자로부터 고객에게 이르는 공급사슬 전반에 걸친 제품의 흐름과 정보, 그리고 자금의 흐름을 전체 시스템 관점에서 효율적이고 효과적으로 관리하여 최소의 공급체인 비용으로 최대의 가치를 고객에게 전달하고자 하는 것이다. 즉, 불확실성이 높은 시장의 변화에 대응하기 위해 공급사슬 전체가 하나의 기업처럼 기민하게 협조하여 전체 최적화를 도모하는 관리기법이라고 말할 수 있다.

최근에 들어서는 기획 및 설계, 생산, 유통 및 판매 등의 전 과정을 정보통신기술(ICT: Information & Communication Technology)로 통합하여 최소비용과 최소시간으로 고객 맞춤형 상품을 제공하는 이른바 스마트 공장(smart factory)이 각광을 받고 있다. 기획 및 설계 단계에서 상품 성능에 대한 시뮬레이션을 수행하고, 생산 단계에서 설비, 자재, 시스템 간의 통신을 수행하게 되며, 유통 및 판매 단계에서는 정보를 실시간 공유한다. 아직 설비, 시스템 등이 스스로 판단하면서 모든 공장 운영을 알아서 하는 단계에 이르지는 못하였지만, 기업의 경쟁력 확보를 위해 많은 기업들이 스마트 공장을 구축하려는 노력을 하고 있는 중이다.

제2절 생산시스템

1. 생산시스템의 정의

생산시스템은 모든 유형의 비즈니스에 사용된다. 생산시스템이란 [그림 6-1]에서 보는 바와 같이 인력, 물자, 자본 등을 투입하여 원하는 제품이나 서비스와 같은 산출물로 변환시키는 기능을 수행하는 일련의 구성인자들의 총체로서, 변환시스템(transformation system) 혹은 생산시스템(production system)이라고 한다. 따라서 시스템적 관점에서의 생산관리에 대한 정의는 변환시스템 혹은 생산시스템의 효과적 · 효율적 관리라고 말할 수 있다. 투입물

그림 6-1 ▸▸ 생산시스템

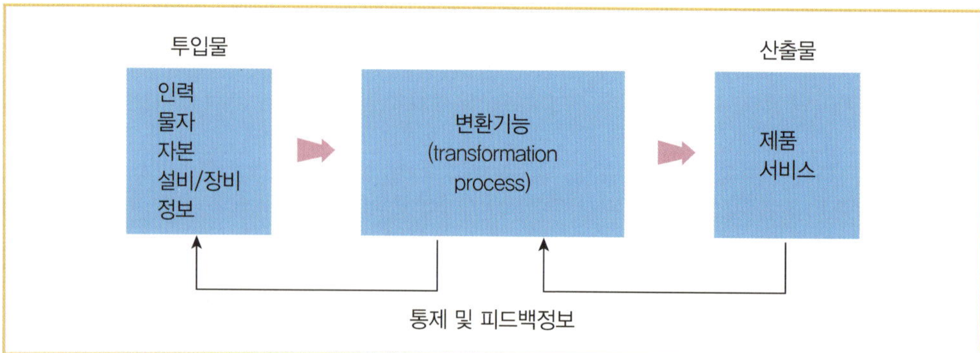

에는 원자재 외에도 다른 시스템에서 생산된 부품, 중간조립품 또는 완제품 등도 포함된다.

생산시스템은 제조업뿐만 아니라 모든 유형의 비즈니스에 사용된다고 하였는데, [표 6-1]에는 제조공장을 비롯하여 서비스 부문에 속하는 병원, 학교, 그리고 유통센터와 같은 다양한 영역에서의 투입 및 산출물을 지닌 생산시스템의 예가 자세히 나타나 있다.

| 표 6-1 | 생산시스템의 예

생산시스템	투입물		변환기능	산출물
	주입력	자원		
제조공장	원자재	설비, 기계, 노동력	제품조립 또는 가공	제품
병원	환자	의사, 간호사, 의료시설, 의약품	치료	완쾌된 환자
대학	학생	교수, 교직원, 강의실, 교재	강의, 학습	교육받은 학생
항공사	승객, 화물	비행기, 조종사, 승무원, 연료	수송	목적지까지 여객 및 화물수송
호텔	투숙객	호텔룸, 호텔리어, 숙박시설	숙박서비스	안락한 숙박 및 휴식

2. 제조와 서비스의 차이

이 두 가지의 근본적인 차이점은 제조는 산출물이 유형의 제품인 데 비해서 서비스는 무형이라는 데 있다. 제품은 물리적인 형체를 가지고 있어서 보관 및 수송이 가능하며 생산과 소비가 동시에 발생하지 않는다. 이에 비해서 서비스는 무형이며, 보관 및 수송이 불가능하다. 따라서 서비스는 생산과 동시에 소비가 이루어진다. 이러한 특성이 [표 6-2]에서 보는 바와 같이 제조와 서비스의 근본적인 차이를 발생시키며, 이로 인한 차이를 다음의 관점에서 살펴보자.

(1) 산출물의 특성

제조업의 산출물은 유형의 제품이므로 재고로 유지할 수 있고, 따라서 재고를 이용하여

| 표 6-2 | 제조와 서비스의 차이점

제조	서비스
• 상품의 유형성	• 상품의 무형성
• 상품의 생산과 소비는 분리되어 발생	• 상품의 생산과 소비는 동시에 발생
• 상품의 재고는 저장가능	• 상품의 시간에 따른 소멸성
• 운송가능	• 운송 불가능
• 고객과의 근접성이 낮다	• 고객과의 근접성이 높다
• 고객접촉도가 낮다	• 고객접촉도가 높다
• 노동의존도가 낮다	• 노동의존도가 높다
• 산출물의 이질성이 적다	• 산출물의 이질성이 많다
• 품질평가 및 검사가 객관적이고 용이하다	• 품질평가 및 검사가 주관적이고 어렵다

생산과 수요 간의 차이를 상당부분 조절할 수 있다. 예컨대 비수기에는 수요 이상으로 생산하여 재고를 유지하였다가 성수기의 수요에 대처할 수 있다. 이에 비해 서비스업에서는 생산과 동시에 소비가 이루어지므로 재고를 통한 생산과 수요 간의 조정은 불가능하다. 따라서 호텔, 병원, 레스토랑 등과 같은 서비스업에서는 예약을 통해 수요를 조정하기도 한다.

또한 서비스업에서는 수요가 발생하지 않으면 판매기회를 놓치게 되며 결국 생산능력이 소멸되어 버리는 것이라고 할 수 있다. 즉, 항공기의 빈 좌석과 호텔의 빈 방은 당일 날 수요가 없을 경우 비축했다가 다음 날 팔 수는 없는 것이다. 이러한 시간소멸적인 서비스능력을 최대한 활용하는 것이 경영자에게 당연히 커다란 과제로 다가오게 된다. 시간소멸적인 서비스능력을 최대한 활용하기 위해서는 시간대별 고객수요에 대한 정확한 예측이 중요하다. 서비스에 대한 시간대별 다양한 양상을 보이며, 가장 바쁜 시간대의 수요와 가장 한가한 시간대의 수요 간의 차이가 크다. 패스트푸드 레스토랑의 경우 점심시간대가 가장 바쁜 시간대가 될 수 있으며, 패밀리 레스토랑의 경우는 주말 저녁시간에 식사를 하러 사람들이 몰려온다. 휴양리조트의 경우는 계절적 편차가 심하다. 여름 휴가철에는 휴양지의 객실을 예약하기가 어렵다. 따라서 서비스업은 각종 할인 등을 통해 비수기에 소멸될지 모르는 생산능력에 대처하기도 한다.

또한 서비스는 무형적이기 때문에 서비스에 대한 자신들만의 독특한 아이디어 및 개념에 대해서도 특허를 받을 수 없다. 따라서 자신들의 독특한 서비스 개념에 대한 성과를 보장받으려면 신속하게 확장하여 경쟁자들이 자신들의 아이디어를 활용하기 전에 시장을 선점하는 등 제조와는 다른 성장전략을 실행해야 한다.

(2) 품질의 측정

품질은 경쟁적인 제품 또는 서비스들을 차별화하는 점점 더 중요한 요소가 되고 있다. 제조업은 품질수준의 설정과 평가가 용이하다. 하지만 서비스는 유형의 제품과는 달리, 무형이기 때문에 많은 경우 품질에 대한 검사가 쉽지 않으며 매우 주관적이다. 사람들은 종종 서비스를 소비할 때까지 그 품질을 측정조차 하지 못한다. 따라서 서비스 고객은 서비스 기업의 브랜드나 명성에 의존하는 경향이 강하다. 정부도 서비스 기업으로 하여금 어느 정도의 수준에 도달하는 서비스 성과를 보장하도록 개입하기도 한다.

예를 들어 의료서비스의 수준을 확보하기 위하여 전문적인 의학지식을 지닌 의사에 대해서만 면허를 수여하고 있다. 법률, 의료, 건설 등 대부분 전문적인 지식이 요구되는 분야의 서비스에 대해서는 국가에 의해 승인된 전문가에 의해 수행되고 있다. 그러나 고객을 보호하기 위한 이러한 법의 규제나 정부의 개입은 해당 서비스에 대한 진입장벽을 높이고 혁신을 방해하며 대체적으로 경쟁을 감소시키는 결과를 낳기도 한다. 하지만 모든 서비스 업종에 걸쳐 선두 기업들은 서비스의 우수성에 고심하고 있다. 이들은 품질을 통해 고객들의 충성도를 획득하며 가격경쟁으로부터 도피처를 구하기도 한다.

(3) 고객과의 근접성

제조업은 생산과 소비가 분리하여 발생하기 때문에 생산지가 소비지로부터 떨어져 있어도 가능하며 생산활동을 지리적으로 한 곳에 집중시킬 수 있다. 반면에 서비스업은 서비스의 생산과 동시에 소비가 발생하므로 소비자와 근접해 있어야 한다. 예를 들면 아무도 없는 무인도에 거대한 패스트푸드 점포를 만드는 것은 좋은 사업모델이 아니다. 이러한 이유 때문에 큰 서비스 기업들은 수많은 작은 단위점포를 운영하게 된다.

따라서 서비스업은 지리적으로 널리 퍼져 있게 된다. 이것은 서비스 기업의 성장전략으로 프랜차이징이 많이 사용되는 이유이기도 하다. 여러 지역에 걸쳐 지점을 개설하기 위해서는 막대한 자본과 그 지역에 대한 상세한 정보가 필요하게 되므로 더욱 프랜차이징이 중요하게 된다. 또한 지점이 많을수록 이에 대한 운영이 그렇지 않았을 때보다 더 어려워지게 된다.

그러나 근접성이 항상 서비스에 필요한 것은 아니다. 기술이 발전함에 따라 고객과 떨어진 원거리에서도 서비스가 제공되는 동시에 소비될 수 있다. 예를 들면 대화를 통한 영어회화서비스는 위치의존적인 서비스와 근본적으로 다른 전략을 사용한다. 서비스제공자인 영어

강사는 필리핀에 거주하면서 전화를 통하여 한국에 거주하는 소비자에게 영어회화서비스를 제공한다. 이와 같은 유형의 서비스에는 인터넷 기반의 서비스 또는 신용처리나 보험처리와 같은 지원업무서비스들이 포함되며 고객으로부터 지구 반대편에 위치한 곳에서 수행되기도 한다.

물론 서비스의 생산과 소비가 항상 동시에 발생하는 것은 아니다. 시계수리점이나 세탁업 등 이와 유사한 서비스는 고객이 그 장소에 있을 때와 없을 때에 서비스가 생산되기도 한다. 또한 제조업에서는 제품의 생산과 판매가 개별적으로 이루어질 수 있으므로 생산기능과 마케팅기능은 개별적으로 전문화 · 조직화될 수 있다. 이에 비해 서비스는 생산되는 시간과 장소에서 바로 소비되어 버리기 때문에 생산기능과 마케팅기능이 상호 밀접하게 관련되어 있다.

3. 제조와 서비스의 융합

시장에서의 경쟁이 심화되면서 제품 또는 서비스만으로는 소비자들이 원하는 상품을 제시하기 어려워짐에 따라, 기업들은 제품과 서비스가 융합된 상품을 내놓고 있는 상황이다. 즉, 제조와 서비스의 융합이 이루어지면서 이른바 제품의 서비스화(servitization) 또는 서비스의 제품화(productization) 현상이 발생하고 있는 것이다.

제품의 서비스화는 기본 제품에 서비스, 지식 등을 하나로 엮어서 제공하는 것을 의미하는 것으로 [그림 6-2]의 오른편에서부터 왼편으로의 흐름에 해당된다. 예를 들어, 자동차라는 제품을 구입하고 구매자가 별도 보험서비스를 가입할 수도 있지만, 리스나 렌탈 같은 형태로 자동차를 사용할 수도 있다. 이 경우 제품과 서비스가 결합된 새로운 형태의 상품을 소비하게 되는 것이다. 대표적인 예로 애플과 제록스를 들 수 있다. 애플의 아이폰은 스마트폰이라는 제품이지만 아이튠즈, 앱스토어 등을 통한 음악, 앱 서비스가 제공되지 않으면 소비자는 가치를 제대로 느낄 수 없게 된다. 제록스는 예전에 단순히 복사기라는 제폼을 판매하는 회사였지만 현재는 복사기와 문서관리시스템을 결합한 상품으로 새로운 회사로 탈바꿈하고 있다. 서비스의 제품화는 기본 서비스에 제품을 엮거나 서비스를 나누어질 수 있는 구성요소로 분해한 후 다시 제품과 결합하여 상품화시키는 것을 의미하며, [그림 6-2]의 왼편에서 오른편으로의 흐름에 해당된다. 대표적인 예로 은행의 자동화기기와 DHL를 들 수 있다. 은행의 자동화기기를 이용하기 위해서는 은행서비스에 등록이 되어 있어야 하며, 등록된 고

그림 6-2 ▸▸ 융합된 상품에서의 제품과 서비스의 비율

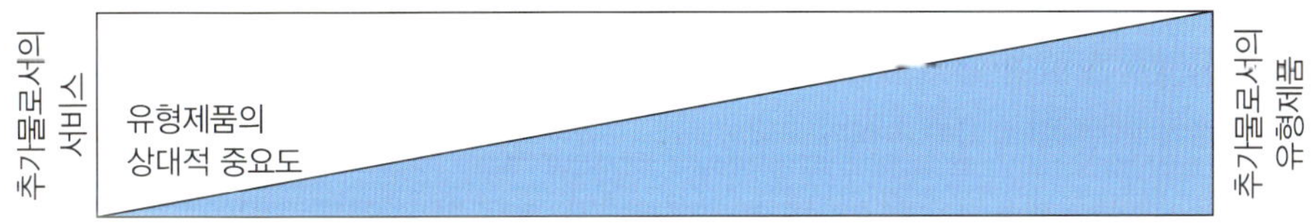

자료: Fine et al., 2013에서 발췌

객만이 자동화기기라는 제품을 활용하여 입출금서비스 등 각종 서비스를 누릴 수 있게 된다. 이러한 일련의 과정을 새로운 상품으로 볼 수 있는 것이다. DHL은 세계적으로 대표되는 종합물류기업으로 고객에서 고객으로 운송서비스를 제공하기 위해서 유형의 각종 운송수단을 활용해야 하며, 고객에게는 각종 정보 등을 제공하게 된다.

우리나라는 서비스업보다 제조업의 경쟁력이 뛰어난 제조업 중심국가로 성장해왔으나, 중국 등의 국가들에 추격을 받거나 이미 추월당했고, 선진국의 제품들과 비교하였을 때에 차별화된 경쟁력을 지니지 못한 제품들이 많은 상황이다. 이러한 상황에서 중장기적으로 경쟁력을 갖추기 위해서는 제품의 서비스화 전략을 적극적으로 수용하여 소비자의 만족을 높일 수 있는 방향을 모색해야 한다. 또한 서비스의 경우도 제품과의 결합이 가능한 경우 제품화 전략을 적극 활용할 필요가 있을 것이다.

제3절 생산관리의 역할 및 목표

1. 생산관리의 역할

기업에서 생산관리의 역할을 시간적 관점에서 살펴볼 수 있다. 시간적 관점은 생산관리상에서 발생하는 이슈들에 대한 의사결정 시에 고려되어지는 시간의 범위에 따른 분류를 의미한다. 즉, 이슈들에 따라서 장기적 관점에서 고려해야 할 것과 중기적 또는 단기적으로 해결해야 할 것들이 다르다는 것이다. 예를 들어, 생산설비의 크기와 위치를 결정하는 문제는 장기적 관점에서 바라보아야 할 의사결정사항이라고 할 수 있다.

(1) 장기(전략적) 의사결정

장기 의사결정은 흔히 전략적 의사결정이라고도 하며, 일반적으로 결정의 폭이 넓고 의사결정의 결과가 기업에 미치는 영향은 매우 크다. 생산운영에 있어서의 예를 든다면, 어떤 제품을 생산할 것인가(제품설계)? 생산설비의 수는 몇 개로 할 것이며, 어느 곳들에 위치할 것인가(설비입지 및 네트워크설계)? 생산능력의 규모는 얼마로 할 것인가(생산능력계획)? 즉, 예상되는 수요의 크기에 맞춰서 적정량의 생산능력을 적절한 시기에 원활히 제공하는 데 관련된 의사결정을 말한다. 또한 생산설비의 규모 및 위치가 결정되면 원활한 공정흐름의 유형은 어떤 것인가? 주어진 공간 및 설비자원의 한계에서 설비의 배열 및 배치를 어떻게 해야 공정의 흐름을 원활히 할 것인가? 등에 관한 의사결정이 필요하다. 이들에 관한 의사결정들이 장기적 관점에서의 생산관리의 역할이라고 할 수 있으며 막대한 투자가 수반된다. 이러한 전략적 의사결정의 시간 프레임은 수년 또는 그보다 긴 장기적인 것이다.

(2) 중기(전술적) 의사결정

중기 의사결정은 전술적 의사결정이라고도 하며, 전략적 의사결정에 의해 제한된 자원, 즉 물자, 인력, 생산설비 등을 어떻게 하면 효율적으로 이용하고 각 자원의 특성을 고려하여 고객의 수요에 대응할 것인가 하는 것이다. 전술적 의사결정에서의 중요한 이슈는 생산가능한 제품들 중에서 어느 제품을, 어느 시기에, 어느 생산설비 또는 생산라인에서 얼마만큼을 생산하여야 하나? 이들을 생산하기 위하여 어느 시기에 얼마만큼의 작업자가 필요한가? 언제 어떤 자재가 얼마만큼 필요하며, 이들을 어느 공급업자로부터 어떤 가격으로 구입할 것인가? 등이다. 또한 재고는 어느 정도가 적절한가? 즉, 예측되는 수요의 크기와 생산능력의 크기 등을 고려하여 어떤 제품을, 언제, 얼마만큼 수준에서 유지할 것인지에 대한 의사결정을 말한다. 원자재, 재공품 그리고 완제품 재고를 관리하게 되며 오늘날과 같이 제품의 수명이 짧아지는 추세에서는 재고가 불용으로 남을 수 있기 때문에 이에 대한 관리가 더욱 중요하며 어려워지고 있다. 전략적 의사결정에 의하여 장기적인 생산능력의 크기는 결정이 되지만 중기적으로 수요의 크기에 따른 생산능력의 조절도 필요하다. 수요가 현재의 생산능력과 차이가 날 경우 하청 및 인력의 고용 또는 해고 등을 통한 생산능력의 증가를 생각해 볼 수 있다. 이러한 전략적 의사결정의 시간 프레임은 대체적으로 6개월 또는 그보다 긴 1년여 이내이다.

(3) 단기(운영 및 통제) 의사결정

이 수준의 의사결정은 비교적 범위가 좁고 단기적인 시간 프레임의 생산운영과 관련되어 있다. 여기에서 의사결정의 이슈는 오늘 또는 이번 주에 할 작업들은 무엇인가? 이 작업들을 누구에게 할당할 것인가? 작업은 어떤 순서로, 어떤 생산라인의 어느 기계에서 할 것인가? 등 보다 상세하고 구체적인 이슈들이다. 또한 생산능력에 대한 의사결정은 단기적으로도 중요한 의사결정 중의 하나이다. 수요가 현재의 생산능력보다 클 경우 잔업 등을 통한 생산능력의 증가를 생각해볼 수 있다.

2. 생산관리의 목표

일반적으로 많이 사용되는 생산관리의 목표는 원가(cost), 품질(quality), 납품(delivery), 유연성(flexibility)의 네 가지라고 할 수 있는데 이를 경쟁우선순위(competitive priorities)라고 한다. 이 네 가지 생산관리 목표에 대하여 살펴보자.

(1) 원가: 낮은 원가의 생산

생산원가는 재료비, 노무비 및 간접비로 구성되어 있으며, 주로 매출액의 백분율(%)이나 제품의 단위당 원가로 표시된다. 기업은 그 기업이 속한 시장과 전략에 따라 원가에 대한 의사결정을 하지만 가능한 한 낮은 원가로 제품 또는 서비스를 생산하고자 한다. 만약 기업의 구매자가 구매의 기준을 저원가로 하는 세분시장에서는 비용의 증가를 가져오는 품질 및 유연성을 희생하더라도 비용최소화에 집중하게 된다. 따라서 설비는 가능한 한 낮은 비용을 유지하도록 운영되어야 하며, 원자재, 재공품, 완제품 재고는 최소가 되어야 한다. 품질관리에서는 제품의 품질을 향상시키기 위한 노력보다는 불량제품들이 최소가 되도록 하여 이들에 의한 재작업 및 폐기물 비용의 감소가 강조된다.

(2) 품질: 고성능 설계, 균일한 품질

품질이란 제품의 성능에서의 우수성과 규격일치성으로 그리고 서비스에 있어서는 서비스의 가치 또는 고객이 느끼는 효용성 등을 의미한다. 즉, 제품에 대한 품질은 보통 성능, 불량률, 폐기물 및 재작업의 비율 등으로 표시되며, 서비스에 대한 품질은 반응성, 공감성, 신뢰성, 확신성, 유형성 등에 대한 고객만족도에 의해 측정된다. 특히 서비스에 있어서의 품질은 고객마다의 주관적인 판단에 의존되므로 객관적인 측정이 매우 어렵다.

제품 및 서비스의 품질수준은 주로 전략적 관점에서 결정되며 품질에 대한 책임은 기본적으로 생산기능이 갖게 되지만 앞서의 TQM에서도 보았듯이 조직 전체의 지원이 요구되는 중요한 분야이다. 품질에 관한 의사결정은 구매를 포함한 생산의 모든 단계에서 품질이 반영될 수 있도록 하여야 한다. 즉, 제품별 · 단계별 품질표준이 설정되어 있어야 하며 이를 위한 인력에 대한 교육 및 훈련이 되어져야 하고 제품 및 서비스에 대한 검사가 이루어져야 한다.

(3) 납품: 신속한 납품, 정시납품

납품이란 신속하게 또는 고객이 원하는 시간에 그리고 원하는 장소에 합리적인 비용으로 제품이나 서비스를 전달할 수 있는 생산시스템의 능력을 말한다. 납품에 있어서 기업이 추구하는 목표는 제품 또는 서비스의 생산방식에 따라 다르며, 측정하는 방법도 다양하다. 예를 들어, 생산계획에 따른 재고생산방식의 경우에 있어서의 납품의 수준은 주로 재고로부터 바로 충족되는 수요의 비율, 즉 서비스수준으로 측정된다. 납품에 대한 목표수준은 재고비용과 품절비용과의 상쇄에 의해 결정된다. 한편 주문생산의 경우에는 고객으로부터 주문을 받은 후 얼마나 신속하게 실제 제품을 인도하는지에 대한 측정 또는 고객과 약속한 납기에 인도된 주문의 비율(즉, 납기준수율) 또는 납기지연일수 등으로 측정된다. 납기에 대한 고객의 요구가 높아져가면서 납기단축 목표를 위한 생산시스템의 능력이 더욱 중요해지고 있다.

(4) 유연성: 고객화, 수량유연성, 신제품 개발속도

유연성은 고객수요의 다양성과 수량변화에 얼마만큼 효율적이고 효과적으로 민첩하게 내처할 수 있는가에 관한 생산시스템의 능력을 말한다. 즉, 유연한 생산시스템이란 고객수요의 다양성에 맞추어 생산제품을 신속히 변경하거나 수량변화에 따라 능동적으로 대처가능하고, 고객의 새로운 제품에 대한 요구나 취향에 맞춘 신제품 디자인 및 신속한 신제품 출시를 할 수 있어야 한다. 최근에는 이느 한 개별기업의 생신시스템의 유연성뿐만 이니리 공급자 및 유통업자 등 해당 기업과 관련된 모든 기업들이 마치 하나의 기업처럼 서로 협력하여 수요 및 외부 환경변화에 능동적으로 대처할 수 있는 유연성을 갖는 공급사슬을 형성하고 있다.

앞에서 살펴본 내용을 종합해볼 때 이상적인 생산활동, 즉 효율적이고 효과적인 생산관리의 목표는 최소의 원가, 최고의 품질, 신속한 납품, 최고의 유연성을 동시에 달성하는 것이라고 말할 수 있다. 그러나 전략적으로 낮은 원가를 추구하다 보면 품질, 납품 및 유연성 등 다른 생산관리 목표에 상당한 손실을 가져올 수 있음을 명심해야 한다. 왜냐하면 품질, 납품 및 유연성의 향상에는 보통 상당한 비용증가가 수반되기 때문이다. 예를 들어, 해외 수출 시에 신속한 납품을 위하여 기존에 이용하던 해운 대신 항공수송을 하게 되면 운송비용이 급격하게 증가하게 된다. 마찬가지로 유연성을 위하여 제품이나 생산량을 자주 바꾸면 생산라인의 교체 등으로 인하여 시간 및 비용이 많이 들게 된다. 이와 같이 네 가지 생산목표는 상충될 수 있다. 따라서 일반적으로 네 가지 생산목표를 동시에 모두 최적화하기는 어렵기 때문에 기업전략에 기반을 두고 수립한 생산전략에 따라 네 가지 생산목표의 상대적 우선순위를 결정하고, 이에 따라 일관된 생산의사결정을 해야 한다.

제4절 생산관리의 발전 및 동향

최근의 서비스 부문의 성장, 글로벌경제, 품질 · 속도 및 기술기반의 경쟁, 대량고객화, 그리고 친환경경영 등의 동향에 따른 여러 이슈들은 생산관리의 발전에 커다란 영향을 미치고 있다.

1. 서비스 부문의 성장

최근 서비스 부문이 경제에서 차지하는 비중은 매우 크며 그 규모도 계속 증가하고 있다. 예를 들어 미국의 경우, 서비스가 총고용과 국내총생산 등 양쪽 부문에서 차지하고 있는 경제규모는 대략 80%를 넘고 있다. 이 같은 추세는 유럽 및 그 밖의 다른 선진국의 경우에도 다를 바 없이 거의 비슷하다. 우리나라의 경우에도 현재 총고용에서 서비스 부문이 차지하는 비중은 약 70%에 이르고 있다.

이처럼 서비스가 현대사회의 경제발전을 주도하고 있다는 것을 알 수 있는데, Bell(1973)에 의한 농경사회, 산업사회 그리고 후기산업사회로의 진화과정에 있어서의 자연스러운 현상이라고도 할 수 있다. Bell은 후기산업사회로의 자연스러운 전환 및 규모증대 이유를 여러 각도에서 제시하고 있다. 즉, 산업발전을 지원하기 위한 도로, 교통 및 전기, 수도 등의 지원서비스의 증가는 자연스러운 결과라고 할 수 있으며, 마찬가지로 생산성의 향상에 의한 잉여노동력은 유지 및 보수의 관리적인 활동으로 이동하여 서비스 부문의 규모증대에 기여한다는 것이다. 또한 상품에 대한 소비가 증가하면서 유통분야와 금융, 부동산, 보험 부문의 비중이 확대되고, 인구와 소득이 증가하면서 필수품에 대한 소비는 물론이고 건강, 교육, 레크리에이션 등의 서비스에 대한 수요는 증가하게 된다는 것이다.

한 걸음 더 나아가 Pine과 Gilmore(1998) 등은 서비스경제의 한 부분인 경험이 경제의 주동적인 동력이 되는 경험경제로 진화될 것이라고 주장한다. 경험은 개별적이고 기억에 깊이 남게 하는 방식으로 고객을 감동시킴으로써 부가가치를 창출한다. 서비스 회사들은 자신들이 연출한 감동적이고 기억에 남을 수 있는 경험을 고객에게 심어주고 그 대가를 값으로 부과함으로써 서비스경제는 새로운 경험경제로 옮겨가게 된다는 것이다. 경험경제에서의 서비스제공자는 경험을 설계하고 감독하는 연출자와 같고, 고객은 서비스를 의뢰하는 자가 아닌 연출자가 준비한 경험에 초대되어진 초대손님과 같다.

생일케이크의 예로써, 서비스경제와 경험경제에 대한 이해를 돕도록 하자. 서비스경제에서는 생일을 기념하기 위하여 생일케이크를 제과점에서 구매한다. 즉, 제과점서비스를 이용하게 된다. 그러나 경험경제에서는 이벤트매니저가 생일을 맞이한 고객을 위해 전체 생일파티에 관련된 모든 이벤트를 기획하고, 고객은 그 파티에 초대되어 개별적이고 특별한 감동을 느끼게 된다. 경제가 새로운 단계로 전환되면 이전 사회에서 통용되는 사고방식이나 가치는 더 이상 소용이 없게 될 것이다. 결과적으로 새로운 패러다임의 변화에 대응할 수 있는 새로운 관리기술 및 방법이 요구된다.

2. 글로벌경제

지난 수십 년 동안 글로벌경제로의 이동이 촉진되었다. 특히 미국을 비롯한 각 나라들의 자유무역협정과 유로화의 단일통화로 통합된 유럽시장의 탄생은 세계무역을 증가시키는 데 공헌하였다. 나아가 무역장벽의 축소는 제품과 서비스가 전 세계로 자유롭게 흐르게 하였다. 이러한 글로벌경제에서 기업이 경쟁력을 유지해 나가기 위해서는 고객, 공급자, 경쟁자, 및 생산시설에 대한 입지선정을 글로벌 시각에서 보아야 한다. 왜냐하면, 오늘날 대부분의 제품은 전 세계에 흩어져 있는 제조공장 및 서비스의 협력의 결과라고 할 수 있기 때문이다.

따라서 기업은 글로벌 생산네트워크를 구성하여 관리하고자 하는데, 이러한 글로벌 생산네트워크의 기본적인 생성에 존재하는 가장 중요한 압력 중의 하나는 노동비용이다. 노동비용은 각 나라별로 상당한 격차를 보이는데, 임금이 높은 선진국은 그렇지 않은 아시아, 동유럽 및 아프리카 등보다 노동집약적 산업에 있어서 개발도상국과 경쟁하는 데 어려움을 겪는다. 따라서 많은 기업들은 제조설비를 노동력이 낮은 국가로 이동하는 것이 필요하게 되었다. 이와 같은 글로벌 전략은 다양한 문화적 · 윤리적 · 법적 상황에서 다양한 언어를 사용하는 광범위한 의사소통을 요구한다. 따라서 다양한 언어와 문화를 가진 종업원을 어떻게 관리하는가도 생산관리에 문제가 되고 있다.

3. 품질 · 속도 및 기술기반의 경쟁

오늘날의 생산관리에서는 품질 · 속도 및 기술기반의 경쟁이 보다 강조되고 있다. 왜냐하면 최근의 극심한 글로벌경쟁에서의 경쟁력은 고객이 원하는 우수한 품질의 제품이나 서비스를 합리적인 가격으로 얼마나 신속하게 제공하느냐의 능력에 달려 있다고 해도 과언이 아니기 때문이다. 이에 따라 우수한 품질의 제품이나 서비스를 생산하지 못하는 기업은 시장에서 일차적으로 퇴출되고 있다. 그러므로 생산관리자는 이전보다 더욱 고객이 원하는 제품이나 서비스의 품질에 관심을 기울여야 한다.

또한 제품 및 서비스의 신속성에 대한 고객들의 요구가 높아지고 있는 최근의 경향으로 인하여, 경쟁기업에 비해 보다 신속한 또는 정해진 시간에의 납품이 요구되고, 신속한 신제품 개발과 신서비스 창출능력은 경쟁우위 확보에 중요한 요인이 되고 있다. 생산관리의 발전에 있어서 중요한 또 다른 요인은 급변하고 있는 기술이다. 기술변화는 위에서 언급한 품질 · 속도 및 기술기반의 경쟁에서의 신제품이나 서비스의 신속한 개발 및 생산능력 등에 지대한 영향을 미친다. 따라서 다음 절에서 설명할 컴퓨터 및 정보기술의 발전을 어떻게 활용하는가에 따라 생산관리에 있어서도 많은 새로운 기회가 생겨날 수 있다.

4. 대량고객화

오늘날 고객별로 맞춤화된 제품과 서비스에 대한 고객들의 요구가 높아짐에 따라 기업들이 고민하는 중요한 비즈니스 문제들 중의 하나는 어떻게 고객맞춤화를 제공하면서도 효율성을 잃지 않는가에 있다. 즉, 고객들이 원하는 제품 및 서비스의 선택의 폭을 넓히기 위해서 제품 및 서비스 라인을 확대하여 다양하고 상이한 제품 및 서비스를 제공해야 하는 것은 물론, 글로벌 고객에게 그 제품들을 신속히 전달하면서도 효율성을 유지해야 하는 어려운 문제에 봉착하고 있다. 이것은 생산 프로세스를 대량생산체제에서 대량고객화체제로 변환시킴으로써 부분적으로 가능하다. 왜냐하면 대량생산체제에서의 기업은 동일한 제품을 대량으로 생산하지만, 대량고객화체제에서는 고객의 요구에 맞게 다양한 제품들을 생산하면서도 대량생산체제에서의 효율성을 유지하면서 생산할 수 있기 때문이다. 따라서 기업이 대량고객화의 추세에 대응하기 위해서는 대량고객화(mass customization)가 가능한 유연한 생산시스템이 절대적으로 필요하다.

5. 친환경경영

환경문제에 대한 세계적 관심이 커지면서 기업의 사회적 의무에 대한 견해뿐만 아니라 기후변화협약 등 세계적인 환경규제 등으로 인하여 친환경경영이 강조되고 있다. 그러나 기업들은 환경이라는 단어를 듣기만 해도 곧 비용이 상승할 것만 같은 강박관념에 시달리곤 한다. 특히 생산은 기업에서 물적 자원의 주된 사용자이므로 각종 산업공해, 지구온난화 등 환경문제를 고려할 경우 생산비용의 증가는 큰 부담으로 다가온다. 그러나 환경을 성공적으로 경영한 기업은 그렇지 못한 기업보다 결국에는 경제적으로 더 성공적일 수도 있다. 이러한 경제적 이익은 비용절감, 품질과 수익률 향상, 관계기관과의 관계향상, 재무적 관점에서의 향상에 기인한다. 또한 환경경영은 기업의 브랜드 이미지 향상에서도 중요한 비중을 차지하게 된다.

이처럼 환경경영이 기업경쟁력의 주요한 변수로 떠오르게 되면서, 많은 기업들이 친환경경영에 박차를 가하고 있다. 특히 기후변화협약에다 최근 세계자동차협회(OICA)를 중심으로 자동차 '온실가스저감' 계획안이 발표되면서 자동차 업계의 이 부분에 대한 노력은 가속화되고 있다. 철강업계도 마찬가지로 이산화탄소 등 오염물의 배출을 줄이면서도 설비 설치비 및 가동비 등을 줄일 수 있는 생산기법 등의 개발이 한창이다. 이처럼 에너지효율 개선을 위한 설비투자 및 생산공정 개선 등의 이슈들은 친환경경영을 위한 생산관리의 중요한 문제가 되고 있다.

특히, 글로벌경제와 대량고객화와 관련하여 3D 프린팅 기술이 주목을 받고 있다. 무역을 기반으로 한 글로벌경제의 전제조건은 생산지와 소비지의 불일치이다. 생산지가 소비지에 가깝게 위치할 수 있다면 국가별 무역의존도는 줄어들 수밖에 없는 것이다. 3D 프린팅은 3차원 형태를 지닌 제품을 프린터를 이용해 바로 제작하는 기술을 말한다. 만약 3D 프린터가 소비지 근처에 있다면 제작된 상품의 이동거리는 획기적으로 줄어들게 되고 현재의 글로벌 생산 · 소비시스템의 변화가 예상되는 것이다. 이러한 3D 프린팅 기술은 제품 도면에 대한 수정이 용이해서 소량의 다양한 제품을 생산할 수 있기 때문에 다양한 소비자들의 요구를 만족시키기에 적합하다. 아직 제작에 시간이 많이 걸리고 다양한 재료들에 기반한 제품생산에 어려움이 있는 등 장애물들이 있지만, 지금까지의 기술발전속도를 비추어볼 때 상업성을 지닌 3D 프린팅 기술이 곧 상용화될 것으로 기대된다.

제5절 MIS(Management Information System)

1. MIS란?

MIS에 앞서 우선 정보시스템(IS: Information System)이 무엇인지에 대하여 간략하게 살펴보자. 정보시스템은 생산시스템 및 다른 모든 시스템들과 마찬가지로 투입물과 산출물을 포함하며, 데이터, 명령 및 정보 등의 투입물을 수집, 처리 또는 분석하여 보고서 및 계산결과 등의 산출물을 생성시키는 과정을 지칭한다. 따라서 MIS, 즉 경영정보시스템이라는 것은 기업경영 업무의 일부 또는 전부를 처리하기 위해 컴퓨터기술을 사용하는 정보시스템이라고 할 수 있다.

정보시스템에 대한 이해를 돕기 위해 컴퓨터와 정보시스템의 차이를 살펴보면, 컴퓨터는 자료를 효과적이고 효율적으로 처리하는 능력을 지닌 하드웨어 그 자체이며 정보시스템은 컴퓨터를 활용하여 의사결정 과정에서 유용한 정보를 제공하는 역할을 하는 컴퓨터뿐만 아니라 그 밖의 여러 구성요소로 이루어진 시스템이다. MIS의 예로는 회계정보시스템, 전사적자원관리시스템(Enterprise Resource Planning System), 모바일뱅킹시스템 등을 들 수 있다.

이러한 MIS의 적절한 활용을 위해서는 정보시스템에 의해 지원되는 비즈니스와 비즈니스 환경에 대한 이해를 필요로 한다. 예를 들어 인터넷 전자상거래에서 수행되는 거래를 지원하는 MIS를 구축하려고 한다면, 컴퓨터 등의 정보기술뿐만 아니라 거래와 관련된 정부의 모든 규제뿐만 아니라 해당 거래업무에서 요구되는 사항들을 비롯하여 상품의 구매, 재고관리, 결제, 배송 등과 같은 관련된 모든 절차에 대한 이해가 필요하다.

위에서 언급한 정보기술이란 협의의 의미로는 정보시스템의 기술적인 측면을 나타낸다. 즉, 정보기술에는 컴퓨터, 데이터베이스, 소프트웨어, 네트워크 그리고 그 이외의 다른 모든 장치들이 포함된다. 따라서 정보기술은 정보시스템의 하나의 구성요소라고 간주할 수 있다. 그러나 간혹 정보기술이라는 용어가 정보시스템과 같은 의미로 혼용하여 사용되기도 한다.

2. 디지털경제에서의 MIS

오늘날 우리는 디지털경제(digital economy)라는 용어를 자주 사용하게 된다. 따라서 디지털경제에서의 MIS를 설명하기에 앞서 우선 디지털경제라는 것이 무엇인지를 살펴볼 필요가 있다. 디지털경제는 인터넷 및 모바일 등의 디지털 통신 네트워크, 컴퓨터, 소프트웨어, 그리고 그 외의 정보기술 등을 포함하는 디지털기술을 기반으로 하는 경제를 일컫는다고 할 수 있다. 즉, 디지털경제는 인터넷 등의 디지털 통신 네트워크상에서의 컴퓨팅 기술의 융합을 기반으로 하며, 이로 인한 전자상거래 등으로 비즈니스에 있어서의 전례가 없는 거대한 변화를 가능하게 한다. 대한민국은 국제전기통신연합(ITU: International Telecommunication Union)이 발표한 ICT 발전지수(ICT Development Index)에서 2016년 기준 세계 1위로 선정되었다. 막강한 인프라와 세계적인 IT 제조업체들의 경쟁력 있는 하드웨어 등을 기반으로 가시적인 경쟁력의 기반을 쌓아온 것을 더욱 발전시키기 위해서는 어떻게 해야 할까? 소프트(soft)한 것과 하드(hard)한 것을 융합시키면서 기존 손에 잡히는 상품들을 디지털기기 등으로 처리할 수 있는 정보재(information goods)로 변환시킬 수 있는 역량이 필요하며 이러한 변화를 디지털화라고 부르기도 한다. 디지털경제에서는 뉴스와 정보, 서적, 잡지, 영화, 전자게임 등의 디지털화가 가능한 상품은 디지털 통신 네트워크를 통하여 언제든지 세계의 곳곳에 배송될 수 있다. 또한 전자화폐 또는 금융대용화폐 등으로 소비자와 기업의 금융거래 행위가 네트워크와 모바일 장치 등을 통하여 디지털 방식으로 수행되며, 전화기기 및 자동차와 같은 물리적 제품에 마이크로프로세서 칩 또는 네트워킹 기능 등이 내재된다. 디지털경제가 가져온 이러한 변화는 경영정보시스템의 중요성을 더욱 부각시키고 있다. 또한 모든 종류의 컴퓨터기반 정보시스템은 전자상거래 응용은 물론 그 자체로도 비즈니스의 경쟁우위를 강화하고 전략적인 우위를 창조하는 데 필수적인 요소로 자리매김하고 있다.

3. 정보기술의 발전 및 동향

앞에서는 MIS의 정의 및 디지털경제에서의 MIS의 중추적인 역할에 대해 논의하였는데, 이번에는 이처럼 비즈니스에 지대한 영향을 미치는 정보기술의 발전 및 최근 추세에 대해 살펴보도록 하자. 정보기술의 발전 추세는 일반적인 정보기술 부문과 네트워크기반 정보기술 부문 등 크게 두 가지 범주로 나누어 살펴보겠다.

일반적인 정보기술 부문의 추세는 컴퓨팅 기술과 관련되어 있으며, 따라서 컴퓨터의 변화를 살펴보면 약 10년 후의 컴퓨터는 가격 대비 처리속도, 메모리 등의 성능은 약 50배 정도 될 것이고, 동시에 컴퓨터 대 수작업의 비용 대비 성능은 노동임금이 두 배가 될 것이라고 가정했을 때 100배 정도 향상될 것이라는 예측을 할 수 있다. 이는 1965년 인텔의 공동창업자인 Gordon Moore에 의한 무어의 법칙(Moore's Law)이라는 예측에 기반을 두고 있다. 이 예측에 의하면, 실리콘 칩의 처리능력이 매 18개월마다 두 배씩 증가할 것이라고 했는데 실제로 예측대로 증가되었고 비용도 급감하였다. 물론, 최근 들어 반도체 집적도 향상에 필요한 비용의 증가로 무어의 법칙은 더 이상 통용되지 않는다는 주장이 설득력을 얻고 있는 상황이다.

다음은 객체지향 환경을 들 수 있다. 객체지향 환경이란 정보시스템의 구축비용과 유지보수비용 모두를 상당히 절감시킬 것으로 예상되는 방법으로서, 소프트웨어의 독립적인 단위의 개발이 가능함으로써 이의 공유 및 구매 또는 재사용이 가능한 기술환경을 의미한다. 또한 미래에는 나노기술을 응용한 세포 정도 크기의 컴퓨터가 존재할 것이다. 나노컴퓨터는 그것으로 옷을 짤 수도 있을 정도로 크기도 작고 소요전력도 아주 적지만 저장용량은 매우 큰 컴퓨터로서 현실화되면 환자의 몸속으로 투입해 진료도 가능하며 인간의 두뇌기억과 인지능력까지 지닐 수 있을 것으로 보인다.

네트워크기반 기술의 발전 중 몇 개의 대표적인 것들을 살펴보도록 하자. 먼저 이 부분에 대한 예측은 멧칼프의 법칙(Metcalfe's Law)에 기인한다. 이 법칙이 주장하길 네트워크의 가치는 네트워크 이용자 또는 노드 수의 제곱에 비례해서 증가한다고 하였다. 예를 들어, 만약 어느 네트워크의 이용자가 5명에서 10명으로 증가되었다고 한다면, 네트워크의 가치는 52(=25)에서 102(=100)로 또는 4배 이상 증가한다는 것이다. 즉 이 계산대로라면 3천만 명의 이용자를 가진 인터넷 네트워크는 (3천만)2의 가치를 지니고 있다고 할 수 있다.

모바일 상거래는 휴대전화, 태블릿, 노트북 컴퓨터 등과 같은 휴대용 단말기와 무선인터넷에서 이루어지는 상거래를 포함하는 개념이다. 즉, 기존의 전자상거래와 무선인터넷을 기반으로 하는 상거래로서 기업은 이를 활용하여 다양한 이익을 창출할 수 있기 때문에 이의 확대가 예상된다.

끝으로, 앞으로의 컴퓨터 사용자들은 웹 및 모바일서비스로 불리는 소프트웨어시스템을 사용함으로써 네트워크상의 서로 다른 종류의 컴퓨터들 간에 보다 더 빠르고 용이한 방법으로 상호작용이 가능해진다. 또한 개발자들은 이러한 서비스를 위한 표준과 합의된 프로토콜을 사용함으로써 기존에 업체별로 또는 제품별로 달랐던 폐쇄적인 컴퓨팅 환경에서 이제는 진정으로 독립되고 개방된 컴퓨팅 환경을 만들 수 있을 것이다. 따라서 웹 및 모바일서비스는 궁극적으로는 전자상거래 응용 스프트웨어의 개발과 통합 그리고 이에 대한 접근성 등에 지대한 영향을 미치게 될 것이다.

이러한 정보기술의 발선과 기대들은 앞으로의 비즈니스 환경에서 정보기술의 중요성이 더욱 증대될 것임을 의미한다. 그러므로 디지털경제 시대에 효율적이고 효과적으로 비즈니스 기능을 수행하기 위해서는 정보기술 및 경영정보시스템에 대한 이해는 물론이고 이의 적절한 응용이 매우 중요하다는 것을 알 수 있다.

| 토의사항 |

01 생산관리란 무엇인지 설명하시오.

02 제조시스템과 서비스시스템의 차이는 무엇인지 설명하시오.

03 제조와 서비스의 융합은 어떠한 형태를 지니는지 설명하시오.

04 생산관리의 최근 추세에서 알 수 있는 것은 무엇인지 설명하시오.

05 공급사슬관리가 나타나게 된 배경은 무엇인지 설명하시오.

06 3D 프린팅이 갖는 의의는 무엇인지 설명하시오.

| 참고문헌 |

- 이상범(2000), 현대 생산운영관리 제2판, 명경사.
- Daniel Bell(1973), *The Coming of Post-Industrial Society: A Venture in Social Forecasting*, New York: Basic Books Inc.
- Efraim Turban, D. Leidner, E. Mclean, and J. Wetherbe(2007), *Information Technology for Management*, 5th ed., New York: Wiley.
- Finne, Max, Saara Brax, and Jan Holmström(2013), "Reversed servitization paths: a case analysis of two manufacturers," *Service Business* 7.4, 513–537.
- Joseph Pine and James Gilmore(1998), "Welcome to the Experience Economy," *Harvard Business Review*, July–August, 97–105.

CHAPTER 07

품질경영

COMMODITY SCIENCE AND TECHNOLOGY

도 · 입 · 사 · 례

국제기능올림픽, 중국에 밀렸다

아랍에미리트 아부다비에서 개최된 제44회 국제기능올림픽대회(WorldSkills)가 2017년 10월 14일부터 19일까지 6일 동안 개최되었다. 이번 대회에서는 68개국의 1,259명이 51개 직종에 참가를 하였다. 중국은 이번 대회에 47개 직종에 참가하면서 사상 첫 종합우승을 하게 되었으며, 최고 기술력을 가진 선수에게 수여되는 알버트비달상도 수상하였다.

한국은 중국에 이어 준우승을 차지했다. 금메달 수는 8개로 중국(15개), 스위스(11개)에 이은 3위에 해당하지만, 조직위원회가 평균점수 · 평균메달점수 · 총메달점수 · 참가선수 총점수 · 우수선수비율 등 5개 항목을 환산한 종합환산점수에서 279점으로 종합 2위에 오른 것이다. 한국은 평균점수, 우수선수비율 부문에서 1위를 기록했다.

한국은 1966년부터 참가를 시작하여 1977년 첫 우승 이후 21번의 대회에서 단 두 번을 제외한 19번을 우승해왔다. 최근 5연패를 기록 중이었으며 2번 연속으로 알버트비달상도 한국이 수상한 상황이어서, 중국에 밀린 결과는 적잖은 충격이었다. 이번 결과는 첫 우승 이후로는 1999년(7개)과 2005년(3개)에 이에 역대 세 번째로 적은 금매달을 수상한 것이며, 전통적으로 강세를 보였던 자동차와 항공, 기계, 전자분야에서 부진하며 중국에 우승을 내주게 되었다.

중국이 상하이에서 2021년 열리는 차차기 대회를 앞두고 국가적인 차원에서 집중투자를 하면서 종합 1위에 오른 데 반하여, '국가차원의 집중투자부족'이 주된 패인으로 분석되었다. 한국이 42개 직종에 참가한 반면, 중국은 2015년 19개 직종에서 이번 대회에 47개 직종 참가로 대대적인 지원을 하고 있기 때문이다. 중국의 경우, 자동차 정비나 CNC선반 두 개 직종의 시설장비 투자로 13억원을 지원한 반면, 한국은 1개 직종당 시설 · 재료비를 포함한 연간 훈련비가 5,000만원 수준에 머물고 있는 상황이다.

이를 한국 제조업 위기에 대한 신호로 해석하는 시각도 존재한다. 한국과 중국 간의 기술격차는 빠르게 좁혀지고 있기 때문이다. 한국과학기술기획평가원에 따르면 10대 기술 분야에서 한국과 중국 간의 기술경쟁력 격차가 2012년 1.9년에서 2014년에는 1.4년으로 좁혀졌다. 수출을 주도하고 있는 반도체 기술 격차도 1~2년 정도로 중국과의 격차가 줄어든 상황이다.

주무부처인 고용노동부는 대회기간 중에 장관이 아부다비로 선수단을 찾아 선전을 당부하였으며, 대회 종료 후 인천국제공항에서 '제44회 국제기능올림픽대회 국가대표선수단 귀국 환영행사'를 개최하였다. 고용노동부 장관은 환영사에서 "우수한 기능인력들이 마음껏 꿈을 펼칠 수 있는 방안을 마련하겠다"고 하였다. 국제기능올림픽 한국위원회장을 겸임하고 있는 한국산업인력공단 이사장도 중국이 막대한 투자를 하고 있다면서 "기능인 양성에 관심을 기울이고 투자를 해야 한다"며 정부와 경제단체들의 적극적인 관심과 참여를 당부하였다. 고품질의 상품을 생산하는 제조업은 경제의 대들보이자 일자리의 보고이다. 미국, 독일, 일본 등이 제조업 살리기에 나서고 있는 것도 제조업이 성장 엔진이라고 판단하기 때문이다.

다음 대회는 2년 뒤인 2019년에 러시아 카잔에서 열리게 된다.

고용노동부(재인용, 중앙일보, 국제기능올림픽, 중국에 밀렸다)

자료: 중앙일보, 국제기능올림픽, 중국에 밀렸다(2017. 10. 21.)
매일경제, 기능올림픽 中 종합우승, 한국제조업 위기를 생각한다(2017. 10. 21.)
매일노동뉴스[김동만 한국산업인력공단 이사장] "기능인 양성에 투자해 기능올림픽 종합우승 되찾아 오겠다(2018. 1. 22.)
고용노동부, 제44회 UAE 아부다비 국제기능올림픽 국가대표선수단 환영식 열려(2017. 10. 23.)

제1절 품질의 개념과 의미

1. 품질의 개념

품질은 상품이 생산되어 소비자의 손에 도달하는 경로에서 나타나는 상황별 역할 및 기능에 따라서 다양한 기준에 의해서 정의될 수 있다.

Juran에 따르면, "품질은 제품이나 서비스에 포함되어 있는 속성의 총체적 표현으로 소비자 측면에서는 용도에 대한 적합도(fitness for use)이다." 그런데 소비자들의 욕구는 항상 변하고 다양한 속성이 있기 때문에 소비자 및 제품별로 다양한 정의가 가능하다. 그러므로 소비자의 눈높이에 맞추는 것이 중요하다고 할 수 있다.

Deming의 견해에 따르면, "품질은 일관성과 신뢰성의 수준이다. 달리 표현하면 적은 비용으로 시장에 적합한 수준의 품질을 제공할 수 있는 능력이다. 품질변동을 줄이기 위해서는 통계적인 방법들을 활용하면서 지속적인 품질개선을 하는 것이 중요하다."

Crosby의 주장에 따르면, "품질은 요구에 대한 일치도이며, 품질평가의 기준은 무결점이 되어야 한다. 문제점 예방을 통해서 완벽을 추구하는 것이 중요하다. 품질의 문제해결을 위해서 투입되는 수리비용 및 소비자 피해보상 등을 감안하면 무결점을 추구하는 것이 현명하다. 따라서 품질비용은 공짜다(Quality is free)."

앞에서 소개한 품질경영 대가들의 주장에서 보는 바와 같이 품질을 정의하는 것은 매우 어렵다. 품질은 완벽성(perfection), 일치성(consistency), 낭비의 제거(eliminating waste), 배달 속도(speed of delivery), 총체적 고객서비스 및 고객만족(total customer service and satisfaction) 및 기타 등의 개념으로 이해될 수 있기 때문이다(안상형 외 2인, 2008; 안영진 2008; Evans, J. R. and W. M. Lindsay 2008; Jacobs, R. R.외 2인(김연성 외 3인 역, 생산관리) 2010).

오늘날의 제품 및 서비스 생산이 개별기업 혼자서 수행될 수 없고, 공급사슬 내의 협력사 간의 협업으로 완성된다는 점을 고려하면, 상품은 공급사슬 내 기업들 간의 공동생산물이며 이를 고객에게 판매함으로써 수익이 다시 공급사슬 내에 분배되는 구조로 이해할 수 있다. 따라서 고객의 니즈에 맞춘 기능들을 갖춘 상품을 만드는 것이 품질관리의 시작이며, 이에 대한 과정상의 효율성 추구가 공급사슬로 확대되는 것이 현재의 조류라고 할 수 있다.

2. 품질의 개선

(1) 개선 및 혁신의 2가지 접근법

혁신(innovation)은 이전 상태에 비하여 개선된 상태를 지향하면서 수행되는 제반 활동들을 의미한다. 혁신의 결과는 개선된 상태이며, 과거와는 다른 형태의 결과물을 지향하게 된다. 이 과정에서 과거에 기업이 보유하고 있던 비즈니스 관행, 자원뿐 아니라 비즈니스 모델까지 전면적으로 바뀌는 경우도 발생하게 된다. 따라서 이에 대한 변화관리에 대하여 현재 상태에 대한 보존을 보다 더 중시하는 관점과 미래의 변화된 상태에 무게를 두는 관점으로 나뉘게 된다.

점진적 혁신(incremental innovation)은 현재의 상태의 자원, 공정, 비즈니스 모델 등을 유지하면서 지속적 개선을 추구하는 활동이다. 품질관리의 궁극적 목적이 되는 고객만족의 지향점이 변화하지 않는 상태에서는 가치제공물인 상품의 특성은 변화될 필요가 없으며, 다만 이에 대한 프로세스에 대한 지속적 개선활동이 유의미하게 될 것이다. 따라서 그 효과는 점차적으로 나타나게 되며, 일정수준 이후에서 개선의 효과가 한계적으로 증가하면서 수렴하는 형태로 나타나게 된다. 또한 고객의 니즈 변화 또는 신기술 등장 등의 급격한 기술환경 변화에 대한 대응력은 떨어지게 되는 접근법이다.

급진적 혁신(radical innovation)은 변화되어야 할 목표를 중심으로 프로세스나 요구 자원을 디자인하고 이에 걸맞은 자원들을 배치하는 과정이다. 기업이 기 보유하고 있던 자원 중에는 새로운 프로세스에 사용될 수 있는 자원과 불가한 자원이 드러나게 되며, 이 과정에서 불필요한 자원에 대한 정리작업이 요구되게 된다. 대표적 사례인 BPR(business process reengineering)이 정리해고 등의 과정으로 오해되는 것은 급진적 혁신과정에서 발생하는 필연적 자원 재배치 과정 때문이다. 이와 같은 접근은 환경변화 및 고객요구가 급변할 경우에 유의미한 반면에 내부자원에 대한 불안정성을 야기하고, 이에 따른 인적자원의 충성도 하락 등을 야기할 개연성이 있다.

본 장에서는 두 접근방법 중, 상품에 대한 고객수요가 안정적인 상황에서 기업 내부 프로세스 변화를 이끄는 기법들을 중심으로 살펴보고자 한다.

(2) ZD(무결점)운동

ZD운동(zero defects program)은 문자 그대로 작업의 결점을 제로로 하자는 운동으로, 1960년대 초 미국 Martin회사에서 퍼싱미사일(Pershing missile)을 제작하면서 시도된 운동이다. 퍼싱미사일의 품질혁신목표가 달성된 주요 원인이 관련 종업원들의 태도변화에 따른 것이라고 경영진이 판단하게 된다. 그러므로 종업원들에게 최초에 올바르게 업무를 수행하도록 주지시키는 것이 ZD운동에서 매우 중요하다(김연성 외 6인, 2009).

ZD운동은 제조부문은 물론이며, 일반관리 사무에까지 확대 적용하여 회사 전체적인 차원에서 추진할 때 더욱 훌륭한 성과가 나타날 수 있다. 가치사슬(value chain) 관점에서 볼 때, 기업의 주활동(primary activities)과 지원적 활동(supportive activities) 모두는 고객만족을 통한 기업이익 확보를 위한 일련의 활동들이며, 따라서 일반관리 사무를 포함한 개별 기능단위의 무결점이 전체 상품가치의 무결점으로 이어질 수 있기 때문이다.

Crosby는 ZD운동을 품질개선을 위한 동기부여활동이라기보다는 품질개선을 지향하는 교육프로그램이라고 정의한다. 그의 정의가 의미하는 바에 따르면, 품질에 대한 경영자의 적극적인 의지(management commitment), 훈련, 종업원의 참여, 품질의 측정, 경영 전반에 걸친 결함예방활동이 우량품질 상품 생산에 가장 중요하기 때문이다(Schroeder, 2007).

(3) QC서클(품질분임조)

동일한 직장에 근무하는 종업원들이 품질개선을 위해서 자발적으로 활동하는 작은 집단을 품질분임조(quality circle)라고 한다. 이 분임조는 미국의 품질관리전문가인 Deming 박사와 Juran 박사가 1950년대에 일본에 과학적인 품질향상 방법을 전수하여 준 부산물로 평가받는다. 이 분임조는 TQM(Total Quality Management, 전사적 품질경영)에 대한 시스템적 실행에 있어 중요한 역할을 하는 것으로 1960년대 말 일본에서 시작된 품질개선활동이다. 1 · 2차 세계대전을 전후하여 세계의 공장으로 군림하던 미국 제품에 대한 일방적인 시장지배가 1970년 초의 1 · 2차 오일쇼크 이후에 에너지 효율적 제품에 대한 소비자 시각변화로 이어지면서, 선제적으로 품질개선활동을 시행하였던 일본 기업들에게 큰 기회가 되었다. 1970년대 일본 제품이 글로벌 시장에서 우수한 품질의 제품을 공급하게 되었고, 이는 다른 나라들의 제조공정관리와 조직에 지대한 영향을 미치게 되었다.

활용단계에서는 3~25명으로 구성되는 자발적인 집단(즉, QC서클)을 만들고, 각 QC서클별로 매주 일정시간에 함께 모여서 품질, 비용, 능률, 구성원들의 사기앙양 및 장비의 효율적인 활용에 관한 문제들을 토론한다. QC서클은 일반적으로 동일한 공정에 참여하고 있는 작업조를 기반으로 구성된다. 개별 작업사들이 이전의 작업과정 중에 발견한 문제에 대한 해법을 동일한 경험을 보유한 동료 작업자와 함께 해결해보는 접근인 것이다. 이를 위해서는 단순한 회의체 운영이 아니라, 이를 가시화하는 제반 도구(tools) 들이 필요하게 된다. 문제의 원인을 분석 · 규명하기 위해서 막대그림표, 인과분석도(cause and effect diagram) 등의 분석도구를 이용하였으며, 조직 내에서 의사소통의 문제점을 해소함으로써 구성원들의 거부감을 줄이고 협조적인 분위기를 만들었다. 이러한 활동들의 결과는 품질 및 생산성 향상의 많은 성공사례를 낳게 되었다.

품질분임조는 우리나라에도 도입되어 많은 기업에서 품질향상을 위해서 활용되어 왔다. 다른 활동들과 다른 품질분임조활동 고유의 실무차원의 장점을 살리기 위해서는 다음과 같은 관점을 참고할 필요가 있다(박영호 · 황회두, 2008).

① 근면, 자조, 협동의 건전한 근로윤리를 공장 일선에서 실천하게 한다.

② 업무개선의 중요성을 인식하면서, 직장에서 지속적인 개선을 추진한다.

③ 관련 분임조 전원이 자발적으로 주어진 과제 해결에 참여한다.

④ 대화를 통해서 전원이 자유롭고 편안하게 대화할 수 있는 풍토를 조성한다.

⑤ 좁은 직장 내에서의 활동에 국한되지 않고, 직장 밖과의 교류회, 체험발표회, 품질관리 분임조 경진대회, 세미나 등에 적극적으로 참가하여 견문을 넓히고 새로운 동기부여를 가능하게 한다.

Heizer와 Render(2008)에 따르면 품질분임조에 속한 구성원들은 금전적으로 보상을 받지 않지만, 회사 측으로부터 그들의 활동에 대한 긍정적인 인정을 받는다. 보편적으로 특별히 훈련받은 분임조장(facilitator)이 구성원들을 훈련시키고, 그 모임을 부드럽게 이끌어간다. 품질분임조 활동은 저렴한 비용으로 품질 향상뿐만 아니고 생산성을 향상시킬 수 있는 방법으로 증명된 것이다. 그러나 이 기법이 모든 국가와 문화권에서 일관적 성공을 보이고 있지는 않다. 이러한 활동은 작업자 개개인이 회사와 자신을 동일시하는 문화가 바탕이 되어야 가능하다. 일본의 경우, 종신고용을 기반으로 작업자가 자신 · 회사 · 회사 상품을 동일시하는 문화가 확산되어 있었으며, 이는 보다 나은 상품을 만드는 것이 보다 더 성숙한 개인으로 인정받는 길이 되는 구조인 것이다. 일본과 한국에서 이러한 활동이 폭넓게 성공한 데 반하여, 거래적 고용관계를 가지고 있는 미국 및 서구권에서는 성공적 사례를 찾기 힘든 것은 이와 같은 고용관계 및 국가 및 기업문화에 기인한다고 할 수 있다.

(4) TQM(Total Quality Management, 종합적 품질경영)

1980년대 초의 품질경영의 중요 관심은 일본식 TQC(전사적 품질관리, Total Quality Control)라고 할 수 있다. 이 방법은 고객이 만족할 수 있는 품질의 제품을 가장 경제적으로 생산(또는 서비스)할 수 있도록 조직의 모든 부서가 품질의 개발, 유지 및 개선하는 데 총력을 기울이게 하는 경영철학 내지는 운영방식이다.

이 TQC는 TQM 탄생의 토양이 되었다. TQM(Total Quality Management, 전사적 품질경영)은 조직의 모든 종업원과 관리자들이 하나가 되어 상품이 지속적으로 개선될 수 있도록 함으로써 고객을 가장 잘 만족시킬 수 있게 하는 기업의 종합적인 전략이라고 할 수 있다.

TQM의 원칙은 ① 고객만족을 가장 중요한 것으로 고려, ② (품질을) 지속적으로 개선, ③ 검사보다 사전에 품질문제를 예방, ④ 구성원이 전원 품질개선에 참여, ⑤ 결과보다 과정을 중요시, ⑥ 장기간에 걸쳐서 시행하는 것이다. 전통적 생산과정이 개별 기능별 전문성 향성을 위하여 기능의 분화(division of labor)를 추구하는 기능적 사고(functional thinking)에 기반하였다면, TQM은 고객만족을 중심으로 전체의 기능부문들이 협업적으로 활동할 것을 장려하는 프로세스적 사고(process thinking)에 기반한다고 하겠다.

오늘날 전 세계적으로 유력한 경영혁신 모델로서 확산되어 있는 TQM모델의 개발과 체계화는 말콤볼드리지상을 중심으로 미국이 주도하고 있다. 미국은 1987년 제정된 상무성 주관하의 말콤볼드리지상(MBNQA: Malcolm Baldrige National Quality Award, 이하 MB상)을 제정하여 정부가 주도적으로 TQM을 폭넓게 확산시켜 왔다. MB상은 1981년부터 1987년까지 미국 상무성 장관으로 재직하면서 미국 생산기반의 효율성 향상에 기여한 말콤볼드리지 장관의 이름을 기리면서 제정되었다. 1980년대 들어서 미국은 세계적 생산 및 공급자로서의 역할을 상실하고 있는 상황이었다. 독일과 일본 제품에 밀리는 경쟁력을 분석하면서, 근원적 원인이 품질과 생산성에 기인한다는 사실을 파악하게 되었고, 품질과 생산성의 중요성을 경각시키기 위하여 이에 대한 시상제도를 만들게 된 것이다.

미국정부는 「국가품질개선법」을 제정하여 MB(말콤볼드리지)상 포상제도를 만들어서 1988부터 시상하기 시작하였다. 미국의 40개 정도의 주정부들은 주정부 차원에서 MB상과 유사한 시상제도를 만들어 시행하고 있으며, 지역사회별 · 기업별 품질시상제도도 다수 만들어져 운영되고 있다.

서비스산업의 비중이 큰 미국은 민간 서비스산업은 물론 행정, 국방, 의료, 교육 등 공공 서비스산업에도 MB(말콤볼드리지)상을 시상하게 되었다. 미국에서의 TQM 확산은 유럽지역과 남미의 여러 나라에도 영향을 주어 1991년에는 유럽연합(EU) 자원의 유럽품질상이 세정되었으며, 우리나라를 비롯하여 호주, 싱가포르 등의 국가들에서도 MB상을 벤치마킹한 국가별 품질상들이 제정되어 시행되고 있다. 오늘날에는 MB상 제도가 세계적으로 확산되었으며, 원조 격인 일본도 미국식 TQM을 역수입하고 있는 실정이다.

(5) 6시그마 운동

6시그마는 1980년대에 미국 Motorola사에서 개발한 운동으로 경영의 전반적인 프로세스를 개선해서 수익성을 획기적으로 개선하기 위한 것이다. 6시그마에서 추구하는 PPM (parts per million)의 의미는 100만 개 중의 불량이 3~4개 이하로 만드는 것이다(Harry와 Schroeder(안영진 역), 1999).

| 표 7-1 | 시그마 수준별 불량률

시그마 수준	불량률	ppm
2시그마	0.31	308,537
3시그마	0.067	66,807
4시그마	0.007	6,210
5시그마	0.0002	233
6시그마	0.0000034	3.4

기업의 가치를 증진시키지 않는 프로젝트는 6시그마 경영이 아니며(Blakeslee, 1999), 6시그마 품질경영은 자원의 낭비를 극소화하는 동시에 고객만족을 증대시키는 방법으로 일상적인 기업활동을 설계하고 관리하여 수익성을 엄청나게 향상시키는 비즈니스 프로세스이다(Harry와 Schroeder(안영진 역, 2000), 2000). 6시그마에서는 제품과 서비스의 생산과정에서의 결함뿐 아니라, 고객이 원하지 않는 기능을 생산하지 않는 것을 포함하고 있다. 6시그마는 단순한 품질관리기법이라기보다는 기업의 종합적인 전략으로 간주될 수 있는 것이다.

6시그마 실행에서는 두 가지 주요 방법론이 적용된다. 기본사상은 Deming의 PDCA(계획-실행-점검-행동)사이클에서 근거한 것이다. 지속적 계획과 점검과정이 실행되어야 한다는 것이다. 두 방법론의 사용상황이 다소 상이한데, DMAIC이 기존 프로세스 향상을 목적으로 사용되는 반면에, DMADV는 신제품 및 서비스 생산 또는 디자인을 목적으로 적용한다.

성과향상을 위해서 접근하는 6시그마의 방법론상의 특성은 5단계로 구성된 DMAIC(Define, Measure, Analyze, Improve, Control)의 체계적인 프로젝트 관리를 지향한다는 점에 있다.

① 정의(Define): 고객만족에 필수적인 요구조건들, 목표, 문제점 및 범위를 고려하여 프로세스와 품질의 특성을 정의한다.

② 측정(Measure): 개선목표를 정하고 고객만족을 위한 프로세스에 영향을 주는 변수들을 설정 및 측정한다.

③ 분석(Analyze): 불량의 주요 원인을 규명하고, 프로세스 개선을 위한 대안을 분석 · 검토한다.

④ 개선(Improve): 분석단계에서 파악된 최선의 대안의 실행 및 실행 결과를 통해 개선가능성을 확인하면서 지속적으로 개선한다.

⑤ 관리(Control): 개선을 위하여 문제점을 수정 · 보완한 후, 프로세스 성능에 대한 감독 및 관리를 한다.

DMAIC가 정해진 제품에 대한 내적 기능개선을 중심으로 고려하는 데 반하여, 고객요구사항이 변경되었을 때는 DMADV를 적용하게 된다.

① 정의(Define): 소비자 요구사항과 기업전략에 일치하는 신제품 및 디자인 활동목표를 정한다.

② 측정(Measure): 프로세스 능력, 제품 및 위험에 대한 현재 수준을 측정하고 품질 결정적 영향을 미치는 핵심요소(CTQs, Criticals to qualities)를 파악한다.

③ 분석(Analyze): 신제품 디자인 가능성을 평가하는 것으로, 신제품 대안, 정의된 바에 대한 반영 여부, 소비자 요구 기능반영 등의 제반사항을 파악한다.

④ 디자인(Design): 디자인의 세부사항이 적용되는 과정으로 최적화 및 검증계획 등이 포함된다.

⑤ 검증(Verify): 포로토타입 및 시제품이 작동을 검증하고 이를 프로세스 담당자로의 이관하는 단계이다.

제조뿐 아니라 서비스에서도 적용할 수 있다는 측면에서 6시그마는 품질관리의 최첨단 기법으로 각광받아 왔다. 그러나 다른 기법들과 같이 일정수준의 한계가 있는 측면도 살펴볼 필요가 있다. 먼저, 측정가능성을 중시하면서 측정 및 추정가능한 것만 다루게 되는 품질관리범위 축소가능성의 한계가 있다. 따라서 전체 문제보다는 부분적인 것만을 고려하게 되는 경향이 있으며, 프로젝트 형태로 운영되면서 단기적 성과에 집중하기도 한다. 따라서 이러한 접근이 근본적인 해결방법이 되지 못하고, 기존 문제의 재발 및 얽혀 있는 다른 시스템적 문제의 발생에 대비하지 못하는 한계가 있을 수 있다.

(6) 품질의 현대적 의미

품질에 대한 전통적인 견해는 품질을 향상시킬수록 비례해서 비용이 투입되어야 한다는 것이다. 즉, 고품질은 고비용으로 인식되었다. 그런데 품질에 대한 현대적인 견해로 간주되는 Crosby의 주장에 따르면, 고급품질의 제품을 생산하는 것이 오히려 품질관련 비용이 저렴하다. 왜냐하면 저급품질 제품의 품질불량 문제를 해결하기 위해서 필요한 재작업, 폐기물 처리비용 및 기업이미지 손상 등을 감안하면, 애초에 우량제품을 생산하는 것이 더욱 경제적이기 때문이다(김연성 외 6인, 2009; Schroeder, 2007). 품질경영의 대가들인 W.E. Deming, J. Juran 그리고 P. Crosby의 품질개선에 대한 견해들을 종합하면 [표 7-2]처럼 정리할 수 있다.

| 표 7-2 | 품질의 의미를 부여하는 가설의 변화

품질의 전통적 의미(From)	품질의 현대적 의미(To)
대응적	전향적
검사중심	예방중심
품질규격 일치	지속적 개선
제품지향적	공정중시
책임전가	문제해결
품질과 일정관리 중 택일	품질과 일정관리의 동시 추구
비용과 품질 중 택일	비용과 품질 동시 추구
생산부서만의 업무	마케팅, 엔지니어링, 생산부서의 공동업무
품질수준은 주로 근로자에 의해 결정됨	품질수준은 주로 사무직원에 의해 결정됨

결함은 숨겨져야 함	결함은 밝혀져야 함
품질부서가 품질문제를 야기함	구매, R&D, 마케팅, 생산부서가 품질문제 야기
품질부서는 경영팀의 하위부분	품질부서는 경영팀의 한 부분임
총괄경영자는 품질평가를 받지 않음	총괄경영자의 품질성과 측면이 심사됨
품질향상에는 많은 비용이 필요	품질향상에는 적은 비용이 필요
품질은 기술적인 문제	품질은 경영적인 문제
납기준수가 최우선	품질이 최우선

자료: 한국표준협회(KSA).

제2절 품질관리와 품질경영

품질관리와 품질경영은 모두 상품의 품질향상을 추구하지만 다음과 같은 차이점이 존재한다. 품질관리(QC: Quality Control)는 품질에 요구되는 바를 충족하는 것을 목표로, 생산현장(또는 제품)중심의 품질요건 충족을 위한 활동으로서 관리기법 적용을 강조한다. 품질경영(QM: Quality Management)은 고객만족과 경제적 생산을 목표로 최고경영자가 품질의 중요성을 인식하여 고객만족을 위한 품질방침을 정해서 조직의 모든 부서가 품질향상에 총체적인 노력을 기울이도록 한다. 그러므로 품질경영에서는 품질향상 활동에 최고경영자, 관리자 및 모든 종업원이 참여하며, 고객지향적인 기업문화의 실천을 강조한다.

1. 품질관리의 구성요소

학자들에 따라 품질관리의 구성요소를 다양하게 정의함으로, 대표적인 품질경영 대가 두 사람의 견해를 설명한다. 1980년대 Deming은 품질의 구성요소로 설계품질, 적합품질, 그리고 판매 및 서비스기능의 품질 등 3가지로 분류하였다. 한편 가빈(D. A. Garvin)은 그의 논문[1]을 통해서 다음과 같은 8가지의 품질의 구성요소(품질특성)들을 제시하고 있다.

1) Garvin, D. A.(1987), "Competing on the eight dimensions of quality," *Harvard Business Review*, November–December, 101–109.

① 성능(performance): 제품이 의도한 바의 기능을 제대로 수행하는가? 자동차의 경우 브레이크, 가속기, 변속기, 편안함, 안전성 등이, 편의점이나 항공여행사의 경우에는 신속하고 친절한 서비스가 성능에 해당된다.

② 특징(feature): 항공여행사의 경우 무료 음료제공, 기내식 등의 특성을 다양하게 제공할 수 있는가?

③ 신뢰성(reliability): 제품이 어느 정도 기간 동안 고장 없이 성능을 발휘할 수 있는가?

④ 적합성(conformance): 제품이 설계자(또는 주문자)의 의도와 동일하게 제조(또는 서비스)되었는가?

⑤ 내구성(durability): 상품수명을 의미하며, 기술적 및 경제적 측면에서 평가된다. 기술적 수명은 상품의 물리적 수명이다. 한편 경제적 수명은 물리적 수명에 도달하기 전에 겪게 되는 수리의 불편을 이유로 새 제품을 구매하게 될 때까지의 수명을 의미한다.

⑥ 서비스의 용이성(serviceability): 고장수리의 신속성, 친절, 능력, 수리용이성, 수리시간 및 비용을 의미한다.

⑦ 미관성(aesthetics): 외관, 맛, 냄새, 형태, 디자인, 질감, 색채 등에 관련된 품질요소이다.

⑧ 지각된 품질(perceived quality): 소비자가 제품의 실제적인 품질 · 성능보다 어느 정도 다르게 인식하고 있는가?

소비자가 직접 관찰해서 품질을 평가할 수 없으므로 환경, 평판, 광고, 상표이미지 등에 대한 왜곡된 정보에 의해서 해당 상품의 실제 품질보다 나쁜 것으로 인식하지 않도록 주의하여야 한다.

2. 품질관리의 순환과정

품질계획에서부터 통제, 개선 및 관리 등의 단계에 이르는 과정을 통해서 품질향상이 이루어진다. 합리적인 품질향상을 위한 순환과정들, 그 순환과정에 효과적인 방법들에는 PDCA 순환과정, Crosby의 품질개선 14단계, 그리고 Juran의 품질삼분법 등이 있다.

(1) PDCA 순환과정

데밍 사이클(Deming cycle) 또는 쉬화르트 사이클(Shewhart cycle)로 일컬어지는 일련의 순환과정(PDCA: Plan-Do-Check-Act)이 있다. PDCA 순환과정은 사업 · 프로젝트를 수행할 때 [그림 7-1]과 같은 반복적인 절차를 지속적으로 거치는 동안에 불량품에 따른 문제가 해결된다는 것을 의미한다(Deming, 1986).

그림 7-1 ▶▶ 종합과학으로서의 상품학

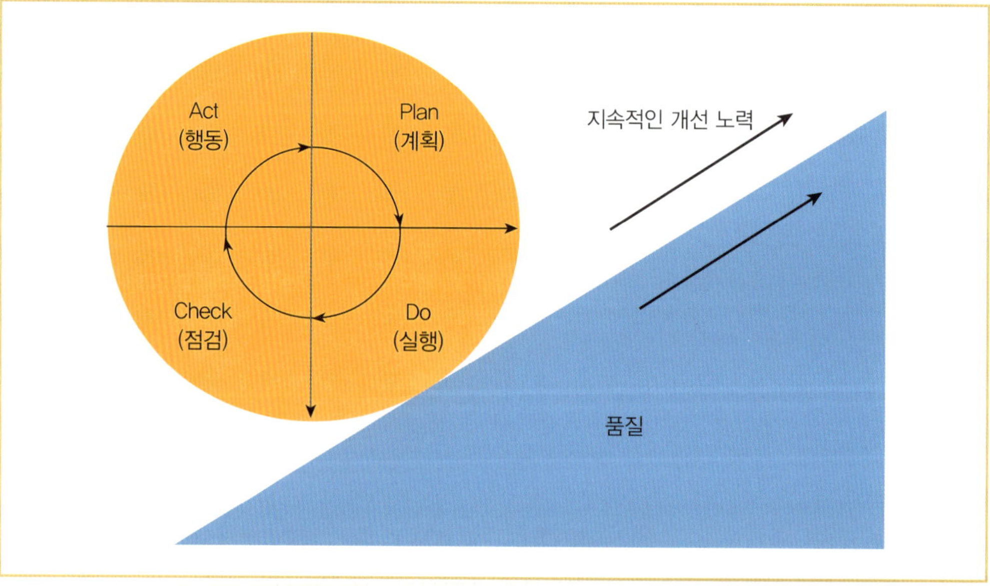

자료: Deming, W. Edwards(1986), Out of the Crisis. MIT Center for Advanced Engineering Study (http: //en. wikipedia. org/wiki/PDCA에서 재인용, 2010년 7월)

① 계획(Plan): 좋은 결과를 얻기 위해서 필요한 목적 및 절차를 수립한다. 계획단계에서 기대성과에 초점을 둔다는 점이 개선을 추구하는 종전의 다른 기법들과 차별화된다.

② 실행(Do): 고객과 공정으로부터 피드백 정보를 입수하면서, 가능하다면 소규모로 새로운 공정들을 실행한다.

③ 점검(Check): 새로운 절차 · 공정을 측정하고, 기대성과와 비교하여 어떤 차이점이 있는지 확인한다.

④ 행동(Act): 차이점들을 분석해서 그 원인들을 밝혀내고, 지속적으로 효과적인 개선조치를 행한다.

이 'P-D-C-A 사이클'을 완전히 거쳤는데도 개선을 할 부분이 발견되지 않으면, 프로젝트의 범위를 재설정한다. 다시 'P-D-C-A 사이클'을 거치고 개선점이 없으면 프로젝트의 범위를 또 다시 설정한 후 그 사이클을 되풀이한다.

(2) Crosby의 품질개선 14단계

『품질은 공짜다(Quality is free)』라는 저서로 유명한 Crosby의 주장에 따르면, 품질개선을 위한 활동이 일회성의 행사가 되지 않아야 하며, 어느 특정 부서의 전유물이 되어서도 안 된다. 품질개선활동은 조직 전체에 확산 · 정착될 수 있어야 한다. 그렇게 되기 위해서는 다음과 같은 그의 품질개선 14단계가[2] 실천되어야 한다.

① 경영층이 적극적으로 품질향상 운동에 참여한다

최고경영층은 품질개선이 중요하다고 발표하고 품질정책을 문서화함으로써 품질개선 노력을 약속하고 솔선수범하는 모습을 보여야 할 것이다.

② 모든 부서가 참여하는 품질개선팀을 구성한다

품질개선 과정을 지도할 팀을 구성하고, 이 팀은 품질향상의 중요성을 조직 전체에 확산시키는 역할을 한다.

③ 실용적인 품질척도를 설정한다

배달이 지연된 시간, 실제 판매에 투입된 예산의 규모, 비용 등의 실용적인 척도를 모두가 이해할 수 있도록 단순한 단위로 측정할 수 있도록 한다.

④ 품질비용 개념의 필요성을 이해시킨다

모든 구성원들이 품질시스템(quality system)의 필요성과 품질비용의 개념을 이해하도록 한다.

---

2) Crosby, Philip B., "Crosby's 14 steps to improvement," *Quality Progress*, December, 2005, 60-64.

⑤ 품질인식을 고취시킨다

품질개선시스템이 조직의 성장 · 발전에 중요함을 모든 종업원이 인식하게 한다.

⑥ 작업현장에서 적시에 적합한 시정조치를 하도록 한다

불량품 생산과 같은 실수가 되풀이되지 않도록 적시적소에서 시정조치를 하게 한다.

⑦ 무결점계획을 한다

조직의 품질목표가 무결점의 달성임을 종업원들에게 주지시키고 기업과 기업문화에 적합한 무결점계획을 수립한다.

⑧ 무결점(품질)에 대한 종업원교육을 한다

종업원교육을 통해서 품질개선 효과를 거둘 수 있게 한다.

⑨ 무결점의 날을 선포한다

⑩ 품질목표를 설정한다

명확하고 측정가능하게 30일, 60일 또는 90일 등과 같이 품질개선 목표를 정한다.

⑪ 장애제거를 위한 커뮤니케이션을 활성화한다

품질에 관련된 어떤 문제든지 24시간 이내에 보고되도록 하는 것이 중요하다.

⑫ 종업원의 노력을 긍정적으로 인정한다

목표를 달성했거나 뛰어난 활동을 보인 종업원을 인정하고 공식적 및 비금전적으로 포상한다. 중요한 것은 경영자가 진심으로 인정해준다는 점이다.

⑬ 품질자문위원회를 구성한다

품질전문가와 팀의 의장이 정기적으로 의견을 교환할 수 있도록 품질자문위원회(quality council)를 구성한다. 이들은 경험과 아이디어를 공유하고 갱신하도록 한다.

⑭ 계속 반복 시행한다

일반적으로 품질 프로그램이 제대로 정착되는 데 18개월 정도 걸린다. 그 정도의 시간이 경과되면 퇴직, 인사이동 및 교육효과가 흐려지는 등의 상황변화가 있을 수 있다. 따라서 새로운 품질추진팀 구성과 새로운 팀 리더를 선발해서 새롭게 시작할 필요가 있다. 새로운 전환점 마련을 위해서 무결점선포 2~3주년 기념행사, 또는 모든 종업원들과의 특별 점심시간 등을 갖는 것도 좋다. 이러한 기회를 통해서 품질개선은 지속적인 과정임을 강조한다.

3. 표본검사

구매 또는 생산하는 모든 상품을 검사하는 것은 매우 비경제적일 경우가 많다. 따라서 흔히 표본을 뽑아서 품질검사를 한다. 표본검사는 로트(lot, 동일한 조건에서 한 묶으로 제조되는 양의 크기를 의미함)별로 표본을 추출하여 검사하고 해당 로트의 합격 · 불합격을 판정하는 것을 표본검사라고 한다(강금식 2004; 김병태 외 2인 1999; 안상형 외 2인 2008; 안영진 2008; 이상범 · 류춘호 2007; Evans, J. R. and W. M. Lindsay 2008; Gaither, N. and G. Frazier 1999; Grant 외 2인 1980; Ritzman 외 2인(강종열 외 4인 역) 2004).

표본검사를 하는 것은 전수검사를 하는 것에 비하여 적은 비용으로 할 수 있다는 경제적 측면도 있지만, 실제로는 전수검사를 할 수 없는 물리적 한계가 있는 경우도 있고, 전수검사 과정에서 모든 상품이 검사에 사용되면서 파괴되는 상황 때문에도 불가피하게 선택되는 경우가 있다. 그렇다면, 표본검사가 아닌 전수검사가 항상 더 정확할 것인가? 전수검사의 대표적인 사례가 인구 센서스를 들 수 있다. 인구 센서스 과정에서 전 국민을 대상으로 조사를 한다고 하여서 정확한 거주상황과 소득, 교육 등에 대한 정확한 응답을 얻을 수 있다는 확신을 가질 수는 없다. 응답자가 처한 상황에서 무성의 또는 고의로 다른 정보를 제시할 수도 있으며, 정보획득의 조사원 간의 일관성도 보장하기 힘들 수 있기 때문이다. 이에 대한 현대적 접근은 충분한 통계적 절차를 거치고 구조화된 검사도구를 사용하면서 표본조사를 실시하는 것이다.

표본검사 방법의 선택은 검사 시점, 측정치의 유형 및 검사의 규모 등 3가지 차원에 품질검사시스템을 운영할 수 있다. 여기서는 검사의 규모와 측정치의 유형에 대하여 간단하게 설명하고자 한다.

(1) 검사의 규모

품질검사에는 전수검사, 무검사 및 표본검사가 있다.

1) 전수검사(total inspection)

100%검사라고 일컬어지는 전수검사는 검사대상이 되는 모든 제품을 검사하는 방법으로 소요되는 시간과 비용이 높아 실패비용이 매우 큰 항공기 엔진 또는 자동차 브레이크와 같은 상품을 제외하고는 활용되지 않는다.

2) 무검사(no inspection)

이 방법은 검사를 전혀 하지 않는 것으로 제품의 성능 · 품질의 결함에 대한 손실이 거의 없는 경우에 적용될 수 있다. 최종생산물의 무검사를 위해서는 프로세스 과정 중에서의 공정별 검사를 실시해야 하므로, 무검사가 개념적으로는 존재하나 일상적으로 제품 생산 전 과정에서의 무검사는 나타나기 힘든 상황이라고 할 수 있다.

3) 표본검사(sampling inspection)

이 검사는 로트(lot)로부터 표본(sample)을 추출하여 검사하고 그 로트의 합격 또는 불합격을 판정하는 검사방법이다.

전수검사에 비교한 표본검사의 장점은 다음과 같다.

① 전수검사보다 검사량이 줄어들어 경제적이다.

② 불량품이 섞여있어도 별 문제가 없는 대량구매 · 생산에 적합하다.

③ 검사의 자동화 장치가 없을 경우에도 표본검사가 가능하다.

④ 자동차의 안전도 시험과 같은 파괴검사에 적용하기에 적합하다.

⑤ 탁구공, 직물, 필름 등의 연속생산시스템에 적용하는 것이 바람직하다.

⑥ 소수의 검사자들만으로도 검사가 가능하다.

⑦ 표본조사 결과 불합격으로 판정되면 불량품이 아닌 제품들도 반환함으로써 품질향상 의욕을 향상시킬 수 있다.

표본검사의 단점은 다음과 같다.

① 검사자가 관련 지식이 부족할 경우에는 통계적인 과오가 발생할 수 있다.

② 합격된 로트가 품질규격에 적합할 것이라는 보장이 없다.

③ 검사자가 제품의 품질특성에 대하여 잘 알지 못하는 경우에 적합한 방법을 선택하지 못함에 따른 오류가 발생할 수 있다.

(2) 측정치의 유형

측정치는 일반적으로 계수치(計數值, attributes)와 계량치(計量值, variables)로 구분 · 설명된다.

1) 계수치 표본검사

측정단위를 불량품수 또는 결점수 등과 같이 양(陽)의 정수(整數) 단위로 셀 수 있는 경우는 계수치 표본검사를 한다. 예를 들어, 양복 단추의 경우, 총 로트 내의 불량품수를 셀 수 있으며, 이 경우 계수치 표본검사를 실시할 수 있다.

2) 계량치 표본검사

탄력성, 무게, 길이 등처럼 측정단위가 연속적인 측정값(즉, 소수점 이하로 표현할 수 있는 경우)에 적용하는 표본검사방법이다. 예를 들어, 수돗물 내의 특정 화합물 함량의 경우, 그 분량을 정수로 셀 수 없으며, 소숫점으로 나타나는 측정치를 가지고 판단해야 하는 계량치 표본검사를 실시하여야 한다.

3) 표본검사의 분류

표본검사는 품질측정치의 유형, 검사실시방법 그리고 검사횟수 등의 조합에 따라 [표 7-3]과 다음과 같이 정리된다(강금식 2004; 김병태 외 2인 1999; 박성현 1984; 이순룡 2008; 황의철 1981).

| 표 7-3 | 표본검사의 분류

품질측정치	검사실시방법	검사횟수
계수치 표본검사	규준형 표본검사	1회 표본검사
	선별형 표본검사	2회 표본검사
계량치 표본검사	조정형 표본검사	다회 표본검사
	연속생산형 표본검사	축차 표본검사

자료: 상게서

① 규준형 표본검사(sampling inspection based on operating characteristic)

공급자 및 구매자 모두를 보호하기 위한 적정기준을 정하고, 정해진 기준에 따라 판정하는 검사이다. 합격품질 수준에 해당하는 불량률을 갖는 로트가 불합격될 확률(생산자위험)을 보편적으로 5%로 정하여 공급자를 보호하게 한다. 한편 나쁜 품질의 로트가 합격될 확률(소비자위험)을 보편적으로 10%를 정하여 구매자를 보호한다.

- 생산자위험: 1종오류(α)라고도 하며, 대부분 양품이며 일부 불량품인 상황에서 표본검사에서 반복적으로 소수의 불량품이 검출됨에 따라서 검사에 탈락하게 되고 로트 전체가 거절되는 위험. 그 피해가 생산자에게 미치므로 생산자위험이라고 칭함.
- 소비자위험: 2종오류(β)라고도 하며, 대부분 불량품이며 일부만 양품인 상황에서 표본검사에서 반복적으로 소수의 양품이 검출됨에 따라 검사를 통과하게 되고 로트 전체가 소비자에게 전달되는 위험. 그 피해가 소비자에게 미치므로 소비자위험이라고 칭함.

② 조정형 표본검사(sampling inspection with adjustment)

공급자의 납품실적이나 경영상태 등을 감안하여 구매자가 표본검사를 간편하게 하거나 또는 엄격하게 조정하는 검사방법이다. 평소에 품질관리를 성실하게 잘해온 업자에게는 엄격하지 않은 표본검사를 하고, 그렇지 않은 업자에게는 엄격한 검사를 한다.

③ 선별형 표본검사(sampling inspection with screening)

표본검사의 판정기준을 정함에 있어, 표본의 불량품수가 합격판정기준 수량 이하이면 그 로트를 모두 합격시키고, 그렇지 않으면 그 로트를 전수조사해서 불량품을 선별한다.

④ 연속생산형 검사(sampling inspection for continuous production)

연속생산시스템에서 처음에는 1개씩 검사하여 양품이 일정개수만큼 지속되면 일정개수씩 묶어서 검사하고, 불량품이 나오면 다시 1개씩 섬사하는 빙빕이다.

⑤ 2회 표본검사(double-sampling inspection)

이 방법은 두 기지의 표본크기(n_1, n_2)와 2가지 허용불량품수(c_1, c_2)를 결정하여 둔다. 먼저 n개를 검사하여 첫 번째 불량품수가 c_1개보다 적으면 전체로트를 합격시킨다. 그런데 첫 번째 불량품수가 c_2개보다 많으면 전체 로트를 불합격시킨다. 만약 첫 번째 불량품수가 c_1개보다는 많고 c_2개보다 적으면 n_2개의 표본을 다시 뽑는다. 두 표본의 불량품수가 c_2개보다 적으면 그 로트를 합격시키고, c_2개보다 크면 전체로트를 불합격시킨다.

⑥ 다회 표본검사(multiple-sampling inspcction)

2회 표본검사방법을 확장한 것으로써, 각 회 차의 표본의 크기와 판정기준을 정하고, 그 정해진 기준과 비교한 후 합격, 불합격 또는 판정보류라는 3가지 중에 하나로 분류하면서 일정횟수까지 합격, 불합격 또는 판정보류를 결정하는 것이다.

⑦ 축차 표본검사(sequential-sampling inspection)

매회 하나씩 또는 일정개수씩 표본을 뽑아 검사한 것을 누적시킨다. 그 누적치를 판정기준과 비교하여 합격, 불합격 또는 판정보류를 하는 3가지 중에 하나로 결정하는 것이다.

4. 관리도

관리도는 이상원인(assignable causes)에 의한 공정상의 변동을 감지하기 위한 것이다. 관리도를 활용해서 불량품의 발생이 우연원인(chance causes)에 의한 것인지 또는 이상원인에 의한 것인지를 밝혀내는 것이 중요하다.

• 이상원인과 우연원인

이는 원인들을 통제할 수 있는 원인과 통제할 수 없는 원인들로 나누는 것이다. 통제할 수 있는 원인(이상원인)은 현재 상태를 평가하여 비정상 상태이면 정상으로 돌릴 방안을 찾을 수 있으나, 통제할 수 없는 원인(우연원인)은 근원적 원인을 잘 모르고 일정 정도 산포를 가지고 나타나게 된다.

(1) 관리도의 구조

관리도의 구조는 3개의 선으로 구성된다. 그 선들은 품질특성의 평균을 중심선(CL: Central Line), 관리상한선(UCL: Upper Control Line) 그리고 관리하한선(LCL: Lower Control Line)을 의미한다. 관리도의 CL, UCL, LCL을 결정하는 방법은 관리도의 유형에 따라 달라진다. 그럼에도 불구하고 공통점이 있다.

많은 경우에 생산되는 제품의 품질특성값의 기대치(즉, 평균값)를 CL로 정하고, (CL+3×표준편차)를 UCL로, (CL−3×표준편차)를 LCL로 정한다는 점이다. 물론 UCL과 LCL을 결정할 때 이 기본적인 공식(CL±3×표준편차)의 상수 3 대신 상수 2, 4, 5 또는 6 등의 상수를 적용할 수 있다. 그 상수의 크기가 커질수록 품질이 엄격하게 관리되어야 함을 나타낸다. 상수 6을 적용한 것은 6(6시그마)기법으로 널리 이용되고 있다.

6σ(즉, CL±3×표준편차(σ))의 의미가 정규분포를 가정하고 있으므로 공정상태가 안정적일 경우 품질검사한 값들이 기대치(평균값)를 중심으로 3×표준편차 내에 타점(plot)될 확률이 99.7%가 되는 것이다. 이는 6σ 이 구간에 관찰치의 99.7%가 존재하는 정규분포의 특성을 이용한 것이다.

(2) 관리상태의 해석

품질관리상태는 생산되는 제품의 품질측정치들이 관리상한선(UCL)과 관리하한선(LCL)을 벗어나지 않을 경우에는 관리상태가 대체로 안정적인 것으로 간주한다. 그러나 엄밀한 분석을 하자면 비록 측정치들이 관리상한선(UCL)과 관리하한선(LCL) 사이에서 있더라도 특이한 추세가 보일 경우에는 문제가 있을 가능성이 있다.

제품관리에 활용되는 장비, 기술 및 전문가의 역량이 향상됨에 따라 관리도를 이용한 공

그림 7-2 ▸▸ **통계적 품질관리를 통한 성과개선용 관리도**

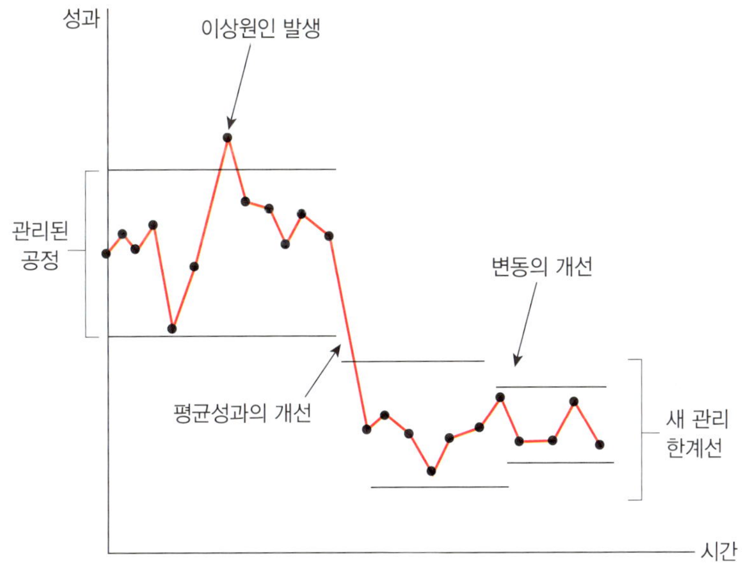

자료: Evans, J. R. and W. M. Lindsay(2008).

정관리의 상태가 좋아질 수 있다. 그럼에도 불구하고 처음 만든 관리도의 중심선(CL), 관리상한선(UCL) 및 관리하한선(LCL)을 그대로 적용하는 것은 바람직하지 않다. 그럴 경우에는 새로운 관리기준을 설정하는 것이 좋다.

관리도의 중심선(CL), 관리상한선(UCL)과 관리하한선(LCL)이 변화하지 않는 고정된 것이 아니다. 품질관리의 효과를 통해서 개선이 되면 [그림 7-2]처럼 개선효과를 감안한 새로운 중심선(CL), 관리상한선(UCL)과 관리하한선(LCL)을 설정 · 기록하고 관리하는 것이 효과적이다.

관리도는 사용 자료(data)의 특성에 따라 계량치(計量値)관리도와 계수치(計數値)관리도로 크게 구분된다. 이들에 대한 자세한 설명은『품질경영』서적을 참고하기 바란다.

제3절 품질보증

품질보증(QA: Quality Assurance)이란 상품에 대한 고객의 요구에 적합한 품질을 보증하는 것이다. 품질보증은 또한 유형 제품이나 서비스가 계약 및 법률적인 요구를 충족시키면서 고객의 기대를 충족시킬 수 있도록 하기 위해 투입되는 모든 수단 및 활동에 관련된다.

1. 품질보증의 절차

품질보증의 범위 및 깊이(scope and depth)에 따라 많은 유형의 품질보증(QA: Quality Assurance)의 형태가 존재하는데, 종종 제조과정에 맞추어서 특별한 품질보증 절차가 적용될 수 있다. 전형적인 품질보증의 절차들은 다음과 같다.[3]

절차 1: 기존의 물품을 시험(test)한다.
절차 2: 품질개선을 위한 계획을 한다.
절차 3: 품질개선과 (고객)요구조건이 반영되게 한다.
절차 4: 개선된 제조를 한다.
절차 5: 새로 만들어진 물품 및 개선된 사항을 검토한다.
절차 6: 새로운 물품(the new item)을 시험(test)한다.

2. 상품감정과 품질평가

(1) 상품감정의 의의

상품감정(identification)이란 "그 상품이 지니는 올바른 상품성의 감식(鑑識)"을 의미한다. 상거래에서의 상품성은 상품으로서의 가치를 지닌 성질이다. 상품이 고유의 품질, 성능,

3) http: //en.wikipedia.org/wiki/Quality assurance(2011년 1월 6일)

품위 또는 등급이 상품에 표기된 것과 동일한지 등에 의해서 상품성이 판정될 수 있다.

1980년대부터 20세기 말까지는 대량생산한 상품을 대량유통 및 판매를 통해서 대량으로 소비되게 하는 방법으로 수익을 추구하였다. 그러므로 유통시장에서는 대량판매를 위한 치열한 경쟁이 만연하였다. 그 당시의 상황을 간단히 정리하면, 그때의 과학기술 수준이 수요를 초과하는 양을 생산할 수 있을 정도로 발달되어 있었으며, 부당한 이익추구를 위해 상품의 품질을 친차만별의 다양한 유형으로 출시하게 됨에 따라 이른바 결함상품을 시장에 범람시키는 원인이 되게 하기도 하였다. 다수의 상품들 가운데 중요한(즉, 수요가 많은) 20%의 상품들을 집중적으로 상품감정 및 품질을 관리하면서 판매하는데 총력을 기울임으로써 총수익의 약 80%를 거두어들인다는 파레토법칙이 황금률처럼 여겨지던 시절이 있었다.

그 당시의 한 예를 들자면, 좋아하는 유행가 카세트테이프를 구매하기 위해서 음반판매점에 가면 많은 사람들이 좋아하는 노래가 아닌 경우 현금을 주고도 구입할 수 없는 경우가 흔히 있었다. 음반가게의 입장에서 볼 때 많이 팔리지 않는 노래가 담긴 테이프를 모두 진열할 만한 공간이 부족하였기 때문이다. 그러므로 가장 인기 있는(예컨대, 인기가 상위 약 20%에 해당되는) 노래가 담긴 테이프만을 진열해서 판매함으로써 대부분의 수익을 추구하였다.

인터넷이 폭넓게 활용되는 21세기의 상품유통은 과거와는 다른 측면이 존재한다. 21세기(웹 2.0시대)에는 대중적인 히트상품이 아닌 80%에 해당되는 사소한 다수가 20%의 히트상품인 소수상품에 버금가는 가치를 창출할 수도 있다. 그 이유는 긴꼬리이론(Long Tail Theory)에 의해서 설명될 수 있다. 이제는 히트상품 20%뿐만 아니라, 히트하지 못한 다수의 상품의 결함관리 또는 상품감정도 관리대상 범위에 포함시켜야 한다.

상품감정의 목적은 ① 동일한 종류의 각 상품 간의 합리적인 가격차이 결정, ② 품질수준의 유지 및 향상, ③ 상거래의 공정화(公正化)와 원활화, ④ 상품구입과 소비의 합리화 등을 위한 활동으로 요약될 수 있다.

(2) 상품감정의 대상

상품학의 주체(主體)라고 생각했던 시대도 있었을 정도로 매우 중요한 상품감정의 내용은 ① 종류 또는 진위(眞僞)의 감별, ② 품질의 평가 등으로 이루어진다.[4] 상품감정의 내용에 기초한 상품감정의 대상에는 위칭품(僞稱品), 위교품(僞交品), 대용품(代用品) 및 인조품(人

4) 변동수(1965), 상품감정(商品鑑定)은 어떻게 하는가, 경영연구 23권, 고려대학교 기업경영연구원, 58-61.

造品)이 있다.

위칭품(僞稱品, counterfeits)이란 진정품(眞正品)과 전혀 다른 원재료를 사용하여 만든 가짜상품(일명 짝퉁)을 진짜상품인양 유명산지의 상품이나 고급 브랜드의 명칭을 도용한 상품을 말한다. 이 위칭상품은 주로 고가(高價)의 귀금속, 모직물 또는 가방 등에서 발견된다(변동수 1965; 한희영 1984).

위교품(僞交品, adulterants)이란 상품의 질 또는 함량을 속이는 결함상품을 말한다. 불순·불량한 싸구려 원재료를 섞어서 만든 혼합상품이 이 범주에 해당된다. 위교품은 술에 물을 타는 방법과 유사하게 제조되며 식품, 벤졸을 첨가한 가짜 휘발유, 섬유 또는 약품 등에서 발견된다.

대용품(代用品, substitutes)은 진정품과 성분이나 재료가 다르지만 동일한 용도를 가지므로 어떤 상품의 대용으로 사용되는 상품을 말한다. 예를 들자면 모조진주, 인조버터, 합성수지 등이 여기에 해당된다. 합성수지의 경우와 같이 대용품은 기술과 품질이 향상됨에 따라 독자적인 훌륭한 독립상품으로 발전할 수 있다(상게서).

인조품(人造品, artificial goods)은 과학기술의 발달에 의해서 과거에는 천연물질로만 존재하던 것을 인공적으로 만들 수 있게 된 상품을 말한다. 예를 들자면 인조섬유, 인조염(人造鹽), 인조가죽, 흑연 따위를 원료로 하여 인공적으로 합성한 인조다이아몬드(diamond) 등이 있다.

(3) 상품감정방법(Method of identification)

상품을 시험 및 분석하는 감정방법에는 경험적 감정법(experimental method), 과학적 감정법(scientific method), 비교감정법(comparative method) 등이 있다.

1) 경험적 감정법(experimental method)

이것은 감정하는 사람의 실제 경험에서 터득한 (전문)지식이나 노하우 등에 의해서 상품을 감정하는 것으로 상용감정법(商用鑑定法)이라고도 한다. 이 방법은 상인 및 일반 소비자가 흔히 이용하는 상품감정방법으로써 ① 눈으로 확인하는 육안감정법, ② 손의 촉감을 이용하는 촉각감정법, ③ 코나 혀를 이용하여 냄새 또는 맛을 분석하는 후미각감정법, ④ 귀를 이용하여 음파를 분석하는 청각감정법, ⑤ 상품을 실제로 사용함으로써 품질·성능을 분석하는 시용(試用)감정법 등이 있다(한희영 · 한동철 2001).

이 경험적 감정법은 감정하는 사람의 건강상태나 주변 환경변화에 의해서 오차가 발생할 가능성이 크며, 계량화(計量化)가 어렵고, 객관성이 결여될 가능성이 높다.

2) 과학적 감정법(scientific method)

이 방법은 기기나 시험 등과 같은 절차를 통해서 자연과학의 원리나 법칙에 합당한 결과를 얻는 방법이다. 이 방법에 속하는 유형에는 ① 현미경에 의한 형태적 감정법(形態的 鑑定法), ② 물리적 감정법, ③ 화학적 감정법 등이 있다(변동수 1965).

① 현미경에 의한 형태적 감정법(形態的 鑑定法)

현미경으로 상품을 관찰하여 상품의 형태 또는 표면(처리) 등의 양, 불량을 감정하는 것으로 섬유, 곡물, 금속, 목재 등의 감정을 하는 데 이용된다.

② 물리적 감정법

기기나 장치를 사용하여 상품의 물리적 내지는 기계적인 차원의 상품특성을 분석하는 것이다. 측정항목에는 비중, 융점, 면적, 중량, 점도(粘度), 굴절률, 인화점, 응고점, 색상, 경도, 내압력, 탄성 등이 포함된다.

③ 화학적 감정법

화학적 감정법에는 정성적 감정과 정량적 감정이 있다. 정성적 감정은 연소시험이나 리트머스지(Litmus paper)를 이용하는 것과 같이 감정을 통해서 화학적인 변화가 나타나는 것을 보고 상품의 상태를 판정하는 것이다. 한편 정량적 감정은 수분의 함유량을 감정하는 것과 같이 구리, 티타늄, 질소 등의 (화학적) 물질이 해당 상품에 어느 정도 함유된 것인지를 감정하는 것이다.

과학적 감정법의 장 · 단점을 살펴보면 감정의 결과가 합리성, 정확성 및 객관성이 보장될 수 있는 장점이 있다. 한편 비싼 기기나 장비와 전문지식이 있는 분석가가 상당한 시간을 투입해야 좋은 결과를 얻을 수 있다는 단점이 있다.

1960년대에는 서양사람들이 부화장에서 생산되는 병아리의 암수를 판별하는 능력이 부족해서 우리나라의 적지 않은 사람들이 병아리 감별사로 해외취업(또는 취업이민)을 하곤 하였다. 그러나 요즘은 그런 기회가 전혀 없다. 그 이유는 선진국에서 의료용으로 이용되는 MRI 촬영을 이용한 병아리 감별이 병아리 감별사를 통한 것보다 비용이 저렴하고, 정확도가 더 높기 때문이다. 이 사례에서 보는 바와 같이 현재 과학적인 발달 수준보다 미래의 가능성을 감안하여 과학적 감별방법에 대한 능동적인 연구개발이 바람직할 수 있다.

3) 비교감정법(comparative method)

관련 상품에 대하여 과학적인 방법으로 각 등급별 적정 표준을 매긴 표준견본을 설정한다. 유통되는 상품의 품질상태를 표준견본과 비교하여 합격, 불합격으로 판정하는 감정방법을 비교감정법이라고 한다. 이 방법은 과학적 감정법과 경험적 감정법의 장점을 활용하는 방법이라고 할 수 있다. 약품이나 화학제품의 경우처럼 과학적 정밀분석을 하지 않고는 성분분석이 불가능한 상품에는 비교감정법을 적용할 수 없다.

(4) 품질평가

품질평가는 품질을 측정해서 상품 용도에 대한 가치를 판정하는 것이다. 한 사업조직이 소비자가 원하는 품질의 상품을 효과적으로 제공할 수 있기 위해서는 조직 내부적으로 품질을 관리하고, 관리되고 있는 상황을 조사 · 분석 및 해석하고, 문제점이 발견되면 수정을 하는 것이 체계화되어야 한다. 이러한 일련의 과정에 요구되는 품질평가의 목적은 소비자가 원하는 상품에 대한 기대치(즉, 상품의 유해성, 소비자 및 사회에 대한 가치성)에 부합하도록 하는 데 있다.

품질평가방법을 살펴보면 상품의 품질평가는 생산기업, 소비자 및 소비자단체 등의 주체에 의한 평가와 품질평가 모형에 의한 분석적 평가, 종합적 평가 및 절충적 방법으로 분류될 수 있다(김정환 · 김성일 2009).

1) 분석적 평가(analytical evaluation method)

상품의 품질을 평가할 때, 해당 상품의 구성요소 각각을 개별적으로 평가한 후 그 개별평가 결과들을 합산해서 상품의 품질을 평가하는 것이다. 합산을 할 때 개별요소들의 평가치를 단순합계하는 것은 바람직하지 않다. 왜냐하면 상품의 가치에 영향을 미치는 영향력은 각 요인이 매우 다를 수 있기 때문이다. 이 문제를 해결하기 위해서는 각 요인에 가중치(weight)를 부여하여 합산하는 것이 바람직하다.

2) 종합적 평가(overall evaluation method)

이 방법은 상품의 품질 또는 가치를 평가할 때 상품의 디자인, 색상, 촉감, 기대성능 등의 요소들을 부분적으로 평가하지 않고 평가자의 경험이나 직감을 이용해서 전체에 대한 종합적인 평가를 하는 것이다. 경우에 따라서는 평가대상과 동일한 유형의 상품에 대한 표준견본을 구비한 후에 평가할 상품을 표준견본과 비교하여 종합적 평가를 한다.

3) 절충적 평가(compromise evaluation method)

주로 농산물 평가에 사용되는 절충적 평가는 해당 상품의 주요 성분별 표준규격과 표준견본을 활용하면서, 분석적 평가와 종합적 평가를 동시에 적용하는 것이다.

상품성의 향상에 매우 중요한 소비자의 반응을 알아보기 위해서는 사용자 개인에 의한 품질평가가 요구된다. 판매원의 권유에 의해서 구매한 소비자의 입장에서 볼 때 상품모형은 다음과 같이 가치의 개념이 적용된다. 즉, 가치에 기초한 접근법(value-based approach)[5]이 적용되는 것이다(안상형 외 2인 2008; 이순룡 1995).

$$\frac{\text{실제로 발휘된 상품의 성능}}{\text{상품가격}} - \frac{\text{상품 구매시 판매원이 주장한 성능}}{\text{상품가격}} = \text{소비자 이익(가치)}$$

예를 들어 10년 동안 성능이 정상적으로 작동된다고 하던 에어컨을 100만 원에 구입하였다. 그런데 9년에 에어컨 수명이 다하였다면 1년간의 사용가치 손실을 당한 것이 된다. 그런데 만약 12년 정도 정상적으로 작동되었다면 2년간의 사용가치 이익을 거둔 것으로 풀이할 수 있다.

한편 소비자의 품질인식에 대한 보다 구체적인 평가를 위해서는 [표 7-4]와 같은 형태의 체계적인 표를 활용한다. 평가항목은 소비자의 입장에서 선정 및 평가되게 하여야 할 것이다.

---

5) 이것은 품질 또는 성능을 평가할 때 가격요소를 고려하는 것이다.

| 표 7-4 | 레스토랑 종합평가표

평가항목			레스토랑 이름			
			서울	산토리니	파리	로망스
레스토랑 서비스 환경	분위기	색상	수	양	수	수
		광원	우	우	수	수
		소음	수	수	우	수
		온도	우	미	수	수
		광기	수	우	수	우
	디자인	매력성	수	미	우	수
		편의성	수	수	수	수
		공간배치	우	양	수	우
		청결성	수	수	수	수
	사회성	친절성	수	우	양	수
		혼잡성	미	수	수	수
		고객유형	수	수	미	우
서비스품질	무형성		수	수	수	수
	신뢰성		우	우	미	수
	응답성		수	수	미	우
	보증성		가	미	수	수
	공감성		우	미	수	수
충성도	재방문의도		수	양	수	우
	추천의도		양	양	우	수
	구전의도		수	가	우	수

* 런치 스페셜 가격(원/1인)

참고) 수 ; 매우 우수, 우: 우수, 미: 보통, 양: 미흡, 가: 매우 미흡

자료: 조선배 · 변정우(2010), "레스토랑의 서비스환경요인이 서비스품질과 충성도에 미치는 영향", 서비스경향학회지, 11(2), p.84의 내용을 인용 · 수정함.

3. 품질인증시스템을 활용한 품질보증

(1) 품질표시와 품질보증

품질평가 또는 시험의 결과를 소비자들에게 알리는 것은 유통시장에서 소비자들이 합리적인 구매를 가능하게 한다. 공신력 있는 기관의 상품품질시험 결과에 대해 라벨(label) 또는 품질마크를 해당 상품에 부착할 수 있게 한다. 그렇게 함으로써 상품의 성분, 성능, 구조, 사

용방법, 책임소재 등에 관한 내용을 명확하게 하고, 동일한 종류의 상품들 간 비교를 쉽게 하며, 소비자의 손해방지를 할 수 있게 한다.

각 나라마다 다양한 품질마크를 관련 상품에 적용하고 있는데 우리나라의 경우, KS마크, 우량품표시, 품질보증표시 등이 있다. 유형 및 무형의 상품을 제조(또는 공급)하는 사업체는 획득한 품질마크를 상품에 부착할 수 있게 한다.

품질보증이 잘 적용되면 소비자의 안전이 확보되며, 상품에 대한 정확한 정보를 제공받을 수 있고, 오작동에 의한 소비자의 손실을 줄일 수 있으며, 과장(허위)광고에 기인한 손실을 방지할 수 있고, 소비자의 피해를 최소화하는 제도적 장치를 합리적으로 마련할 수 있다. 한편 생산자의 입장에서는 품질보증표시를 활용함으로써 소비자의 신뢰를 얻으며, 판매량을 증가시키는 수단으로 활용할 수 있다. 글로벌 경영시대인 요즘은 국내의 품질마크뿐만 아니고 국제적으로 상호 인증되는 품질인증시스템을 활용하는 기업들이 증가하고 있다.

(2) ISO9000

상품의 수송수단 및 생산기술의 발전에 의하여 전 세계적으로 상품이 수출 · 수입되는 양이 매우 빠른 속도로 증가하고 있다. 그런데 상품의 품질에 하자가 발생하는 문제가 국제 상거래에 장애요인이 되곤 하였다. 이 문제해결을 위해서 국가 간 품질을 상호 신뢰할 수 있도록 하기 위한 방안의 하나로 등장한 것이 ISO(국제표준화기구, International Organization for Standardization)이다. 이 국제표준화기구(ISO)는 몇 가지 주요 분야의 국제표준들을 제정 · 발표하였다(http://en.wikipedia.org/wiki/ISO_9000;http://en.wikipedia.org/wiki/ISO_14000, 2010년 7월).

스위스 제네바에 있는 ISO(www.iso.ch)는 유럽공동체가 수용해 온 품질에 관한 가이드라인으로 ISO9000 표준을 '제3자 등록제도'로 운영하고 있다. 이 표준은 제품의 제조활동 및 판매 전 검사(presale inspection)와 판매 후 서비스(postsale servicing)를 대상으로 한다(Gaither와 Frazier 1999). '제3자 등록제도'는 상품의 소비자를 대신하여 제3자인 심사기관이 공급자의 품질시스템을 심사하여 규격에 적합하면 인증 및 등록을 받아들여 상품에 대한 신뢰감을 갖도록 하는 것이다.

ISO9000 인증제도는 인증을 받기 위해서 독립인증기관에 의뢰하여 많은 시간과 비용을 부담하여야 하며, 산출물보다는 문서화 과정에 중점을 두고 있다는 등의 비판을 받았다. 이에 따라 ISO9000 표준은 2000년 12월에 상당한 개정을 단행하였다. 다음은 'ISO9000:

2000'시리즈의 핵심문서이다(http://en.wikipedia.org/ wiki/ISO_9000; 강금식 2004; 안영진 2008; 이순룡 2008).

1) 핵심문서의 구성

① ISO9000: 2000: 품질경영시스템의 기본사항 및 용어
② ISO9001: 2000: 품질경영시스템의 요구사항
③ ISO9004: 2000: 품질경영시스템의 성과향상을 위한 지침서
④ ISO9011: 2000: 품질시스템의 심사지침서
⑤ ISO9012: 측정관리시스템

2000년판 ISO9000 표준에서는 TQM(품질경영, Total Quality Management)의 8대원칙에 기반을 두고서 이해관계자들을 만족시킬 수 있도록 개선하고, 서비스산업과 중소기업들도 과거보다 쉽게 이 제도를 도입할 수 있도록 하였다(상게서).

2) TQM의 8대원칙

① 고객 중시: 고객의 요구사항을 충족시켜 줄 수 있도록 한다.
② 지속적 개선: 지속적 개선을 통해서 조직의 유지 및 발전을 도모한다.
③ 전원 참여: 조직의 이익에 관련된 모든 사람들이 참여하도록 한다.
④ 리더십: 관련 구성원들이 조직목표 달성에 최선을 다하도록 환경을 조성한다.
⑤ 경영에 대한 체계적 접근: 프로세스들의 상호 연계성을 파악해서 하나의 유기적인 시스템으로 운영한다.
⑥ 프로세스 접근: 관련된 인적 및 물적자원과 활동들의 프로세스 관리를 통해서 성과를 개선한다.
⑦ 사실에 의거한 의사결정: 실제적인 정보 · 자료를 토대로 의사결정하도록 한다.
⑧ 공급자와 호혜적 관계: 공급자와 상호 이익이 되는 방향으로 운영하도록 한다.

ISO9000 가이드라인은 품질경영을 위한 종합적인 모델로서 다음과 같은 경쟁력을 갖게 하는 데 유용하다(상게서). 다시 말해서 고객만족을 향상시키면서 종업원의 동기부여와 사

기를 앙양시키는 한편, 낭비감소와 생산성을 증대시키고 효과적인 기업운영을 통해서 이익을 증대시킬 수 있도록 하는 데 유용하다.

(3) ISO14000 환경경영표준

환경보호 및 환경관리 개선을 위해서 만들이진 환경경영표준(ISO14000)은 각 나라가 다르게 운영되어 온 환경관리 방법 및 체계를 통일하고 조직체가 합리적으로 스스로 환경관리를 할 수 있도록 하기 위한 국제표준이다(http://en.wikipedia. or/wiki/ISO_14000, 2010년 7월).

효과를 살펴보면, ISO14000 표준 역시 진화해오면서 2004년에 환경의식의 변화를 반영하도록 개선되었다. 이 표준은 환경영향(environmental impact)을 갖는 조직활동의 모든 부분에 대해서 철저히 관찰하도록 요구함에도 불구하고 ISO14000 표준을 도입함으로써 조직체는 다음의 효과를 기대할 수 있다(ISO14000, 2010).

① 폐기물 관리비용의 감축
(reduced cost of waste management)
② 환경성과의 지속적 향상 체제 구축
(framework for continual improvement of environmental performance)
③ 에너지 및 원자재 소모량 절감(savings in consumption of energy and materials)
④ 유통비용 저감(lower distribution costs)
⑤ 환경오염 단속자, 고객 그리고 일반인들에 대한 기업이미지 개선
(improved corporate image among regulators, customers and the public)

표준의 구성요소를 살펴보면, 폐기물 관리비용을 감소시키고, 에너지와 자원을 보존하고 유통비용을 감소시키는 데 도움이 되는 ISO14000 시리즈의 표준은 다음과 같이 구성된다(상게서).

① ISO14001: 환경경영시스템-사용을 위한 가이드라인 요건
(Environmental management systems – Requirements with guidance for use).
② ISO14004: 환경경영시스템의 원칙-시스템과 지원기술에 대한 일반 가이드라인
(Environmental management systems–General guidelines on principles, systems and support techniques)

③ ISO14015: 용지(用地)와 조직에 대한 환경평가
(Environmental assessment of sites and organizations)

④ ISO14020 시리즈(14020 to 14025): 환경라벨 및 선언
(Environmental labels and declarations)

⑤ ISO14031: 환경성과의 평가 가이드라인
(Environmental performance evaluation–Guidelines)

⑥ ISO14040: 시리즈(14040–14049): 전과정평가, 생산 전 계획과 환경목표 설정
(LCA(Life Cycle Assessment), discusses pre-production planning and environment goal setting)

⑦ ISO14050: 용어 및 정의(terms and definitions)
ISO14062: 환경영향목표 개선에 대한 논의
(discusses making improvements to environmental impact goals)

⑧ ISO14063: 환경 커뮤니케이션의 가이드라인과 사례
(Environmental communication–Guidelines and examples)

⑨ ISO14064: 측정, 계량화, 온실가스 배출 감축
(Measuring, quantifying, and reducing Greenhouse Gas emissions)

⑩ ISO19011 ISO14000와 ISO9000 시리즈: 표준에 대한 하나의 공동 감사규약을 설명함. 이 규격은 단지 권장사항임.
(which specifies one audit protocol for both 14000 and 9000 series standards together. 19011 is now the only recommended way to determine this).

유럽과 같은 선진국에 상품을 수출하기 위해서 ISO9000과 ISO14000 인증을 받고자 하는 기업들이 증가추세이다. 그 이유는 선진국들의 수입상들이 ISO9000뿐만 아니고 ISO14000에 대한 인증을 받지 않은 업체와의 매매계약을 회피하려고 하거나 불이익을 주려고 하기 때문이라고 한다.

(4) ISO26000

국제표준인 ISO26000은 기업뿐만 아니고, 공공기관, 시민단체 등 모든 조직에 적용되는 사회적 책임에 관한 것이다. 따라서 기업, 정부, 소비자, 노동, 시민단체, 기타(연구, 서비

스, 학계 등)로 구분된 6개 이해관계자 그룹이 규격 제정 작업에 참여하고, 선진국, 대기업과 중소기업의 균형도 감안하여 개발해왔다.

UN 지구협약 및 OECD의 다국적기업에 대한 가이드라인 등 사회적 책임과 관련하여 국제적 차원에서 기업의 사회적 책임(CSR: Corporate Social Responsibility)에 대한 규범화가 논의되면서 ISO 이사회가 CSR 표준개발을 검토하였다. ISO는 2005년 3월 브라질 살바도르에서 열린 제1차 SR(사회적 책임) 총회에서 사회적 책임작업반(SR working group)을 결성하고 ISO26000 국제표준 개발에 착수하여 2010년 말에 제정하게 된다(김형욱 2010).

2010년 11월 우리나라도 시행하기로 하였으며, 2010년 12월 현재 ISO26000 국제표준은 각 나라마다 고유의 여건을 고려해서 적합한 평가항목을 개발하여 시행하도록 되어 있다. 우리나라의 경우, ① 조직 거버넌스, ② 이해관계자 참여, ③ 인권, ④ 노동관행, ⑤ 환경, ⑥ 공정운영 관행, ⑦ 소비자 이슈, ⑧ 커뮤니티 참여 및 개발 등 8개 주제 영역 총 85개의 질문으로 구성되어 있다. 현재 이 ISO26000은 인증제도가 아니며 자발적 개선을 위한 자기진단을 위한 것이다(대한상공회의소 지속가능경영원, (사)산업정책연구원 2010).

제4절 서비스품질

서비스상품이 가지는 무형성이나 전달과정에서의 고객참여 등으로 인하여 서비스품질을 규정하는 데에는 많은 어려움이 있어왔다. 일상적으로 서비스품질을 다룰 때 가장 많이 쓰는 SERVEQUAL에서는 서비스품질을 유형성, 신뢰성, 대응성, 확신성, 공감성의 5가지 차원으로 구분하여, 고객이 기대와 인지된 서비스 간의 차이를 측정하는 방법을 적용하여 왔다. 그러나 서비스가 상품이라는 측면에서 볼 때 고객이 가격을 지불하는 이유는 위에 언급한 5가지 심리적 차원이기보다는 본원적인 니즈에 대한 해결에 있을 것이다. 상기의 5개 차원이 강조된 이유는 해당 차원이 서비스품질의 본원적 차원이기보다는 결과품질이 차별화되기 어려운 상황에서 경쟁자 대비로 우위로 평가받을 수 있는 과정품질로 이해되는 것이 보다 더 적절할 것이다.

1. 가치에 대한 차이

상품의 개별적인 기능들이 모여서 만들어진 것이며, 고객은 개별적 기능의 성능인 품질에 대한 평가를 하게 된다. 가치는 고객이 지불하는 금전적 비용에 대비하여 기능별 품질에 대한 총괄적 평가라고 할 수 있다.

가치 = 품질 / 금전적 비용

유형적 제품의 경우에는 개별기능들의 구분과 객관화가 쉬운 측면이 있으며, 이에 대한 구매과정에서 금전적 비용만 발생하는 것이 일반적인다. 그러나, 서비스상품의 경우에는 제품의 생산 및 소비과정에서 고객이 참여하면서 시간과 노력 등의 비금적전 비용이 투입되면 품질평가에 대해서도 결과품질뿐 아니라 어떻게 대우받았는지에 대한 과정품질도 관여되게 된다.

서비스가치 = (결과품질 + 과정품질) / (금전적 비용 + 비금전적 비용)

따라서 고객이 평가하는 가성비(가격 대비 성능비율) 높은 서비스는 품질(결과품질, 과정품질)을 높이고 비용(금전적 비용, 비금전적 비용)을 높이는 방안으로 성취될 수 있는데, 여기서 고려된 4가지 요소에 대한 특성이 일반적으로 통제 또는 차별화가능성이 낮은 특성이 있다.

비용적 측면에서는 개별고객이 투입된 인지적 노력, 시간적 투자 등에 대한 개인적 평가가 상이하여, 금전적 비용을 낮추어 주는 것으로 충분히 총비용을 낮추는 효과를 거두기가 어려운 측면이 있다. 무엇보다 비금전적 비용은 고객이 평가하는 영역이어서, 기업의 통제범위 밖에 존재하는 것이 일반적이다. 이는 기업입장에서는 비용을 낮추는 것을 통하여 서비스가치를 높이는 것에 한계가 있다는 것을 시사한다.

결과품질 측면에서는 경쟁자와 차별화가 가능한 서비스제품인가에 대한 고려가 필요하다. 상당부분의 서비스에서 고객이 돈을 지불한 이유인 결과품질은 차별화되기 어려운 특성이 있다. 국적항공사를 사용하는 경우와 저가항공사를 이용하는 경우 모두에서 서울-제주 간 비행시간은 1시간이다. 항공 이용고객이 돈을 지불한 본원적 이유인 1시간 내 제주 도착이라는 결과품질에서는 차별화되기 어려운 것이다.

과정품질이 강조되는 것은 이렇게 4개 차원(금전적 비용, 비금전적 비용, 결과품질, 과정품질)에서 경쟁자 대비 차별화될 수 있는 부분이 과정품질인 경우가 일반적이기 때문이다.

2. 과정품질과 결과품질

과정품질과 결과품질 중 어떤 것이 더 고객이 중시하는 것인지를 판단하기 위해서는 고객이 돈을 지불하는 이유를 다시 생각해보는 것이 적절하다. 친절(과정품질)하지만 정시운행(결과품질)을 하지 못하는 항공사와 공감적(과정품질)이지 않지만 정시운행(결과품질)하는 항공사 사이에서 선택을 해야 하는 상황이라면 고객은 결과품질이 좋은 서비스제공자를 우선적으로 선택할 것이다. 이는 결과품질이 과정품질보다 더욱 중요하며, 과정품질은 결과품질에서 차별화될 수 없는 상황에 한정하여 그 중요성을 가진다는 점을 시사한다.

그러면 어떤 서비스에서 결과품질이 차별화되는가? 이는 제공되는 서비스상품의 특징에 따라서 정의된다고 할 수 있다. 일상적으로 고객화가 높은 서비스에서 결과품질이 중요하게 나타나는 점을 볼 수 있다. 맛집에서 불친절함을 감수하는 데 반하여, 항공사서비스에 대해서는 친절을 원하는 소비자의 모습에서 그 사례를 찾아볼 수 있다.

3. 서비스청사진, 서비스품질 개선의 시작

무형의 서비스를 설계할 때 주로 사용되는 개념이 서비스청사진(service blueprint)이다. 새로운 서비스를 개발할 때 사용되기도 하지만, 고객이 느끼는 불편요소 및 서비스 전달과정의 품질개선 도구로도 유용하게 사용할 수 있다.

서비스청사진은 고객행동을 어느 수준으로 세분화할 것인가에 대한 의사결정을 시작으로 실수가능점을 찾고 이에 대한 대안(포카요케(ポカヨケ, poka-yoke)을 도출하는 과정으로 마무리된다.

고객행동에 기반하여 내부 서비스 전달과정을 서비스청사진으로 나열하고 나면 어느 부분에서 실수가 발생할지를 파악하게 되며, 이를 실수가능점(possible fail point)을 인식할 수 있게 된다. 일상적 제품생산에 대해서는 문제 발견을 통하여 이에 대한 개선과정을 도출할 수 있게 되지만, 서비스에서는 서비스제공자도 변동성이 많은 인적자원이며, 서비스 제공과정에서 참여한 고객도 실수 발생에 대한 원인을 제공할 수 있다는 점을 간과해서는 안 된다. 이는 교육을 통한 접근에서는 항상 한계가 있을 수 있으며, 구조적으로 이에 대한 대응방안을 마련해야 한다는 점을 시사한다.

포카요케는 행동을 제한하거나 정확한 동작을 수행토록 강제하는 여러 가지 제한점을 만들어 실패를 방지하는 품질관리방법이다. '실수(ぽか)를 피하다(避ける)'는 뜻의 일본어에서 기원하였으며, 도요타의 시게오 신고가 고안한 개념이다. 이는

① 인지: 제품과 다른 디바이스 간에 접촉하거나 접촉하지 않았을 때를 인지

② 제한: 주어진 경우의 수로만 움직이도록 제한

③ 루틴: 어떤 특정한 프로세스를 거쳐야만 되도록 결정된 순서를 따르도록 함

등의 방안을 적용할 수 있는데, 이 기법을 서비스 상황에서도 사용할 수 있는 것이다. 예를 들어, 손님 앞에서 주머니에 손을 넣어서 불쾌감을 자극하지 않도록 주머니가 없는 유니폼을 착용한다거나, 손님이 진입하는 주차장에서 반복적으로 목표지점에 대한 방향을 표시하거나, 물이나 반찬에 대한 셀프서비스에 대하여 가시적 위치에 반복적으로 고지하는 등의 방법이 사례라고 할 수 있다.

| 참고문헌 |

- 강금식(2004), 품질경영 3판, 서울: 박영사.
- 김기두 · 안승호 전홍식 · 이우영(2009), "Kano 모형을 이용한 물류서비스 품질의 분류," 품질경영학회지, 37(2), 32-45.
- 김경미(2007), "카노모형을 고려한 고객 요구 속성의 중요도 산정," 품질경영학회지, 35(4), 38-51.
- 김병태 · 김승남 · 차근호(1999), 글로벌시대의 생산운영론, 서울: 명경사.
- 김양명(1999), 상품학의 이해, 서울: 학문사.
- 김연성 · 박상찬 · 박영택 · 박희준 · 서영호 · 유한주 · 이동규(2009), 글로벌 품질경영 4판, 서울: 박영사.
- 김정환 · 김성일(2009), 관세사-관세율표 및 상품학(2), 서울: 박문각.
- 김창준 · 문영길 · 서순근(2008), "국내 품질개선 소집단 활동과 품질개선 기법에 대한 실증적 연구," 품질경영학학회, 36(3), 22-33.
- 김형욱(2010), "ISO 2600(사회적 책임) 국제표준 제정과 이행이 우리 산업에 미치는 영향과 효율적인 대응방안," 품질경영학회지, 38(2), 236-247.
- 대한상공회의소 지속가능경영원, (사)산업정책연구원(2010), IS026000 대응 표준진단표 공개발표회, 대한상공회의소, 12월 13일.
- 박성현(1984), 통계적 품질관리, 서울: 대영사.
- 박영호 · 황희두(2008), 실무 QM, 서울: 비앤엠북스.
- 변동수(1965), "상품감정(商品鑑定)은 어떻게 하는가," 경영연구 23권, 고려대학교 기업경영연구원, 58-61.
- 안상형 · 이관석 · 이명호(2008), 21세기 품질경영, 서울: 박영사.
- 안영진(2008), 경영품질론, 서울: 박영사.
- 양효석 · 성도경 · 유춘변(2008), "서비스품질 문헌연구 국내연구를 중심으로," 품질경영학회지, 36(3), 112-129.
- 어문영 · 이용진(2010), "항공 서비스품질과 소비관련 감정이 고객만족과 재구매의도에 미치는 영향에 관한 연구," 한국항공경영학회지, 8(3),

149-165.

- 윤정근 · 이영찬 · 이영구(2010), "인터넷 쇼핑몰의 서비스품질이 고객의 지각된 가치 및 고객만족, 충성도에 미치는 영향," 流通經營學學會, 13(1), 5-28.
- 이관석 · 정규석(2010), "한국 국가품질상 개선방안에 관한 연구: 아시아 국가들과의 비교를 중심으로," 품질경영학회지, 38(2), 202-211 .
- 이상복 · 김명훈(2008), "Kano-Servqual 기법을 통한 공공기관의 서비스 개선 사례-A정보 도서관을 중심으로," 품질경영학학회, 36(3), 55-65.
- 이상범 · 류춘호(2007), 현대생산 · 운영관리, 서울: 명경사.
- 이순룡(1995), 품질경영론, 서울: 법문사.
- 이순룡(2008), 생산관리론, 경기도 파주: 법문사.
- 이회식 · 최용정 · 김유라(2007), "ISO 9001 품질경영시스템(QMS) 이 종업원 만족에 미치는 영향에 관한 연구," 품질경영학학회, 35(4), 16-25.
- 임성욱 · 박영택(2010), "Kano 모델을 기반으로 한 잠재적 고객만족 개선지수," 품질경영학회지, 38(2), 248-260.
- 조선배 · 변정우(2010), "레스토랑의 서비스환경 요인이 서비스품질과 충성도에 미치는 영향," 서비스경영학회지, 11(2), 73-94.
- 한희영(1984), "유통측면에서의 상품감정," 마케팅 제18권 11호, 47-49.
- 한희영 · 한동철(2001), 상품학총론 2판, 서울: 삼영사.
- 황의철(1981), 최신품질관리 증보판, 서울: 박영사.
- Blakeslee Jr., J. A.,(1999), "Implementing the Six Sigma Solution," *Quality Progress*, July, 77-85.
- Crosby, Philip B.(2005), "Crosby's 14 steps to improvement," *Quality Progress*, December, 60-64.
- Deming, W. Edwards(1986), Out of the Crisis, MIT Center for Advanced Engineering Study.(http://en.wikipedia.org/wiki/PDCA 에서 재인용, 2010년 7월)
- Evans, J. R. and W. M. Lindsay(2008), *The Management and*

Control of Quality, 7th ed., Thomson, South-Western.

- Gaither, N. and G. Frazier(1999), *Production and Operations Management*, 8th ed., New York: South-Western College Publishing.
- Garvin, D. A.(1987), "Competing on the eight dimensions of quality," *Harvard Business Review*, November-December, 101-109.
- Grant, Eugene L. and Richard S. Leavenworth(1980), *Statistical Quality Control*, 5th ed., McGraw-Hill.
- Harry, M. J. and Schroeder, R.(안영진 역 2000), *Six Sigma: Breakthrough Management Strategy Revolutionizing the World's Top Corporations, Doubleday*, 1999.
- Heizer, Jay and B. Render(2008), *Operations Management*, 9th ed., New Jersey: Pearson Education.
- Jacobs, R. R., R. B. Chase and N. J. Aquilano(2010), *Operations and Supply Management*, 12th ed.(생산관리), 김연성 · 박경철 · 유석천 · 최강화 역, 서울: 한경사.
- Ritzman, Lany P. and Lee J. Krajewski(2004), *Foundations of Operations Management*(생산운영관리의 기초), 강종열 · 민동권 · 박재홍 · 손병규 · 원유동 공역, 서울: 시그마프레스(주).
- Schroeder, R. G.(2007), *Operations Management*, 3rd ed., McGraw-Hill.
- http://en.wikipedia.org/wiki/IS0_9000(2010년 7월)
- http://en.wikipedia.org/wiki/IS0_14000(2010년 7월)
- http ://en.wikipedia.org/wiki/Quality_assurance(2011년 1월 6일)
- http://www.ksa.or.kr/qualdev(2010년 5월 28일)

CHAPTER 08

가격, 유통, 판촉관리

도 · 입 · 사 · 례

사례 1 불황에 강한 편의점…가성비 업고 하반기도 '훨훨'

지속되는 장기불황으로 국내 경기가 위축되고 있지만 편의점 업계는 1인가구 증가와 '가성비'(가격 대비 성능)를 갖춘 도시락 판매 등에 힘입어 올 하반기에도 성장세를 이어갈 전망이다. 특히 업계 1,2위 편의점들이 각각 연내 점포 1만 개를 돌파할 것으로 보여 '편의점 3만 개' 시대를 눈앞에 두고 있다.

22일 관련업계에 따르면 편의점업계는 올 하반기에도 출점을 통한 양적 성장과 자체브랜드(PB) 상품 확대에 주력해 성장세를 유지해 나갈 전망이다. 특히 경기불황이 편의점업계에는 역설적으로 창업수요로 이어질 수 있기 때문에 점포 확대 차원에서는 긍정적인 영향을 미칠 수 있다고 업계는 내다보고 있다.

편의점 CU의 경우, 지난 3일 서울 봉천동에 'CU 서울대 서연점'을 열면서 편의점 업계에서 가장 먼저 점포수 1만 개를 돌파했다. 편의점 CU는 기존 '훼미리마트' 간판을 뗀 이후부터 가파른 성장세를 기록하고 있다. 2012년 CU 출범 당시 7,300개 수준이던 매장수는 2014년 8,400개, 지난해 9,400개로 증가했으며 올해 GS25보다 앞서 1만 개 점포수를 보유하게 됐다. 점포수 증가와 함께 매출도 늘어 BGF리테일 매출은 지난해 말 4조 3,342억 원으로 2012년 대비 51% 증가했다.

이같은 성장세는 불황 속에서도 지속될 전망이다. 가성비를 내세운 도시락 등의 수요증가로 편의점들이 수혜를 입을 수 있다는 측면에서다.

편의점업계는 도시락 이외에도 소비자 니즈에 부합하는 커피나 즉석식품 같은 PB상품 개발을 통해 제품경쟁력을 강화해나갈 것으로 예상된다. 편의점이 자체 개발한 대용량 요구르트나 고카페인 함유 우유 등은 틈새시장을 파고들며 이미 히트상품 대열에 합류했다. 또한 '근린생활형 유통업체'라는 편의점의 특성은 소비 트렌드가 하루가 다르게 변하는 현 시대에서 강점으로 작용할 수 있다. 트렌드에 민감하고 변화에 유동적이라는 편의점의 특성을 살린다면 경쟁력은 더욱 높아질 수 있다는 게 업계 예상이다.

한편 올 하반기에도 지속될 것으로 보이는 청년실업률 확대나 구조조정 등의 문제는 오히려 편의점 업계에 역설적이지만 긍정적으로 작용할 수 있을 것으로 전망된다.

자료: 아시아경제, 2016. 6. 22.

사례 2 유통업계 옴니채널 다변화 시대

국내외 유통업체가 단일채널을 넘어 온 · 오프라인을 연계한 옴니채널을 공격적으로 확대하고 있다. 그동안 옴니채널은 온라인 주문상품을 오프라인 매장에서 찾아가는 단순한 모델이 주를 이뤘다. 이제는 온라인 유통업체가 오프라인에서 상품을 미리 경험하는 기회를 제공하거나 오프라인 유통업체가 매장에서 온라인으로 상품을 찾아보고 주문하는 서비스를 선보이는 방식으로 옴니채널 유형이

다양해지고 있다.

아마존은 지난 6월 오프라인에서 패션제품을 미리 입어보고 살 수 있는 '아마존 프라임 워드로브 서비스'를 공개했다. 이 서비스는 온라인으로 옷, 신발 등을 주문해서 입어본 뒤 마음에 들면 사고 그렇지 않으면 반납하는 서비스이다. 온라인 쇼핑은 직접 눈으로 보고 상품을 사기 어렵다는 한계가 있다. 특히 패션상품은 내 몸에 잘 맞는지, 나와 잘 어울리는지 여부가 중요하기 때문에 반품률이 높다. 아마존은 고객들에게 상품을 미리 체험하는 기회를 제공함으로써 상품신뢰도와 만족도를 높여 제품판매를 늘리는 방법을 택했다. 아마존은 유료회원인 '아마존 프라임' 고객을 우선으로 서비스를 운영한다는 계획이다.

중국 알리바바는 지난달 '타오바오 메이커 페스티벌'에서 제품 추천과 자동계산을 지원하는 무인 편의점인 '타오카페'를 선보였다. 지난해 아마존에 선보인 무인 매장 '아마존 고'와 비슷하다. 이 매장에 들어서면 인공지능(AI)이 고객 얼굴을 인식하며, 고객 동선과 행동을 파악해 구매 여부를 판단한다. 물건을 집을 때에는 표정까지 분석하며 인기상품을 확인하고 점주에게는 상품진열방법도 추천한다. 이 매장에는 계산대와 종업원이 없으며 물건을 들고 그냥 나오기만 해도 자동계산된다. 단, 자동결제를 하려면 사전에 타오바오 앱으로 고객인증을 거쳐야 한다.

국내에서는 아직 온라인 주문상품을 오프라인에서 찾아가는 옴니채널서비스가 대다수이다. 백화점이나 대형마트에서 로봇이 오프라인 매장을 안내해주고, 바코드를 찍어 온라인으로 오프라인 상품정보를 볼 수 있는 서비스도 있지만 IT 기술로 오프라인 매장 이용 편의성을 높인 정도이다.

하지만 온라인 판매상품을 오프라인에도 선보임으로써 상품신뢰도를 높이거나 오프라인에서 상품을 구경하고 현장에서 바로 온라인 주문할 수 있는 모델이 잇따라 나타나고 있다.

롯데하이마트와 MCM은 오프라인 매장에 태블릿 PC를 활용한 구매 서비스를 운영 중이다. 롯데하이마트는 매장에 '옴니로 산다' 코너를 운영, 태블릿 PC로 제품정보와 가격을 보고 원하는 상품을 찾아 주문 · 결제할 수 있게 했다. 증강현실(AR)을 활용한 쇼룸 앱을 론칭해 하이마트 판매 상품을 앱으로 집에 가상배치하는 서비스를 선보였다. 구매하려는 제품이 집에 잘 어울리는지 모바일로 점검할 수 있다는 게 장점이다.

자료: 디지털타임스, 2017. 8. 14.

제1절 가격관리

1. 가격결정의 기본구조

기업의 마케팅담당자가 상품의 가격을 결정하기 위해서는 가격결정의 기본구조에 대해 고찰이 필요하다. 이를 위해서는 상품가격의 개념과 가격결정 시 고려해야 할 요인들에 대한 이해가 선행되어야 한다.

(1) 가격의 개념

가격의 개념은 경제학적인 관점과 마케팅 관점으로 나눌 수 있는데, 그 차이를 간단히 살펴보면 다음과 같다. 전통적으로 경제학적 가격결정은 주로 경쟁자의 수에 의하여 특징지어지는 시장구조(독점, 과점, 혹은 완전경쟁)와 관련되어 있으며, 가격이 정상적으로 제품이나 서비스의 실제가치를 반영한다고 가정하고 있다. 또한 경제학에서 수요는 우하향으로 나타나는 수요곡선으로 가격과의 관계를 설명하고 있다.

이에 반해 마케팅 관점에서는 경쟁자의 수는 여러 고려요인(브랜드 이미지, 시장세분화, 제품 포지셔닝, 마케팅 믹스전략의 수준 등) 중 하나로 간주한다. 또한 마케팅에서는 제품의 질을 주관적 판단에 근거하며 제품의 가치는 다른 마케팅 믹스의 상대적인 성과에 달려 있다고 본다. 그리고 마케팅 관점에서는 수요를 가격만이 아니라 위에서 언급한 여러 마케팅 요소들 관점에서 분석하고 있다.

(2) 가격결정 시 고려요인들

가격은 시장을 구성하는 여러 요인에 의해 영향을 받는다. 예를 들어, 자동차 가격을 생각해볼 때, 자동차 가격은 자동차 구입과 관련된 세금과 같은 정부의 규제, 주변 경쟁 딜러 및 제조사의 숫자, 판촉비 및 서비스 제공비용 등 많은 요인에 의해 결정된다. 이러한 가격을 설정하는 데 있어서 기업 측에서 고려해야 할 사항들이 있다. 대표적인 요인으로 소비자 반응, 원가, 경쟁환경, 유통경로, 법적 규제를 들 수 있다.

1) 소비자(consumer)

기업의 마케팅담당자는 가격을 결정하는 데 있어서 소비자들이 가격에 대해 어떻게 반응하는가를 파악해야 한다. 결국 제품의 가격이 얼마나 적절하게 책정되었는지를 결정하는 것은 고객, 즉 소비자이기 때문이다. 즉, 소비자는 제품으로부터 얻을 수 있는 가치를 기준으로 제품의 가격을 평가하게 된다. 그러므로 가격정책도 제품이나 원가보다는 고객지향적으로 설정되어야 하는 것이다. 가격과 소비자 구매행동과의 관계를 이해하는 데 중요한 개념이 수요의 법칙과 수요의 가격탄력성이다.

수요의 법칙이란 소비자들은 제품의 가격이 낮아질수록 더 많은 양의 제품을 구입한다는 것으로, 수요의 법칙은 우하향의 형태를 가진 수요곡선으로 나타난다. 또한 수요의 가격탄력성은 제품의 가격이 변화할 때 그에 따라 판매량이 얼마나 변화하는지를 나타내는 지표이다. 마케팅담당자는 이러한 점을 염두에 두고 수요와 가격탄력성에 대한 소비자들의 반응에 따른 가격정책을 실행해야 한다.

2) 원가(cost)

원가는 가격의 하한선을 결정한다는 점에서 매우 중요한 요소이다. 기업이 일시적으로 경쟁사와의 가격경쟁에서 이기기 위해서, 시장점유율을 높이기 위해서, 또는 현금의 유동성을 확보하기 위해서 비용보다 낮게 제품가격을 책정할 수는 있지만, 장기적으로는 원가 이하의 제품가격으로는 기업이 생존할 수 없다. 따라서 기업은 제품생산과 관련된 모든 직 · 간접비용을 신중하게 분석하여 제품가격에 큰 영향을 미치는 비용요소들을 파악해야 한다.

3) 경쟁(competition)

기업의 가격결정에 영향을 미치는 또 다른 요소는 경쟁상황이다. 일반적으로 기업은 원가를 가격의 하한선으로 책정하는 반면, 소비자들이 지불하고자 하는 가격을 제품가격의 상한으로 고려한다. 이 범위 내에서 구체적인 가격책정에 영향을 미치는 요소가 경쟁사의 가격과 원가 및 품질 등이다.

경쟁사와 유사한 품질의 제품을 제공하면서 더 높은 가격을 제시한다면 기업은 대부분의 고객을 잃을 것이다. 그러나 경쟁사보다 유리한 원가구조를 가지고 있어 경쟁사의 원가보다 낮은 가격을 제시하면 경쟁에서 유리한 고지를 점할 수 있다. 반면에 경쟁사보다 고비용의 구조를 가지고 있다면 가격경쟁보다는 품질향상 등의 차별화 전략을 선택해야 할 것이다.

4) 유통경로(distiribution channel)

자기점포의 매출을 확대하거나 적정이윤을 확보하기 위한 유통업자들의 노력이 제조업자의 제품가격 결정에 영향을 줄 수 있다. 도매업자나 소매업자들은 적정이윤의 확보를 위해 납품받은 제품의 재고분을 반품할 수 있도록 요구하거나, 마진이 적은 제품의 납품을 거절하거나, 경쟁사 제품을 같이 진열하기도 한다.

제조업자들은 유통경로 참가자들이 경로활동을 수행하는 데 드는 비용(예: 보관비용, 선적비용, 판매촉진비용 등)을 보상해줌으로써 이들의 협조를 확보해야 할 경우가 빈번히 발생되는데, 이러한 지원비용이 제품가격에 반영될 수 있다.

5) 정부의 규제(government regulation)

정부의 규제 또한 제품가격의 책정에 중요한 영향을 미치는 요소이다. 정부의 규제는 여러 가지 형태로 나타나게 되는데, 예를 들어 생필품의 가격을 안정시키기 위해서 법적으로 제품가격을 일정수준으로 동결시키거나 사회적으로 바람직하지 못한 제품들에 대한 수요를 억제하기 위하여 최저가격을 설정하는 등 일정수준 이상으로 가격을 유지하려는 규제를 행하는 경우를 들 수 있다. 또한 정부는 제조업자들 간의 가격담합(price fixing)이나 유통업자들 간의 가격담합, 제조업자와 유통업자 사이의 가격담합 등을 법적으로 규제하고 있다. 따라서 마케팅담당자는 자사제품에 적용될 정부의 정책이나 규제가 미칠 영향을 파악하여 제품가격 책정에 이를 반영해야 한다.

2. 시장에서의 상품가격결정

가격결정방법에는 가격의 근거를 어디에 두고 있느냐에 따라서 비용중심의 가격결정방법, 소비자중심의 가격결정방법, 경쟁자중심의 가격결정방법이 있다.

(1) 비용중심적 가격결정

비용중심의 가격결정방식은 제품의 생산과 판매에 들어가는 모든 비용을 충당하고 목표로 한 이익을 낼 수 있는 수준에서 가격을 결정하는 방식이다. 비용중심적 가격결정방법은 기본적으로 비용에 목표이익을 합쳐서 가격을 결정하는데, 비용과 이윤의 합산방법에 따라서 비용가신방식에 따른 가격결정, 가산이익률에 따른 가격결정, 목표투자이익률에 따른 가격결정, 그리고 손익분기점분석에 따른 가격결정 등이 있다.

(2) 소비자중심적 가격결정

소비자중심적인 가격결정은 상품을 생산하는 데 드는 비용보다는 표적시장에서의 소비자들의 상품에 대한 평가와 그에 따른 수요를 바탕으로 가격을 결정하는 방법이다. 이는 아무리 좋은 제품일지라도 소비자가 원하는 가격이어야 하며 소비자가 지불할 수 있는 가격수준대에서 가격이 결정되어야 한다는 것이다. 따라서 기업은 소비자가 평가한 상품의 지각된 가치(perceived value)에 입각하여 가격을 결정해야 한다. 즉, 소비자들의 구매의도(수요량), 가격의 변화에 대한 민감도(즉, 가격탄력성), 표적시장의 특성 등에 대한 정보를 소비자조사를 통해 획득하여 이를 가격결정의 기초로 삼아야 하는 것이다.

(3) 경쟁중심적 가격결정

경쟁중심적 가격결정은 경쟁사들의 가격을 자사제품의 가격결정에 가장 중요한 기준으로 고려하는 것이다. 동일한 시장에 속한 경쟁상품들의 품질이 유사하고 비슷한 비용구조를 가지고 있다면, 비용중심적 또는 소비자중심적인 방법으로 결정된 제품가격은 서로 비슷하게 될 것이다. 이러한 경쟁중심적 가격결정은 소비자들이 각 경쟁사들의 제품들이 서로 유사하다고 생각하고 경쟁제품들의 가격을 비교하여 특정 제품을 선택할 것이라는 가정으로부터 출발하게 된다.

위에서 언급되었던 것처럼 기업이 가격을 결정하는 방법으로 비용중심적, 소비자중심적, 경쟁중심적 가격결정 등이 있지만, 실제로 기업이 가격을 결정하는 데는 이러한 세 가지 접근방법을 모두 종합적으로 고려하는 것이 바람직하다. 비용중심적 가격은 제품가격의 하한선을 설정해주며 여러 비용항목에 대한 윤곽을 제시해줄 수 있다. 이는 가능한 이윤폭, 목표가격, 손익분기점 등에 대한 정보를 제공해준다. 또한 소비자중심적 가격은 기업이 고객에게 제시할 수 있는 가격의 상한선이 되며, 경쟁중심적 가격은 경쟁자와의 관계를 고려한 적정가격 수준을 제시해준다. 그러므로 필요한 모든 고려사항들을 반영하여 종합적으로 가격결정이 이루어지지 않는 경우에는 각각의 접근방법이 갖는 장점을 바르게 가격결정에 활용하기 어려울 것이다.

제2절 유통관리

1. 상품 유통경로의 구조

유통경로란 "특정 제품이나 서비스가 사용될 수 있도록 하는 과정에 참여하는 일체의 상호의존적인 조직"이라고 정의할 수 있으며, 대표적인 예로 [그림 8-1]에서 보는 바와 같이 제조업자 → 도매상 → 소매상 → 소비자로 이어지는 경로를 생각해볼 수 있다. 즉 유통경로는 제품, 가격, 판매촉진과 함께 마케팅믹스 구성요소의 하나로 인식되며 표적시장의 소비자들이 적절한 시간에, 접근가능한 위치에서, 적절한 수량으로 제품을 구매할 수 있도록 하는 효용을 창출하는 역할을 수행한다.

유통경로가 소비자에게 제공하는 효용으로는 시간효용, 장소효용, 그리고 소유효용이 있다. 시간효용(time utility)은 소비자가 상품이나 서비스를 구매하기 원하는 시간에 공급함으로써 발생되는 효용을 의미한다. 예를 들어, 24시간 영업을 하는 편의점은 소비자가 원하는 시간에 언제나 이용할 수 있으므로 슈퍼마켓보다 소비자에게 더 많은 시간효용을 제공한다. 그 결과 편의점은 슈퍼마켓보다 좀 더 높은 가격으로 제품을 판매할 수 있는 것이다.

장소효용(place utility)은 소비자가 편리한 장소에서 제품이나 서비스를 구매할 수 있을 때 발생된다. 예를 들어, 중간상이 없다면 소비자는 새로 나온 냉장고를 구매하기 위해 직접 공장까지 찾아가야 하므로 그 소비자는 제품구매에 상당한 시간과 비용을 투자해야 할 것이다. 그러나 대리점이나 대형마트 같이 소비자의 거주지에 위치한 중간상은 소비자의 제품구매를 용이하게 만든다.

소유효용(possession utility)은 제품이나 서비스가 제조업자에서 소비자로 이전되어 소비

그림 8-1 ▶▶ 유통경로와 유통산업의 범위

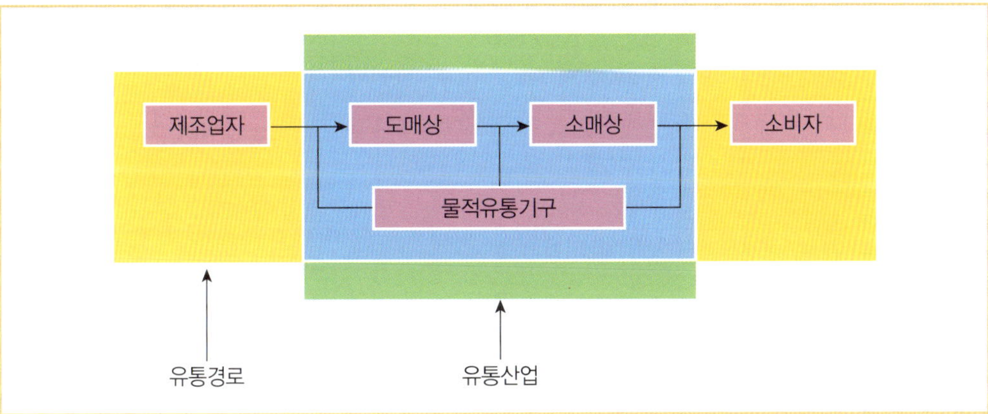

자가 제품이나 서비스를 사용할 수 있는 권한을 갖는 것을 유통경로가 도와줌으로써 발생한다. 중간상들은 제조업체 대신 고객들에게 신용판매나 할부판매를 제공함으로써 제품의 소유를 돕게 된다.

이와 같이 유통경로는 제품이나 서비스에 시간, 장소, 소유효용을 창출하여 상품의 부가가치를 높임으로써 소비자들이 얻게 될 효용을 증대시키고 제조업자의 판매를 높이는 역할을 하는 것이다.

유통경로가 시장에서 수행하는 기능으로는 대표적으로 위에서 언급했듯이 제조업자의 판매를 용이하게 해주고 소비자의 효용을 증대시키는 점을 들 수 있으며, 이러한 효용창출을 위해 중간상은 교환과정의 촉진, 제품구색 불일치의 완화, 소비자와 제조업자의 연결, 고객서비스의 제공, 기술지원, 신용 및 금융지원, 재고보관, 시장정보수집 등과 같은 다양한 기능을 수행하고 있다.

2. 국내 유통경로의 종류와 특성

앞서 살펴본 바와 같이 유통경로는 크게 도매상과 소매상으로 나누어지나 일반적으로 소매유통을 상품의 대표적인 유통경로로 볼 때 취급하는 상품의 종류와 유통경로별 특성, 점포와 무점포 등에 바탕을 둔 국내 유통경로의 종류를 정리해보면 [표 8-1]과 같다.

| 표 8-1 | 국내 유통경로의 종류와 특징, 예

종류		특징	예
점포 유통	구멍가게, 재래시장	영세한 운영구조, 소비자 대면판매	중부시장, 남대문시장
	편의점	편리성 추구, 24시간 영업, 다양한 상품구색	CU, GS25, 세븐일레븐
	슈퍼마켓	저비용, 저마진	지역 슈퍼마켓
	대형마트(할인점)	상시 저가, 넓은 제품구색, 빠른 회전율	이마트, 롯데마트, 홈플러스
	회원제창고형 매장	회원제, 고회전 품목 중심의 상품구색	코스트코, 트레이더스
	SSM(Super Super Market)	전통적인 슈퍼마켓보다 대규모 및 가격할인	롯데슈퍼
	양판점	가격은 백화점과 할인점 중간	하이마트
	백화점	고가격, 넓은 제품구색, 고급 서비스 제공	롯데, 신세계, 현대백화점
	전문점	특정 제품라인에 전문화	보석가게, 안경점 등
	아울렛	재고상품을 저가 판매	여주아울렛, 이천아울렛
	카테고리킬러	특정 제품군만 전문적으로 대량취급, 저마진, 저가격	토이즈러스, ABC마트
무점포 유통	자동판매기	24시간 셀프서비스, 특정 제품에 한정	
	방문판매	소비자를 직접 방문하여 대면판매	화장품 및 건강식품 업체들
	텔레마케팅	전화를 통해 판매	
	TV홈쇼핑	TV의 홈쇼핑 전문채널을 통해 판매	CJ오쇼핑, 롯데홈쇼핑 등
	온라인쇼핑	인터넷을 통한 전자상거래 판매	인터넷 쇼핑몰 및 오픈 마켓
	모바일쇼핑	스마트폰을 통하여 언제 어디서나 상거래가 이루어짐	온라인쇼핑 업체들이 모바일 판매

3. 유통시장의 현황과 향후 전망

최근 소비자 욕구의 다양화 및 시장의 세분화, 기술의 발달과 같은 유통환경의 변화로 인해 끊임없이 새로운 업태의 소매상이 등장하고 있고 기존 소매상들 간의 경쟁 역시 보다 격

렬해지고 있다. 유통경로 간의 경쟁은 이미 동종업태 내의 소매상들 간의 경쟁에서 벗어나 상이한 소매업태들 간의 경쟁으로까지 확산되었고, 최근에는 이른바 4차 산업혁명 및 사물 인터넷(IoT: Internet of Things)과 옴니채널(omni channel)의 확산과 함께 인공지능(artificial intelligence)이나 가상현실(virtual reality)을 활용한 첨단 유통방식도 새로운 유통경로로 등장하고 있는 실정이다. 앞서 살펴봤던 유통경로 중에서 대표적인 유통경로의 특성과 현황을 정리해보면 다음과 같다.

(1) 편의점

편의점(CVS)은 상대적으로 소규모 매장으로 인구밀집지역에 위치해서 24시간 영업을 하며 재고회전이 빠른 식료품과 편의품, 문방구 등의 한정된 제품계열을 취급하는 소형 점포를 의미한다. 즉, 편의점은 연중휴무 24시간 영업이라는 시간편리성, 접근이 용이한 지역에 위치하는 공간편의성, 다품종 소량의 상품을 주로 취급하는 상품편의성을 특징으로 하고 있다. 편의점은 슈퍼마켓보다 다소 높은 가격을 유지하는데, 이는 다른 업태들에 비해 CVS의 경쟁적 우위인 장소효용(place utility)과 구매자들이 24시간 구매가 가능한 시간상의 접근 편리성(time utility)이 편의점의 높은 가격을 상쇄하는 데 있다고 볼 수 있다. 국내 유통시장에서는 몇 년 전부터 편의성을 추구하는 젊은 소비자들과 혼자 사는 1인가구의 증가로 인해 이들이 주로 찾는 편의점 시장이 급성장하고 있는 실정이다.

(2) 슈퍼마켓

슈퍼마켓(Supermarket)은 식료품, 세탁용품, 가정용품 등을 중점적으로 취급하는 소매점으로 점포의 규모가 편의점이나 구멍가게에 비해 크고, 마진이 낮으며, 셀프서비스를 특징으로 하는 소매점이다. 우리나라는 본격적인 슈퍼마켓 체인이 발족한 이래 수십 년이 지난 현재에도 체인형 슈퍼마켓이 양적으로 크게 성장하지 못하고 있다. 미국의 경우에는 슈퍼마켓의 비중이 소매업에서 아직도 크게 나타나고 있으나 우리나라에서는 대형마트나 백화점의 비중이 더 높고 이들이 식품을 대량으로 취급함으로써 슈퍼마켓의 성장에 한계를 보이고 있다.

(3) 대형마트(할인점)

대형마트(할인점, Discount Store)는 저가 대량판매의 영업방식을 토대로 하여 다른 소매상에 비해 상대적으로 저렴한 가격으로 판매하는 대규모의 소매상을 말한다. 대형마트가 저가격을 강력한 경쟁도구로 활용할 수 있기 위해서는 비용상의 우위를 달성해야 한다. 대형마트는 체인화를 통한 대량구매의 실현, 셀프서비스 도입에 의한 인력의 절감, 건물 및 내부장식에 대한 투자의 최소화, 유통업체 상표(Private Brand)의 도입에 의한 마진율 확대, POS 도입과 높은 재고회전율의 상품선정에 의한 재고비용의 절감을 통해서 원가를 최대한 절감하고자 하고 있다. 시장규모 면에서 한때 최대였던 국내 대형마트 시장은 온라인 유통의 급성장과 정부의 영업규제 영향 등으로 인해 최근에는 성장이 침체되거나 마이너스 성장을 보여주고 있는 실정이다.

(4) 회원제 창고형 매장

회원제 창고형 매장(MWC: Membership Warehouse Club)은 소비자에게 일정한 회원비를 받고 회원인 고객에게만 상당히 할인된 가격으로 상품을 판매하는 유통업태이다. 취급품목은 가공식품, 잡화, 가정용품, 가구, 전자제품 등 3~4천 품목에 이르고 있고 매장은 거대한 창고형으로 실내장식은 거의 없으며 진열대에 상품을 대량으로 쌓아놓고 고객이 직접 고르게 하는 묶음판매를 통해 인건비를 최소화하고 있다. 국내의 경우 몇 년 전까지는 미국의 코스트코(Costco)가 국내 유일한 회원제 창고형 매장이었으나 최근에는 신세계와 롯데가 이 시장에 진출하여 양적으로 확대되고 있는 실정이다.

(5) 양판점

양판점(GMS: General Merchandising Store)은 의류 및 생활용품을 중심으로 다품종 대량판매하는 대형 소매점으로 점포 형태 및 상품구성은 백화점과 거의 유사하지만 대량매입과 다점포화, 유통업체상표(PB: Private Brand) 개발 등으로 가격 면에서 백화점보다 저렴하다는 차이가 있다. 따라서 GMS는 백화점과 할인점의 중간 형태로서 규모는 백화점, 운영은 할인점 형태를 유지하는 독특한 형태라고 할 수 있다.

(6) 백화점

백화점(Department Store)은 의류, 가정용 설비용품, 신변잡화류 등의 각종 상품을 부문별로 구성하여 소비자들이 일괄구매할 수 있도록 하고 주로 직영으로 운영하는 대규모 소매점포를 의미한다. 우리나라 유통산업발전법은 "부문별로 상품구성을 해놓고 있으며 매장면적은 3천 평방미터(907평) 이상이고 직영비율이 30% 이상이어야 한다"고 규정하고 있다. 이러한 매장크기는 최소 기준이므로 대부분의 백화점은 이 기준을 훨씬 상회하고 있다.

외국의 백화점이 실질적으로 패션에 관련된 상품을 주로 취급하는 데 비하여 국내 백화점은 의류, 가전, 가구, 생필품, 신변잡화류부문 이외에 슈퍼마켓과 식당가까지 포함하고 있는 것이 특이한 점이다. 백화점이 구매자에게 제공할 수 있는 가장 큰 편익은 많은 수의 제품계열과 다양한 제품구색, 편리한 입지, 쾌적한 쇼핑공간이다. 또한 소비자에게 백화점에서의 제품구매가 사회적 지위와 관련된 만족을 줄 수 있다는 것도 백화점의 주요 경쟁우위의 원천이다. 2000년대 초반까지 가장 대표적인 유통업태로 급성장하며 국내 유통산업의 견인차 역할을 해왔던 백화점은 2003년부터 전체 매출규모 1위를 대형마트와 온라인유통에 내주며 성장의 정체기에 들어섰으며 이제 백화점만의 새로운 성장전략을 모색해야 할 것으로 보인다. 이러한 환경변화 속에서 최근 롯데, 신세계, 현대 등 국내 3대 백화점들은 차별화된 MD 재구축, 명품 패션부문의 강화, 편집매장의 확대, 첨단기술의 활용과 옴니채널의 확대 등 새로운 변화를 시도하면서 미래 성장전략을 시도하고 있다.

(7) 전문점

전문점(Specialty Store)은 취급하는 제품계열이 한정되어 있으나 해당 제품계열 내에서는 매우 다양한 품목들을 취급한다. 전문점은 가전, 오디오, 의류, 운동용품, 가구, 서적 등을 판매하는 점포들이 있으며, 취급하는 제품계열의 폭의 정도에 따라 세분화가 가능하다. 예를 들어, 의류점은 단일제품계열 상점이고, 남성의류점은 한정된 제품계열 점포이며, 맞춤셔츠점은 초 전문화 상점이다. 전문점의 경쟁적 우위는 제품의 전문적 구색과 서비스 제공에 있다. 예를 들어, 오디오 구매자들은 백화점이나 가전대리점 혹은 오디오전문점 중에서 원하는 오디오를 구매하게 된다. 이 중에서 오디오전문점에서 구매하는 소비자들이 전문점을 이용하는 이유는 백화점이나 가전대리점에 비해 전문점이 깊은 제품구색을 보유하고 있으며 전문적인 서비스를 제공하기 때문이다. 즉, 오디오에 대한 다양한 소비자의 욕구를 충족시켜 줄 수 있기 때문에 전문점에서 구매하는 것이다. 따라서 전문점은 CVS나 슈퍼마켓 같은 업태에 비해 한 개의 점포로 관할할 수 있는 상권이 넓다는 특징이 있다.

(8) 아울렛

아울렛(Outlet)은 제조업체가 자사제품 또는 재고품을 매우 저렴한 가격으로 판매하는 소매형태로 직영점 형식으로 운영된다. 아울렛 운영의 목적은 현금회전에 압박을 주는 재고의 원활한 처리에 있으며 따라서 큰 폭의 할인된 가격을 제시하지만 재고품이 아닌 정상품을 상시저가(EDLP: everyday low price)로 판매하는 대형마트와는 차이가 있다. 2007년에는 국내에서 최초로 신세계에서 전 세계의 다양한 명품 브랜드들을 모아놓고 판매하는 프리미엄 아울렛몰을 시작해 큰 인기를 끌었고 최근에는 이러한 대형 아울렛 시장이 급성장하고 있다.

(9) 카테고리 킬러

카테고리 킬러(Category Killer)는 할인형 대규모 전문점으로서 현재 미국에서 가장 각광받고 있는 소매업태 중의 하나이다. 미국의 Toys 'R' Us(완구), Best Buy(가전), Office Depot(사무실 가구), Home Depot(건자재) 등이 대표적인 카테고리 킬러이다. 이 업태는 특정 제품계열에서 전문점과 같은 깊은 상품구색을 갖추고 매우 저렴하게 판매하는 것이 원칙이다. 전문점의 일종으로 기존 전문점이 높은 수준의 서비스와 깊이 있는 제품구색으로 고가 상품을 취급하고 있으나, 카테고리 킬러는 대량구매와 대량판매 그리고 낮은 비용으로 저렴한 상품가격을 제시한다. 미국에서는 최근 온라인과 모바일 유통의 급성장으로 인해 카테고리 킬러의 위상이 과거보다 많이 줄어들었지만 국내의 겨우 전문 카테고리 킬러가 어느 정도는 성장할 것으로 예상되고 있다.

(10) TV홈쇼핑

우리나라의 경우 TV홈쇼핑은 가장 역사가 짧은 다이렉트 마케팅 수단이며 1995년 10월 1일 홈쇼핑채널 방송이 시작된 이후 급속도로 그 규모가 증가하여 왔다. 짧은 기간에도 불구하고 가입자의 지속적인 증가, 상품구색의 확대, 홈쇼핑 채널수의 증가 등으로 우리나라 TV 홈쇼핑 시장은 크게 확대되었으며 쇼핑호스트(쇼호스트), 머천다이저와 같은 신종 직업이 각광받고 있다. 현재 우리나라의 홈쇼핑 시장은 1990년대 후반부터 몇 년 전까지 매출의 큰 상승세를 보였으나 최근 들어 시장의 포화 및 경쟁 증가로 매출성장이 정체되기 시작하고 있다.

(11) 온라인유통(전자상거래)

1990년대 후반 인터넷 전자상거래의 확산과 함께 새로운 무점포 유통경로의 하나로 등장했던 온라인유통은 최근에는 거래규모 면에서 대형마트나 백화점을 누르고 가장 큰 유통시장으로 성장했다. 온라인유통은 크게 전통적인 온라인쇼핑몰과 G마켓, 옥션과 같은 오픈마켓으로 나눌 수 있으며 최근 온라인유통의 성상을 이끌고 있는 것은 오픈마켓이라고 할 수 있을 정도로 외형적인 성장을 보이고 있다. 유통채널로서의 인터넷은 다음과 같은 장점을 갖는다.

첫째, 인터넷을 유통채널로 이용함으로써 유통단계가 축소되고 유통단계별로 부가되는 비용을 대폭 줄일 수 있다. 둘째, 인터넷을 이용한 사업은 온라인 주문과 주문 양식의 작성 등을 소비자에게 유도함으로써 판매기능의 일부를 고객에게 이전시킬 수 있다. 그러나 인터넷 유통은 다음과 같은 한계점 또한 지니고 있다. 첫째, 주문한 상품의 배송이 지연됨으로 인해 소비자 불만이 야기될 수 있다. 둘째, 원활한 상품배송을 위해 효율적인 물류시스템이 구축되어야 하지만, 이를 위해 많은 투자비용이나 통합적 로지스틱스가 요구된다.

지금까지 국내 주요 유통경로별 특성과 현황을 살펴보았다. 온라인유통의 성장, 오프라인 유통의 침체, 그리고 4차 산업혁명과 옴니채널의 확산 등으로 인해 국내 소매상들은 과거 어느 때보다 빠르게 변화하고 있으며 편의점, 회원제 창고형 매장, 온라인쇼핑과 모바일쇼핑 등이 급성장하고 있다. 이에 따라서 재래시장을 중심으로 구멍가게, 소형 슈퍼마켓 등의 업태들은 완전히 쇠퇴기로 접어들었고 한때 국내 유통산업을 이끌었던 백화점이나 대형마트 등도 정체 또는 침체기로 들어가고 있는 실정이다. 또한 소비자들의 시간효용이 커짐에 따라 편의성을 위해 보다 높은 가격을 지불할 용의가 있는 소비자집단이 증대되고 있다. 이러한 소비자의 편의성 중시로 인해 24시간 영업을 하는 편의점, 전철역에 위치하여 교통체증을 피할 수 있는 역사점, 일괄구매가 가능한 대형 소매점포 및 서울 코엑스몰이나 하남 · 고양의 스타필드몰, 부산 센텀시티 같은 대형 복합쇼핑몰, 그리고 무엇보다도 인터넷이나 모바일쇼핑몰 등의 지속적인 성장이 예상되고 있다.

제3절 판매촉진관리

1. 판매촉진의 원리와 구조

(1) 판매촉진의 원리

판매촉진은 제품이나 서비스의 판매를 촉진하기 위한 비교적 단기적인 동기부여수단의 총칭으로 소비자에게 현재 구매시점에서 구매할 이유를 제공하는 촉진방법이다. 즉, 어떤 상품을 구입하여야 하는 이유를 제공해주는 것이 광고의 역할이라면, 어떤 상품을 구입하도록 인센티브를 제공해주는 것이 바로 판매촉진인 것이다. 이처럼 판매촉진은 마케팅 커뮤니케이션 수단 중 하나로서 그 고유의 기능과 역할이 있다. 판매촉진의 의미 그대로 제품관련 정보의 제공 및 소비자 설득을 통한 구매행동 유발의 기능을 수행한다.

판매촉진에는 여러 가지 방법들이 사용되는데, 그 중에는 가격할인, 무료샘플, 쿠폰제공, 경품행사, 리베이트(rebate) 등을 소비자에게 제공하는 소비자 촉진과 구매수당, 제품수당, 무료제품 제공, 협동광고, 판촉비 제공 등과 같은 중간상 촉진, 그리고 보너스, 판매경쟁 등과 같은 판매원 촉진이 있다.

이러한 판매촉진수단은 기업이 설정하는 특정 목표에 따라 다양하게 사용될 수 있다. 예를 들어 무료샘플은 소비자의 사용욕구를 자극할 수 있고, 대형 제조업체에서 제공하는 소매상 경영에 대한 무료상담과 같은 서비스는 소매상과 지속적이고도 긴밀한 관계를 유지할 수 있게 해준다. 기업은 판매촉진 활동을 신규소비자에게는 시험구매를 유도하기 위하여 사용하고 자사제품에 대하여 충성도가 높은 소비자에게는 적절한 보상을 제공하며, 충성도가 그다지 높지 않은 소비자에게는 반복구매를 조장하기 위한 목적으로 사용한다.

(2) 판매촉진의 구조

판매촉진은 판매촉진의 대상과 주체에 따라서 소비자의 직접적인 구매를 유발하는 대소비자 판매촉진(consumer sales promotion)과 유통업체로 하여금 제품의 구매를 촉진하는 대유통업체 판매촉진(trade sales promotion), 그리고 소매기관들이 소비자를 상대로 하는 소매기관의 판매촉진(retailer sales promotion) 등으로 나눌 수 있다.

대소비자 판매촉진은 제조업체가 그들의 소비자를 대상으로 직접 행하는 판매촉진을 말하며, 대유통업체 판매촉진은 말 그대로 유통업체, 즉 도매상이나 소매상 등과 같이 제조업체의 제품을 취급하는 중간상을 대상으로 하는 판매촉진활동이며, 그리고 소매기관의 판매촉진은 소매기관이 직접 소비자를 대상으로 행하는 판매촉진 활동이다. 소매기관의 판매촉진은 대부분 제조업체와 소매기관이 공동으로 수행하는 경우가 많으며, 제조업체는 소매기관의 판매촉진에 대한 비용의 일부를 지원해준다.

2. 상품 프로모션전략

(1) 전략수립을 위한 상품 프로모션의 목표와 세부활동 계획

상품 프로모션전략은 마케팅전략의 하위 활동이므로 상품 프로모션 활동의 목표도 당연히 마케팅 목표하에서 설정되는 것이며, 그 프로모션 목표와 마케팅 목표를 달성하기 위하여 프로모션 활동들은 계획되고 집행되어야 한다. 상품 프로모션의 목표를 설정할 때에 프로모션의 목표를 마케팅 목표와 다른 차원에서 설정할 수도 있으나, 마케팅 목표를 그대로 프로모션 목표로 이용할 수도 있다.

그러나 상품 프로모션 활동들이 제각기 성격이 다른 몇 개의 하위 활동으로 나누어지고, 다른 마케팅 요소들도 나름대로의 특성을 가지고 마케팅 목표를 달성하는 데 기여를 하기 때문에 프로모션 목표와 마케팅 목표를 동일하게 설정하는 것은 흔하지 않을 것이다. 보통 마케팅 목표와 프로모션의 목표는 판매중심적인 목표와 커뮤니케이션 중심적인 목표로 나누어서 그 시기의 환경에 따라 적절한 목표를 선택하여 사용할 수 있으며, 그에 따라 상품 프로모션의 세부 활동들이 조정되고 통합될 수 있다.

프로모션전략에서 목표를 설정하고 난 후의 다음 단계는 각 개별 세부 프로모션 활동별로 구체적인 실행계획을 수립하여 이를 실행에 옮기는 것이다. 예를 들어, 판매촉진의 경우에는 '사용을 통한 소비자 인지율 30% 이상 확대'라는 목표를 달성하기 위하여 우선적으로 사용률을 높여야 하는데, 이를 위해 쿠폰(coupon)을 사용할 것인지, 아니면 다른 견본품(sample)을 나누어 줄 것인지에 관한 계획을 수립할 수 있다. 즉, 상품 프로모션전략의 핵심은 마케팅 목표에 맞게 프로모션 세부 활동들의 구체적인 계획을 수립하고 이를 일관성을 가지고 조정하고 통제하는 것이 핵심이 될 것이다.

(2) 상품 프로모션전략의 고려요소

1) 적용범위

상품 프로모션전략을 결정하는 데 있어서 상품 프로모션의 적용범위를 우선적으로 고려해야 한다. 즉, 상품계열에 있어서 어디까지 적용할 것인가에 대한 결정이 필요하고 또한 시장에 있어서 어디까지 적용할 것인가 결정해야 한다.

2) 시기

상품 프로모션전략을 실행하는 데 있어서 시작, 발표, 기간, 횟수 등의 시기를 고려하는 것이 필요하다. 상품 프로모션의 시작은 상품의 계절성과 신상품 진입시기 등을 고려하여 결정해야 한다. 또한 상품 프로모션을 너무 일찍 발표할 경우 정상구매를 안하게 되는 경향이 있고 반대로 너무 늦게 발표할 경우는 충분한 사전공고가 안될 수 있다. 그러므로 적절한 상품 프로모션의 발표시기는 중요한 고려사항이 되어야 한다.

이처럼 상품 프로모션에 있어서 시기의 문제를 고려하지 못한 경우 문제점이 발생할 수도 있다. 만약 상품 프로모션이 너무 자주 실행된다면 단기적인 측면에서 실적을 올릴 수 있을 수 있으나 비용의 증가와 함께 충분한 상품의 프로모션이 이루어지지 않아 오히려 역효과를 가져올 수도 있다.

3) 폭

가격의 성격을 지니는 상품 프로모션들은 어느 정도로 가격할인 또는 상품의 가치를 제공할 것인가를 결성해야 한다. 이러한 폭을 간과하고 지나친 프로모션의 확대를 추구하면 기업에게 높은 비용의 증가를 초래하여 기업의 수익구조에 부정적인 영향을 미치게 된다.

4) 사용할 수단

상품 프로모션전략을 수행하기 전에 고려해야 할 대상으로는 각 상품 프로모션 수단마다 각각의 장점과 단점을 정확히 주지하고 있어야 한다. 예를 들어, 할인쿠폰의 장점은 제품의 인지도를 높이고 신상품의 경우 시험구매와 반복구매를 촉진시키고 경쟁 브랜드의 구매자들을 우리 브랜드로 전환시키는 데 효과적이다. 또한 표적시장에만 정확하게 배포하기가 비교적 쉬운 반면, 쿠폰 사용률이 매우 낮고 쿠폰 사용을 위한 소매점 등의 하부구조가 부족하다는 단점이 있다. 이처럼 쿠폰의 낮은 사용률, 회수비용, 상황오류 등을 감안하면 회수된 쿠폰 1장당 비용은 1장당 할인액과 배포비용의 몇 배에 달할 수도 있다.

| 토의사항 |

01 경쟁중심적 가격결정 시 가격인하로 인한 불필요한 가격전쟁을 피하기 위한 방법에 대해 생각해보시오.

02 최근 인터넷과 정보통신기술의 발달로 인해 기존의 유통구조가 어떻게 변화하고 있는지 또 향후에 성장할 유통경로는 무엇인지 생각해보시오.

03 판매촉진의 수단들로는 어떠한 것들이 있으며, 어떠한 상황에서 효과적일지 생각해보시오.

| 참고문헌 |

- 유통산업통계(2013), 대한상공회의소.
- 박찬수(2014), 마케팅원리, 법문사.
- 안광호 · 조재운 · 한상린(2014), 유통원론, 학현사.
- 한상린(2017), 옴니채널 세상 어제의 소비자가 아니다, 2017.7.1. 동아비즈니스리뷰 DBR Column.
- Dunne, Lusch and Carver(2014), *Retailing*, 8th ed., South-Western.
- Rosenbloom, B.(2013), *Marketing Channels*, 8th ed., South-Western.

CHAPTER 09

디자인 사고력과 상품개발

제1절 디자인과 경제의 관계성

디자인은 경제와 산업발달의 필요성에 의해 형성되었다. 그리고 시장 변화에 따라 변천하였다. 살림이 넉넉해지는 호황기에는 인문과 예술에 관한 수요가 늘어난다. 따라서 이 분야의 투자도 적극적으로 증가하는데 인문학과 예술적 요소를 많이 담고 있는 디자인 역시 투자가 증가한다. 반면 경기가 좋지 않으면 디자인 지출을 줄이게 된다. 필수적 요소라고 생각하지 않으므로 순위에서 뒤로 밀린다.

19세기의 독일 통계학자 엥겔(Engel)은 '엥겔계수'라는 이론을 제시하였다. 소득 대비 식비(食費)지출을 말하는 것으로, 소득이 낮은 가정일수록 전체 생계비 중에서 식료품 구입비가 차지하는 비율이 높다는 것이다. 이 수치는 삶의 질이 향상되면 점차로 낮아지는데, 생계유지에 가장 중요한 식품구입보다는 문화생활 지출 비용이 증가하기 때문이다. 디자인산업은 일종의 문화생활이며 정서적 만족감을 주는 역할을 한다. 그래서 불황이 밀어닥쳐 '먹을 것'에 대한 걱정이 늘어가는 상황에서는 디자인을 생각할 여유가 크게 발생하지 않는다고 이해할 수 있다. 그러므로 경기가 갑자기 침체하면 디자인에 대한 투자를 줄이게 되고 그 시장 역시 위축되는 것이다. 반면, 경기가 좋아지고 소비자들의 민생이 어느 정도 해결되어 가면 사람들은 정신적 여유를 갖게 되고, 지출에 있어서도 어떤 품질의 어느 물건에 대해서는 최대 얼마까지 지불하면서 살 수 있다는 생각을 갖게 된다. 즉 엥겔계수가 낮아지면서 생기는 여유자산으로 생활의 만족도를 높이는 시도를 하게 되는데, 그 중 한 가지가 디자인이다. 그렇다고 불황기에는 모든 산업분야가 위축되는 것은 아니다. 과학과 기술에 관한 관심도는 높아진다. 실용적이며 생산성을 빠르게 높여 줄 활로이기 때문에 관심이 집중된다. 이 '실용성'과 '생산성'이라는 개념을 주의 깊게 기억해야 한다. 어려움이 증가할수록 산업수요가 늘어나기 때문이다.

전 세계적 경제불황이 계속되면서 한국의 경제사정도 어렵다는 우려의 관측이 많다. 실업률이 높아지고 자영업 매출은 저조하며 중산층의 살림살이가 악화되고 있는 등 고속성장의 호황은 옛날 일로 인식된다. 그래도 중국사회의 극심한 양극화나 일본, 미국, 유럽국가들이 겪은 불황의 진동에 비하면 상대적으로 괴로움이 덜한 편이다. 한국경제의 성장과정은 이미 갖추어진 내수시장이나 특정 산업에 기대어 성장했던 다른 나라와는 질적인 면에서 다르다. 우리나라는 인구가 적고 산업기반도 전무한 상태에서 개발을 시작했다. 제한된 자원을 전략산업에 집중해 글로벌 경쟁력을 갖춘 산업을 하나씩 키웠고, 그 과정에서 인구도 함께 늘어났다. 그 결과 핀란드, 스위스, 싱가포르와 같이 IT나 금융 같은 특정 산업에만 기대지 않고 반도체, 철강, 자동차, 건설, 전기전자, 문화콘텐츠 등 다양한 분야에서 세계 최고수준의 경쟁력을 갖춘 산업 포트폴리오를 제시할 수 있었다. 그리고 인구도 중간규모 이상인 경제구조를 만들어낼 수 있었다. 핀란드경제는 노키아가 무너져 큰 타격을 받았지만[1] 한국은 주력 산업이 10여 개에 달하여 한두 개 업종이 위기에 몰려도 그 충격을 흡수할 힘이 있다. 2008년 금융위기 때 우리 경제가 건설, 조선 업종에서 타격을 입고도 반도체, 자동차 등 타 업종의 선전에 힘입어 성장률을 회복한 것이 좋은 예다. 이러한 기반을 가지고 있으므로 향후 대면하는 여러 어려움들을 극복하리라 생각한다. 다만, 20세기 산업화시대의 방법과 같이 많은 것을 희생시켜가며 개발우선주의로 밀어붙여서는 곤란하다. 새로운 변화를 민감하게 감지하여 높은 판단력으로 노력의 방향을 선택하고 집중해야 잘될 것이며 반드시 그렇게 되어야 한다. 그렇다면 바꾸어야 할 20세기적 가치관은 무엇이며 우리가 가야 할 방향과 방법은 무엇인지 계속 논의히도록 하겠다.

우선 디자인과 경제의 관계부터 알아보면, 디자인 자체가 '경제의 산물'이다. 경제가 활성화되고 일반 소비자의 생활이 윤택해지면 자연스럽게 차별화된 '나만의 것' 또는 '나의 개성과 정체성'에 대한 욕구가 발생하기 마련이다. 반대로 경기가 침체되어 매일 일상의 생계유지가 어려워지면 디자인은 당장 '사치'로 구별되어 지출 순위에서 밑으로 밀려난다. 엥겔의 이론에서 알아본 바와 같다. 그러나 시장경제에서 디자인을 '사치'라고 볼 수는 없다. 왜냐하면 사람이 먹고사는 물질적인 문제만 해결되었다고 해서 삶의 조건이 다 갖춰졌다고 볼 수 없기 때문이다. 디자인의 발전에는 필연적으로 경제성장과 소비사회의 변화가 영향을 끼친다. 특히 소득이 높아지고 경제규모가 증대하면 소비자가 주도하고 주체를 이루는 시장이 생성된다. 그리고 더욱 다양하고 개성 있는 디자인의 세분화가 이루어진다. 세계인의 사랑을 받는 디자인이 많이 축적된 국가들, 가령 영국, 프랑스, 이탈리아, 일본 등은 문화강국임에 의심의 여지가 없으나, 디자인과 문화수준이라는 것은 매우 복합적인 요소들에 의해 형성된다. 국민의 지적 · 정서적 의식수준이 함께 높아야 하고, 높은 소득수준 같은 국가 인프라가 탄탄해야 가능하다. 그리고 각 산업이 균형 있게 발달해 있어야 하고, 특히 총체적 경제력이 뒷받침해 주지 않으면 디자인의 성장은 기대하기 어렵다. 몇몇 석유 산유국들이 국민소득에 있어서는 엄청난 부를 갖고 있는 듯 보이지만 그 나라들의 디자인이 알려지지 않는

1) 그러나 핀란드는 사회복지 선진국이다. 2012년, 노키아 해직자는 큰 액수의 퇴직보상금, 실업수당과 중소기업 취업이 보장되었다. 2016년, 한국의 대형 조선사 실직자와 비교하였을 때 노키아 해직자 쪽이 훨씬 큰 보상을 받았다.

것은 국가의 산업과 국민의식이 균형 있게 발달하지 않았기 때문이다. 그러므로 디자인은 그 나라와 국민의 총합적 수준을 보여주는 지표라고 해도 지나친 생각이 아니다. 앞에서 경기가 좋지 않을 때는 디자인 투자가 줄어든다 하였다. 디자인을 표면적이고 장식적인 요소로 인식해서 그렇다. 그렇다면 디자인이 보다 근본적인 문제를 해결해주고 특히 생산성을 높여 산업을 활성화시키는 역할을 한다면 이야기가 달라질 것이다. 특히 디자인적 사고가 중요하다.

제2절 디자인사고와 경영

1. 디자인 사고력

경영에서는 디자인을 부가가치 상승의 요소로 적용하며. 소비자들도 디자인을 구매요소 중 하나로 의식한다. 그러나 포화된 시장에서는 20세기적 경영방식이 한계에 봉착한다. 소비자가 주도하는 시장에서 그 니즈(needs)를 어떤 관점에서 파악하고 적용해야 하는지? 소모적 경쟁을 피하고 새로운 시장을 창출하는 가능성은 무엇일까? 우선, 디자인 사고에 관한 이야기로 시작을 해보자.

영어 단어인 Design Thinking은 우리 사회에서도 널리 사용되기 시작한 용어다. 디자인씽킹을 이 책에서는 디자이너와 같이 생각하는 능력을 뜻하는 '디자인사고'라 번역하여 사용하겠다. 디자인사고는 한 마디로 이야기하여 창의적 사고력을 의미한다. 조금 더 구체적으로 '경직되지 않은 유연한 사고, 창의성을 발휘하여 새로운 도전을 해보는 사고방식'이라 정의하겠다. 디자이너들은 출시된 디자인들을 최종적 완성이라 인정하지 말고 빠뜨린 아쉬움이 무엇인지 찾아 개선하도록 훈련(교육)을 받는다. 어차피 인간이 만든 사물, 시스템은 완전한 것이 없으므로 틀린 생각이 아니다. 한 줄 공식으로 만들어보면 다음과 같이 정리할 수 있다.

관찰 > 문제 발견 > 해결책 마련 > 개선안 제시

존재하는 현상들을 비평적 시각으로 관찰하여 개선점을 찾아 새로운 아이템 개발에 적용하는 것이다. 스티브 잡스는 다음과 같이 말했다. '개발이란 없는 것을 창조하는 발명이 아니고 있는 것들을 조합하여 제시하는 발견의 과정'이라고 언급하였다. 그러므로 개발자에게 있어 창의성이란 개선책을 생각하고 이미 존재하는 것들 중 최적의 것들을 발견하고 조합하는 것이다. 중요한 것은 생각하는 능력인데 일반적 사고와는 다른 독특하다고 할 수 있는 관점을 가져야 하며 이것이 창의적 사고라 할 수 있다. 이러한 사고력을 갖추기 위해서는 스스로의 능력을 계발해 가야 한다. 세상 가치에 휘둘려서 학력, 성적, 자격증 등 본인의 성향에 맞지 않는 것들을 억지로 추구하기보다는 각자의 잠재력을 관찰 · 파악하여 가장 잘할 수 있는 것을 찾아 즐겁게 몰입하는 것이 효과적이다. 가장 먼저 착수해야 하는 부분은 자신의 내면을 살펴보고 스스로를 알아나가는 과정에 있다. 조금씩 각자의 개성과 보유한 능력을 알아갈 때 가능성 높은 좋은 방향들도 보이게 된다. 이런 과정이 성찰 · 성숙한 삶의 길이다. 엉뚱하게 철학적 이야기를 하는 것 같지만 무척 중요한 개념이다. 스스로를 이해하는 성찰력을 계발하면 타인도 이해하는 넓은 안목이 생기게 된다. 즉, 사람들의 라이프스타일을 존중해주고 니즈를 충족시키는 아이디어를 만들 수 있는 가능성이 높아진다. 특히 창의성이란 정량적이고 수학적 논리로만 형성될 수 없는 것이라 감성과 인문학적 성찰을 갖추어가는 노력이 동반되어야 한다.

모든 상품에는 1차적인 기능과 2차적인 기능이 있다. 1차적 기능은 상품의 원래 목적이다. 성능, 내구성, 가격 등 물리적 기능이 그것이다. 이 요소들만 가지고는 성공적 상품 성립이 어려우므로 2차적 기능이 있어야 한다. 디자인, 브랜드 이미지, 희소적 가치 등의 비물질적인 감성적 요소들이 첨가되어야 한다. 그래서 20세기에는 1차적 기능을 엔지니어들이 담당하고 2차적 기능을 디자이너와 마케터들이 진행하여 협업을 했었다. 그러나 21세기의 기술 및 경영 패러다임은 크게 변화하고 있다. 기술은 오픈소스에 의하여 공개된 정보들로 쉽게 얻을 수 있으며 모듈화된 부품들을 주문하여 조립하면 가능하다. 간단한 제품 정도는 전공자가 아니라도 만들 수 있다.[2] 한편, 디자인에 관한 감성 역시 보편화되어 다른 정보와 동일하게 공유되어 간다. 두발을 염색하고 감각적 패션을 지향하며 감성적 가방이나 액세서리에 민감한 것이 디자이너의 전유물이 아니지 않은가. 그리고 경영학과 마케팅을 역시 필요한 부분만 학습하면 비전공자들도 좋은 상품을 개발할 가능성이 높아진다. 반드시 오랜 시간과 비용을 투자하여 전공자가 되었다고 해서 성공이 보장되는 것도 아니다. 21세기는 융

2) 아두이노(하드웨어), 라즈베이파이(소프트웨어) 같은 장비와 프로그램을 활용하여 구현할 수 있다.

합의 시대이다. 인공지능이 아직 할 수 없는 인간의 지혜와 판단력이 성패를 좌우할 것이다.

그렇다면 창의적인 디자인 사고의 반대 개념은 무엇일까? 우리가 경계해야 할 방향이므로 정의해보자면 '경직되어 굳어 있는 사고방식'이라 지칭하겠다. 변화를 거부하는 수구적 자세, 내가 옳고 너는 잘못되었다는 일방적 고집, 물질적 가치추구가 삶과 경영의 목표라는 좁은 시각 등등을 들 수 있다. 우선 이러한 경직된 사고가 가져오는 실패사례들을 보도록 하겠다. 우리는 실패의 사례에서 더 많은 것을 배우게 된다. 특히 우리(또는 나)는 이러 저러한 실수를 비슷하게 반복하고 있지 않은지 돌아보아야 한다. 어려운 문제지만 이것이 성찰의 과정이 아닐까?

2. 디자인 사고력을 갖춘 경영의 허와 실

디자인사고가 반드시 성공을 보장해주는 경영방법은 아니다. 디자인은 궁극의 해결책도 아니고 만능도 아니다. 과도하게 사용하면 비용투자가 늘어나고 가격경쟁력이 낮아진다. 역시 문제는 종합적 사고력에 있다. '어느 정도 적정선에서 디자인 투자를 한정할 것인지, 그리고 디자인사고에서 오는 창의적 마케팅, 브랜딩, 기획과 개발비용을 어느 적정선에서 한정할지를 판단하는 능력이 관건이다. 스티브 잡스는 천재적 경영자였다. 현대 경영에 대단히 큰 영향을 끼쳤으며 작고한 뒤 오늘날까지도 그의 경영전략이 영향력을 발휘할 정도로 뛰어난 사람이었다.

그러나 그는 천재적 직관력을 지나치게 믿은 나머지 여러 가지 실수들을 했다. 잡스는 디자인 사고력이 정말로 탁월한 사람이다. 또한 디자인 그 자체에도 투자를 아끼지 않았다. 초창기 애플(Apple)사는 컴퓨터를 만드는 개발사였는데, 잡스는 PC의 케이스를 아름답게 형성하여 우아한 가구 같은 품격을 제공해주었다. 여기까지는 좋았는데 소프트웨어인 화면의 구성, 색상, 그리고 서체 하나하나까지 섬세한 아름다움이 있어야 한다고 고집을 한다. 이를 구동하기 위해 메모리 용량이 늘어난다. 이에 높은 사양이 요구되고 가격이 당연히 상승한다. 1980년대 중반에 출시된 애플컴퓨터는 소형승용차 한 대 가격과 비슷할 정도였다. 이런 지경에 이르니 시장경쟁력이 떨어질 수밖에 없다. 이 책임을 물어 주주들이 잡스를 경영에서 물러나게 하였다. 자기가 만든 회사를 퇴직한 잡스는 넥스트(NeXT)라는 회사를 창업하고 역시 PC를 개발하게 된다. 출시된 PC는 경악스러웠다. '인간이 창조한 가장 아름다운 형태는 정육면체'라는 잡스의 집착으로 인해 경사각 없이 90도로 형성된 PC는 불량률이 높아 손실률을 소비자 가격에 더하게 되어 가격이 상승한다. 케이스의 외장은 물론 보이지 않는 내장까지도 고급스러운 품위를 주어 최상의 명품 PC를 제조하겠다는 바람 때문에 터무니없는 고가품이 된다. 상품의 1, 2차적 기능을 모두 완벽하게 가치상승시키려고 시도했기 때문에 벌어진 일이다. PC라는 기기는 기능성이 우선이며, 5~6년 사용한 후에는 재구입하여 신제품으로 교체되는 상황을 당시의 잡스는 예측하지 못하였다. 결국 실패한 사업이 되었다.

잡스의 실수는 상품의 1, 2차적 기능을 모두 높이 충족시키겠다는 완벽주의자의 고집에서

그림 9-1 ▸▸ 디자인료가 최고라는 폴 랜드에게 거금을 지불하여 만든 넥스트 로고

그림 9-2 ▸▸ 부품 교체 시만 열어 보게 되는 제품 내부까지 최고급 소재를 사용한 넥스트 PC

발생한 것이다. 실패사례를 하나 더 고찰해보겠다.

일본을 대표했던 기업 중 하나였던 소니(SONY). 전 세계에 휴대용 카세트 플레이어 워크맨을 2억 대 이상 판매하며 돌풍을 일으켰던 소니는 경영전략상 치명적인 실수를 하게 된다. 수익성을 더욱 높이고자 각 사업부별로 성과에 따른 급여제를 아주 엄격하게 시행하여 사업부들이 자신들의 이해타산을 중시할 수밖에 없는 경쟁구조로 간다. 오늘날 벤처기업이 갖는 유연성과 수평적이고 자율적인 협력구조의 반대 개념이다. 그 결과 사업부문 간의 협업이나 시너지는커녕 중복투자로 인한 재정손실, 기술경쟁력 저하가 발생하고 이는 매출저하와 브랜드 가치 하락으로까지 이어지는 재난(?)을 겪는다. 2012년에 소니는 PC사업부를 매각하고 스마트폰 사업을 축소한다. 이어서 2014년에는 TV사업부를 분사시키는 지경에 이른다. 더 열심히 일하게 만들겠다는 경직되고 수직적인 사고가 불러온 결과이다. 이를 부서 간 장벽과 이기주의를 뜻하는 사일로(silo)현상이라 부른다. 더 열심히 잘해보자고 채찍을 든 것인데, 산업사회에서 정보화사회로 넘어가는 과정에서 변화되는 조짐들을 인식하지 못한 것이 원인이다. 세계적 종합전자기업으로 성장했던 도시바가 최근 경영위기에 처한 것도 경영의 경직성 때문이며, 대만의 훙하이그룹에게 인수된 샤프도 마찬가지이다.

기업문화는 바뀌어야 한다. 우선, 경영자의 사고방식과 접근방법이 먼저 변화되어야 한다. 구성원의 창의력과 협업을 고취시키기 위하여 수평적이고 탈권위적인 방향으로 가야 한다.

3. 현대카드의 혁신경영과 디자인전략

개발과 관련된 경영의 보편적 과정을 기술해보겠다.

① 기업의 경영철학을 만든다.

② 브랜드전략을 세운다.

③ 상품의 1차적, 2차적 기능을 균형 있게 기획하여 소비자들의 기억에 부각되는 포지셔닝(positioning)을 한다.

경영철학이나 브랜드전략은 기업 내부에서 결정하고 구성원들이 이해하는 추상적 개념이다. 그러므로 일반 소비자들에게 전달하는 효율적인 방법을 고심해야 한다. 아름다운 미사

어구를 사용해도 소비자들이 기억하게 만들기는 정말 어렵다. 그러므로 디자인과 같이 시각적으로 확인할 수 있는 요소가 필요하다. 인간은 지각정보의 87%를 시각으로 인지하므로 눈에 보이는 디자인은 기술력과 함께 기업이 의도하는 바를 증명하는 역할을 한다. 매우 중요한, 그러나 간과하기 쉬운 점은 디자인이 기업전략과 일치해야 효과가 발생한다는 점이다. 그런 의미에서 현대카드가 구사하고 있는 경영방법은 시사하는 바가 크다. 이미 현대카드의 성공을 소개한 자료들이 많으므로 여기에서는 기업전략과 디자인경영의 일치도에 국한하여 이야기해 보겠다.

1997년 외환위기와 기업구조조정이 시작되었을 때, 다이너스클럽카드는 시장점유율이 2%도 안 되는 어려운 상황이었다. 이 회사를 현대그룹이 인수하면서 현대카드를 만들었다. CEO 정태영 회장은 임원실 벽면을 투명소재로 교체하여 임원들이 일하는 모습을 모두가 볼 수 있게 인테리어부터 변경했다. 그리고 회의좌석을 상하 직위별로 배치하지 않고 참석자 모두가 평등하다는 환경을 조성하였다. 경영방침에 있어서 포인트나 마일리지와 같이 사용자에게 돌아가는 이익을 한 가지 요소로 몰아서 부여하는 방안을 경영전략으로 채택했다. 예를 들어서 카드를 사용할 때 누적되는 포인트가 여행, 승용차 주유, 식당 이용 시의 할인, 영화관람 등등 많은 요소들로 분산되면 사용자가 누리는 혜택 역시 미미하여 실효성이 없을 것이라는 사용자중심적 사고를 하였다. 그래서 소비자들의 라이프스타일을 관찰하여 그들이 필요로 하는 요소 한 가지로 집중시키자는 방침을 만들고 이를 소비자가 선택할 수 있게 혁신을 한다. 3~4년에 한 차례씩 승용차를 새로 구입하는 사람에게는 현대기아차 구입 시 할인율이 집중되는 카드인 모바일의 약자인 M카드, 주유를 자주 해야 하는 라이프스타일을 가진 사람에게는 기름 주유 할인이 집중되는 카드인 오일의 영문약자인 O카드, 여행을 좋아하

그림 9-3 ▸▸ 고급스러운 삶을 의미하는 금빛 카드디자인

는 사람을 위해 항공료가 할인되는 포인트만 쌓이는 T카드, 이런 식으로 선택의 폭은 넓히고 이익은 집중되는 서비스를 경영전략으로 전환하여 큰 호응을 받게 된다. 현재 현대카드의 시장점유율은 20%에 육박한다. 이 전략을 시각적으로 분명하게 전달되는 카드디자인에 혁신을 주었다는 부분이 또한 중요하다. 다음 [그림 9-3]은 1990년대 후반에 유행했던 일반카드의 전형적 모습이다.

대부분의 카드디자인이 금과 은색을 띠었다. 마치 카드가 부귀를 상징하는 것 같은 의미를 담고 있지만 이것은 사실이 아니다. 신용카드라는 것은 외상으로 구입하고 사용자가 매달 대금을 갚아나가는 것이며 판매자가 그 수수료를 카드사에 지급하여 그 수익을 쌓아 가는 것이 카드회사이다. 현대카드는 서비스전략에 있어서 소비자가 분명하게 인지할 수 있도록 알파벳의 약자와 다양하고 단순한 색상으로 다음과 같은 디자인을 사용했다.

허세를 걷어낸 후 단순하고 명확한 메시지를 담고 있는 디자인이 때로는 필요하다. 단, 그것이 경영전략과의 일치 여부를 판단하는 능력이 있을 때 효과가 발생한다. 사용자중심, 소비자 입장에서 보다 현실적인 이익을 서비스하겠다는 방안을 제공하면 소비자는 스스로의

그림 9-4 ▸▸ 경영 및 서비스 방침의 인지도를 높인 사용자중심의 디자인

라이프스타일을 존중받았다는 느낌을 받는다. 고객을 사랑한다는 개념, 이를 체감하도록 시행하는 방법이 중요함을 새삼스럽게 보여주는 사례이다.

제3절 브랜드 이미지와 마케팅

1. 브랜딩전략

기업전략을 효율적으로 전달하는 마케팅, 그리고 이를 통하여 형성되는 무형자산 브랜드는 일관성 있는 전략을 추진해야 한다.

『현대카드 디자인 이야기』를 저술한 오영식 · 차재국 · 신문용은 브랜드를 다음과 같이 설명하는데, 필자가 알고 있는 그리고 본 자료들 중에서 가장 쉽고 명확하다.

'브랜드(brand)의 어원은 목장 소유의 소나 말에 불도장(branding iron)을 찍어 소유주를 구분하던 것에서 유래되었다. 그러나 산업화가 진행되면서 제품을 의미하게 되었고 더 나아가 서비스나 회사 자체를 가리키는 등 확장된 의미를 포함시키며 발전해 왔다. (중략) 어떤 실체를 지닌 것을 가리킨다기보다는 무형자산으로서 가치를 지닌다. 브랜딩은 이러한 브랜드에 대해 소비자가 충성도를 갖게 하는 것이 목적이다. 즉 브랜드가 어떤 제품이나 회사의 로고, 컬러, 상표권 등의 이미지라고 한다면 브랜딩은 이를 위한 전반적인 행위를 뜻한다. 컨설팅이나 콘셉트 설정 등 디자인을 하기 전의 작업도 브랜딩에 포함되며 디자인 이후의 마케팅 부분도 브랜딩이라 할 수 있다.'[3]

브랜드 가치가 왜 중요한가를 구체적으로 논의해보자.

기업 입장에서는 자사의 브랜드가 얼마나 시장과 고객에게 잘 알려지고 인정을 받는가에 따라서 제품의 가격수준과 판매마진이 결정된다. 즉 브랜드는 그 인지도가 올라갈수록 부가가치가 크게 발생한다는 뜻이다. 우리가 소위 명품으로 인식하는 고급 브랜드의 구입가격이 높은 이유가 여기에 있다. 인터브랜드와 더불어 세계적인 브랜드 디자인 컨설팅 기업인 랜도 어소시에이츠(Landor Associates)의 앨런 애담슨(Allen Adamson)은 그의 저서(『brand simple』, 2007)에서 브랜드와 브랜딩의 차이를 다음과 같이 설명한다.

---

3) 오영식 외, '토탈임팩트의 현대카드 디자인 이야기', 35.

"'브랜드가 사람들의 마음속에 차별화된 의미를 갖추기 위해서는 어떻게 해야 하는가'라는 방법론이 브랜딩이라는 것입니다. 반면에 브랜드전략은 브랜드 아이디어를 전달하기 위해 개발하는 계획이라고 정의하고 있습니다. 브랜딩은 강력한 표시의 일종인 시그널(signal)을 사용하게 되며 시그널은 브랜드를 상징하기 위해서 사용되는 것. 간단하게 말하자면 위대한 브랜드는 치밀한 브랜딩 노력의 결과라는 것입니다. 브랜드 시그널은 로고, 이름(브랜드명), 색상, 활자체, 판촉, 패키지디자인 같은 외부적이고 명확한 것들을 의미합니다. 당연하게도 제품의 기능적 특성과 디자인도 차별화를 추구하는 브랜딩 시그널입니다."

그리고 앨런 애담슨은 최고의 브랜드를 만들기 위해서 가장 중요한 요소인 브랜딩은 더 이상 마케팅부서만의 고유업무가 아니라고 말한다.

디자이너가 본인의 주 업무인 제품의 디자인을 기획할 때, 소비시장의 구조와 흐름 그리고 사용자의 라이프스타일 등을 면밀하게 이해하고 디자인이 그 논리에 의해서 결정되어야 한다. 마케팅의 기본원리를 디자이너가 이해해야 하는 이유가 여기에 있다. 더 나아가 디자인 전공자뿐만 아니라 기획자 모두가 마케팅과 브랜드의 기본원리를 이해하고 업무를 수행해야 한다. 새로운 초국가적 경쟁환경에서 살아남고 성장하기 위해서는 최고의 브랜드 파워로 브랜드 경쟁에서 이기기를 원한다. 어느 특정 제품의 카테고리에서 세계 시장에서 몇 번째 안에 들어가는 강력한 브랜드인가가 중요해지는 시점에 와 있기 때문이다. 디자이너도 감각만을 내세우기보다는 경영과 경제상황에 민감해야 하는 상황이 이미 도래하였다.

디자인의 지속성이란 쉽게 해석하면 '오래 사용해도 쉽게 싫증나지 않는 디자인'을 말한다. 매우 이상적인 교과서적 개념으로 들리기도 하지만 부정적 관점에서 보면 '두루뭉술하고 덤덤한 디자인이 아닐까?' 하는 의구심도 생기는 말이다. 그러나 그것 자체가 신뢰와 고정 고객을 확보하여 브랜드 이미지를 유행과 영합하지 않는 '지속성(sustainable)'을 유지한다면 한 번 생각해봐야 할 내용이다.

애플은 오래 전부터 '디자인의 단순성'을 강조하는 방향으로 가고 있었다. 물론 인터페이스가 단순해야 좋다는 의미이지만 형태 역시 단순성이라는 일체화된 코드로 형성되어 이미지를 더욱 강하게 구성한다. '단순한 디자인이 지속성을 갖고 순수해서 아름답다'는 개념은 모더니즘의 조형미에서 비롯된다. 즉 완전히 새로운 실험은 아니지만 그 미적 가치(심미성)와 높은 사용성(기능성)[4]은 현재에도 그 가치를 인정받고 있다. 단순한 기하학적 형태로 정체성을 인정받는 덴마크의 뱅앤올룹슨(Bang & Olufsen)의 디자인은 고급 브랜드로서 손색

4) 심미성과 기능성을 하나로 융합하여 높은 가치를 유지한다는 것이 모더니즘 스타일 디자인의 목표다.

그림 9-5 ▸▸ 베오사운드 9000

이 없다. 그들은 수명이 짧은 유행보다는 오래 질리지 않는 클래식을 추구한다. 베오사운드 9000은 출시된 지 10년째 디자인의 변화 없이 판매율이 꾸준히 유지되는 회사의 자랑이다. 고객충성도가 높으며 시장에서 지속적으로 일정한 매출을 기록하고 있다는 뜻이다.

그 디자인 철학이 많은 것을 생각하게 한다. '고객이 무엇을 원하는지 고려하지 않는다.' 이것은 고객이 원하는 것을 빨리 파악해서 제공해주라는 마케팅의 원칙에 정면으로 위배된다. 그러나 이것은 역발상적 마케팅의 일환이다. 급변하는 유행을 좇아 허둥대지 않고 간결미를 고집스럽게 추구하여 그 가치를 오래도록 인정받는다는 기업의 디자인 철학이 이러한 자신감을 불러일으킨 것으로 해석하고 싶다. 단순성을 강조한다는 디자인은 새삼스러울 것도 없는 것인데 큰 호응을 일으키는 현상은 여러 가지로 원인을 볼 수 있다. 우선 모더니즘에 대한 복고적 향수로 볼 수도 있다. 또 복잡한 조작방식과 현란한 디자인에 식상한 사용자들이 단순한 인터페이스, 그리고 깨끗한 형태를 선호하는 현상으로 볼 수도 있다. 그러나 보다 중요한 사실은 잠재된 사용자(고객)의 욕구를 일깨우는 적극적 마케팅과 디자인전략이 성공의 요인으로 작용하였다고 진단된다.

수동적으로 현재의 소비자 동향과 트렌드만을 반영해서는 잠재심리를 파악하기가 어렵다. 즉, 사용자의 욕구를 충족시키는 수동적 입장에서 벗어나 고객의 욕구를 깨우쳐주고 충족시키는 고객 선도적인 대응이 필요하다. 또 하나의 중요한 요인은 고객들의 의식 속에 업종의 대표 브랜드로 포지셔닝(자리매김)될 수 있는 브랜드 강화전략이 수반되어야 한다는 것이다.

애플은 조나산 아이브(Jonathan Ive)가 디자인하여 애플을 파산에서 구한 아이맥(iMac) 시리즈가 있다. 그 디자인이 갖는 성공적 요소인 단순함, 높은 사용성, 그리고 특유의 색상 등을 대표 브랜드의 특성으로 삼아 애플에서 출시하는 다른 아이템에까지 디자인 특성을 적용하였다. 고객의 호의적 태도(고객충성도)를 지속 · 확장하는 전략을 구사한 것이다.

2. 마케팅

브랜드전략을 세우고 개발 방향을 정하여 추진하고 있다면 마케팅을 시작해야 한다. 그리고 이 마케팅이 브랜드전략을 잘 전달할 수 있는 방법으로 수행되어야 함은 물론이다. 마케팅에서 중요한 것은 소비자의 의미와 범위 설정이다. 왜냐하면 한 기업의 입장에서 이 세상 모든 소비자들의 욕구를 동시에 충족시켜 줄 수 있는 제품이나 모델을 만들 수는 없기 때문이다. 소비자의 욕구는 매우 다양하여 그 모든 욕구를 한 제품에 반영하기란 거의 불가능하다. 그리고 잘못되면 전문성이 낮아져서 경쟁에서 뒤떨어진다. 마케팅컨셉트는 이러한 고객 전문화의 중요성을 강조하고 있다. 즉, 특정 상품의 구매에 관심을 가지고 있는 잠재고객들을 일정한 기준에 의해 분류하고 그 중에서 자사의 상품을 가장 잘 이해할 수 있고 원하는 목표고객을 찾는다. 이것을 시장세분화(market segmentation 또는 segmenting)와 목표시장의 선정(target marketing 또는 targeting)이라 부른다. 고객을 분류하는 방법에는 나이와 성별, 소득수준, 라이프스타일, 소비행태 등이 있다. 개발자는 이 중에서 그들의 상품을 가장 잘 받아들일 수 있는 계층을 찾을 수 있는 기준을 이용해야 한다.

기업의 마케팅활동은 시장세분화와 목표시장의 선정에서 끝나는 것이 아니라 제품의 존재를 목표시장 사람들에게 알려 주어야 하는데, 이 작업을 포지셔닝(positioning)이라 한다. 포지셔닝은 한 기업의 상품에 대하여 사람들의 마음속에 자리매김하는 작업이다.

마케팅은 결국 시장(market)에 관한 이야기이다. 여기서 시장이라는 것은 구매자, 소비자들로 이루어져 있는데, 이들의 욕구는 영구불변한 것이 아니다. 소비자들의 욕구와 취향은 시시각각 변해간다. 따라서 마케터들은 시장의 변화에 신속하게 부응하지 않으면 도태되기 마련이다. 그래서 시장을 여러 기준과 요건에 의해 잘 구분하는 것도 중요하지만 세분화된 시장 중에서 가장 적합한 것을 선택하는 일은 더욱 중요하다. 목표시장을 선택할 때에는 기업의 역량, 기술력과 같은 내부사정뿐만 아니라 시장 자체의 매력도도 신중하게 평가해야 한다. 시장의 매력도란 규모와 성장성, 시장 내의 경쟁의 강도 등을 말한다. 지금 현재의 시장규모는 작지만 앞으로 빠르게 성장할 가능성을 보이는 시장을 개척해 나가는 방법이 바람직하겠다. 다만 성공하려면 논리적 예측에 의한 판단력이 필요하다.

마케팅은 브랜드전략을 소비자에게 효과적으로 전달하기 위한 구체적 과정이다. 여기에도 시각적 효과와 스토리텔링이 필요한데, 범위를 좁혀서 예를 들자. 최근 역발상적 아이디어들로 좋은 반응을 얻은 마케팅 광고들을 보면 상품의 우수함을 강조하기보다는 진정성과 나눔, 상생 등의 무형의 가치들을 주제로 삼은 것이 많다.

[그림 9-6]은 추가로 있는 별도의 바코드를 찍어 달라고 요청하면 구매자가 100원을 더 부담하여 기부하게 하는 CJ제일제당의 생수 '미네워터' 광고이다. 소비자가 100원을 상품가에 더하게 되어 구매가격이 상승하지만 생산자도 100원, 유통판매자도 100원을 추가 자동 기부하도록 설정되어 있다. 생수 한 개당 도합 300원을 수질이 좋지 않은 국가에 정수시설을 만드는 비용으로 기부하는 공익성을 기업이 실천하고 있으며 이에 동참했다는 만족감을 소비자가 얻는 마케팅이다. 이를 통하여 기업은 '함께 좋은 일을 한다'는 브랜드 이미지의 상승을 기대하는 것이다.

그림 9-6 ▸▸ 기부에 참여하는 것을 선택하는 생수

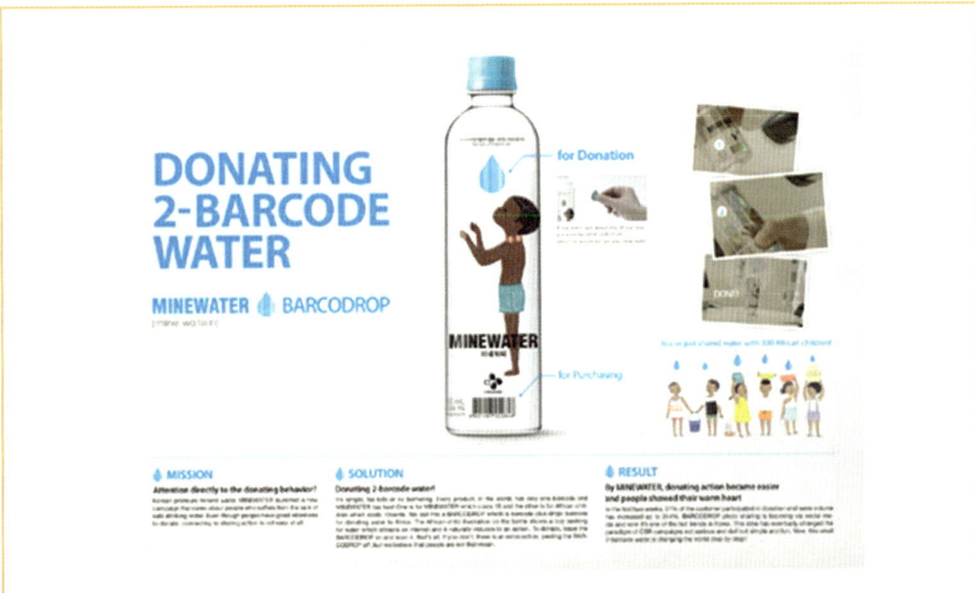

그림 9-7 ▸▸ 어린이들은 맥도날드 햄버거 섭취를 줄여 달라는 역광고로 매출량을 오히려 늘게 만든 광고

불균형한 영양섭취로 인기가 하락하고 있는 맥도날드 햄버거는 고민이 깊다. '어린이는 일주일에 한 번만 맥도날드를 이용하는 것이 좋다'며 방문제한을 권장하는 광고([그림 9-7])를 하여 오히려 매출이 늘어나는 단기효과를 본 일이 있었다. 소비자를 걱정하는 정직함(?)이 신뢰를 불러일으킨 사례이다.

'이 재킷을 사지 마라?' 궁금증을 유발시킨다. 생산하는 행위는 필연적으로 환경을 훼손한

그림 9-8 ▸▸ 아웃도어 의류 파타고니아의 역광고 '이 재킷을 사지 마시오'

다. 그러므로 환경을 생각하면 제품을 생산해서는 안 되지만 그럴 수가 없으니 꼭 필요하지 않으면 사지 말라는 메시지를 전달한다. 종전 마케팅과는 다른 행보이다. 구입 후 수선해서 오래 입으라는 파타고니아의 마케팅([그림 9-8])은 성공하여 미국 아웃도어 시장에서 2014년 시장점유율 2위를 기록했다. 마케팅전략이 바뀌고 있음을 시사하며 독특한 아이디어로 브랜드 정체성에 차별화를 시도하는 현상들이 늘어나고 있다. 세 가지 광고의 메시지는 나눔과 상생, 정직한 진정성, 환경보존 등으로 해석할 수 있겠다.

제4절 새로운 경영과 기획의 방향

1. 트렌드의 이해

트렌드라는 사회적 흐름 및 경향을 파악하는 목적은 미래를 예측하기 위함이다. 상품기획은 다분히 미래지향적인 것이므로 현재시점에서 기획하는 상품이 미래에 얼마나 좋은 반응을 받을 수 있는가를 판단하는 것은 당연히 중요하다. 이러한 과제가 지닌 진정한 의미는 현재의 의미와 역동성을 파악하고 그 단서들을 적용하여 미래의 성공을 예측하는 수단으로 사용하는 데 있다. 이러한 접근법을 '예시적 설계(anticipatory design)'라 하며, 혁신을 지향하는 개발자들은 이 능력이 탁월하기 때문에 시장을 선도한다.

미래에 대한 예측은 현재의 상황을 정확하게 진단한 후에 가능하다. 예를 들어 소비의 주체, 386세대라 불리는 베이비붐 세대가 장년에 접어들고 있다. 이는 미래에 의료기기 및 의료분야 서비스 상품에 대한 요구가 증가할 것이라는 예측이 가능하며, 더 나아가서는 실버산업이 크게 확장될 것이라는 예측을 하게 한다. 현재의 인구증가가 정체되었다는 통계는 영아 · 유아제품시장이 축소될 것이라는 예상이 가능하고, 여성의 사회적 지위와 소득이 증가하고 있다는 것은 여성용품시장이 확대될 것이라는 판단을 도와준다. 트렌드를 확인하고 파악하는 데 도움을 주는 요소는 사회, 경제 그리고 기술분야에 대한 분석에 있다. 이러한 요소들은 시장이 어떠한 영향력을 갖추고 있으며 시장에서 요구하는 것이 무엇인지 확인시켜주는 역할을 한다.

사회적 요인은 시장의 문화, 라이프스타일 및 정치적 측면을 주목하며 경제적 요인은 시장의 구매력과 구매시점에 주목하고 기술적 요인은 틈새영역 내에서 새로운 기술사용 트렌드를 주시하게 된다. 사회적 · 경제적 · 기술적 요인들은 주어진 좁은 시장상황을 설명하며 역동적인 요인들 중 하나에 의해 제품개발이 추진되거나 지연될 수 있다. 그래서 혁신적인 기업들은 현재 시점에서 요인들을 읽어내고 이 요인들의 발생에 따른 변화에 적절하게 대응한다.

지난 산업화시대의 디자인은 기업과 물질의 소비를 촉진시킨다는 면에서 '물질적 가치의 효과적인 표현'이 주된 역할을 맡았으나 현재의 지식정보화 사회에서는 물질적 가치와 함께 '정신적 가치'가 대단히 중요해진다. 산업화시대의 디자인 대상은 하드웨어적이고 물질적이고 가시적 제품에 국한되는 경향이 있었다. 따라서 상품디자인의 가치가 기능성과 생산성을 높이는 방향에 초점을 맞추어왔다. 디자인의 내용 면에서는 외형적이고 제품의 기능이 흔히 디자인에 우선하는 형식을 취해왔다. 지식정보화 사회는 기존의 물질적이고 하드웨어적인 영역을 초월하는 비물질 · 비가시적인 가치 같은 소프트웨어적 내용들이 사회의 주요 요인으로 대두되면서 디자인 역시 이러한 가치를 적극 수용하는 방향으로 전개되어진다. 왜냐하면 현 시점에서는 제품의 하드웨어 성능이 상향평준화되는 현상이 계속되기 때문이다. 기업의, 국가의 고유기술이라는 것은 비교적 짧은 시간 내에 후발주자들에게 공유된다. 따라서 차별화와 고부가가치를 위해서는 사용자 인터페이스(UI: User Interface)나 디자인 등 '소프트파워'로 우열이 가려지는 경향이 점차 부각되고 있다.

그러면 우리가 파악해야 할 트렌드를 작은 것부터 큰 것의 순서로 살펴본다.

(1) 패드

패드(fad)는 반짝 시장과 같이 일시적이고 예상치 못한 상황에서 일어난다. 어느 정도 예측이 가능한 트렌드와는 조금 다른 현상인데 트렌드의 가장 작은 단위로 패드를 다루는 것은 이것이 트렌드의 조짐, 단서가 될 수 있기 때문이다. 패드의 특성은 일시적이고 단발적으로 끝날 가능성이 있다. 그러나 뜨거운 유행을 일으키며 단기 시장을 형성할 수 있다. 반면 다른 분야로 파급되지는 못한다. 예를 들면 2012년 7월에 가수 싸이가 '강남스타일'이라는 곡을 발표하였는데 국내용으로 제작된 곡임에도 세계적으로 뜨거운 인기를 불러일으키며 한국가요계와 한류에 큰 기록을 세웠다. 또한 일시적으로 서울 강남에 관광객들이 모여드는 현상을 불러일으키기도 했다. 이와 같이 의도되지 않은 우연에 의해 넓은 지역에서 세대와 계층을 아우르는 폭발적 인기를 얻었다면 트렌드가 아니어도 의미부여는 할 수 있다.

(2) 마이크로 트렌드

마이크로 트렌드(micro trend)는 말 그대로 작은 트렌드이며 국지적 · 미시적 · 예외적 · 일시적 · 가변적 · 특수적 · 비주류의 성격을 지닌다. 작지만 발랄한 트렌드로서 미래에 예정된 변화의 조짐일 수 있다. 사례는 서울 강남 가로수길, 삼청동, 홍대 앞 등 지역상권이 있으며 이태원이나 인신의 외국식당가의 형성과 같은 문화적 변화도 읽을 수 있다. 궁상민이라는 별명을 가진 가수 이상민이 2017년 현재 큰 관심을 받고 있다.

방송 프로그램에서 연어 머리로 조리를 해 먹는 장면이 방영되면 연어 머리 가격이 오르고, 오징어 입으로 음식을 만드는 장면이 방영되면 오징어 입이 소셜 쇼핑 사이트에 상품으로 바로 소개된다. 그가 살아가는 모습이 시장상황에 영향을 줄 정도로 호응이 높다. 이 현상은 이상민이라는 캐릭터가 지닌 채무 사정 때문이다. 그가 많은 금전적 빚을 지고 있다는 상황에 공감하는 채무자들이 많기 때문이다. 그래서 이상민을 격려하고 지지하는 팬이 형성되고 공감하는 시청자가 늘어나는 현상이다. 그렇다면 어려운 상황을 정직하게 밝히는 용기, 그 상황을 극복해 나가는 노력의 실시간 공유, 공감대를 만들어가는 과정을 기획해 볼 수는 없을까? 이 단서들은 장차 주류 트렌드로 확장될 가능성이 매우 높다. 그러므로 마이클로 트렌드는 기획자에게 대단히 중요한 의미를 지니고 있으며 항상 주시하고 분석할 필요가 있다. 또한 패드보다는 시간상으로 지속성을 지니며 다른 영역으로 확대되고 영향을 준다. 특히 조기시장 형성에 큰 참고사항이 된다.

그림 9-9 ▸▸ 연예인 이상민

(3) 주류 트렌드

주류 트렌드(mainstream trend)는 사람들의 욕구와 생활양식의 변화 그리고 시장에 큰 영향을 주는 현상이다. 특히 장기시장 형성에 영향을 주게 된다. 건강을 최우선시하는 웰빙문화나 정서적 치유를 중요시하는 힐링과 같은 현상을 예로 들 수 있다. 출판계에 마음을 치유하는 서적이 베스트셀러를 이루는 것과 의과대학에서 정신과를 지망하는 의학도가 증가하는 상황 등이 그러하다. 디자인과 경영에 있어서는 친환경이나 자연친화, 무공해라는 요소가 2000년대에 들어서 기본 틀이 되었다. 주류 트렌드는 사람의 마음을 움직이는 가치를 지녔으므로 갑자기 축소, 소멸되는 현상이 아니다. 그리고 큰 시장을 이미 형성하여 진행되고 있다.

(4) 메가 트렌드

메가 트렌드(mega trend)는 정치, 경제, 문화 등을 움직이는 사회의 거시적 변동이다. 한 지역이나 국가를 넘어 범세계사적 현상이며 인간욕구를 광범위하게 변화시킨다. 사례를 몇 가지 살펴보면 아래와 같다.

① 지위와 위신, 체면보다는 좀 더 많은 다양한 자질을 갖추고자 하는 욕구
② 국가나 사회에 대한 충성보다는 가족과 개인의 안정을 중요하게 보는 시각
③ 경쟁보다는 내면의 성장이 더 중요하다는 의식
④ 좀 더 많은 재화(돈)가 목표라기보다는 좀 더 많은 시간을 추구하는 욕구

이러한 현상들은 시장에 지속적인 영향을 준다. 과거에 중대형 자동차나 모피, 보석 같은 것을 최고의 가치로 선호하는 경향이 있었다면 현재는 신형 아이폰과 같은 모바일을 가장 먼저 소유하고픈 욕구가 있다. 이것은 물질을 숭배하던 현상에서 보다 나은 서비스와 경험(체험)을 중요하게 보는 사고이다. 가치관이 물질의 소유에서 정신적 만족을 높이는 방향으로 전개되고 있음을 의미한다. 그리고 한 세대 이상 지속될 것이다.

2. 라이프스타일과 시장세분화

앞의 글에서 디자인과 경영, 그리고 경제원리는 서로 분리해서 생각할 수 없다고 언급하

였는데, 디자인의 방향과 사용자를 고려하기 위해서는 경영방식과 경제상황을 분석하는 것이 디자인에 타당성을 부여하므로 그러하다. 특히 상품디자인은 논리적 근거와 디자인이 존재해야 하는 타당성이 우선되어야 한다. 달리 보면 조형적 가치, 심미성보다도 이것이 더 중요하다. 시장은 더욱 분화되고 사람들은 각자의 생활에 개성을 추구한다. 어린이부터 노인까지 누구나 사용하기에 무난한 제품도 물론 있다. 우리가 흔히 사용하고 있는 모나미볼펜은 스테디셀러(steady seller)다. 그러나 사람 각자가 생활방식과 사고가 복잡다단해 지는 현대사회에서는 구체적으로 누구를 위한, 그리고 어디에서 언제 사용하는가 등의 6하원칙에 준한 라이프스타일을 면밀하게 연구하는 것이 기획의 필수적인 출발이라고 보여진다.

여기에서 중요한 것은 사용자의 의미와 범위다. 개발자의 입장에서 이 세상 모든 사용자들의 욕구를 동시에 충족시켜 줄 수 있는 상품을 기획하기는 매우 어렵다. 그리고 그럴 필요도 없다고 생각한다. 이제는 다양성이 공존하는 시대이며 사용자의 욕구는 너무도 다양해서 그 욕구를 하나의 제품에 모두 반영하기는 거의 불가능하다. 이 현상은 시간이 흐를수록 심화될 것이다. 마케팅 측면에서 방향을 설정할 때 고객전문화의 중요성이 강조되는 것도 이런 이유 때문이다. 고객전문화란 특정한 제품의 구매에 관심을 가지고 있는 잠재고객들을 일정한 기준에 의해 분류하고 그 중에서 개발자의 의도를 가장 잘 이해하고 그것을 원하는 목표고객(사용자)을 찾는 것이다. 이것을 마케팅에서는 시장세분화(market segmentation 또는 segmenting)와 목표시장의 선정(target marketing 또는 줄여서 targeting)이라 부른다.

사용자를 분류하는 방법에는 여러 가지가 있다. 나이나 성별, 소득수준, 소비행태, 직업이나 거주지역 등이 있다. 개발자는 이 중에서 자신이 착수해야 할 제품을 기획할 때 타깃 설정을 우선하여 디자인의 방향을 세워 나가야 효율적이다. 시장을 여러 기준과 요건에 의하여 구분하는 것도 중요하지만 세분화된 시장 중에서 가장 적합한 사용자 라이프스타일을 이해하는 것이 필수적이다. 사용자 입장에서 사고하여 시장의 매력도[5]를 측정해야 실수를 줄일 수 있다. 그리고 현재의 시장 규모는 작지만 앞으로 빠르게 성장할 가능성이 보이는 시장을 판단하여 선점하는 것도 고려해야 한다.

[그림 9-10]은 신제품이 발매되었을 때 초기에 구매하는 사람들과 시간이 경과하면서 구매하는 사람들을 성향별로 구분하여 명칭을 부여한 것이다. 새로운 기술을 담은 제품이 소개되었을 때 신기능을 접해보기 위해 사용상의 결함을 감수하면서 최첨단 제품을 즐기려는

5) 시장매력도란 규모와 성장성, 시장 내 경쟁의 강도, 선점업체의 시장점유율 등을 말한다.

그림 9-10 ▸▸ 혁신확산곡선

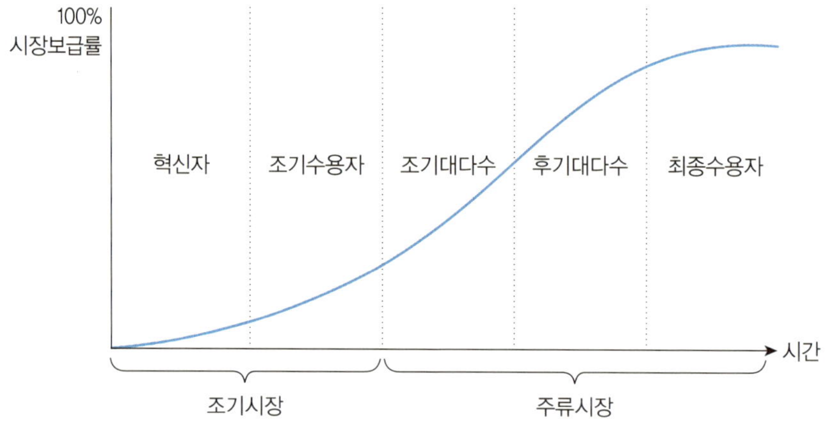

혁신그룹은 항상 존재한다. 이러한 제품의 구매자들은 트렌드의 초창기를 선도하는 역할을 한다. 그러나 이러한 혁신그룹(세분화하자면 혁신자는 이노베이터라 하지만, 여기에서는 넓은 의미에서 혁신자와 조기수용자를 묶어서 얼리어댑터; early adapter라 지칭한다)의 얼리어댑터들의 구매가 항상 성공적 대량판매로 이어지지는 않는다. 그래도 신제품을 기획하는 단계에서는 해당 아이템에 관심을 가져 줄 얼리어댑터의 성향을 분석하는데, 특히 이들의 라이프스타일을 파악하는 것이 도움을 준다.

모든 제품은 수명주기를 갖는다. 출시된 시점에서 수십 년간을 판매되는 초베스트셀러 제

그림 9-11 ▸▸ 제품수명주기

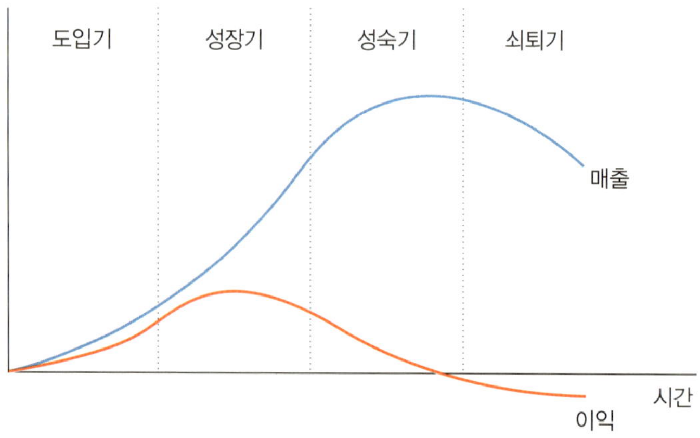

품도 있고, 출시 후 판매가 부진하여 곧 단종되는 제품도 있다. [그림 9-11]의 수명주기를 보면 매출이 늘고 있는데 이익은 줄어드는 시점이 있다. 이는 경쟁사들이 뛰어들어 가격경쟁이나 서비스강화를 하고 있기 때문이다. 제품수명주기는 시장에 존재하는 제품들 간에 어떠한 차이가 있는지, 그리고 새로운 제품을 도입할 시기가 언제인가를 파악하는 데 자료로 활용된다. 이러한 부분을 '제품기회차이'라고 부른다.[6] 미래학자 앨빈 토플러(Alvin Toffler)는 '소비자들은 전문가에 뒤지지 않는 제품지식과 사용경험을 토대로 생산(producer)과 소비(consumer)를 동시에 추구하게 될 것'이라 하였다. 이는 탈산업사회의 여러 현상 중 하나인데 생산자와 소비자의 역할을 동시에 하는 '프로슈머(생산자라는 producer와 소비자인 consumer의 합성어)'라 불린다. 그 중에서도 소비자 중의 소비자라는 뜻의 알파소비자(alpha consumer)는 신제품의 진로를 선도하는 집단이다. 이들은 스스로 디자인도 하고 자신만의 브랜드도 만들고 시장의 흐름도 끌고 간다. 이미 출시된 신제품을 남들보다 일찍 받아들이는 수준의 '조기수용자, 얼리어댑터'보다 기술적 전문성이 높고 사회적 영향력도 높다. 따라서 이들을 제품개발과정에 참여시키면 신제품의 경로와 수명은 더 분명해질 수 있다. 제품수명주기의 곡선도 소비자의 라이프스타일과 관련이 있다. 그리고 새로운 트렌드와 유행 코드는 새로운 소비층을 만들어내기도 하고, 새로운 라이프스타일을 가진 종족(?)의 등장으로 인하여 기존의 트렌드가 바뀌기도 한다.

3. 가격대시장의 선택

[그림 9-12]는 2010년 오픈한 생과일주스 업체 '주씨'를 모방하는 사례들이다. 상표뿐만 아니라 매장 스타일과 메뉴까지 모방했다. 창의적인 상품을 개발하여 시장진입에 성공하면 이를 표절하는 경쟁자들이 반드시 출현한다. 고난이도의 기술력이 필요하지 않는 업종은 모방이 쉽기 때문에 더 심하게 나타난다. 이런 현상은 개발자 입장에서는 분명히 괴로운 상황이지만 시장에서 성공하면 표절이 발생할 것을 각오하고 있어야 한다.

사실 계속 발생하는 유사 브랜드들을 소송으로 이기기는 힘들다. 현재는 유사 브랜드를 막을 법적 근거가 부족한 현실이며 상표를 등록하거나 특허를 출원하면 다소 효력 있기는 하다. 문제는 소비자들이 최초 개발자의 오리지널리티(원조성)를 인식해주어야 하는 부분이

6) 크레이크 M. 보겔 외(2006), 디자인으로 미래를 경영하라. 럭스미디어, 98.

그림 9-12 ▶▶ 표절의 사례

다. 그러므로 상품을 개발할 때는 최초의 개발품과 함께 그 파생형도 사전에 준비해 두는 것이 좋다. 시장진입에 성공하여 매출과 순이익이 올라가면 경쟁자들은 모방을 하거나 자신들의 상품 가격을 내려 가격경쟁력을 높이고 서비스를 강화하여 시장을 내주지 않으려 한다. 이 시기에 제2탄인 파생형을 시장에 또 내놓고, 적절한 시기에 세 번째 혁신상품을 발표하면서 시장 주도권을 강화시켜 가는 방법이 가장 바람직하다. 애플이 폰에 1, 2, 3 … 등의 번호를 주어 연속적으로 시장진입을 시키는 것이 그 예이다. 그러면 소비자들은 혁신상품은 누구이고 모방자는 누구인지 인식하게 되므로 표절상품이 부당이익을 취할 자리가 없어진다. 한편 개발자 측은 브랜드가 형성되어 안정적 상태로 가게 된다.

상품을 가격대별로 분류하면 다섯 개 층으로 볼 수 있다. 고가, 중고가, 중가, 중저가, 그리고 저가시장이 있다. 고가 및 중고가 상품군은 기존의 브랜드가 강한 장악력을 구축하고 있을 뿐만 아니라 고도의 기술력과 자본을 갖고 있어서 후발주자의 시장진입이 쉽지 않다. 아직 경쟁이 가열되지 않은 시장을 눈여겨 볼 필요가 있으며 그런 시장은 중저가 및 저가에서 발견할 가능성이 더 많다. 저렴하지만 조악하지 않은 상품, 아이디어가 혁신적이고 좋은 가치관을 담고 있는 상품이라면 현대 소비자의 지지와 공감을 형성시킬 수 있다. 역시 문제는 상품의 창의성이다.

제5절 다수를 만족시키는 공통요소

| 표 9-1 | 목표와 가치관

지위, 위신	경험, 많은 자질
사회적 차별화	개인적 안녕
경쟁의 우위	내면의 성장
물신숭배	서비스와 체험의 품질
좀 더 많은 돈	좀 더 많은 시간

[표 9-1]의 좌측 기둥은 20세기 산업화시대 사람들이 추구했던 보편적 가치이다. 다수가 가난하여 빈곤을 탈출하고자 하는 사회에서 자연스럽게 발생하는 욕구들이다. 한국사회도 이러한 욕구를 실현하고자 하는 노력으로 경제성장을 하였다. 그러나 오늘날의 가치관은 빠르게 변해가고 있다. 우측에 나열된 용어들이 21세기 사람들이 추구하는 욕구다. 물론 좌측의 가치관도 유지는 되지만 그 후유증이 무엇이라는 것도 체험으로 알려지고 있는 상황이다. 따라서 혁신적 경영과 창의적 상품을 기획하고자 하는 경영자에게는 우측의 가치관들을 깊이 있게 다루어 상품에 담아야 할 필요가 있다.

육체적 · 정신적 건강에 관한 욕구, 정체성, 자존감, 친환경에 관한 관심, 참여와 경험, 갑을관계 논쟁, 소규모 벤처 및 일인 스타트업 창업에 관한 관심증대 등은 하나의 맥락에서 이루어지는 방향성을 갖고 있다. 부정할 수 없는 일관된 목표를 추구한다. 이러한 사회트렌드를 판단하고 적용하는 경영과 창의적 아이템들은 여러 가능성을 보여주고 있다.

2011년에 대한상공회의소가 소비자 509명을 대상으로 실시한 '윤리적 소비에 대한 소비자 인식조사' 결과, 한국인 소비자의 72.9%가 '착한 상품'을 구매하겠다는 의사를 밝혔다. 가치관이 변해가고 있음을 알 수 있다.

기부와 상품을 결합한 참신한 아이디어의 '착한 상품'을 통해 윤리적 소비를 촉진시키는 사례가 있다. 이렇게 히트한 기부상품은 '쉽고 부담스럽지 않다'는 특징을 가지고 있다.

'하나 구입 시 또 하나는 기부'되는 이러한 유형의 상품 중 가장 유명한 것은 레이크 마이코스키가 개발한 '탐스슈즈(TOMS Shoes)'다. 2006년 아르헨티나를 여행하던 마이코스키는 신발이 없어 다치고 병든 아이들을 만나고 충격을 받았다. 그는 세계인구 10억 명이 흙을 통해 질병에 걸릴 위험에 처해 있으며, 단지 신발을 신고 있는 것만으로도 병을 예방할 수 있

그림 9-13 ▸▸ 탐스슈즈

탐스슈즈는 신발이 한 켤레 판매될 때마다 빈민국 어린이들에게 같은 한 켤레를 기부한다.

음을 알게 되었다. 이에 그는 아르헨티나의 전통 신발의 특성을 가미한 탐스슈즈를 만들었다. 그리고 슈즈의 디자인을 아르헨티나 전통 신발의 특성에서 가져온 형태로 만들었다. 현지인들에게 이질감을 주지 않으면서도 국제적 보편성을 가진 무난한 디자인이다. 마이코스키 역시 디자인 사고력을 구사하는 경영자로 판단된다.

소비자가 좋은 사업취지를 이해하고 구입할 때마다 같은 신발을 어린이들에게 기부한다는 사업방향은 언론에서 크게 보도되었고, 소비자들의 반응도 매우 좋았다. 2006년 창업한 첫해에 1만 켤레를 기부한 탐스슈즈는 2012년 현재까지 200만 명의 어린이들에게 신발을 선물했다. 오준석 숙명여대 경영학과 교수는 "소비자가 자연스럽게 기부에 참여할 수 있도록 돕는 공익 마케팅은 기부문화를 성숙시킨다"면서 "한국 공익 마케팅은 아직 초기 단계이기 때문에 기업과 소비자의 요구를 반영한 '착하고 똑똑한' 상품이 지속적으로 소개될 필요가 크다"고 말한다.

친환경의 개념을 사업전략으로 채택하여 주목을 받고 있는 사례도 증가하고 있다. 크리스토퍼 래번은 영국 런던에서 의류업을 하는 디자이너이다. 그는 군복이나 군수 낙하산의 재질이 아주 견고하고 품질이 좋다는 점에 착안하여 재고품을 불하받아 이 소재로 일반복을 만든다. 일종의 재활용 개념이지만 재가공을 하여 다른 상품으로 전환시키므로 리사이클링보다 진일보한 업사이클링(upcycling)을 실천하는 것이다. 업사이클링 상품 역시 관심을 넓혀가고 있으며, 친환경의 필요성을 지지해주고 동참하고자 하는 성숙한 시민의식이 형성된 사회에서 성공가능성이 높다.

그림 9-14 ▸▸ 크리스토퍼 래번

자료: 런던의 착한 가게

그림 9-15 ▸▸ 래번이 재가공한 재킷(상단의 것은 군복상의, 하단은 낙하산을 재단하여 만들었다)

자료: 런던의 착한 가게

제6절 기획실습 사례

제한된 시장에서 점유율을 높이려는 확장시도는 소모적이고 후유증을 유발하게 된다. 앞으로 만들어지는 새로운 시장은 광역화되고 참여와 이윤을 나누는 형식으로 가야 한다. 공유경제,[7] 적정기술(appropriate technology)[8]과 같이 자원과 에너지를 절약하고 소모적 낭비를 제한하는 방향이 대안 중 하나이다. 그러나 인간의 삶은 경제적 이윤 발생으로부터 자유롭지 않다. 그러므로 수익을 추구하되 공감이 되는 가치관을 경영에 담아야 한다. 그리고 이것이 형성되었을 때 지속가능성을 띠며 선순환이 일어난다.

한국사회의 중요 키워드 중 하나가 '위로'와 '힐링(치유)'일 정도로 많은 사람들이 힘들게 살아간다. 비단 한국만은 아니다. 글로벌 경제는 항상 불안정하며 20세기와 같이 매년 10%대 경제성장을 이어가던 호황은 다시 오기 힘들다. 지구촌 모두가 어려운 시기에 당면한 현재 극복을 위한 대안들을 고심해야 한다. 그래서 '나누고' 같이 생존하는 '협력'을 실천하는 사람들이 있다. 이들의 실천에 유연한 디자인사고가 어떤 역할을 하여 안정감을 구성원들에게 주어야 할지 생각해본다. 그리고 이를 실천하는 기업과 경영인이 소비자들로부터 호응을 받는 성숙한 사회, 경제가 구성되어야 한다. 현재 우리가 노력해야 하는 '안정'의 개념은 '물질적 풍요와 정서적 건강의 균형'에 있다. 빈곤함에서 벗어나고자 산업화를 촉진시키는 과정에서 잃었던 것들이 무엇인가를 생각하고 소중한 것들을 회복하는 노력을 말한다.

교양수업으로 진행한 강좌에서 상품을 개발하는 실습을 하였다. 학기의 중후반부까지는 경제, 경영, 브랜드와 마케팅, 소비자 가치관 및 사회트렌드 그리고 디자인사고 등을 학습하였다. 공부한 내용들을 참조하여 학생 자신이 구상하는 아이템을 기획하고 발표하는 시간을 가졌다. 설득력을 지닌 기획 몇 개를 소개해본다.

---

7) 한 번 생산된 제품을 여럿이 공유해 쓰는 협업 소비를 기본으로 한 경제를 의미한다. 쉽게 말해 '나눠쓰기'란 뜻으로 자동차, 빈방, 책 등 활용도가 떨어지는 물건이나 부동산을 다른 사람들과 함께 공유함으로써 자원활용을 극대화하는 경제활동이다. 소유자 입장에서는 효율을 높이고, 구매자는 싼 값에 이용할 수 있게 하는 소비형태이다(자료: 한경 경제용어사전, 한국경제신문/한경닷컴).

8) 그 기술이 사용되는 사회공동체의 정치적·문화적·환경적 조건을 고려해 해당 지역에서 지속적인 생산과 소비가 가능하도록 만들어진 기술로, 인간의 삶의 질을 궁극적으로 향상시킬 수 있는 기술을 말한다. 지금까지 수많은 적정기술이 개발되어 왔다. 대표적인 적정기술 제품으로는 라이프스트로(Life Straw)와 같은 구호제품, 수동식 물공급펌프(Super Money Maker Pump)와 같은 농업관련 기술, OLPC(One Laptop Per Child)사의 XO-1 컴퓨터와 같은 교육용 제품 등이 있다(자료: 인간의 얼굴을 한 기술(21세기 교양 과학기술과 사회, 2016. 1. 23).

[그림 9-16]은 애견과 영유아를 위한 맞춤 의복을 디자인해주고 제공하는 서비스 사업 기안이다. 반려견 증가통계를 제시하여 시장성을 타진하였으며 소비자가 참여하여 선택의 폭이 넓은 맞춤형 수단을 주제로 하고 있다.

그림 9-16 ▸▸ 한성대학교 의류패션산업전공 김혜인

다음 [그림 9-17]은 버려지는 유기견들이 새 가족에게 입양될 때까지 머무르는 공간운영을 위한 모금사업이다. 디자인전공 학생들이 캐릭터를 만들고 저금통 디자인을 하였다. 앞의 의류사업과 협업을 하여 소비자가 기부에도 참여하면서 필요한 것을 구매하게 하는 것으로 확장해도 좋을 것 같다.

그림 9-17 ▸▸ 한성대학교 시각영상디자인전공 박미영, 조연경

[그림 9-18]은 특정 기업을 위한 제안이다. 인스턴트커피는 분말형태, 액상형태가 존재한다. 이 학생은 고형의 사탕형태를 구상하였다. 부피가 작아 편의성이 있으며 운반 및 보관에도 유리하다. 다만 물에 넣었을 때 녹고 섞이는 상태와 그 맛의 정도가 기존 방식들과 적어도 동일하거나 우수해야 상품가치가 성립된다. 그러므로 지속적인 연구가 필요하다. 창업이라는 개념이 홀로 모든 것을 해결하는 과정이라고 볼 수는 없다. 이 제안처럼 기존 업체와 계약을 체결하고 기획된 상품을 납품하며 이윤을 나누는 방법도 있다. 따라서 여러 가지 가능성을 열어 두는 것이 좋다.

그림 9-18 ▸▸ 한성대학교 인테리어디자인전공 박한솔

다음 [그림 9-19]는 대학생들이 졸업을 인증받기 위하여 연구 · 발표한 작품들을 구매자와 연결하여 매매가 이루어지는 것을 목적으로 하는 사업이다. 이 학생은 공학전공자이므로 작품의 범위를 예술만이 아니라 공학 프로젝트까지 보고 있다. 여기에서 더 나아가 인문학과 사회학 졸업논문까지도 포함하는 것으로 해석하면 더 좋을 것 같다.

그림 9-19 ▸▸ 한성대학교 멀티미디어공학전공 김주리

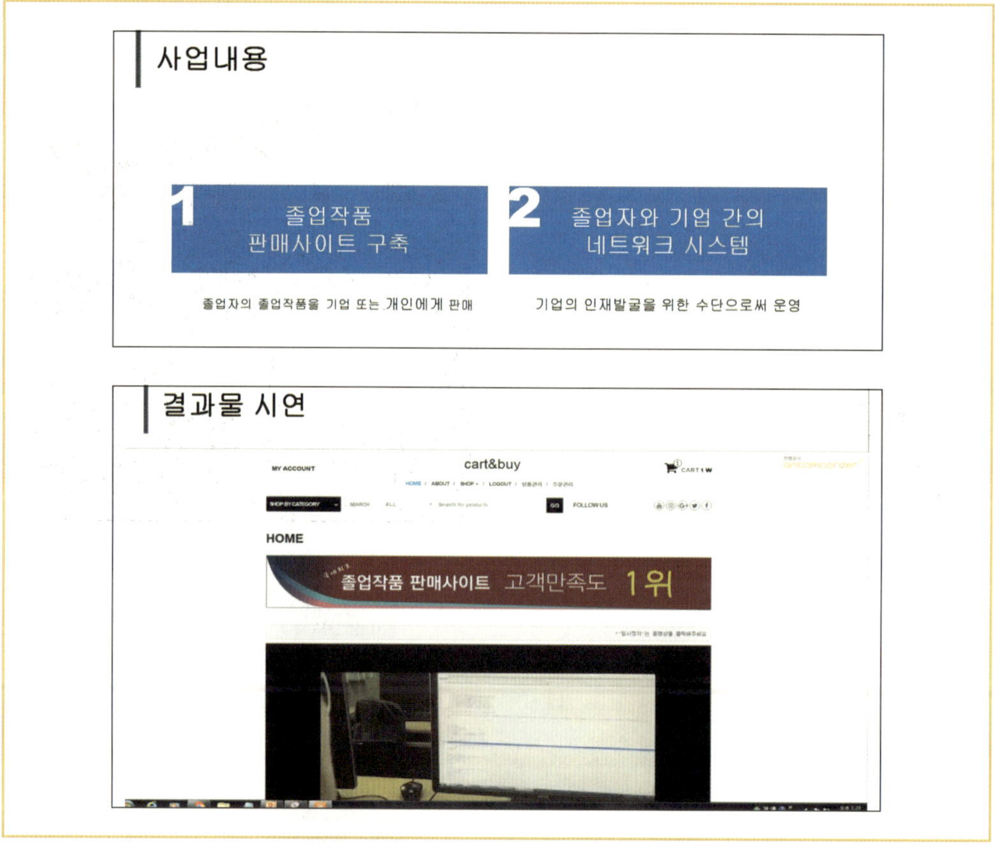

| 토의사항 |

01 실용적 가치와 디자인과의 관계와 균형에 관하여 생각하고 적합한 성공사례들을 분석해보시오.

02 창의적이고 유연한 디자인사고에 의한 경영전략을 만들어보자. 특히 경영전략과 디자인이 일치되는 방안을 어떻게 형성할 것인지 기획해보시오.

03 상품의 1차적 기능과 2차적 기능을 분류해보시오.

04 사용자 중심 기획에 관하여 논의해보시오.

05 공감력을 갖는 가치관들을 이야기해보고, 그 가치들을 담은 상품 사례를 찾아보시오.

06 새로운 가치관을 적용한 기획을 해보고 스타트업에 도전해보시오.

| 참고문헌 |

- 김희진(2014), 회사 가기 싫은 날, 마호.
- 라원기(2015), 누구나 한번은 리더가 된다, 두란노.
- 마크 미오도닉(2016), 사소한 것들의 과학, MID.
- 문찬(2013), 디자인과 사회트렌드, 한성대학교출판부.
- 문찬(2014), "지속가능 발전교육에 기반한 산업디자인교육과 업사이클링 브랜드의 방향," 문화산업연구, 14(2), 43-51.
- 문찬(2015), "대학교 디자인교육과 지역사회연계 프로그램 개발 연구," 상품학연구, 33(4), 37-43.
- 문찬(2016), "지속가능발전교육(ESD)의 지역사회연계 · 대학교디자인교육 실천연구," 문화예술교육연구, 11(2), 83-103.

- 문찬(2016), "창의적 개발자 양성을 위한 공학 · 디자인 융합교육 실천연구," 문화산업연구, 16(3), 23-31.
- 문찬(2017), "메이커산업과 디자인 · 공학 융합교육의 방향," 상품학연구, 35(3), 27-34.
- 박루니(2013), 런던의 착한 가게, 아트북스.
- 월터 아이작슨(2015), 이노베이터, 오픈하우스.
- 월터 아이작슨(2011), 스티브 잡스, 민음사.
- 오영식 · 차재국 · 신문용(2015), 토탈임팩트의 현대카드 디자인 이야기, 세미콜론.
- 페니 스파크(2013), 디자인의 탄생, 안그라픽스.
- 폴 폴락 · 맬 워윅(2014), 소외된 90%를 위한 비즈니스, 더퀘스트.

CHAPTER 10

브랜드관리 I

도·입·사·례

치킨은 가고 통큰은 남았다

2010년 12월 9일 롯데마트가 닭 한 마리를 튀긴 후라이드 치킨을 '통큰치킨'이라는 이름하에 5,000원에 판매하기 시작하였다. 실제 이 제품은 원통 모양의 용기에 담겨서 판매되었고, '빅 사이즈'라는 말이 용기에 새겨져 있고, '큰 통'에 담아 판다는 설명이 광고 제작물에 붙어있었다. 동일한 양의 치킨을 동네 치킨집에서 사먹으면 15,000원 내외로 비싼 데 비해, 통큰치킨은 1/3 가격이었기 때문에 언론과 네티즌의 뜨거운 관심을 받았다.

그런데, 대기업이 치킨을 원가 이하로 판매하여 동네의 영세 상인들을 고사시킨다는 비난의 여론이 급격하게 일자 롯데마트는 원료 납품업체로부터 대량 직거래를 실현하여 원가를 크게 절감했기 때문에 싸게 판매하는 것이라고 해명에 나섰으나 결국 여론의 질타를 견디지 못하고 통큰치킨은 출시 일주일만에 판매가 중단되었다. 비슷한 전략을 사용해 재미를 본 '이마트피자와의 형평성 시비, 치킨 프랜차이즈 본부의 과도한 마케팅비용 지출과 그로 인한 소비자 가격부담 등의 논란이 지속되면서 롯데마트에 대한 동정론이 일기도 했다.

재밌는 것은 당시에 롯데마트의 경쟁점포들도 비슷한 가격대의 치킨을 판매했다는 점이다. 예를 들어, 홈플러스에서는 갈릭후라이드치킨을 4,980원에 판매했고, GS슈퍼마켓에서도 후라이드치킨을 5,000원에 판매하였다. 이마트치킨은 상대적으로 다소 비싼 6,980원에 판매하였지만 동네 치킨집과 비교하면 절반 이하의 가격이었다. 그런데, 경쟁점포들은 언론과 네티즌의 주목을 거의 받지 못했다. 가장 처음에 시작한 롯데마트에 온통 관심이 집중되었던 것이다.

롯데마트가 통큰치킨의 판매를 중단하기 직전까지 수많은 소비자들이 몰려들어 줄을 서서 사야 할 정도로 인기를 끌었던 반면, 경쟁점포들에서는 이러한 현상이 나타나지 않았다. 비난도 없었지만 관심도 없었던 것이다. 그러면 비난도 많고 관심도 많은 것이 더 나은 걸까? 단기적으로는 '그렇다' 라고 대답할 수 있다.

상품이 많은 사람들의 구설수에 오르면서 롯데마트가 의도했든 하지 않았든 결과적으로 노이즈 마케팅이 되어 버린 통큰치킨은 시람들의 비난과 관심을 동시에 받았다. 통큰치킨의 판매는 중단되었으나 '통큰=롯데'라는 강력한 인지도가 생겨났고 롯데마트는 '통큰'이라는 브랜드를 등록 신청하였다. 이제 '통큰'은 롯데마트의 브랜드가 된 것이다. 롯데마트는 통큰시리즈 2탄으로 '통큰넷북'을 판매하였고 298,000원에 출시된 이 제품은 한정수량 1,000대가 단 3시간 만에 매진되는 성공을 거두었다. 이어서 나온 '통큰TV'도 출시당일 매진되는 성과를 올렸다. 이제 롯데마트는 '통큰'이라는 브랜드를 잘 관리해야 하는 과제를 안게 되었다.

지금까지의 성과는 저렴한 비용으로 '통큰'에 대한 브랜드 인지도를 높였다는 점이다. 언론과 네티즌의 관심 덕분이었다. 브랜드 이미지 측면에서는 긍정적 요소와 부정적 요소가 혼재되어 있다. '통큰'은 '저렴하다', '획기적이다'라는 긍정적인 이미지도 있는 반면, '상술이다', '미끼이다' 등의 부정적인 이미지를 가진 사람도 있다. 구제역으로 인해 축산농가의 시름이 깊은 가운데 공교롭게 '통큰 LA갈비'가 판매되었고, 엄밀히는 모니터로 분류되는 상품을 '통큰TV'로 판매했다는 언론보도 등은 부정적 요소를 강화하는 요인이 되었다. 롯데마트의 '통큰' 브랜드관리는 인지도가 아닌, 이미지의 부정적 요소를 어떻게 최소화하는가가 장수 브랜드로 가는 데 가장 큰 관건이 될 것으로 보인다.

제1절 브랜드관리의 의의

브랜드관리는 상품 관련 경영의사결정에서 매우 중요한 역할을 차지한다. 유명하거나 선호도가 높은 브랜드는 프리미엄 가격에 판매되고 특정 세분시장에서의 점유율도 높다. 성공적인 브랜드관리를 위해서는 브랜드의 개발부터 패키징, 광고에 이르기까지 체계적이고 장기적인 계획과 투자가 필요하다.

1. 브랜드의 의의와 중요성

기업 입장에서 브랜드(brand)는 특정 상품이 소비자에게 전달하려고 하는 의미를 구체화하는 집약된 결과물이다. 기업은 브랜드를 통해 상품이 가진 기능적 특성뿐만 아니라 상징적인 의미까지도 소비자에게 전달하려고 노력한다.

그런데 브랜드 명(name)만으로는 그러한 의미가 충분히 전달되기 어렵고 그에 딸린 로고, 디자인, 색상, 상징, 슬로건, 패키지 등이 결합되어서 어떤 의미의 집약체인 브랜드를 만들어낸다. 예를 들어 우리가 삼성(Samsung)이라는 브랜드를 생각할 때 파란색 타원에 하얀색 알파벳으로 새겨진 로고를 같이 떠올릴 것이다. 삼성의 브랜드는 Samsung이라는 글자만이 아니고 타원, 파란색, 폰트 등이 모두 어떤 의미를 내포하고 있는 것이다. 브랜드 명은 브랜드의 의미를 전달하는 많은 요소 중에서 하나일 뿐이다.

소비자 입장에서 브랜드는 자신을 표현하는 수단이라고 볼 수 있다. 기업은 자사의 상품을 경쟁사와 차별화하려는 목적으로 브랜드를 사용하지만 소비자는 자신의 개성을 표현하기 위한 방법으로 특정 브랜드를 구매하는 것이다.

특히 4차 산업혁명시대에 브랜드의 중요성은 더욱 커질 것이다. 1차 산업혁명 때의 공업생산, 2차 산업혁명 시 전자제품 양산, 3차 산업혁명에 인터넷시대를 개막하였는데 4차 산업혁명은 인공지능과 로봇, 생명공학과 물리학이 초연결(hyper connected)된 사회로 진입함을 의미하는데 이는 소비자가 하나의 특징이 아니라 어떤 브랜드 이미지로 대상을 파악하게 될 가능성이 높음을 의미한다.

(1) 브랜드의 정의와 관련 개념

미국마케팅학회(American Marketing Association)는 브랜드를 "판매기업의 제품이나 서비스를 식별하고, 경쟁기업의 브랜드와 차별화하기 위한 이름, 로고, 디자인, 상징, URL, 캐릭터, 슬로건, 징글, 패키지 등을 일컫는다"고 정의하고 있다. 브랜드는 식별기능과 차별화 기능이라는 두 가지 큰 기능이 있다는 것이다. 브랜드는 종종 로고, 폰트, 색상, 상징, 소리를 포함하는데 그 브랜드가 가진 독특한 가치, 아이디어 또는 개성(personality)을 표현하기 위한 목적으로 활용된다. 브랜드를 법률적으로는 상표(trademark)라고 부른다. 등록상표(registered trademark)는 특허청의 심사와 등록을 거쳐 독점적인 상표권으로 보호를 받을 수 있다. 등록된(Registered)의 첫 알파벳을 따서 상표 뒤에 R이라고 붙이기도 하고, trade mark의 앞 글자를 각각 따서 tm이라고 붙이기도 한다.

브랜드는 하나의 품목만 지칭할 수도 있으며 여러 개의 품목을 지칭할 수도 있다. 예를 들어, 삼성전자의 애니콜(Anycall)은 휴대폰에만 사용되지만 하우젠(Hauzen)은 냉장고, 세탁기, 에어컨을 포함한 여러 제품에 사용된다. 브랜드는 또한 판매자의 모든 품목을 지칭하는데도 사용될 수 있다. 미국의 전자회사 델(Dell)은 모든 판매제품에 Dell을 붙이고 있다. 브랜드가 상품과 관련 있는 데 비해 기업 전체를 지칭할 때는 상호 또는 회사명(tradename)이라는 용어를 사용한다. 그러나 넓게 보면 상호 또는 회사명도 브랜드의 일종이라고 볼 수 있다.

브랜드의 범위에는 기업, 제품, 서비스 등뿐만 아니라 사람도 브랜드가 될 수 있다. 명성, 평판, 이미지, 신뢰성 등을 바탕으로 다른 사람과 차별화되고 대중에게 인기를 끄는 유명인을 휴먼브랜드(human brand)라고 부른다.

(2) 브랜드의 중요성

브랜드는 제조업체와 판매업체를 식별하는 기능을 한다. 또한 브랜드는 경쟁사와 차별화하는 기능도 한다. 기업은 브랜드를 통해 고객과 약속을 하는 것이다. 그 약속은 기능, 혜택, 가치, 문화, 개성, 서비스 등에 관한 것이다. 예를 들어 Volvo자동차는 안전이라는 혜택을 고객에게 약속하고 있다. Starbucks는 문화에 대한 약속을 하는 것으로 볼 수 있다.

소비자는 각 브랜드의 약속을 구매의사결정에 고려할 것이다. 브랜드관리자는 브랜드의 약속을 어떻게 효과적으로 소비자에게 전달할 것인지 고민해야 한다. 자사의 브랜드를 특정 혜택이나 기능과 연결시키려는 노력이 필요할 것이다. 경쟁사가 동일하거나 더 우수한 약속을 한다면 경쟁우위를 지속하기 위해서 새로운 약속을 개발해야 할 것이다. 기능적이고 눈에 보이는 혜택에 대한 약속을 넘어서 감성에 호소하는 브랜드도 많이 있다. 감성에 대한 호소가 소비자의 긍정적 반응을 유발하는 데 효과적일 수도 있기 때문이다. 따라서 브랜드관리는 기능과 감성을 모두 포괄하는 의미 전달과 소비자에 대한 약속을 전달함으로써 소비자와의 강력한 관계를 만들어내는 핵심적인 역할을 한다는 데 그 중요성이 있다.

제2절 브랜드 아이덴티티 구축

강력한 브랜드를 구축하기 위해서는 어떤 연속적인 단계를 따라 체계적인 관리와 접근이 필요하다. 이러한 단계를 체계적으로 제시한 케빈 레인 켈러(Kevin Lane Keller)의 CBBE(Customer Based Brand Equity) 피라미드에 따르면 브랜드 구축은 브랜드 아이덴

그림 10-1 ▸▸ CBBE 피라미드

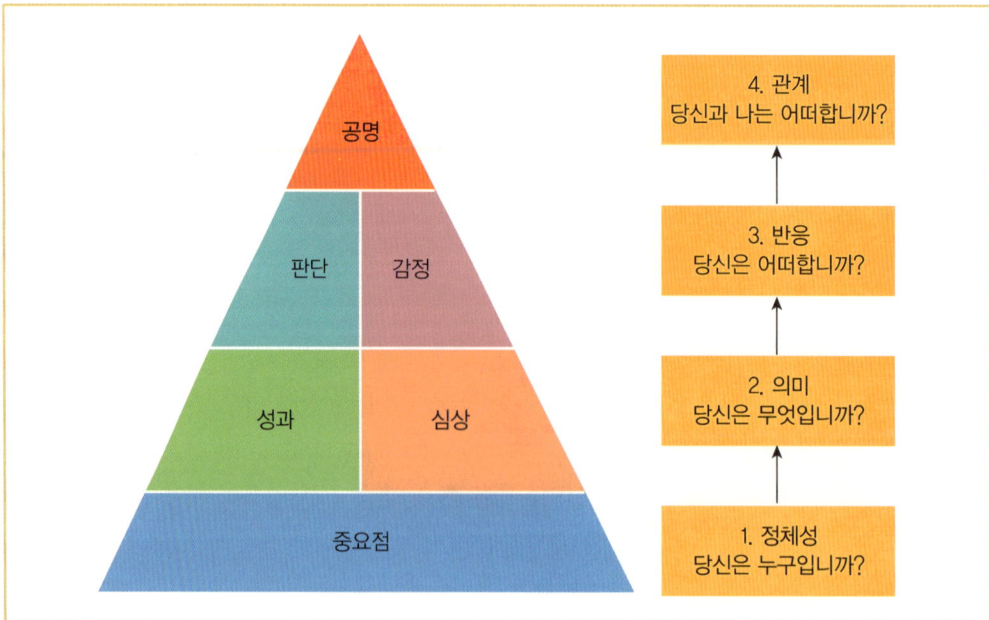

자료: Kevin Lane Keller 저, 이상민 외 옮김, 2007.

티티, 브랜드 의미, 브랜드 반응, 브랜드 관계라는 4개의 단계를 따라서 이루어진다. 피라미드 모양의 단계라는 것은 우선 브랜드 아이덴티티가 정립되어야 브랜드에 어떤 의미를 부여할 수 있다는 것을 의미한다. 마찬가지로 브랜드 반응은 브랜드 의미에 대한 반응이고, 이러한 반응이 나타나야지만 브랜드 관계가 형성된다는 의미가 되는 것이다.

4차 산업혁명을 맞이하여 기업은 자사 브랜드를 어떻게 정의하고 정체성을 확보할 것인지 고민해야 한다. 1차 산업혁명이 가성비, 2차 산업혁명이 품질, 3차 산업혁명이 서비스를 강조했다면 4차 산업혁명은 인공지능과 빅데이터에 기반한 브랜드 아이덴티티 확보에 유념할 필요가 있다. 생산기술의 진보에 힘입어 품질은 점차 균질화되겠지만 브랜드 아이덴티티는 쉽게 모방하기 어렵기 때문이다.

1. 브랜드 아이덴티티

브랜드 아이덴티티는 '당신은 누구인가?'라는 물음에 대한 대답으로 브랜드 정체성을 나타낸다. 브랜드 아이덴티티(Brand Identity)는 BI라고도 하는데, 브랜드의 가치, 아이디어, 개성 등을 확립하여 소비자가 그 이미지를 인식하기 쉽게 만드는 것을 말한다. 브랜드 정체성을 확립함으로써 통일성, 일관성, 신뢰성 있는 이미지를 전달할 수 있는데, 상표명, 로고, 형태, 색상, 서체, 디자인, 캐릭터, 상징, 캐치프레이즈 등을 일관성 있게 잘 조직화해야 할 것이다. 이와 같은 요소들을 브랜드 아이덴티티 요소라고 부른다.

브랜드 아이덴티티를 구축하는 이유는 소비자에게 브랜드 인지도를 높이기 위함이다. 구체적인 방법으로는 브랜드를 특정 제품군, 소비상황, 사용상황 등과 연결시킴으로써 제품에 아이덴티티를 부여할 수 있다. 예를 들어, 농심의 라면 브랜드인 짜파게티는 '일요일은 짜파게티'라는 시간적인 소비상황과 브랜드를 연결시킴으로써 짜파게티는 휴일에 즐겁게 만들어 먹는 라면이라는 아이덴티티를 부여하고 있다.

2. 브랜드에 대한 의미 부여

일단 브랜드 아이덴티티가 구축되고 나면 브랜드에 의미를 부여하는 과정이 필요하다. 브랜드에 대한 의미 부여는 브랜드 성과와 브랜드 심상으로 구분하여 나타난다. 브랜드 성과는 브랜드가 소비자의 욕구를 어떻게 잘 충족할 수 있는지에 대한 것이다. 이것은 상품이 가진 중요한 속성과 관련되는데, 예를 들어 신뢰성이 있는 상품, 사용이 편리한 상품, 내구성이 뛰어난 상품, 스타일과 디자인이 뛰어난 상품, 품질에 비해 가격이 싼 상품 등은 소비자의 욕구를 충족할만한 속성을 가지고 있는 것이다. 서비스인 경우에는 얼마나 효율적인가? 얼마나 반응이 빠른가? 얼마나 소비자의 마음에 공감하는가? 등이 중요한 속성이 될 것이다.

브랜드에 의미를 부여하는 두 번째 방법으로 브랜드 심상이 있는데, 이것은 상품이 지닌 구체적인 기능을 떠나서 그 브랜드가 가진 추상적인 특성을 의미하는데 그 브랜드가 어떤 유형의 사용자를 떠올리게 한다든지, 어떤 사용상황을 떠올리게 한다든지, 어떤 개성과 가치를 가진 것으로 생각된다든지 혹은 어떤 경력이나 경험을 떠올리게 한다는 것이 그 예가 될 수 있다. 예를 들면, 같은 스포츠 이온음료이지만 게토레이는 남성적이고 포카리스웨트는 여성적이다. 이것은 그 제품의 기능과는 무관하게 그 브랜드를 보면 떠올리도록 만들어진 상상인 것이다. 펩시콜라는 젊은이가 마시는 콜라라는 이미지를 심어주고자 노력해왔다.

3. 브랜드 개성의 활용

브랜드 심상을 만들기 위해서 브랜드 개성(brand personality)을 활용하기도 하는데, 브랜드에 사람과 같이 '현대적이다', '생동감 있다', '지적이다' 등의 특징을 부여하는 것을 말한다. 브랜드 개성은 소비자들이 브랜드를 구매하고 사용함으로써 자신의 성격과 개성을 표현하는 수단이 되고 브랜드 자산을 형성하는 데 기여한다. 브랜드에 개성을 부여함으로써 소비자의 선호를 높이고 사용을 증가시키며 감정적 유대감을 높이고 궁극적으로는 브랜드 충성도를 높일 수 있다. 브랜드 개성을 구체적으로 측정하는 방법도 개발되었는데 한 연구에 따르면 브랜드 개성은 성실성, 흥미로움, 능력, 세련됨, 강인함의 다섯 가지 요소로 구성되어 있다. 브랜드관리자는 그 브랜드에 적합한 개성을 만들어 소비자의 마음속에 심어주기를 원할 것이다.

특히 광고는 브랜드 개성을 만들어내는 데 중요한 역할을 한다. 브랜드 개성이 특히 중요한 상품이 있는데 자동차, 술, 담배, 화장품 등이 대표적인 예이다. 이러한 제품들은 소비자가 자신의 개성을 잘 표현하려는 제품들이고 따라서 자아개념, 자아이미지와 일치하는 개성을 가진 브랜드를 선택하려는 경향이 생겨난다.

예를 들어 여러분은 어떤 사람이 어떤 술을 좋아하는지를 알면 그 사람의 개성을 어느 정도 유추할 수 있을 것이다. 같은 술에서도 브랜드에 따라 개성이 차별화될 수 있는데, 카스 맥주의 경우 '톡' 광고를 통해 젊은이의 자유분방한 개성을 강조하고 있다.

브랜드 개성은 남들의 눈을 의식하는 소비자에게 어필할 가능성이 높은데, 그 이유는 남의 눈을 의식하는 소비자일수록 사용상황에 맞는 브랜드를 선택함으로써 타인에게 수용되고 인정받으려고 할 가능성이 높기 때문이다.

4. 브랜드 포지셔닝

브랜드에 의미를 부여하는 과정으로 브랜드 성과와 브랜드 심상을 살펴보았는데, 브랜드의 고유한 이미지를 창출하기 위한 체계적인 방법을 브랜드 포지셔닝(brand positioning)이라고 한다. 브랜드 포지셔닝은 소비자들에게 자사 브랜드에 대한 차별적인 이미지를 갖도록 인식시키는 활동이다. 포지셔닝에 성공한 브랜드는 대개 특정 카테고리에 대한 소비자의 인식을 독점하고 있다. 예를 들어, 콜라 하면 코카콜라를 떠올린다거나, 햄버거 하면 맥도날드를 떠올리는 것이 대표적인 사례이다. 새로운 브랜드가 이처럼 커다란 카테고리를 독점하기는 매우 어렵기 때문에 더욱 세분화된 카테고리를 찾아내기도 하는데, 예를 들어 '마시는 비타민' 하면 비타500이라는 식으로 접근하는 것이 전체 비타민 시장이나 자양강장제 시장을 통째로 독점하려는 접근보다 효과적일 수 있다.

브랜드 포지셔닝의 구체적인 절차는 다음과 같다.

① 시장을 세분화하고 경쟁할 표적시장을 정한다.
② 상품의 속성에 따른 가상의 공간을 만든다.
③ 속성공간에 기존상품들의 위치를 파악한다.
④ 자사의 상품과 소비자의 선호가 가장 잘 맞는 공간을 찾는다.
⑤ 찾은 위치에 자사의 상품을 배치한다.

앞에서 살펴본 대로 브랜드 포지셔닝은 어떤 구체적인 카테고리(범주)에 속하게 할 것인가를 정하는 것이 필요하다. 그 이후에는 경쟁자와 유사점과 차별점을 파악해야 한다. 유사점은 경쟁 브랜드의 차별점을 무력화할 수 있는 연상을 말한다. 가령 설탕을 넣지 않음으로써 칼로리가 0인 코카콜라 제로는 기존의 콜라보다 맛에서 뒤지지 않아야 한다. 따라서 코카콜라 제로에게 맛은 유사점을 강조하기 위해 꼭 필요한 요소이다.

반대로 차별점이란 브랜드에 대한 강력하고 호의적이며 독특한 연상을 의미한다. 코카콜라 제로의 경우에 칼로리가 0이라는 것이 차별점에 해당하는 것이다. 강력한 브랜드 포지셔닝은 경쟁 브랜드의 강점과는 유사성을 확보하면서도 자사 브랜드의 강점에 대해서는 확실한 차별점을 강조하는 것이다.

5. 브랜드 후원자의 결정

브랜드를 정할 때 후원자(sponsorship)를 누구로 할 것인가를 정하는 것이 필요하다. 예를 들면, 즉석밥 제조업체인 동원F&B는 '센쿡 찰진밥'이라는 브랜드에 대해서는 제조업체인 자사를 후원자로 하고, '왕후의 밥'이라는 브랜드는 유통업체인 E-마트를 후원자로 하고 있다. 브랜드 후원자의 유형에는 제조업체 브랜드, 유통업체 브랜드, 라이선스 브랜드, 공동브랜드 등이 있다.

제조업체의 입장에서는 이 네 가지 유형 가운데 한 가지 이상을 선택할 수 있으며 동원F&B의 사례처럼 동일한 제품에 대해서 두 개 이상의 브랜드 후원자를 정할 수도 있다. 유통업체의 입장에서는 유통업체 브랜드를 가지는 것이 수익성이 높기 때문에 자신의 브랜드를 갖고자 한다. 초과설비를 가진 제조업체가 많기 때문에 유통업체 입장에서는 낮은 비용으로 제품을 생산할 수 있는 것도 장점이다. 미국의 의류 소매업체인 Gap은 유통업체 브랜드로 성공한 사례이다. 유통업체 브랜드는 PB(Private Brand), PL(Private Label), SB(Store Brand) 등의 다양한 이름으로 부른다.

6. 브랜딩

상품에 사용할 이름을 정하는 것이 브랜딩(branding)이다. 브랜드 명은 사람이름이나 장소이름을 사용해서 지을 수도 있고, 품질, 라이프스타일 등의 속성을 표현하는 이름으로도 지을 수 있다. 브랜드는 제품이 가지는 편익, 표적시장, 마케팅전략 등을 종합적으로 검토하여 성해야 한나. 브랜드 네임은 브랜드 콘셉트를 담는 그릇이다. 브랜드 네임은 브랜드의 모든 것을 내포하고 있고, 브랜드 자산을 이름의 형태로 표현한 것이다. 브랜드 네임은 소비자의 마음속에서 제품과 밀접하게 연관되어 있기 때문에 바꾸기가 어려우며 처음 만들 때 충분한 조사를 통해서 잘못을 최소화해야 한다.

일반적으로 바람직한 브랜드 명은 다음과 같은 특성을 가져야 한다.

① 제품의 혜택을 암시하는 브랜드 명이 좋다. 예를 들어, 화상통화가 가능한 3G 이동통신 브랜드인 Show는 2G 이동통신과의 차이점을 확실하게 암시하고 있다. 아파트 브랜드인 e-편한세상도 생활의 편리함을 암시하는 브랜드 명이다.

② 제품의 품질을 암시하는 브랜드 명이 좋다. 예를 들어 삼성전자의 고급 냉장고 브랜드인 지펠(Zipel)은 독일어로 '최고의'라는 뜻이다.

③ 발음하기 쉽고 기억하기 쉬운 브랜드 명이 좋다. 예를 들어 Amazon, iPhone 등은 발음과 기억이 쉬운 브랜드들이다.

④ 다른 브랜드와 뚜렷이 차별화된 브랜드 명이 좋다. 예를 들어 Google, Yahoo! 등은 법적으로나 경쟁적으로 모방하기 어려운 차별화된 브랜드들이다.

⑤ 국제적으로 부정적인 어감이 없는 브랜드 명이 좋다. 여러 언어로 번역했을 때 부정적인 어감이 없어야 하는데, GM사의 NOVA 브랜드는 스페인어로 '가지 않는 차'라는 의미가 있다.

⑥ 여러 상품에 적용가능한 브랜드 명이 좋다. 가령 '미원'보다는 '청정원'이라는 브랜드가 적용가능한 상품의 범위가 넓다는 것을 알 수 있다.

7. 브랜드 요소의 관리

(1) 로고와 심벌

로고(logo)는 브랜드의 시각적 요소를 구성한다. 시각적 요소는 브랜드 인지도를 높이는데 매우 유용하다. 로고는 워드 마크(word mark)와 심벌로 나누어진다. 워드 마크는 필기체로 쓰여진 CocaCola가 그 예에 해당한다. 워드 마크는 독특한 형태를 띠면서 시각적으로 브랜드를 표현한다. 추상적인 로고(logo)는 메르세데스 벤츠의 별, 나이키의 날개 모양 스워시(swoosh) 등이 대표적인 예이며 심벌(symbol)이라고 부른다. 로고는 브랜드 연상에 큰 영향을 미치는데, 추상적인 로고는 소비자에게 정확한 의미가 전달되지 못할 위험이 있다. 소비자의 호감을 얻는 데는 복잡하거나 친근한 로고가 유리하다.

로고는 시각적으로 기억을 강화시키고 쉽게 차별화를 할 수 있으며 문화와 언어의 차이를 극복할 수 있다는 장점이 있다. 예를 들어 맥도날드의 알파벳 M으로 만든 노란색 로고는 독특한 모양과 크기로 인해 멀리서도 쉽게 인식되며 브랜드를 보지 않더라도 경쟁 브랜드와 차별화된다.

로고는 시간이 지남에 따라 변경해야 할 필요성이 생기는데, 그 이유는 낡은 이미지를 벗고 현대적인 모습을 보여주기 위함이다. 독일의 세계적인 자동차 부품회사인 보쉬(Bosch)의 로고는 1926년에 검정색의 부드러운 서체에서 여러 번의 변화를 거쳐서 오늘날에는 빨간색의 굵은 볼드체로 변화하였다. 볼드(bold)체는 강하고 내구성이 있다는 느낌을 준다. 왼쪽에 있는 아령 모양의 그림은 은색으로 빛나면서도 하이테크라는 이미지를 주고 있다.

그림 10-2 ▸▸ 로고의 변화에 대한 사례

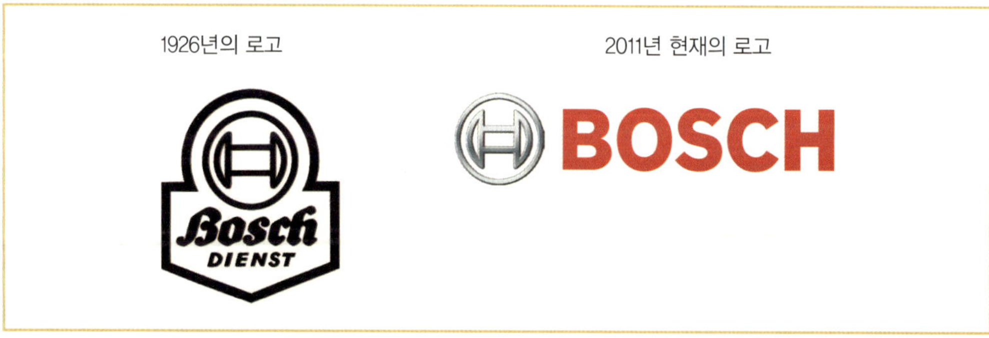

자료: www.bosch.com

(2) 캐릭터

캐릭터(character)는 브랜드를 대표하는 존재로 브랜드에 대한 상징(symbol)의 역할을 하는데 구체적인 인물이나 동물, 만화 등이 사용된다. 캐릭터는 광고에 적극적으로 활용되면서 소비자의 관심을 끌고 브랜드에 대한 기억과 호감도를 증진하는 데 도움이 된다. 가령 유명한 초콜릿 회사인 M&M의 캐릭터들은 팔다리가 달린 초콜릿들로 색깔별로 Red,

Yellow, Green, Blue, Orange의 다섯 가지로 구성되어 있으며 익살스런 모습과 재밌는 행동으로 많은 사람들의 사랑을 받고 있다. 이렇게 잘 만든 캐릭터는 브랜드에 대한 기억과 관심, 호감도를 증진하는 유용한 수단이 된다.

캐릭터의 문제점 중의 하나는 사람들의 시선이 캐릭터에 집중되기 때문에 오히려 브랜드 인지도를 낮출 수 있다는 점이다. 즉, 사람들이 캐릭터를 기억하고 브랜드를 기억하지 못하는 경우가 이에 해당한다. 또한 캐릭터가 때로는 사회적인 문제가 되거나 부정적인 요소로 떠오를 수도 있는데, 예를 들어 미국의 담배회사 RJR이 만든 Camel 담배는 1987년에 낙타 얼굴을 한 캐릭터 조 카멜(Joe Camel)을 만들어냈다. 그런데, 미국의학협회(AMA)에서 이 캐릭터가 어린이에게 미치는 위험성을 경고하자 논란에 휩싸이게 되고 결국 1997년에 사라지게 되었다.

이와 유사하게 패스트푸드업체인 맥도날드는 1948년 설립 초기에는 요리사 스피디(Speedee)를 캐릭터로 내세웠다가 1967년에 광대얼굴을 한 로널드(Ronald)로 캐릭터를 바꾸게 된다. 그런데 영국에서 패스트푸드와 어린이 비만과의 관련성에 대한 경고가 이어지면서 2006년부터 어린이를 대상으로 한 패스트푸드 광고가 금지되었다. 미국의 기업감시 시민단체인 CAI는 2010년에 패스트푸드산업이 야기한 어린이 비만 위기를 극복하기 위해 맥도날드사가 로널드 캐릭터를 없애줄 것을 요청하였다.

캐릭터가 초래할 부정적인 요소가 아니더라도 기업은 시대 변화에 맞게 캐릭터의 모습을

그림 10-3 ▸▸ M&M의 캐릭터들

자료: www.m-ms.com

바꿀 필요가 있다. 급격한 변화는 소비자들에게 동일한 캐릭터로 인정받지 못하게 되는 문제점이 있으므로 점진적인 변화가 더욱 적합할 것이다. 실제 인물을 사용하는 것보다 만들어진 캐릭터는 시간이 지나더라도 지속적인 변신을 통해 유지될 수 있다는 장점이 있다. 베티 크로커(Betty Croker)라는 여성 캐릭터는 미국 식품회사인 제너럴밀스사의 캐릭터인데, 1921년에 처음 만들어졌는데 100년이 다 되어가는 긴 시간 동안 시대의 흐름에 맞게 스타일을 지속적으로 변경하면서 오늘날까지도 많은 사람들의 사랑을 받고 있다.

퇴진 압력을 받고 있는 맥도날드사의 로널드도 비만이라는 부정적인 이미지와 연결되지 않도록 보다 날씬하고 건강한 모습을 만들어 나가는 것이 필요할 것이다.

(3) 슬로건

슬로건(slogan)은 브랜드를 설명하는 짧은 문구를 말하는데, 로고와 함께 항상 제시되기도 하고 광고에 등장하기도 한다. LG전자의 'Life's Good', 필립스전자의 '작은 차이가 큰 차이를 만듭니다!', 코카콜라의 '오직 그것 뿐' 등은 유명한 슬로건들이다. 슬로건은 브랜드 포지셔닝과 관계되기 때문에 브랜드의 차별점을 확실하게 보여줄 수 있어야 한다. 좋은 슬로건 역시 브랜드 인지도를 높이고 좋은 이미지를 형성하게 도와준다. 슬로건은 브랜드를 기억하는 단서가 되기도 하고, 브랜드의 차별점을 강화하는 역할을 하기도 한다.

캐릭터와 마찬가지로 슬로건 역시 시간에 따른 변화가 필요한데 그 이유는 기존의 슬로건이 더 이상 소비자에게 어필하지 못할 수도 있고 새로운 차별점을 내세울 필요가 생길 수도 있기 때문이다. 슬로건의 변경에 대한 의사결정은 그것이 현재 브랜드 자산을 높이는 데 얼마나 기여하는지를 평가하고 기여도가 낮을 때 변경을 하면 될 것이다.

(4) 징글

징글(jingle)은 브랜드와 결합된 음악, 소리로 구성된 메시지를 말한다. 맥도날드의 광고에 등장하는 'I'm Lovin' it!'은 브랜드 슬로건을 징글과 결합시킨 것이다. 다섯 음절의 사운드로 구성된 인텔(Intel)사의 유명한 'D♭ D♭ G♭ D♭ A♭' 징글은 미국의 오디오 브랜딩 전문기업인 Musikvergnuegen이 1992년에 만든 것이다.

징글은 브랜드 광고와 결합됨으로써 브랜드에 대한 개성을 형성하고 브랜드에 대한 기억을 증진시키며 브랜드를 떠올리는 단서의 역할을 한다. 미국의 경제전문지 포브스는 2010년에 역대 최고의 징글은 코카콜라사의 'I'd Like to Buy the World a Coke'라고 발표하였다. 포브스의 분석에 따르면 좋은 징글은 한 번 듣고 좋은 것이 아니라 계속 듣고 싶고 따라 부르고 싶은 징글이다.

제3절 브랜드 자산의 구축

브랜드 아이덴티티를 구축한 뒤에 그것이 브랜드 자산을 효과적으로 구축할 수 있도록 노력해야 한다. 본격적인 브랜드 자산을 구축하기 위해서는 구체적인 마케팅 프로그램을 설계해야 한다.

4차 산업혁명 시대에 브랜드 자산의 중요성은 더 커질 전망이다. 로봇 생산과 인공지능에 의한 공정관리, 빅데이터에 기반한 마케팅관리에 따라 상품 간 유형적인 품질 차이는 점차 작아질 것이다. 그러나 이미지와 인지도에 기반한 브랜드 자산의 차이는 4차 산업혁명 시대에도 그대로 유지될 것으로 전망된다. 즉 계량화 가능한 요소는 균질화되겠지만, 소비자의 개인적 감성이나 직관적 판단에 의존하는 브랜드 자산의 요소는 여전히 차별적인 성격을 지니게 될 것이다.

1. 브랜드 자산의 개념

브랜드 자산(brand equity)은 브랜드의 가치를 나타낸다. 소비자의 관점에서 볼 때 브랜드 자산은 브랜드가 가진 속성에 대한 긍정적인 태도와 브랜드를 사용함으로써 얻게 되는 호의적인 결과에 의해 발생한다. 예를 들어 풀무원이라는 브랜드가 가진 '깨끗함', '신선함'이라는 속성에 대해 많은 사람들이 긍정적인 태도를 가지고 있다면 풀무원의 브랜드 자산은 높다고 보는 것이다. 또한 풀무원 두부와 풀무원 콩나물을 사서 먹은 소비자들이 결과에 만족한다면 풀무원의 브랜드 자산은 증가하게 된다. 브랜드 자산을 좀 더 쉽게 파악하는 방법은 없을까? 동일한 두 제품이 브랜드만 다를 경우 이 둘 간의 선호도 차이는 브랜드 자산의 차이라고 볼 수 있다.

브랜드 전문가인 Aaker에 따르면 브랜드 자산은 브랜드 충성도, 브랜드 인지도, 제품의 품질, 브랜드 연상, 그리고 독점적 상표자산의 다섯 가지로 이루어진다. 고객기반 브랜드 자산(CBBE)을 주장한 Keller에 따르면 브랜드에 대한 소비자의 지식이 브랜드 자산을 창출하는 주요 요인이며 이 지식은 브랜드 인지도와 브랜드 이미지라는 두 가지 요소로 이루어진다.

첫째, 브랜드 인지도는 보조상기와 비보조상기로 구성되는데, 보조상기는 전에 접해본 브랜드를 식별해내는 능력을 말하고 비보조상기는 관련된 상황이 주어졌을 때 그 브랜드를 기억해내는 능력을 말한다. 예를 들어 어떤 소비자가 '하이마트'를 들어 보았다고 하면 보조상기에 해당하고, '전자제품 구매하는 곳'이라는 힌트를 주었을 때 '하이마트'를 떠올릴 경우는 비보조상기를 말하는 것이다. 일반적으로 비보조상기가 보조상기보다 더 어려우며 소비자의 구매의사결정이 점포 밖에서 이루어지는 경우는 비보조상기가 더 중요한 역할을 한다. 소비자들은 음료수를 구매할 때 매장에 진열된 브랜드를 보고서 원하는 브랜드를 선택하는 경우가 많은데 이럴 때는 보조상기가 중요한 역할을 할 것이다.

브랜드 인지도는 소비자가 제품을 구매할 때 고려대상에 포함시킬 수 있게 하고 선택될 확률을 높이기 때문에 중요하다. 브랜드 인지도를 구축하는 방법은 효과적인 광고를 만들고 적합한 미디어를 선택해야 하며 반복 노출을 통해 지속적인 학습을 유도하는 것이 필요하다.

둘째, 브랜드 이미지는 소비자가 브랜드에 대해 호의적이고 강력하고 독특한 연상을 가지고 있는지를 나타낸다. 예를 들어 도미노피자는 '30분 내 배달'이라는 연상을 가지고 있으며 이는 배달 피자 시장에서 경쟁사인 피자헛보다 유리한 입장에 놓이게 도와준다. 강력하고 호의적인 이미지만으로는 부족하다. 아무리 강력하고 호의적인 연상이라도 경쟁사에 비해 독특한 점이 없다면 경쟁우위가 될 수 없기 때문이다. 따라서 피자헛이 도미노피자와 경쟁하기 위해 '우리도 30분 내 배달'이라고 내세우는 것은 우위요소가 되기 어려울 것이다. 그래서 피자헛은 2007년부터 따끈따끈한 피자 온도와 맛을 그대로 배달해주는 '핫 앤 온 타임' 캠페인을 내세워서 좋은 반응을 얻을 수 있었다. 배달 과정에서 식지 않도록 보온 기능의 파우치를 사용하고, 콜라도 차가운 상태로 배달함으로써 차별적인 이미지를 만들 수 있었다.

2. 브랜드 경험

고객은 브랜드와의 광범위한 접촉과 상호작용을 통해 브랜드를 접하고 지식을 쌓게 된다. 고객은 브랜드와 접촉하고 경험함으로써 브랜드를 더 명확히 알게 되기 때문에 고객의 브랜드 접촉점을 관리하는 것이 중요할 것이다. 경험 마케팅으로 유명한 컬럼비아대학의 Schimit 교수는 브랜드 경험(brand experience)을 "브랜드에 관련된 자극물에 의해 유발된 주관적이고, 내적인 반응이나 행동"이라고 정의하였다. 브랜드 경험은 소비자들이 어떤 브랜드를 찾거나 구매하거나 소비하는 다양한 상황에서 발생한다는 것이다. 그리고 브랜드 경험은 브랜드와 관련된 자극물에 의해 발생하는데, 브랜드 관련 자극물에는 디자인, 아이덴티티, 패키징, 커뮤니케이션 등이 있으며 주변환경도 자극이 될 수 있다. 브랜드 경험은 세부적으로 감흥, 느낌, 인지, 행동적 반응 등에 대해 설문지를 통해 측정할 수 있다.

많은 학자들은 브랜드 경험이 브랜드 평가, 브랜드 몰입, 브랜드 애착, 고객감동 등의 브랜드 성과에 영향을 미칠 것으로 보고 있다. 기존 연구에 따르면, LEGO, 빅토리아 시크릿, iPod, 스타벅스 등이 브랜드 경험이 뛰어난 것으로 조사되었다.

3. 브랜드 유대감

소비자와 브랜드의 정서적인 유대관계가 형성될 수 있는데, 이를 브랜드 유대감(brand bonding)이라 하며 이것을 브랜드 애착(brand attachment)이라고도 한다. 특정 브랜드에 대한 애착이 있는 소비자는 정서적 기쁨과 안정감을 느낀다. 이러한 애착은 단기간에 형성되는 것이 아니라 소비자와 브랜드 간의 장기적인 상호작용이 필요하며 소비자 자아와 브랜드 간의 연결이 필요하다. 또한 소비자의 자아표현 욕구를 브랜드가 충족시켜주는 경우 소비자가 정서적 만족을 경험하게 되고 이를 통해 브랜드와 정서적 유대관계가 이어질 수 있다.

소비자는 브랜드를 통해 자신을 표현하고 싶은 욕구가 있는데, 특히 자아이미지와 동일한 브랜드 개성을 가진 브랜드에 대해 애착을 크게 느낀다. 브랜드 애착이 커지면 브랜드 자산의 가치도 따라서 커진다. 특정 브랜드에 대해 애착을 느낄수록 소비자는 그 브랜드와의 관계를 유지하기 위해서 개인적인 시간, 돈, 노력을 사용하게 된다. 연구에 따르면 소비자의 구매행동을 예측하는 데 있어서 브랜드 애착은 브랜드 태도보다 훨씬 더 우수한 것으로 나타났다. 지속적으로 더 많은 구매를 유발하기 위해서 기업은 강력한 브랜드 애착을 만들어야 할 것이다.

4. 브랜드 가치평가

브랜드 자산을 금전적으로 평가하는 것은 현재 브랜드의 상태를 알 수 있게 하고 브랜드 자산을 높이는 것과 관련하여 효과적인 의사결정을 도와주기 때문에 중요하다. 브랜드 자산을 수치화하는 방법은 소비자에게 지불의도가격을 물어봄으로써 서로 다른 브랜드 간의 가격 프리미엄을 조사하거나 또는 컨조인트(conjoint) 분석방법을 이용하여 브랜드에 대한 금전적 가치를 추정할 수 있다. 기타 재무적인 방법을 적용하여 브랜드 가치를 종합적으로 평가하는 여러 가지 방법들이 제시되었다.

영국의 브랜드 가치 전문 평가기관인 인터브랜드(Interbrand)사가 개발한 방법은 브랜드가 미래에 산출할 것으로 기대되는 수입이나 현금의 현재가치를 계산하는 것을 브랜드 가치로 보고 있다. 인터브랜드의 방법은 2단계로 나누어지는데, 1단계는 브랜드로부터 얻는 수입과 현금유입을 계산하고 2단계는 할인율을 적용하여 미래수입을 현재가치로 계산하는 것이다. 브랜드 매출에서 원가, 마케팅비용, 간접비, 자본비용, 세금 등을 공제하여 브랜드 수익을 계산한 다음 브랜드 강도를 측정하여 수익을 현재가치로 할인하는 승수로 활용한다. 브랜드 강도를 결정하는 데는 리더십, 안정성, 시장성, 국제성, 트렌드, 지원, 보호의 일곱 가지 요소를 활용하여 평가한다.

브랜드 가치를 화폐로 계산한다는 것은 여러 가지 혜택이 있지만 측정의 정확성에 대한 의구심도 많은 상태이다. 어떤 제품의 가치에서 브랜드에 의한 부분만을 추출한다는 것이 매우 힘든 일이기 때문이다. 그럼에도 불구하고 브랜드의 가치를 평가하는 일은, 특히 타 기업을 브랜드와 함께 인수합병(M&A)하는 경우에 인수가격을 결정하기 위해서 활용되는 등의 실질적인 활용도가 높다.

제4절 브랜드 자산의 활용

기업은 브랜드 자산을 지속적으로 만들어내고 확대하려고 노력한다. 브랜드 자산이 매우 높을 경우 이 브랜드를 타 기업에 높은 가격에 판매할 수도 있을 것이다. 브랜드를 판매하지 않는 경우에도 기업은 브랜드 자산을 활용할 수 있는 여러 방법이 있는데 대표적인 것이 브랜드 확장과 브랜드 라이센싱이다.

1. 브랜드 확장

브랜드 확장(brand extension)은 기업이 다른 범주의 신제품에 기존 브랜드 명을 사용하는 것을 말한다. 예를 들어, 니베아크림으로 잘 알려진 독일의 니베아(Nivea)는 기초화장품, 색조화장품, 데오도란트 등에도 동일한 브랜드를 사용하였다. 풀무원 두부와 풀무원 생수는 제품범주가 다른데도 동일한 브랜드를 사용했기 때문에 브랜드 확장사례로 볼 수 있다. 한편, 라인 확장(line extension)이라는 개념이 있는데, 이것은 동일한 범주 내에서 새로운 상품에 기존 브랜드를 사용하는 것을 말하는데, 예를 들면, 코카콜라가 코카콜라 라이트를 만든 것이 이에 해당한다.

브랜드 확장의 장점은 소비자 측면에서 볼 때, 기존의 인지도와 호감도가 높은 브랜드를 사용함으로써 신제품에 대한 이미지를 개선시키고 소비자의 지각된 위험을 감소시킨다는 점이다. 유통업체 측면에서 볼 때에도 인지도가 높은 브랜드를 가진 신제품을 진열 판매할 의도가 높을 것이다. 브랜드 확장 제품은 비용절감에도 효과적인데, 적은 광고비 지출로도 신제품을 알릴 수 있다는 점이다. 또한 새로운 브랜드 개발 비용도 절감할 수 있다. 성공적인 브랜드 확장은 브랜드가 가진 의미를 더욱 명확하게 해주고, 이미지를 향상시켜 준다.

브랜드 확장의 단점으로는 부적절한 브랜드 확장을 했을 때 소비자의 혼란을 초래할 수 있고 브랜드에 대한 이미지를 흐리게 한다는 점이다. 브랜드 확장은 원래 제품군의 아이덴티티를 모호하게 만들고 브랜드 인지도를 약화시키는 경향이 있다. 럭셔리 패션 브랜드인 구찌는 한때 2만 개가 넘는 아이템에 대해 동일한 브랜드를 사용하였고 그로 인해 럭셔리 이미지를 유지하는 데 어려움을 겪었다. 구찌는 제품 아이템을 7,000개로 줄이는 등의 노력

끝에 매출을 회복할 수 있었다.

2. 브랜드 라이센싱

브랜드 라이센싱(brand licensing)은 일정기간, 일정지역 내에서 특정 제품에 대해 지정된 브랜드를 사용할 수 있도록 하는 기업 간 계약을 말한다. 디즈니사의 미키마우스는 라이센싱을 통하여 인형, 도서, 의류 등의 수많은 제품에 사용되었다. 이런 제품들은 디즈니사가 직접 만든 것이 아니고 모두 브랜드 라이센싱에 의한 생산이었다.

캐릭터 브랜드뿐만 아니라 일반 브랜드도 라이센싱에 활용될 수 있는데, 미국 캘리포니아 주의 오렌지 생산자 조합의 브랜드인 썬키스트는 전 세계적으로 50여 개국 이상에서 수백 가지의 제품에 사용되고 있으며 2004년 기준으로 12억 달러 이상의 판매실적을 기록하였다. General Mills사는 썬키스트 브랜드를 라이센싱하여 과일과 시리얼을 성공적으로 출시하였으며, 일본의 모리나가사는 썬키스트 주스와 젤리를 판매하였으며 캐나다의 W. N. Pharmaceuticals는 썬키스트 비타민을 판매하고 있다.

기업은 브랜드 라이센싱을 통해 로열티 수입을 올릴 수 있고, 직접 투자하기 어려운 상태에서 해외시장에 진출하는 유용한 대안으로 활용된다.

| 토의사항 |

01 상품의 품질적 요소와 브랜드적 요소의 중요성이 1차, 2차, 3차, 4차 산업혁명 시대에 각각 어떻게 변화해왔고 변화해 나갈 것인지 생각해보시오.

02 부정적인 느낌이 드는 브랜드를 하나 떠올려보고, 그 이유를 브랜드 자산 개념으로 설명해보시오.

03 한국의 브랜드들 중에서 브랜드 아이덴티티 설정이 성공적인 사례와 성공적이지 못한 사례를 하나씩 드시오.

| 참고문헌 |

- 류주연 · 김정구(2013), "브랜드 경험에 따른 긍정적 감정이 자아인식의 향상과 브랜드 애호도에 미치는 영향," 마케팅연구, 28(4), 57–80.
- 박성원(2017), "인간 2.0 시각에서 본 4차 산업혁명의 의미," 동향과전망 여름호(통권 100호), 152–183.
- 서상희(2016), "브랜드 스토리텔링 유형이 브랜드 의식, 브랜드 동일시, 이미지 정교화, 브랜드 이미지와 브랜드 태도의 구조적 관계에 미치는 영향," 광고연구, 108(1), 31–63.
- 손수정(2016), "제4차 산업혁명, 지식재산 정책의 변화," STEPI Insight, 197(1), 1 27.
- 이명천 · 신동우 · 김정현(2011), "브랜드 확장이 모브랜드 평가에 미치는 영향: 적합성, 광고유형 및 브랜드컨셉을 중심으로," 광고연구, 91(1), 212–239.
- 정주원(2017), "제4차 산업혁명과 소비생활," 한국가정과교육학회춘계학술대회논문집, 98–115.
- 한충민 · 진희 · 이상엽(2011), "한류가 한국 화장품 브랜드의 이미지에 미

치는 영향: 한류광고 vs. 국가이미지 효과," 경영학연구, 40(4), 1055-1074.

- Buil, Isabel, Sara Catalán, and Eva Martínez(2016), "The Importance of Corporate Brand Identity in Business Management: An Application to the UK Banking Sector," *BRQ Business Research Quarterly*, 19(1), 3-12.
- Chernatony, Leslie de, Cleopatra Veloutsou, George Christodoulides, and Susan Cottam(2009), "Introduction: Special Issue on Advances in Brand Management," *Journal of Business Research*, 62(3), 289-290.
- Erkollar, Alptekin and Birgit Oberer(2016), "Multidimensional Dashboards for Evaluating Strategic brand Management Processes for Multi-brand Companies," *Social and Behavioral Sciences*, 235(November), 505-513.
- Liu, Matthew Tingchi, IpKin Anthony Wong, Ting-Hsiang Tseng, Angela Wen-Yu Chang, and Ian Phau(2017), "Applying Consumer-Based Brand Equity in Luxury Hotel Branding," *Journal of Business Research*, *forthcoming*(Available online 24 June).

CHAPTER 11

브랜드관리 Ⅱ (명품 브랜드)

COMMODITY SCIENCE AND TECHNOLOGY

도 · 입 · 사 · 례

럭셔리 브랜드가 미술관으로 가는 이유

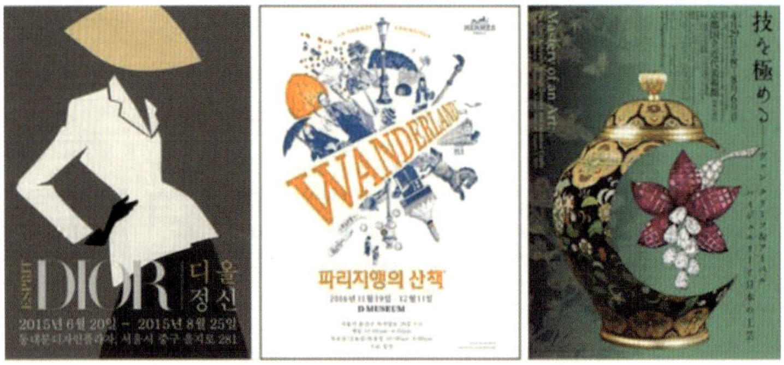

DDP 디올전(2015) 포스터, D뮤지엄 에르메스전(2016) 포스터, 교토국립근대미술관 반클리프아펠전(2017)

5년 전 서울 통의동 대림미술관에서 '스와롭스키' 전시가 있었다. 그때만 해도 명품 브랜드를 미술관에서 전시한다는 기획이 신기하고 참신했다. '빛나는 환상(영어로는 Sparkling Secrets)'이라는 전시 타이틀도 멋졌다. 잘 준비된 전시였고 관람객 호응도 좋아 전시기간을 연장했다.

2014년에는 동대문디자인플라자(DDP)에서 샤넬 전시가 있었다. 제품보다는 가브리엘 샤넬 개인의 삶에 초점을 맞춘 전시였다. 전시 타이틀은 '장소의 정신'. 샤넬의 부흥을 이끈 디자이너 칼 라거펠트의 '명작'들과 넘버 5 향수병에 눈길을 빼앗길 때가 많았지만, 밀레의 드로잉 · 로트렉의 판화 · 드가의 조각 · 달리의 그림을 보는 재미가 쏠쏠했다.

이듬해인 2015년에는 같은 장소에서 '디올 정신(Esprit Dior)'이라는 전시가 있었다(샤넬 전시는 영문 타이틀이 'Senses of Places'였고 직역하면 '장소의 감각'이므로 절대 디올이 따라했다고 할 수 없다. 둘 다 '정신'을 강조함으로써 물질주의를 희석하려는 동일한 의도를 가지고 있었을 뿐이다). 지난해 말에는 에르메스의 전시 '파리지앵의 산책'이 한남동 디뮤지엄에서 있었고 역시 뜨거운 반응과 함께 전시관람 사진이 인스타그램을 도배했다.

그리고 올여름, 명품 브랜드들의 서울 전시가 다시 화제다. 매장이 아닌 전시장에서 힘겨루기를 하고 있는 것이다. 루이비통은 '비행하라, 항해하라, 여행하라'라는 타이틀의 전시를 DDP에서, 그리고 2년 만에 돌아온 샤넬은 이번에는 '마드모아젤 프리베'라는 이름으로 오트 쿠튀르와 향수, 그리고 하이 주얼리를 본격적으로 선보인다. 2015년 런던 전시의 서울 버전이며, 장소는 지난해 에르메스가 전시를 했던 디뮤지엄이다.

해외도 마찬가지다. 이세이 미야케(Miyake Issey)는 지난해 도쿄 국립신미술관에서 전시를 했다. 발렌시아가는 런던 빅토리아앤알버트(V&A) 뮤지엄에서, 디올은 멜버른 빅토리아 국립미술관에서 금년에 전시를 할 예정이다. 알렉산더 맥퀸 회고전을 했던 뉴욕 메트로폴리탄 뮤지엄은 올해는 디자이너 레이 카와쿠보(Rei Kawakubo) 전시를 하고 있다. 1980년대부터 이미 구겐하임, 루브르 등 거물급 미술관들이 이브생 로랑 같은 패션 디자이너의 작품을 전시하기 시작했지만, 럭셔리 패션 브랜드들의 미술관 전시가 이토록 확고한 글로벌 트렌드가 된 이유는 도대체 뭘까?

명품 마케팅의 핵심은 '럭셔리', '프리미엄' 이미지 구축에 있다. 그리고 슈퍼 럭셔리 브랜드의 미술관 전시는 이들의 프리미엄 전략을 모방하고 있는 신생 후발 브랜드들의 추격의지를 꺾어 놓을 만한 파워풀한 마케팅 무기가 아닐 수 없다. 지금 DDP에서 진행 중인 루이비통 전시가 150년 역사를 뽐내며 굳이 연대순으로 디스플레이를 해 놓은 이유가 여기에 있다.

또한 전시마케팅은 요즘 각광받는 '경험마케팅(experience marketing)'과 '고객 인게이지먼트(customer enagement)'의 가장 세련된 포맷이다. 감각적 요소를 통해 고객과 소통하고 관계를 형성하며 궁극적으로 구매행동을 유도하는 고도의 스토리텔링 기법인 것이다. 미국전시산업연구원(CEIR)은 미국의 경우 전시회 예산이 마케팅 전체 예산의 약 14%를 차지한다고 분석했다. 한마디로 명품 브랜드의 미술관 전시는 마케팅 효과 최고다. 그래서 입장료도 무료다.

미술관 입장에서도 명품 브랜드 연계 전시는 나쁘지 않은 거래다. 피카소나 고흐, 샤갈 정도를 제외하고는 루이비통 정도의 파워 브랜드 기획 전시를 열기가 쉽지 않다. 높은 브랜드 인지도 덕에 단박에 블록버스터 전시를 기획할 수 있다는 뜻이다. 게다가 대개의 경우 작품 설치와 홍보에 상당한 지원을 받을 수 있다. 각종 언론의 전시홍보 기사에 '현대 미술의 수호자' 혹은 '기념비적인(monumental) 전시'라는 낯 뜨거운 표현이 등장할 정도다.

하지만 미술관과 명품 브랜드의 '공생'에 분개할 소비자는 없다. 소비자도 이런 전시를 좋아한다. 현대미술의 모호함과 뻔뻔함에 질린 관람객들은 재미있고, 어렵지 않고, 화려하고, 친절하고(사진도 마구 찍을 수 있게 해주고), 게다가 무료인 명품 전시를 싫어할 이유가 없다. 그래서 사전 예약도 하고, 회원가입도 하고, 앱도 기꺼이 다운로드받는다.『스펜트: 섹스, 진화 그리고 소비주의의 비밀』의 저자 제프리 밀러는 이러한 소비주의의 근원에 '나르시시즘(자기애)'이 있다고 지적한다.

그는 나르시시스트가 '지위 추구(외부에 과시)'와 '즐거움 추구(자기자극)'라는 두 가지 특성을 가진다고 했는데, 명품 소비는 이 두 가지 목적을 동시에 달성하게 해준다. 명품 브랜드 관람이 명품 소유 수준의 만족을 가져다 줄 리는 절대로 없지만, 현실도피나 일시적 욕망 해소(욕망의 부채질이라는 부작용도 있을 수 있다!) 혹은 대리만족의 도구가 될지도 모른다.

브랜드와 미술관, 관람객 모두가 바라는 전시인데도 명품의 본고장인 유럽에서조차 미술관의 브랜드 전시에 대해 비판적인 목소리가 커지고 있다. 너무 자주 하는 것도 문제고, 상업적인 냄새가 너무 난다는 것이다.

그런 점에서 현재 일본 교토의 국립근대미술관에서 하고 있는 반클리프 아펠의 전시는 하나의 좋은 예가 될 수 있다. 천년 전 일본의 수도였던 교토를 선택한 것도 좋고, 섬세한 일본 전통 공예품을 사이사이에 함께 전시해 기법을 비교하고 새로운 관점으로 감상할 수 있도록 기획한 것도 훌륭하다. 서울에서도 '브랜딩' 이상의 의미를 충분히 부여할 수 있는 명품 브랜드의 '명품 전시'를 볼 수 있기를 기대해본다.

자료: 김상훈, 중앙SUNDAY, 2017. 6.

제1절 명품 브랜드의 개념

1. 명품 브랜드의 정의와 특성

명품 브랜드란 명품과 브랜드의 결합어로 명품 브랜드를 정의하기 위해서는 명품과 브랜드의 개념적 특성을 살펴볼 필요가 있다. 명품(masterpiece)의 사전적 의미는 '뛰어나거나 이름난 물건 또는 그런 작품'이다. 일반적으로, 명품이라는 개념은 예술품에 대해 주로 사용하며 상품에 대해서는 주로 다른 상품과의 차별적 가치가 존재하는 경우 적용된다. 한편, 브랜드란 어떤 상품에 사용되는 이름, 기호, 상징 등의 결합으로 소비자들에게는 어떤 상품을 다른 상품과 구분할 수 있는 차별화된 이미지로 인식된다. 이와 같은 명품과 브랜드의 개념적 특성에 근거할 때 명품 브랜드는 소비자가 어떤 브랜드에게 부여하는 우월한 차별적 연상과 관련한 것으로 이해될 수 있다.

그렇다면 명품 브랜드가 지닌 우월한 차별적 연상이란 어떤 것일까? 이와 관련해 명품 브랜드(luxury brand)는 가격, 품질, 미적, 희소성, 우월함, 상징성과 같은 비기능적(non-functional) 연상과 관련하여 우월한 차별적 연상을 구축한 브랜드로 정의될 수 있으며, 명품 브랜드가 가진 차별적 연상의 특성은 다음과 같다(Heine 2011).

① 가격: 명품 브랜드의 가격은 해당 제품군에서 가장 높은 수준이다.

② 품질: 명품 브랜드는 해당 제품 범주에서 최고 수준의 품질을 제공한다. 특히 제품 품질은 지속성을 갖고 있어 심지어 시간이 흐르면 가치가 높아지기도 한다.

③ 심미성: 명품 브랜드는 높은 수준의 미와 우아한 이미지를 내포한다.

④ 희소성: 대중적 브랜드와 달리 명품 브랜드는 제품의 생산량을 제한하여 높은 매출량을 목표로 하지 않는다. 따라서 명품 브랜드는 구매 장소와 시간이 한정된다.

⑤ 우월함: 명품 브랜드는 자신만의 철학과 스타일을 담고 있어 제품의 기능과 비기능적 측면에서 우월한 가치를 제공한다.

⑥ 상징성: 명품 브랜드는 해당 제품군에서 최고 중에서도 최고라는 상징성을 나타낼 수 있어야 한다.

그림 11-1 ▸▸ **명품 브랜드의 희소성**

지구상에서 가장 구하기 어려운 명품 브랜드 가방으로 알려진 에르메스의 버킨백(Birkin bag). 모델에 따라서는 상품을 구매하는 대기가 수년에 걸린다

한편, Dubois and Czellar(2002)가 제시한 명품의 분류와 범위에 대해 살펴보면, 이들은 'luxury'와 'prestige'는 지금까지 물질적이고 무형적인 가치를 갖고 있는 브랜드를 의미하는 단어로 보편적으로 동의어로 사용되었지만 'luxury'와 'prestige'는 고객의 입장에서 개념적으로 다른 범위를 나타낸다고 주장하였다. 그리고 'prestige'는 사람들이나 브랜드와 같은 무생물의 높은 사회적 지위에 대한 주관적인 평가로 브랜드에 대한 고유의 독특한 업적에 의한 것이지만, 'luxury'는 자기가치부여(self-indulgence)를 의미하고, 객관적인 현실에서 아름다움, 편안함, 호화스러운 라이프스타일의 주관적인 인지와 관련이 있다고 하였다.

2. 명품 브랜드 가치

브랜드 가치는 해당 브랜드 제품의 속성과 비속성 관련 성과에 대한 소비자의 지각된 선호 및 평가이다. 따라서 브랜드 가치는 소비자의 경험과 지식에 근거하여 인지적(cognitive) 측면과 정서적(affective) 측면 모두를 포괄하는 다차원적 차원에서 정의된다. 인지적 측면의 가치는 주로 경험한 제품의 속성과 관련한 기능적 가치와 관련한 평가이며, 감정적 가치는 제품경험을 통해 경험한 감정이나 감정상태와 관련한 가치평가와 관련한 것이다. 명품 브랜드 가치 역시 명품 브랜드의 특성을 반영한 다차원적인 개념적 특성을 지니며, 금전적 가치, 기능적 가치, 개인적 가치, 그리고 사회적 가치의 차원으로 구분가능하다.

(1) 금전적 가치

명품 브랜드의 금전적 가치는 제품을 얻음으로써 포기했거나 희생한 비용 대비 얻은 제품의 금전적 가치를 나타낸다. 가격은 제품의 품질 판단의 중요 단서로 활용되며, 지위를 과시하는 소비자들이 제품의 명성을 대신하는 근거로 사용하는 경향이 있다. 따라서 높은 품질이나 높은 명성을 제시하기 위하여 다소 높은 가격을 책정하는 고가격전략은 특정 제품이나 서비스를 보다 매력적이게 한다. 하지만 명품 소비자들은 소비를 통해 얻게 되는 가치를 더 고려하기 때문에 제품이나 서비스가 단지 명품이 되기 위해 비싸거나 제품이나 서비스의 가격 때문에 명품이 아닌 것은 아니다. 예를 들어, 몇몇 품목들은 제품의 가격이 표시된 태그나 라벨뿐만 아니라 가치의 관점에서 명품으로 간주된다. 그러므로 소비자들은 제품의 실제 가격인 객관적인 가격과 소비자에 의해 판단된 가격인 인지된 가격을 구별한다.

또한 명품 브랜드는 희소성의 특성으로 인해 시간이 지남에 따라 더 높은 금전적 가치를 보상받기도 한다. 명품 브랜드인 에르메스의 버킨 가방들은 지난 수십년간 연평균 수익률이 미국 S&P 500 지수와 금가격을 모두 능가한 것으로 분석되었다.

(2) 기능적 가치

명품 브랜드의 기능적 가치는 제품의 품질과 희소성과 같은 명품 브랜드의 핵심적인 편익과 기본적 효용으로부터 지각하는 가치를 의미한다. 소비자들은 명품 브랜드의 고품질과 우월성으로부터 일반 대중 제품과 차별화되는 기능적 가치를 얻는다. 예컨대, 우주인의 우주여행에 동반하는 시계로 미국항공우주국(NASA)의 유일한 인증을 받은 오메가(OMEGA) 시계처럼 명품 브랜드는 일반 대중 브랜드와 차별화된 제품의 기능적 가치를 소비자에게 전달한다. 명품 브랜드의 기능적 가치는 제품의 희소성 특성과도 관련한다. 명품 브랜드의 제한된 희소성은 브랜드에 대한 소비자의 선호나 구매욕구 수준을 높여 보다 높은 브랜드 가치를 지각하게 한다.

그림 11-2 ▸▸ **명품 브랜드의 기능적 가치**

오메가 시계는 인류 첫 달 착륙에 함께하였고, 미국항공우주국의 유일한 인증을 받은 시계라는 차별적인 기능적 가치를 제공함

(3) 개인적 가치

명품 브랜드의 개인적 가치는 명품 소비에 대한 소비자의 개인적 본능에 관한 것으로, 물질주의, 쾌락적 가치 그리고 자아일치 가치와 같은 개인적 차원의 가치와 관련한 것이다. 특정 제품과 서비스들은 감정적 가치와 본질적인 즐거움을 제공한다. 즉, 명품 브랜드는 주관적이고 무형적인 편익을 제공함으로써 소비자들에게 감정적인 편익을 제공한다. 또한 소비자들은 다른 사람들과의 관계에서 자신을 타인과 구별하기 위해 명품 브랜드를 이용하고, 그들 스스로의 정체성과 브랜드의 상징적 의미를 통합하려고 한다. 이를 통해 소비자는 명품 브랜드로부터 자아를 확인하여 자신의 정체성을 확인하고 명품 브랜드의 구매와 소유를 통해 즐거움, 기쁨, 행복, 만족감, 개인적 성취와 같은 개인적 가치를 제공한다.

(4) 사회적 가치

소비자의 구매행동은 제품, 소비자 개인의 특성과 함께 외부환경의 영향을 받는다. 따라서 명품 브랜드 구매행동은 개인의 욕구충족을 위한 개인적 차원에서 사회적 차원으로 확장되어 해석된다. 명품 브랜드의 사회적 가치는 소비자들이 사회적 집단 내에서 명품 브랜드의 소비를 통해 획득되는 과시적이고 명성적인 가치와 관련한 인지된 효용을 의미한다. 따라서 명품 브랜드는 소비자가 속해 있는 사회에서 자신의 지위를 나타내기 위한 상징적 소비의 도구의 하나로 활용되며 이를 통해 자신의 사회적 맥락해서 해석하는 사회적 가치를 제공한다.

제2절 명품 브랜드 시장에 대한 이해

1. 명품 시장 규모

세계 명품 시장은 2017년 기준 약 2천 540억~2천 590억 유로(318조~324조 원)의 규모로 평가된다(Bain & Company 2017). 이는 전년보다 2~4% 정도의 성장세를 보인 것으로

그림 11-3 ▶▶ 세계 명품 브랜드 시장 규모[1]

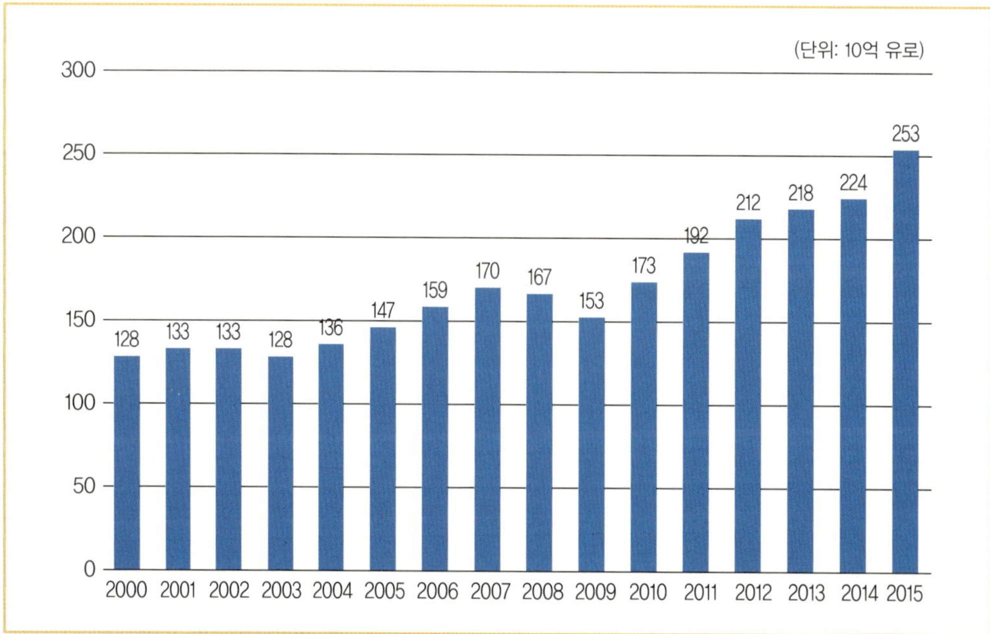

자료: Statista, Bain & Company

2009년 미국에서 시작된 경제공황 속에서도 이후 세계 명품 브랜드 시장은 높은 성장률을 보인 것이다. 2020년에는 세계 명품 브랜드 시장 규모는 2천 900억 유로 규모로 성장할 것으로 추정되어 앞으로도 이러한 시장 성장세는 계속될 것으로 예측되고 있다.

국내 명품 시장은 1996년 유통시장 개방과 함께 성장하였다. 세계 명품 시장에서 국내 명품 시장은 118억 원 달러의 규모로 미국과 유럽국가들 그리고 아시아권에서 일본과 홍콩의 뒤를 이어 세계 8위를 차지하며, 성장률 측면에서는 세계평균을 훨씬 앞지른다. 또한 국내 명품시장의 규모는 백화점과 면세점 같은 유통경로를 거친 판매는 2조 원대로 추산되며, 해외 여행객이 들여오는 명품 물량 1조 원을 더하면 3조 원 정도로 추산할 수 있다.

그림 11-4 ▸▸ 국가별 명품 브랜드 시장 규모

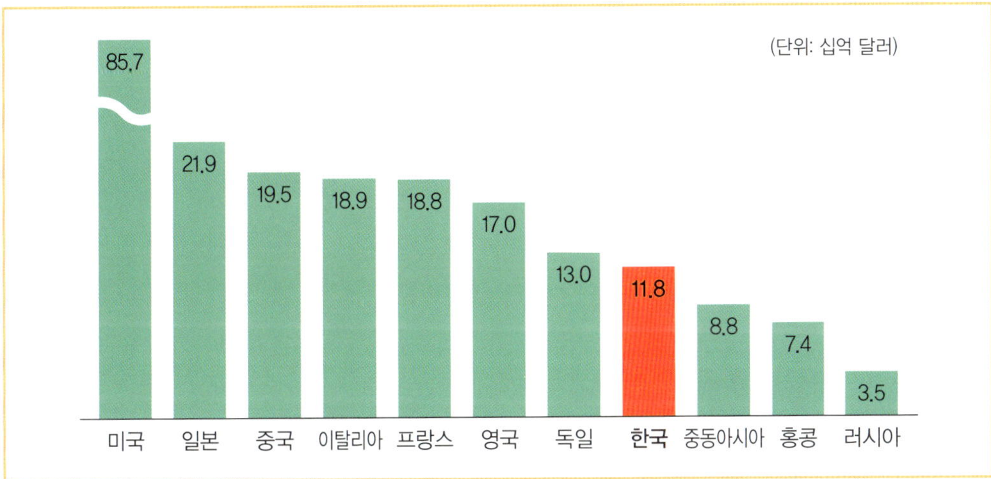

자료: 한국경제 2016년 3월 24일 기사에 보도된 Bain & Comapany의 조사 결과

국내 명품 브랜드의 지속적인 성장을 주도하고 있는 국내 대표 유통채널로 백화점과 면세점을 들 수 있으며, 이에 대하여 구체적으로 살펴보면 다음과 같다.

(1) 백화점

산업통상자원부가 발표한 '2017년 5월 주요 유통업체 매출동향'에 따르면 전년도 동기 대비 백화점의 매출은 1.9% 감소한 것으로 나타났다. 그러나 백화점의 명품 매출은 지난 2013

1) FashionSeoul, 2016년 9월 23일 기사 인용(http://www.fashionseoul.com/123216).

년 11.9%에서 2014년 12.2%, 2015년 12.5%에 이어 지난해 13.6%로, 2007년 10월 이후 지속적으로 10% 이상의 증가율을 보이고 있다.

국내 주요 백화점의 매출액 추이를 살펴보면 현대백화점은 명품 브랜드 판매가 2014년 10.4%, 2015년 11.1%, 2016년 13.3%, 2017년 13.5%의 성장세를 보였다. 롯데백화점은

그림 11-5 ▶▶ 백화점 명품 매출 비중

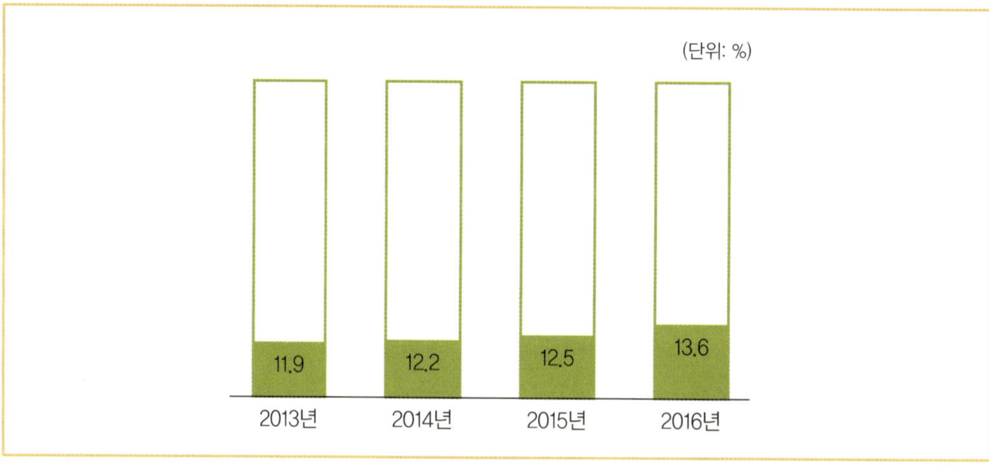

자료: 산업통상자원부(2016년 11월 기준)

그림 11-6 ▶▶ 백화점 명품 매출 증감률

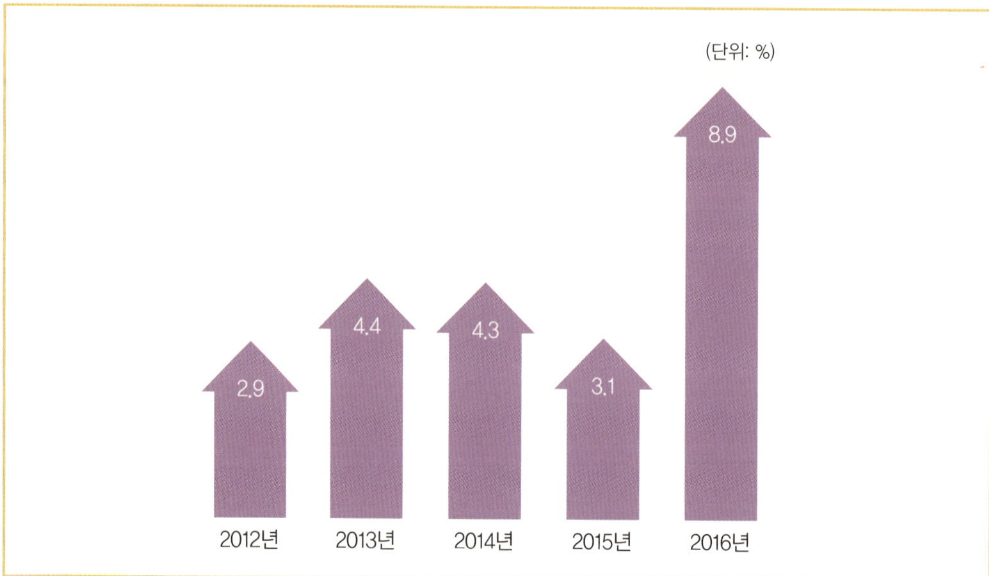

2014년 10%, 2015년 18.1%, 2016년 13.8%의 성장세를 보였으며, 신세계백화점도 2017년에는 28.2%의 높은 성장세를 기록하였다(서울경제, 2017).

(2) 면세점

국내 면세 시장(기내 면세섬 미포함)은 2016년 12조 원을 돌파하며 시상 최대기록인 12조 2,757억 원을 기록하였다(한국면세뉴스, 2017).

그림 11-7 국내 면세점 총매출액

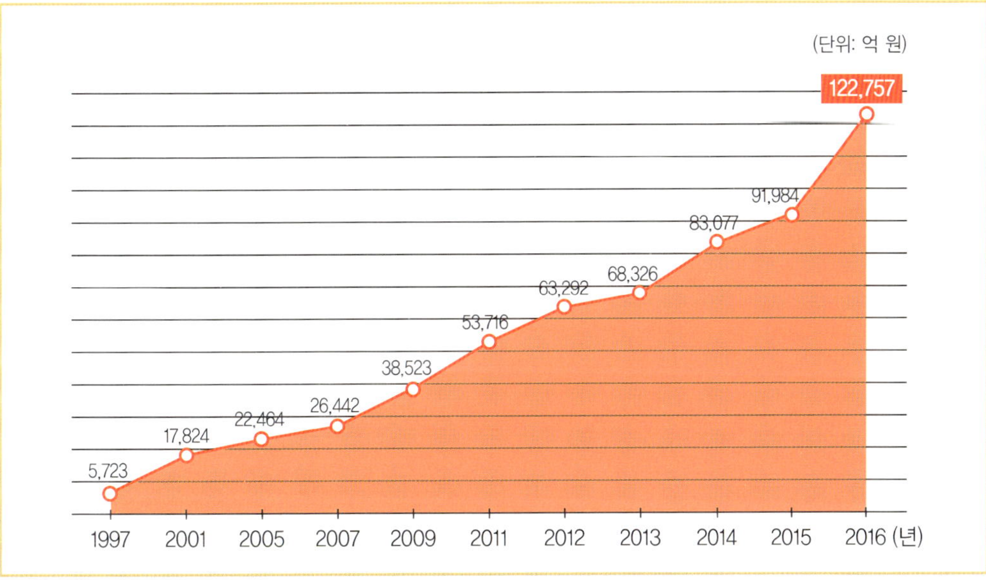

자료: 관세청의 조사 자료를 한국면세뉴스, 2017년 1월 23일자 뉴스에서 재인용

국내 주요 면세점의 매출액 추이를 살펴보면 롯데면세점의 매출액은 2016년 총 5조 9,728억원 매출을 올렸다. 매출은 전년 비 성장했으나 면세시장 총매출 중 약 48.6%(5조 9,728억)를 차지해 2015년 51.5%에서 비중이 다소 낮아졌다. 신라면세점은 2015년 총매출이 3조 82억 원으로 집계돼 면세시장 중 24.5%를 차지했다.

국내 면세점 내국인 고객수는 2015년 2,458만 명에서 2016년 2,792만 명으로 증가하였으며, 면세점을 이용하는 명품 구매를 위한 내국인의 증가는 국내 면세점 시장의 성장요인으로 평가받는다.

그림 11-8 ▸▸ 연도별 면세점 이용현황

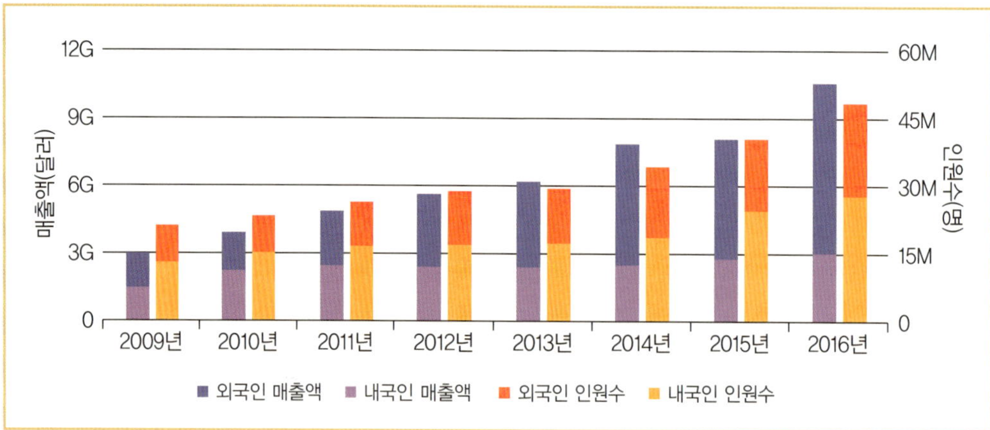

자료: 한국면세점협회(http://www.kdfa.or.kr/ko/trend/year.php)

2. 국내 명품 시장의 성장요인

(1) 소득수준과 부의 증대

국내 가정이 프리미엄 상품 구입에 사용할 수 있는 부의 규모는 상당한 수준이다. 이러한 부의 대부분은 한국인의 전반적인 소득증가에서 비롯된다. 동시에 잘사는 사람과 그렇지 못한 사람들 사이의 소득격차가 8배를 넘어서면서 2003년 이후 최대 수준으로 벌어져 부가 점점 더 고소득층으로 집중되는 양상이 나타나고 있다. 전체 소득 5분위 중 50% 이상을 차지하는 중·상위계층이 명품시장의 가장 중요한 소비자층을 형성하고 있으며, 국내 소비자들의 구매력의 증가는 국내 명품시장을 키우는 역할을 하고 있다.

(2) 국내 소비자의 과시적 소비와 동조적 소비

세계 명품시장의 가장 큰 비중을 차지하는 미국과 일본 등과 달리 국내에서 명품이라는 용어가 쓰이면서까지 명품시장이 호황을 이루는 이유를 국내 소비자들의 과시적 소비와 동조적 소비에서 찾아볼 수 있다.

현대인은 자신의 신분과 능력을 과시하기 위해 소비하며 사치품 등에 대한 과시적 소비를 통해 사회적 지위를 확립한다. 지위 소비(status consumption)는 스스로나 주변의 중요한 사람들에게 전달되고 상징화되는 소비재의 과시적 소비를 통해 사회적 지위를 향상시키기 위해 추구하는 동기부여된 과정으로 정의한다. 부의 과시적 표현은 준거집단 내에서 구성원들이 그들을 존경하고 부러워하게 하기 위해 보다 높은 개인적 지위와 명성을 추구하는 제품에 대한 필수적인 활동이며, 두 가지의 동기를 구분한다.

첫 번째 동기는 금전상의 경쟁심이다. 이것은 그들 스스로를 그들이 속한 계층 내 또한 그 이상의 이미지를 표현하기를 원하는 소비자들을 의미한다. 두 번째 동기는 그들 스스로를 그들보다 낮은 사람들과 구별되게 하기 위한 남에게 시기를 살만한 비교이다. 과거처럼 확실한 신분제도가 없는 현대의 대중사회에서는 누가 더 잘 사는지, 누가 우월한지를 명확히 판별하기가 어려워졌다. 그렇기 때문에 남들 눈에 확연히 드러나 보이고 비교적 행동에 옮기기 쉬운 소비라는 활동을 통해 자신을 표현하고 과시하는 데 몰두하기가 쉽다는 것이다. 한마디로 자신의 존재를 남과 차별화하기 위해 좋은 것을 마음껏 구매하거나 구매한 상품 그 자체를 통해 드러내려는 경향이 베블렌효과(Veblen Effect)이다. 그리고 베블렌효과의 핵심은 과시적 소비이며, 명품 소비는 이러한 국내 소비자의 과시적 소비의 한 형태라고 볼 수 있다. 개인은 소속집단 내에서 소비행위, 학습 등을 통해 동질감을 느낌으로써 자신이 속해 있는 집단 내에서 자신의 불명확한 존재에 대한 불명확성을 해소하고 집단 내 자신의 위치를 확인하고자 한다. 즉, 소비자는 유행을 추종함으로써 소속집단 또는 동경하는 집단 내에서의 동질감을 공유하고 한편으로는 다른 집단과의 차별성을 느낌으로써 자신의 존재를 찾고자 하는 것이다.

(3) 명품의 대중화 '매스티지(Masstige)'

일반적으로 경기침체 상황 속에서는 소비자들이 다른 어떤 가치보다도 저렴한 상품을 우선적으로 찾을 것이라고 생각하기 쉽지만, 실제 소비사회에서 벌어지는 현상은 일반적인 예상과는 달리 매스티지가 지배하고 있으며, 이는 최근 소비의 한 형태로 자리잡고 있다. 매스티지란 소득수준이 높아진 중산층이 비교적 값이 저렴하면서도 감성적 만족을 얻을 수 있는 제품을 원하는 경향으로 비교적 저가제품에 비하면 상대적으로 고가이면서 명품보다는 가격이 낮고 대량생산이 가능하면서도 소비자에게는 명품처럼 이용자들만의 동질감과 자긍심을 심어 준다는 것이다.

미국 보스턴컨설팅그룹은 세계적인 소비패턴 변화를 분석하면서 '트레이딩업'(trading-up)이라는 용어를 사용하였다. 이는 중가제품을 주로 구입하던 중산층 이상의 소비자가 품질이나 감성적인 만족을 얻기 위해 비싼 제품에도 기꺼이 보다 높은 가격을 지불하는 소비패턴을 일컫는 표현이다. 즉, 중가제품을 주로 구입하던 중산층 소비자가 고품질이나 감성적인 만족을 얻기 위해 상대적으로 저렴한 신명품 브랜드(new luxury brand)를 소비하는 패턴을 의미한다. 이러한 소비자들의 트레이딩업 현상은 명품의 대중화라고 일컬어지는 매스티지로 설명이 가능하며, 소비자들은 경기가 어려워져도 단순히 가격에만 연연하기보다는 보다 질이 좋은 제품을 찾고 있다고 판단된다. 또한 단순히 질이 좋은 상품만이 아니라 고품질과 자긍심까지도 구매하려고 하는 것이 매스티지 구매자의 특성이다.

매스티지는 가방과 의류 등의 패션잡화에서부터 가전, 식품, 스포츠용품, 가구, 장난감 등 모든 분야로 뻗어나가고 있다. 또한 기존 명품 브랜드들도 규모가 점점 커져감에 따라 대중화에 발맞춰 매스티지 브랜드들을 따로 내놓고 있는 것도 눈에 띈다. 이러한 매스티지 상품들은 일부 고소득층에 국한되던 명품 소비층이 20~30대 젊은 층으로 확산되는 명품의 대중화를 이끌었다.

제3절 명품 브랜드 소비자에 대한 이해

1. 명품 브랜드 소비자 구매행동 영향요인

소비자의 구매행동은 다양한 영향요인에 의한 결과적 행동으로 이해된다. 소비자의 명품 브랜드 구매행동 영향요인을 제품과 소비자 특성 차원으로 구분할 수 있다. 이 중 제품 요인은 앞서 명품 브랜드 정의에서 살펴보았듯이, 제품의 가격, 품질, 미적, 희소성, 우월함, 상징성과 관련한 지각을 주요 영향요인으로 설정할 수 있다. 따라서 본 절의 내용에서는 주로 소비자 특성 측면에서 명품 브랜드 구매행동에 미치는 영향요인을 살펴보도록 한다.

(1) 인구 · 사회통계적 특성

명품 브랜드는 해당 제품군에서 가장 높은 수준의 품질과 가격수준을 유지한다. 따라서 명품 브랜드 구매행동 의도에 소비자의 소득수준은 가장 강력한 인구 · 사회통계적 영향요인으로 평가받는다(Dubois and Duquesne 1993). 즉, 소비자의 소득수준이 높아질수록 명품 구매행동은 촉진된다.

또한 소비자의 문화적 특성은 명품 브랜드 구매행동과 유의한 관계가 있다(Dubois et al. 2001). 특히, 개인주의적인 문화적 배경보다 집단적 문화적 배경하에서 소비자들은 자신과 타인을 보다 관련시켜 생각하고 의사결정한다. 명품 브랜드의 소유와 소비는 타인에게 자신을 표현하며 사회구성원과 커뮤니케이션하는 수단의 하나인을 고려할 때 문화적 배경은 명품 브랜드 구매행동의 의미 있는 영향요인을 평가할 수 있다.

(2) 심리적 특성

소비자의 심리적 구매동기는 명품 브랜드 구매행동에 영향을 미친다.

1) 과시소비 동기

과시소비 동기는 소비를 통한 경제적 효용보다는 남에게 보이기 위한 과시적 목적의 구매

그림 11-9 ▸▸ 명품 브랜드의 과시적 소비

200여 개가 넘는 명품백을 소장하여 자신의 명품 브랜드 소비를 과시하며 SNS상에서 유명인이 됨

동기를 나타낸다. 따라서 과시소비란 지위상품을 고가의 가격으로 구매할 수 있는 능력을 다른 사람에게 과시하려는 욕망에 의해 자극받아 행해지는 소비행동을 의미한다. 소비자의 과시 소비동기는 소비행동이 타인에게 드러내는 가시적 소비행동과 관련한 것이며, 특히 명품 브랜드 구매행동에 영향을 미친다. 특히 최근 소셜네트워크서비스를 통해 불특정 다수에게 자신을 드러내며 소비행동을 과시할 수 있는 플랫폼이 확산됨에 따라 온라인에 자신의 명품 소비행동을 과시하는 소비행동은 더욱 촉진되고 있다.

2) 쾌락적 동기

과시적 동기의 명품 브랜드 구매행동은 자신의 소비가 타인에게 보여지는 타인의 시선에 대한 동기가 투영된 것에 비해 쾌락적 동기는 명품 브랜드 구매로부터 개인 스스로가 지각하는 즐거움, 행복, 기쁨과 같은 정서적 쾌락과 관련한 소비동기이다.

3) 자기표현 동기

소비자는 자신의 정체성을 자신과 관련한 사람, 장소, 물체 등과 관련하여 해석한다. 따라서 소비자는 명품 브랜드의 소유를 통해 자신과 명품 브랜드를 동일시하고, 자신의 이미지를 명품 브랜드의 이미지와 일치시키며 자신을 표현하는 수단으로 명품 브랜드를 인식한다. 따라서 자기를 나타내기 위한 자기 표현 동기는 명품 브랜드의 주요 구매 동기이다.

자기표현 동기로 인한 명품 브랜드 구매행동은 밴드웨건(bandwagon)효과와 스놉(snob)효과와 관련하여 설명된다. 밴드웨건이란 악단을 선도하면서 사람들을 선도하는 악단차를 의미하는 것으로 사람들이 악단의 차를 따라가는 모습에서 유래한 용어이다. 타인 다수의 소비행동을 따라 모방하려는 소비행동을 나타낸다. 스놉효과는 자신의 소비행동을 타인과 구분함으로써 자신을 차별화하려는 심리를 나타내는 것이다. 이 두 효과는 다수의 행동을 모방 또는 회피하는 반대 측면의 효과를 설명하는 개념이다. 그러나 밴드웨건효과는 소비자의 희망하는 준거집단의 소비행동을 모방하여 자신의 준거집단과 동일시할 수 있도록 자신의 표현하고, 반면에 스놉효과는 준거집단의 소비행동을 회피하며 자신의 준거집단과 구별하게 표현한다는 점에서 모두 자기표현 동기와 관련한 것이다.

2. 명품 브랜드 소비자의 시장세분화

(1) 현상에 따른 세분화

1) High-end Luxury

전통적 부유층인 40~50대를 타깃으로 명품 브랜드 중 품격을 인정받는 고가의 샤넬 · 에르메스와 같은 전통 명품 브랜드를 말하며, 명품수요층 확대와 함께 정통 명품 브랜드군과 가격소구력이 있는 상업화된 명품군으로 명품시장의 세분화 및 차별화를 진행하고 있다.

2) New-Luxury

High-end Luxury의 제한적 고객유입의 한계를 극복하고 보다 넓은 폭의 소비자를 공략할 수 있는 신 패션 브랜드중심의 새로운 명품 MD로 부상하였다. 소비자 라이프스타일의 고급화, 인터넷 등 정보미디어의 발달, 여가 및 개인적 투자기회의 확대 등으로 주로 젊은층을 중심으로 자신만의 차별화된 럭셔리 라이프를 추구해 나가려는 트렌드의 급부상에 영향을 받았다.

3) Masstige Luxury

대중을 뜻하는 'Mass'와 명품을 뜻하는 'Prestige Product'의 신조어로서 고급스러움과 실용성을 겸비한 '매스티지'는 뉴 럭셔리와 맥락을 같이 하는 개념이다. 전통 부유층보다는 소득수준이 높아진 중산층들이 비교적 값이 저렴하면서도 명품의 '후광효과'를 향유할 수 있는 제품을 원하는 경향에서 유래하였다. 패션명품 브랜드 '코치'를 비롯하여 프리미엄진 '디젤', 스포츠 브랜드 퓨마의 '퓨마 블랙스테이션,' '스타벅스'의 커피, '브라운'의 전동치솔 등에 이르기까지 신 명품족의 다양한 라이프스타일을 충족시켜 줄 수 있는 토탈 상품으로 광범위하게 확산되었다.

(2) 고객가치에 따른 세분화

제품에 대한 고객가치란 고객이 제품 또는 서비스의 사용을 통해 얻게 되는 품질, 편익,

효용과 같은 전반적 가치와 이에 상응하여 지불하게 되는 비용 간의 교환에서 발생하는 가치이다. 따라서 명품에 대한 고객가치란 명품에 대해 지불하는 비용 대비 지각되는 가치를 나타낸다. 고객가치란 소비자에 따라 상이하게 지각되는 요인이므로 명품 시장을 소비자가 지각하는 가치에 따라 다음과 같이 세분화할 수 있다(윤성욱 · 한지희, 2006).

1) 독특형 시장

과시형은 명품고객가치 수준이 다른 군집보다 낮을 뿐만 아니라 명품구매를 위한 지출이 적고 명품매장 방문빈도 또한 낮은 집단이다. 라이프스타일 특성과 관련해서는 개인의 활동과 관심, 의견 등이 보수적이고 소극적인 특징이 있다. 또한 사회심리적 특성에서는 유행이나 브랜드, 타인인정에 대하여 거의 의식을 하지 않으며 충동구매도 하지 않는 특성이 있다.

2) 자기과시형 시장

자기과시형 시장은 명품고객가치 수준이 높고 명품구매를 위한 지출액과 매장방문 빈도가 높다. 또한 적극적인 성격으로 타인에게 과시하려는 성향이 강하다. 이 세분시장은 명품매장에서 높은 비용을 지불하는 명품충성도가 높은 고객이다.

이 시장 소비자들의 라이프스타일 특성은 여러 분야에 적극성이 높고, 패션에 민감하고 상품구매 시에는 가격과 브랜드에 대한 중요도가 높은 특성이 있다. 사회심리적 특성으로는 명품구매에 있어 과시적 소비성향과 충동구매 성향이 강하게 작용하며, 특히 명품구매를 통해 타인에게 인정받고 싶은 욕구가 높아 브랜드와 유행에 비교적 민감하게 반응한다.

3) 자아확장형 시장

자아확장형 시장은 명품구매를 위한 지출액은 다소 낮지만, 매장방문 빈도는 높은 세분시장으로 쇼핑 자체를 즐기는 집단의 특징을 보인다. 명품구매에는 주의를 기울이며 가격에 민감하고 자아가 일치하는 제품에 대한 구매욕구가 높다. 라이프스타일과 사회심리적 특성은 독특형 시장과 유사점이 높아 소극적이며 과시적 소비성향을 보이지는 않으나 충동구매 성향은 독특형 시장보다 다소 높은 특징이 있다.

4) 품질지향형 시장

품질지향형 세분시장 소비비자들은 다른 세분시장에 비해 명품을 구매하기 위해 지불하는 금액이 상대적으로 낮으며 실속구매 성향이 있다. 이들은 명품의 품질에 대해 높은 가치를 부여한다. 이들의 라이프스타일 특성으로는 매사에 적극성이 높으며 패션에 민감하고 의생활에 있어서도 과시성이 높으나 가격과 브랜드도 고루 중요하게 고려하는 소비활동을 한다. 사회심리적 특성으로는 명품구매를 통해 타인에게 인정받고 싶은 욕구가 높으며 충동구매 성향도 높은 시장의 특성이 있다.

제4절 온라인을 이용한 명품 브랜드관리

명품 브랜드는 대중 브랜드와 달리 소수의 제한된 타깃 소비자를 대상으로 제품의 희소성을 특성으로 한다. 따라서 온라인상에서 다수의 소비자를 대상으로 노출되는 온라인은 명품 브랜드에게는 적절하지 않은 도구로 평가되었다. 그러나 명품 브랜드의 브랜드 콘셉트와 마케팅전략과 융합할 수 있는 다양한 온라인상의 플랫폼이 개발됨에 따라 온라인은 명품 브랜드관리의 중요한 수단으로 자리매김하였다. 그렇다면 명품 브랜드관리를 위해 온라인을 어떻게 활용할 수 있을까? 본 절에서는 온라인을 통한 명품 브랜드 관리방안을 커뮤니케이션전략과 유통전략 측면에서 살펴본다.

1. 온라인을 이용한 커뮤니케이션전략

온라인은 브랜드가 소비자와 커뮤니케이션하는 데 많은 이점이 있는 매체이다. 소비자와 커뮤니케이션할 때 다양한 멀티미디어를 활용할 수 있으며, 가상공간의 네트워크를 이용해 빠른 정보의 확산이 가능하고 소비자와 실시간 상호작용이 가능하다. 이러한 온라인 매체의 특성을 이용해 명품 브랜드는 온라인을 효과적인 커뮤니케이션 수단으로 활용할 수 있다.

명품 브랜드의 온라인 커뮤니케이션전략으로는 블로그, 페이스북, 인스타그램 등 온라인

그림 11-10 ▶▶ 샤넬의 브랜드 인스타그램

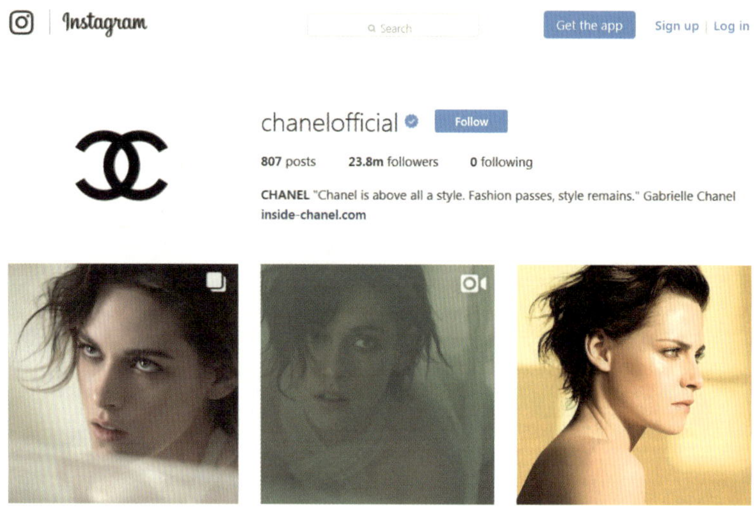

샤넬은 다양한 공식 브랜드 SNS 플랫폼을 통해 소비자와 커뮤니케이션한다

상의 공식적인 브랜드 플랫폼을 개발하여 소비자와 커뮤니케이션하는 방법이 있다. 또한 기존에 시장에서 인지도와 인기를 얻은 온라인 플랫폼을 활용하는 전략이 있다. 화장품 분야 명품 브랜드인 에스티로더(Estee Lauder)는 SNS인 인스타그램에서 많은 팔로우(2017년 기준, 8,310만 명)를 보유한 세계적인 모델 켄달 제너(Kendall Jenner)와 파트너십을 맺어 그

그림 11-11 ▶▶ 버버리의 '아트 오브 더 트렌치'

버버리의 '아트 오브 더 트렌치'에서는 버버리의 트렌치코트를 입은 사람들의 모습을 자연스럽게 공유하게 하는 소셜네트워크서비스에 기반한 온라인 플랫폼임

녀의 인스타그램 플랫폼을 통해 커뮤니케이션하였다.

또한 영국의 대표적인 명품 브랜드인 버버리의 경우 2009년 소셜네트워크 기반의 디지털 플랫폼인 '아트 오브 더 트렌치(Art of the Trench)'를 구축하고, 버버리의 트렌치코트를 입은 사람이면 누구나 자신의 사진을 업로드하여 다른 사람들과 공유할 수 있는 서비스를 제공하고 있다.

2. 온라인을 이용한 유통전략

명품 브랜드는 희소성을 특성으로 하여 전통적으로 한정된 지역에 유통을 제한하는 유통방식을 제한하는 전속적(exclusive) 유통전략을 취하였다. 따라서 공간적 · 시간적 제한이 없는 온라인을 통한 유통은 명품 브랜드에게 부적합한 판매방식으로 고려되었다. 그러나 온라인 시장이 성장하고 마케팅활동의 중요한 축을 담당하게 됨에 따라 명품 브랜드 역시 온라인을 통한 판매전략을 모색하게 되었다.

온라인을 통한 효과적인 명품 브랜드 유통을 위해서는, 첫째 온라인 플랫폼이 명품 브랜드를 대중화시켜 명품 브랜드의 희소함과 고급스러운 이미지를 희석시키지 않도록 유의해야 한다. 둘째, 기존 오프라인 매장과 온라인 매장이 서로 경쟁관계에 놓여 채널 간 갈등이 발생하지 않도록 유의해야 한다. 이처럼 명품 브랜드 온라인 유통에서는 명품 브랜드의 이미지를 유지하면서도 기존 채널과의 갈등을 방지할 수 있는 전략으로는 오프라인 제품과 차별화, 온라인 제품 접근성의 제한, 또는 온라인상의 차별화된 프로그램과 연계한 유통전략 등이 있다.

(1) 오프라인 제품과 차별화

온라인 판매 제품을 오프라인 제품과 차별화하여 온라인과 오프라인이 경쟁하지 않도록 하는 갈등관리 방안이다. 일반적으로 온라인에서만 판매하는 온라인 전용 제품라인을 오프라인 제품라인과 구분하여 온라인에서만 판매하는 전략이다. 예컨대 구찌(Gucci)의 경우 온라인에서만 구매가능한 '구찌 가든 컬렉션(Gucci Garden Collection)'을 선보였다. 이는 여성의류 및 액세서리라인으로 구성되었으며, 온라인에서만 구입가능한 제품라인으로 구성되

그림 11-12 ▸▸ 온라인을 통한 명품 브랜드 유통

온라인을 통해서만 판매되는 명품 브랜드 '구찌 가든 컬렉션'

어 오프라인 채널과의 경쟁관계를 제한하였다. 구찌 가든 컬렉션의 제품들은 꽃, 새, 뱀, 나비와 무당벌레 등 동식물들로 기존 제품들과 디자인을 차별화하였으며, 패키징 박스와 쇼핑백 역시 기존 오프라인 제품과 차별화된 형태로 제작되었다.

(2) 온라인상의 제품 접근성 제한

온라인상의 제품 접근성을 제한하는 유통전략은 온라인을 통해 판매하면서도 명품 브랜드의 희소성을 확보하기 위해 온라인의 제품구매 시기를 한정하는 것이다. 주로 온라인상에서 한정판매의 형태로 유통되는 전략이다. 크리스찬 디올은 '레이디 백 스몰'이라는 브랜드를 중국 최대 모바일 메신저 '위챗'에서 한정판매하여 온라인상에서 제품의 접근성을 한정하며 명품 브랜드 희소성의 가치를 확보하였다.

그림 11-13 ▸▸ 온라인상의 제품의 접근성을 제한하는 유통

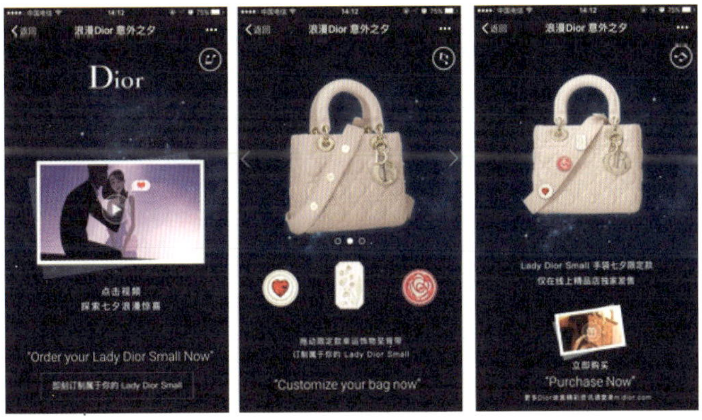

온라인 판매량은 한정하며 온라인에서 제품을 한정판매한 크리스찬 디올 명품 브랜드 사례

(3) 온라인상의 차별화된 프로그램과 연계

온라인은 오프라인과 달리 다양한 멀티미디어 수단과 플랫폼을 활용할 수 있으며, 사용자와 실시간 커뮤니케이션이 가능하다는 매체의 장점이 있다. 이러한 온라인 매체의 이점을

그림 11-14 ▸▸ 온라인상의 차별화된 프로그램과 판매를 연계한 유통

SNS를 통한 패션쇼 생중계와 온라인을 통한 실시간 판매를 연계한 유통 전략

활용하여 온라인상의 차별화된 프로그램과 판매를 결합하는 유통전략이 가능하다. 버버리(Burberry)는 패션쇼와 온라인 판매를 결합하였다. 구글, 애플, 페이스북, 스냅챗, 카카오톡, 라인 등 각종 소셜미디어와 파트너십을 체결하고 자신들의 패션쇼를 실시간 생중계하며, 패션쇼에 등장한 상품들은 온라인 사이트를 통해 바로 구매할 수 있도록 하였다.

제5절 명품 브랜드관리의 성공비결

1. 명품 브랜드의 정체성을 드러내는 강력한 브랜드 구축

성공적인 명품 브랜드 구축을 위해서는 명품 브랜드에 정체성과 차별성을 나타낼 수 있는 강력한 브랜드 명과 브랜드 요소를 구축해야 한다. 명품 브랜드는 그 이름만으로도 소비자들의 인식 속에 고급스러운 이미지와 브랜드의 정체성을 드러낼 수 있는 강력한 이름을 사용한다. 명품 브랜드 명의 대부분은 사람의 이름에서 비롯된 경우가 많다. 여배우들의 구두를 제작했던 살바토레 페라가모와 세련된 친구들을 위해 의상을 제작했던 코코 샤넬 등이 대표적인 예이다. 조지오 아르마니와 발렌티노 가라바니는 자신들의 이름으로 패션 컬렉션을 시작했다. 부쉐롱, 불가리, 까르띠에, 쇼메, 반 클리프 & 아르펠도도 모두 가족의 이름이다.

이것은 초창기에 대다수의 사람들과는 구별되는 장인이나 디자이너들이 색다르게 그들만의 제품을 만들기 시작하면서 비롯되었다. 루이 까르띠에는 시계와 보석을 만드는 것으로 시작했다. 소띠리오 불가리는 그의 작품에 그리스와 로마의 예술에 기반을 둔 현대적 감각을 더했다. 이것이 고객들에게는 어떤 참조의 기준이 되었고, 창업자의 이름을 담고 있는 제품들은 독보적이며 좋은 품질의 오브제로 남을 것이라는 보증서와 같았다.

또한 명품 브랜드는 브랜드를 나타내는 차별적인 브랜드 요인을 구축해야 한다. 사람들은 에르메스, 샤넬, 구찌 등의 성공적인 명품 브랜드를 생각하면 브랜드를 나타내는 차별적인 브랜드 요소나 제품의 특징을 쉽게 연상할 수 있다. 즉, 명품 브랜드는 명품으로써의 자신의 존재를 드러낼 수 있는 차별적인 제품 및 브랜드 요소를 소비자에게 전달하고 명확하게 인식시켜야 한다.

그림 11-15 ▸▸ 명품 브랜드의 차별적인 브랜드 요인으로 자리 잡은 브랜드 로고와 상징물

소비자들은 명품 브랜드의 로고와 상징만으로도 명품 브랜드를 쉽게 연상할 수 있을만큼 명품 브랜드 로고는 명품 브랜드의 중요한 브랜드 자산임

2. 브랜드의 정체성을 유지하는 브랜드 확장전략 사용

시장에서 성공적으로 명품 브랜드로써의 인지도와 이미지를 확보한 브랜드는 동일한 제품라인 또는 다른 제품라인으로 확장할 수 있다. 그러나 모브랜드와 다른 제품군으로 브랜드를 확장할 경우 제품군 간 낮은 유사성으로 인한 확장의 부적합성을 이미지의 적합성으로 상쇄할 수 있는 지속적인 노력이 필요하다. 명품 보석 브랜드로 유명한 불가리가 다른 제품군인 시계로 확장하여 시계 브랜드로써 성공하기까지는 꽤 오랜 시간이 소요되었다. 보석과 시계 사이에는 상당한 심리적인 거리감이 있기 때문이다.

샤넬은 보석시장 진출을 위해 신중한 접근을 하였다. 샤넬은 먼저 한 종류의 시계를 출시하고 그 시계의 신뢰감을 높이기 위해 파리에 있는 플라스 방돔과 아브뉘 몽테뉴에 시계만을 위한 2개의 독립 브띠끄를 열었다. 시계는 성공적이었다. 다시 4~5년을 더 기다려 이번에는 파리의 주요 보석상들이 몰려 있는 중요한 장소인 플라스 방돔에 큰 보석매장을 열었고, 다시 한 번 성공을 이루어냈다.

3. 변화하는 시장에 대한 빠른 적응

시장은 변화하고 진화한다. 따라서 변화하는 시장에 빠르게 적응하지 못하는 브랜드는 시

장에서 외면받을 수밖에 없다. 명품 브랜드는 일반 대중적인 브랜드보다 구축된 차별적 이미지를 브랜드 자산의 원천으로 한다. 그렇기 때문에 명품 브랜드의 강력한 이미지는 명품 브랜드로써 가치를 높이는 중요한 자산이 되지만, 변화하는 시장과 트렌드에 적합하도록 명품 브랜드를 변화시키고 적응하는 데 더 많은 브랜드 관리 노력이 필요하다.

1856년 설립된 버버리는 오랜 시간 영국을 대표하는 명품 브랜드로 자리매김하였다. 그러나 100년 넘게 '버버리 체크'로 대표되는 한 가지 스타일과 디자인만을 고집해왔던 버버리는 1990년대 들어서자 노년층의 보수적 이미지를 대표하는 낡고 오랜된 이미지의 브랜드로 전락하며 시장에서 위기를 맞이하게 된다. 버버리는 변화하는 시장에 적응하여 위기를 극복하고자 젊은 디자이너와 모델을 적극 활용하여 제품라인과 디자인에 혁신적 변화를 가져왔다. 그러나 버버리는 시장적응을 위해 자신의 과거를 부정한 것이 아니라, 버버리가 전통적으로 가져왔던 정통성은 지키면서도 현대적인 이미지를 부가하는 영리한 전략으로 명품 브랜드로서의 정통성은 지키면서 시장 변화에 적응하는 성공적인 브랜드 리포지셔닝전략을 구현하였다.

그림 11-16 ▸▸ 버버리의 성공적인 브랜드 리포지셔닝전략

버버리는 시장퇴출 위기 극복을 위한 브랜드 리포지셔닝 전략을 통해 전통적인 제품의 디자인(왼쪽)을 새롭고 젊은 이미지(오른쪽)로 변화시킴

| 토의사항 |

01 명품 브랜드가 제공하는 가치에 대해 설명하시오.

02 명품 브랜드 소비 심리를 밴드웨건과 스놉효과와 관련하여 설명하시오.

03 명품 브랜드의 리포지셔닝전략의 성공을 위해 고려할 점들에 대해 논의하시오.

| 참고문헌 |

- 김선순(2005), "메스티지 명품에 관한 고찰: 추구가치를 중심으로," 한국의류학회지, 29(11), 1381–1388.
- 윤성욱 · 한지희(2006), "고객가치에 근거한 명품 소비자의 시장세분화에 관한 탐험적 연구," 소비자학연구, 19(4), 135–157.
- 서울경제신문(2017), "소비 위축? 백화점 명품매출은 사상 최대," 2017년 1월 28일.
- 한국면세뉴스(2017), "2016년 한 면세시장 규모 12조 원 돌파," 2017년 1월 23일.
- Dubois, B. and P. Duquesne(1993), "The Market for Luxury Goods: Income versus Culture," *European Journal of Marketing*, 27(1), 35–44.
- Dubois, B., G. Laurent, S. Czellar(2001), "Consumer Rapport to Luxury: Analyzing Complex and Ambivalent Attitudes," *Les Cahiers de Recherche* 736, HEC Paris.
- Dubois, B. and S. Czellar(2002), "Prestige Brands or Luxury Brands?," *Proceedings of the 31st EMAC Conference*, Portugal.
- Heine, Klaus(2012), *The Concept of Luxury Brands*, Technical University of Berlin.

PART 03

상품학의 확장

CHAPTER 12

무형의 상품

COMMODITY SCIENCE AND TECHNOLOGY

도 · 입 · 사 · 례

태국시장에서의 한류 확산

2017년 중국의 고고도미사일방어체계(THAAD · 사드) 한반도 배치에 대한 보복조치로 중국정부가 한류콘텐츠의 수입이나 중국 관광객의 한국방문을 봉쇄하는 '한한령(限韓令)' 조치를 강화하고 있는 상황에서 태국시장이 한류 확산의 본산으로 떠오르고 있다. 예부터 태국은 공연시설이 잘 갖춰지고 외국인들이 많이 거주해 해외 팝스타들의 쇼케이스나 콘서트가 자주 개최됐다. 특히 동남아시아의 중심이면서 대표적인 관광국가인 태국은 중국, 일본, 타이완, 홍콩, 싱가포르 등 아시아 한류 팬들이 모이는 데 편리하다.

싱가포르 못지않은 경제력을 갖춘 태국은 K-Pop이나 드라마, 공연을 가장 빠르게 소비하고 인접 아시아 국가로 파급시키는 힘도 크다. 태국 현지 노동자 한 달 평균임금이 한화로 약 40만 원 선(2017년 기준)인데 한국 아이돌 그룹의 공연티켓 최저가격은 6만 원 선이다. 공연을 가까이에서 볼 수 있는 무대 근처 입석 티켓은 15만~20만 원 선이라 한국 아이돌 그룹의 공연티켓 가격은 태국 현지 물가에 비하면 엄청 높은 편이다. 이런 상황에서도 태국인들은 공연장으로 몰려들고 있으며, 더욱 놀라운 점은 이런 한국 아이돌 공연에 태국인과 태국 내 한인 교민들뿐만 아니라 수많은 중국인도 몰려들고 있다는 점이다. 중국 내에서의 한국 아이돌 공연 관람이 어려워지자 중국인들이 태국에서의 한국 아이돌 공연을 보기 위해 인터넷을 통해 대량으로 티켓을 구매한다. 이 때문에 정작 태국에서 현지인들이 티켓을 구매하는 것이 어려울 정도다.

태국에서의 K-Pop 인기는 다민족국가로서 자국의 음악보다 해외 음악에 개방적인 문화도 한몫했다. 일본의 한류가 드라마 '겨울연가'에서 촉발된 것처럼 태국 내 한류는 2005년 KBS 드라마 '풀하우스'와 2006년 MBC 드라마 '대장금' 등이 큰 인기를 얻으면서 급속하게 확산됐다. 현재도 한국 드라마가 꾸준히 방영되고 있으며, 2016년에 개봉한 영화 '부산행'은 호평을 받기도 했다. 역으로 태국의 인기드라마 '아내(THE LEGAL WIFE)'는 2016년 가을에 김해, 통영, 거제의 관광명소에서 촬영을 하기도 해 한국의 인기를 실감케 했다.

아모레퍼시픽 에뛰드하우스 태국 방콕 씨암 센터포인트 매장

이와 같은 태국의 한류 열풍으로 태국 시장으로 진출하는 한국 식품기업, 화장품 제조업체들이 갈수록 증가하고 있다. 대표적인 예로 화장품 기업인 아모레퍼시픽과 유통기업 롯데면세점이 태국

시장에 진출했다. 지난 2013~2015년 기간에 태국의 전체 수출증가율이 6% 하락한 것에 비해 태국으로 수출된 한국 식품, 화장품, 의류 규모는 연평균 10.6%가 증가한 것을 보면 한국제품의 인기가 매우 높다는 것을 파악할 수 있다.

2017년에 오픈한 롯데면세점 방콕시내점 쇼디씨몰

한국 대표 화장품 기업인 아모레퍼시픽은 태국과 아세안 다른 국가에서의 입지 강화를 위해 노력하고 있다. 최근에는 싱가포르에 연구개발(R&D)센터를 설립했고 태국, 싱가포르, 말레이시아 프리미엄 화장품시장에서의 영향력을 확대하고 있다.

이러한 상황에서 롯데면세점은 동남아시아의 한류 중심국가인 태국 면세시장에 진출했다. 한국의 대기업 상품뿐만 아니라 중소기업 상품도 취급하여 한류상품 판매에 일조하겠다는 취지이다. 롯데면세점이 입점한 쇼디씨몰(SHAW DC MALL)은 한류 엔터테인먼트를 주제로 관광객에게 특화된 건물로 구성되었다. 쇼디씨몰은 K-Pop 한류 문화와 한국 패션, 화장품 등이 결합되었다. 롯데면세점 외에도 한류 셀렙들이 운영하는 레스토랑과 무에타이 경기장, 디지털 놀이공원 등 다양한 관광 요소를 갖추고 있다.

롯데면세점 방콕시내점은 쇼디씨몰 1층 메인입구에 한국을 찾는 외국인 관광객의 필수 방문코스인 한류문화 체험 공간 '스타에비뉴'를 조성했다. 롯데면세점 한류 모델 핸드프린팅과 스타 애장품, 촬영 의상들이 전시돼 있으며 한류 스타들의 피규어와 드라마 장면을 연출해 사진을 찍을 수 있는 포토존도 마련했다. 또한 대형 LED장치를 통해 롯데면세점 홍보영상 및 한국 홍보영상을 선보여 롯데면세점은 물론 한국의 주요 관광지를 알리고 있다.

이와 같이 한류가 중국시장에서 침체되고 동안 있는 태국의 한류는 확산세가 가속화되고 있는 상황이다. 한국 문화콘텐츠제품의 인기로 인해 태국에서는 한국상품의 인기뿐만 아니라 한국어 학습 수요가 해마다 빠르게 증가하고 있으며, 한국음식, 한국패션에 대한 관심도 고조되고 있는 것이 이를 증명하고 있다.

자료: 영남일보(2017. 6. 8),
"태국서 여전한 한류파워 … 드라마 · 공연에 이어 TV 예능 프로그램도 인기" 발췌 및 수정인용

상품은 무형의 상품과 유형의 상품으로 구성된다. 시장에서 판매되는 상품 중 미용사가 헤어커트를 하는 것, 가수가 노래를 부르는 것, 변호사가 소송을 대행하는 것과 같이 눈에 보이지 않는 제품을 서비스상품이라 한다. 또한 애니메이션, 영화, 드라마, 게임, 캐릭터, 만화, 음악, 방송, 출판 등과 같이 문화적 요소가 상품에 가미되어 가치를 창출하는 상품을 문화콘텐츠상품이라 한다. 이러한 문화콘텐츠상품 중 우리나라의 드라마나 가요가 한류(韓流, Korean Wave)라고 불리며 아시아는 물론 유럽, 남미에서까지 인기를 끌고 있다. 본 장에서는 무형의 상품 중 위에서 언급한 서비스상품과 문화콘텐츠상품, 그리고 문화콘텐츠상품의 확산사례인 한류에 대해서 논하기로 한다.

제1절 서비스상품의 정의 및 특징

1. 서비스상품의 정의

서비스상품은 물리적인 형태의 상품이 아니다. 일반적으로 "생산되는 시점에서 소멸되며 구매자에게 즐거움, 적시성, 편안함 또는 건강 같은 무형적인 가치를 제공하는 상품"이다. Kotler(2003)에 의하면 서비스상품은 상대방에게 제공될 수 있는 행위 또는 효익을 의미하며, 기본적으로는 무형의 상품이라 소유권이전이 어려워 유형의 상품과 결부되어지기도 한다고 언급하고 있다.

많은 사람들은 서비스를 오직 고객서비스 하나로 통일하여 생각하는 경우가 대부분이다. 그러나 서비스상품은 순수서비스기업, 상품 자체로서의 서비스, 고객서비스, 본원적 서비스 총 4가지로 명확하게 구분되어진다.

순수서비스기업(servises industries companies)은 산업부문에서 일반적으로 일컫는 서비스기업들을 지칭하는데 주요 생산 · 제공 제품이 서비스인 기업들을 지칭한다. 신라호텔(숙박시설), 대한항공(교통), KB국민은행(금융서비스), 서울성모병원 평생건강증진센터(건강관리) 등은 순수서비스기업으로 간주되며 고객에게 제공하는 핵심제공물로써 서비스를 판매한다.

상품 자체로서의 서비스(services as merchandise)는 시장에서 거래되는 많은 종류의 무형상품 중 고객이 필요하여 지불의사가 있는 상품을 말한다. 이러한 서비스상품은 서비스기업 또는 서비스를 판매하지 않는 기업에게 판매되기도 한다. 예를 들면, 전통적인 통신기업인 LG유플러스는 SK 브로드밴드와 경쟁하기 위해 휴대폰 관련 통신서비스뿐만 아니라, 070 인터넷전화, 인터넷 네트워크서비스, 인터넷TV서비스 등을 판매한다.

고객서비스는 기업의 핵심제품(core products)을 보조하기 위해 제공되는 서비스이다. 자동차보험 회사들이 보험상품에 끼워서 판매하는 긴급출동서비스가 이에 해당한다. 많은 보험회사들이 콜센터를 24시간 운영하는데 이들은 사고처리 관련 업무가 주업무이지만 긴급출동서비스에 대한 고객의 요구도 처리한다. 이러한 고객서비스는 기업이 제공하는 서비스와 혼동하기도 한다.

본원적 서비스, 핵심서비스는 고객의 궁극적인 욕구를 충족시키기 위한 서비스상품을 말한다. 많은 학자들이 물리적 제품으로부터 나온 가치는 제품 그 자체가 아니라, 제품에 의해 제공된 서비스라고 주장하였다. 예를 들어 KTX나 SRT를 타고 서울에서 부산으로 가는 것, 고장난 전자제품을 수리하는 것, 치과에서 임플란트를 하는 것 등이 이에 해당한다. 그렇기 때문에 고객들은 물리적 상품을 구매하는 것이 아니라 약의 효능, 바리캉(Bariquant)의 이발서비스, 컴퓨터의 데이터 조작서비스를 구매한다고 주장한다.

2. 유형성 스펙트럼

서비스상품에 대한 보다 확장된 정의에서는 '무형성(intangibility)을 제공물의 서비스 여부를 결정하는 가장 중요한 결정요소'로 간주한다. 이 세상에 판매되는 상품 중 100% 유형적인 상품과 100% 무형적인 상품을 찾기는 매우 어렵다. 그렇지만 서비스상품은 물리적 상품에 비해 '보다 무형적'이며 물리적 상품은 서비스에 비해 '보다 유형적'이라고 할 수 있다. 예를 들어 햄버거, 피자, 치킨 같은 프랜차이즈산업은 서비스업으로 분류되지만 음식, 포장 등과 같은 많은 유형적인 요소도 가지고 있다.

반면에 제조업으로 분류되는 전자제품은 A/S 같은 많은 무형적인 요소를 제공한다. [그림 12-1]에 나타난 유형성 스펙트럼(tangibility spectrum)은 이러한 상품의 연속적인 개념을 나타내고 있다. 따라서 대부분의 학자들은 100% '순수 서비스'나 '순수 재화'가 거의 없다는 것을 주장한다. 그래서 [그림 12-1]에서 직선 아래에 그려진 상품들, 즉 교육처럼 무형적인

그림 12-1 ▸▸ 유형성 스펙트럼

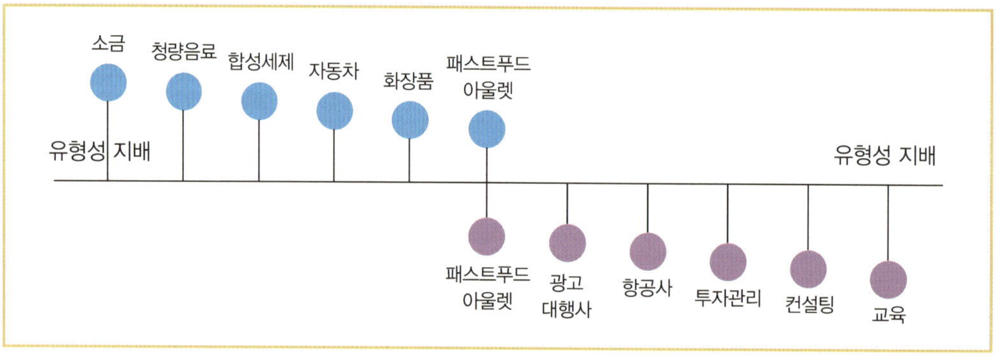

자료: G. Lynn Shostack, "Breaking Free from Product Marketing," *Journal of Marketing* 41(April 1977), 73–80. Reprinted with permission of the American Marketing Association.

특성을 많이 가지고 있을수록 서비스상품에 더 가깝다고 할 수 있다.

3. 서비스상품의 특징

서비스상품은 유형의 상품에 비해 4가지의 차별적인 특징을 갖는다. 즉, 서비스상품은 유형의 상품에 비해 보다 무형적이고 이질적이다. 또한, 서비스상품은 생산과 소비가 동시에 이루어지는 경향이 있으며 상품의 평가가 어렵다. [표 12-1]은 이러한 서비스상품의 특징과 시사점을 보여주고 있다.

| 표 12-1 | 재화 대 서비스

재화	서비스	관리적 의미
유형	무형	서비스상품은 저장할 수 없다. 서비스상품은 쉽게 특허를 낼 수 없다 서비스상품은 쉽게 전시되거나 제공하기가 어렵다. 가격책정이 어렵다.
표준	이질	서비스 제공과 고객만족은 종업원행위에 좌우한다. 서비스 품질은 많은 통제 불가능한 요인이 존재한다. 고객에게 제공된 서비스가 계획되거나 촉진된 것과 일치하는지를 확신하기 어렵다.

생산과 소비가 분리	생산과 소비가 동시	고객이 서비스 제공과정에 참여하거나 영향을 미친다 종업원이 서비스 만족에 영향을 미친다. 분업이 필수적이다. 대량생산이 어렵다.
비소멸	소멸	수요와 공급을 제때에 맞추기가 어렵다. 서비스상품은 반품이 불가능하다.

자료: A. Parasuraman, V. A. Zeithaml, and L. L. Berry, "A Conceptual Model of Se1vice Quality and It's Implications for Future Research," *Journal of Marketing* 49(Fall 1985), 41–50. Reprinted by permission of the American Marketing Association.

(1) 무형성

유형의 상품에 비해 서비스상품의 가장 독특한 특징은 무형성(intangibility)이다. 왜냐하면 서비스상품은 행위 그 자체이고 그에 대한 성과이기 때문에 유형의 상품처럼 보거나, 느끼거나, 맛보거나 만질 수가 없다. 그렇기 때문에 소비자는 구매하기 전에 자신이 구매할 서비스상품에 대해 불확실하게 느끼고 서비스제공자의 경력, 종업원의 유니폼, 건물의 인테리어, 가격 등으로 서비스상품의 품질을 추론한다.

반대로 서비스제공자들, 특히 개원의사 같은 경우에는 자신의 진료실에 졸업장, 방송출연 사진, 대학 외래교수 임명장, 해외연수증 등을 전시해 놓고 자신의 전문성을 유형적으로 표현한다. 사실 소비자는 법률서비스, 회계서비스, 의료서비스와 같이 전문적인 서비스를 이해하기가 쉽지 않다. 특히, 의료서비스 같은 경우에는 수술을 받은 후에 많은 시간이 지나도 자신이 받은 서비스를 이해하지 못할 수도 있다.

무형성으로 인해 기업은 서비스상품을 저장하지 못한다. 예를 들어 7~8월에는 제주도에 있는 숙박시설에 대한 엄청난 수요가 있고, 비수기인 1~2월에는 이러한 수요가 많지 않다. 즉, 1~2월에 사용하지 않았던 숙박시설을 저장해두었다가 7~8월 성수기에 제공할 수가 없다. 그렇기 때문에 성수기와 비수기에 다른 마케팅전략을 활용해야 한다는 시사점을 제공한다.

(2) 이질성

서비스상품의 품질은 제공자의 상황 그리고 제공되는 상황에 따라 매우 다를 수 있다. 즉,

대부분 종업원에 의해 성과가 좌우되기 때문에 100% 동일한 서비스란 찾아보기가 쉽지 않다. 예를 들어, A와 B 두 명의 고객이 인천 → 뉴욕 구간의 대한항공 이코노미클래스를 탑승했다고 가정하자. 이들은 모든 조건이 동일하지만 담당 스튜어디스의 노력에 따라 서비스만족도가 확연하게 달라질 수 있다. 즉, 신입직원이 배정된 A고객의 경우와 연륜이 많은 고참직원이 배정된 B의 경우의 서비스만족도에는 많은 차이가 있을 것이다. 즉, 모든 조건이 동일하지만 서비스제공자에 의해 이질적인 서비스가 제공될 수가 있는 것이다.

서비스를 제공하는 종업원들의 행위는 매일매일 다르고 또 시간마다 달라질 수 있다. 이러한 이질성(heterogeneity)은 서비스제공자뿐만 아니라 서비스를 받는 고객이 다르기 때문에 생기는 결과이기도 하다. 고객들은 저마다 특별한 요구사항을 가지고 있고 독특한 방식의 서비스를 요구한다. 이와 같이 서비스상품의 이질성은 종업원과 고객 사이의 상호작용 결과이며 그때 발생할 수 있는 모든 변화가능성을 말한다. 예를 들어 회계사가 같은 날 두 명의 다른 고객에게 서비스를 한다면 고객의 개인적인 욕구와 개성에 따라 달라질 수 있고 회계사가 상쾌한 아침에 상담을 하는지 아니면 장시간의 상담 후에 하는지에 따라 고객의 서비스만족도는 달라질 수 있다.

이질성으로 인하여 서비스상품은 시간, 조직, 사람을 막론하고 품질을 보증하기가 쉽지 않다. 실제로 서비스품질은 서비스제공자가 통제할 수 없는 많은 요인들로 인해 달라지게 된다. 예를 들면 악천후로 인한 비행기의 연착 또는 결항 같은 요소는 서비스상품의 제공자가 통제할 수 없기 때문이다. 이러한 예측 불가능한 요인들 때문에 서비스기업은 항상 예정대로 서비스가 제공될 것이라고 확신하지 못한다. 따라서 이러한 불확실성을 감소시키려는 노력이 필요하다.

(3) 생산과 소비의 동시성

유형의 상품은 제조과정과 판매과정이 대부분 분리되어 있다. 그러나 서비스는 판매가 된 후에 생산과 소비가 동시에 일어난다. 예를 들어 HMA(Hyundai Motor America)는 미국 앨라배마에서 자동차를 생산하여 캘리포니아로 운송된 뒤 생산 2개월 후 판매되고 소비되어진다. 그러나 서비스상품의 경우에는 생산과 소비가 동시에 이루어지는 제품이 대부분이다. 예를 들어, 프로야구 경기 같은 스포츠관람, 연극, 뮤지컬공연, 교통서비스 등은 생산과 소비가 동시에 이루어진다. 물론 전자제품수리나 의류수선서비스 같은 경우에는 서비스를 먼저 행한 이후에 그 혜택을 볼 수 있다.

'생산과 소비의 동시성'으로 인해 서비스가 생산되는 현장에 소비자가 참여하며 생산되는 모습을 바라볼 수도 있고 심지어는 생산과정에 참여할 수도 있다(prosumer). 또한 생산과 소비의 동시성은 서비스를 받으면서 다른 고객과 접촉할 수 있기 때문에 다른 고객의 서비스 품질에 영향을 미칠 수 있다. 예를 들어 극장 안에서 모르는 사람끼리 서로 옆자리에 앉았을 때 그들은 상호 서비스만족도에 영향을 미칠 수 있다.

위와 같은 특성 때문에 서비스상품은 대량생산을 하기가 매우 어려워 규모의 경제를 달성하기가 어렵다. 또한 생산과 소비의 동시성으로 인해 고객은 생산과정에 참여할 수 있기 때문에 긍정적이든 부정적이든 서비스품질에 영향을 미칠 수 있다.

(4) 소멸성

저장하거나 재판매하거나 환불받을 수 없는 서비스상품의 특성이 소멸성(perishability)이다. 사용하지 않은 버스 좌석, 경기 중인 프로야구 경기장의 빈 좌석, 환자가 없어서 대기 중인 의사의 시간 등은 성수기에 재활용하거나 다시 판매할 수 없다. 반대로 유형의 상품은 재고로 저장할 수 있기 때문에 성수기에 재판매할 수 있으며 제품불량 시 환불이 가능하다. 그러나 소비자가 1주일 전에 시술받은 성형수술이 마음에 안든다고 해서 환불받을 수 없다.

서비스상품의 소멸성으로 인한 가장 큰 문제점은 재고를 저장할 수 없다는 것이다. 따라서, 서비스제공이 실패했을 경우에 제공하는 회복전략(recovery strategy) 등 효율적인 경영계획과 정확한 수요예측 등 치밀한 서비스상품 운영계획이 필요하다.

(5) 서비스상품의 품질평가

위와 같은 서비스상품의 4가지 고유한 특성 때문에 학자들은 소비자가 상품을 구매하기 이전에 파악할 수 있는 속성인 탐색품질(search qualities)속성과 구매 후나 소비 중에만 느낄 수 있는 경험품질(experience qualities)속성, 소비자가 구매 후나 소비 이후에도 평가하기 어려운 신뢰품질(credence qualities)속성으로 구분하였다.

탐색품질속성은 색상, 스타일, 적합성, 느낌, 강도, 향기 등을 나타내는 개념이고, 경험품질속성은 맛이나 내구성 등을 나타내는 개념이다. 가구, 의류, 보석 같은 상품들은 탐색품질속성이 높아 구매 이전에 제품의 특성을 파악할 수 있다. 반면에 여행사의 휴가패키지상품은 경험품질의 속성이 높아 소비하기 이전에는 그 속성을 충분히 파악할 수 없다. 또 하나의 속성 범주인 신뢰품질(credence qualities)속성은 소비자가 구매 후나 소비 이후에도 평가하기 어려운 속성을 나타내는 개념이다. 신뢰품질이 높은 예로는 수술이나 자동차정비 같은 상품을 예로 들 수 있다. 소비자는 치료를 받거나 정비업체에서 서비스를 받은 후에도 서비스가 제대로 이루어졌는지 파악하지 못한다.

결론적으로 서비스상품의 평가 시 겪는 어려움 때문에 소비자는 서비스를 평가할 때 유형의 상품과는 달리 확장된 마케팅믹스(expanded mix for services)에 의존하는 경향이 강하다. 확장된 마케팅믹스란 전통적인 마케팅믹스인 제품, 가격, 유통, 촉진에 사람(people), 물리적 증거(physical evidence), 과정(process) 등을 포함시킨다. [표 12-2]는 확장된 마케팅믹스에 해당하는 요소들을 정리한 것이다.

표 12-2 확장된 마케팅 믹스

사람	물리적 증거	과정
종업원	시설설계	활동의 흐름
리크루팅	장비	표준화
훈련	표식	고객화
동기부여	종업원의상	단계의 수
보상	기타유형단서	단순
팀워크	보고서	복잡
고객	명함	고객
교육	연설문	관여도
훈련	보증	

자료: 전인수 · 배일현(2013), 서비스마케팅, 도서출판 청람

제2절 서비스상품의 범위

우리나라 서비스산업의 비중은 2014년 기준으로 전체 GDP 대비 59.4%이며, 취업자수에서 차지하는 비중은 69.2%다. 2000년 이후 한국의 서비스산업은 1% 성장할 때마다 고용이

0.66%씩 증가했다. 반면 제조업은 1% 성장할 때마다 고용은 오히려 0.1% 감소했다. 즉, 서비스산업은 고용창출효과와 부가가치가 제조업보다 높기 때문에 선진국들의 모임인 OECD 30개 국가들 모두 서비스중심의 경제정책을 펼치고 있다.

서비스산업 육성이 중요한 또 다른 이유는 제조업 역시 제품 자체만으로는 더 이상 경쟁력을 창출하기가 쉽지 않다는 것이다. 예를 들면 전자제품을 생산하고 판매하는 데 있어서 필요한 것은 생산시설뿐만 아니라 전국적인 A/S네트워크이다. 소비자들은 제품을 구매할 때 제품 자체도 꼼꼼이 살피지만 A/S가 적시에 제대로 잘 이루어질지도 고민한다. 이러한 서비스산업에는 의료, 법률, 회계, 레저 등의 고부가가치 서비스산업과 함께 콘텐츠, 소프트웨어, 디자인, 금융, 컨설팅, 이러닝(e-Learning), 헬스케어(health care), 연구개발(R&D), 마케팅, 물류, 통신, 교육, 유통, 부동산 등 매우 광범위한 범위를 포함한다.

2014년 기준 G7 국가들의 서비스산업 평균비중은 70% 내외로 한국의 서비스산업은 비중은 낮은 편이지만 산업구조가 선진국형으로 발전하는 상황에서 발진가능성의 여지기 있다고 볼 수 있다. 우리나라 서비스산업의 특징은 소상공인이 운영하는 음식점과 이 · 미용실, 세

표 12-3 | 국내서비스 업종별 현황

구분		총부가가치 대비 비중(%)		고용 비중 (%)		1인당 부가가치[2] (백만원)	
		2004	2014	2004	2014	2004	2014
서비스업 전체[1]		58.5	59.4	64.1	69.2	37.1	42.5
지식기반 서비스	정보 · 통신	4.6	3.8	2.7	2.8	60.5	76.2
	사업서비스	5.8	7.4	5.7	8.6	40.4	41.2
	보건 · 사회복지	3.0	4.2	2.6	6.6	51.3	32.5
	금융 · 보험	6.3	5.6	3.3	3.3	71.4	99.2
	교육	5.4	5.5	6.8	7.1	36.5	36.1
	문화 · 기타	2.6	2.8	6.5	6.6	16.7	19.8
유통 서비스	도매 · 소매	8.4	8.6	16.9	14.8	21.2	31.2
	운수 · 보관업	4.4	3.7	5.0	5.5	30.6	34.6
생산자	부동산 · 임대	8.7	8.0	2.0	2.0	171.5	188.4
소비자	음식 · 숙박	2.7	2.6	9.1	8.2	13.3	14.9

주: 1) 서비스업 전체에는 "공공행정, 국방 및 사회보장 행정 서비스업이 포함.
2) 1인당 부가가치는 실질GDP를 취업지수로 나눈 수치임.
자료: 한국은행(국민소득, 기업경영분석); 금융감독원, 통계청, 고용노동부.
임희정(2016), "국내 서비스업 수급현황과 시사점," 현대경제연구원 VIP리포트, 16(11), 통권 649호.

탁소와 소매점 등의 비중이 높고 의료, 법률, 회계, 레저 등 고부가가치 서비스업의 비중은 낮은 편이다. 그렇기 때문에 좀 더 부가가치가 높은 서비스상품의 개발 및 발전이 필요한 실정이다. [표 12-3]은 2014년 기준으로 국내 서비스업의 업종별 현황을 나타내고 있다.

제3절 문화콘텐츠상품의 정의, 범위 및 특징

문화(culture)는 쿨투라(cultura)라는 라틴어에서 파생된 말로 본래의 뜻은 농산물의 재배(栽培)나 경작(耕作)을 뜻하다가 나중에 교양, 예술 등의 뜻이 되었다. 이러한 문화적인 요소(예술성, 오락성, 창의성)에 부호, 문자, 음성, 음향 및 영상으로 표현된 모든 종류의 자료 또는 지식 및 이들의 집합물을 의미하는 콘텐츠(contents)가 추가되어 문화상품(cultural commodity)을 의미하는 문화콘텐츠가 탄생했다.

전 세계 문화콘텐츠산업 시장규모는 2014년 기준 1조 7,745억 달러로 전년 대비 4.9%성장하였으며, 2018년까지 연평균 5% 성장하여 2조 2,700억 달러에 이를 것으로 전망되고 있다. 이는 우리나라 대표 수출품목인 반도체산업의 시장규모 3,600억 달러(2017년 기준) 보다 훨씬 많다. 문화콘텐츠산업이 GDP에서 차지하는 비중은 2009년 2.40%에서 2013년 2.67%로 증가하였으며, 콘텐츠산업 종사자수도 같은 기간 58만 3천 명에서 61만 9천 명으로 지속적으로 증가하여 일차리 창출에도 기여하는 것으로 나타났다(장우석 · 안중기(2015), "한반도 르네상스 구현을 위한 VIP리포트: 콘텐츠산업의 시장현황과 시사점 – 방송, 지식정보, 게임산업을 중심으로," 현대경제연구원, VIP Report, 609호, 1-23).

국내 문화콘텐츠 시장규모는 세계 10위 수준으로 미국, 일본, 중국, 독일, 영국(6.5%), 프랑스, 이탈리아, 캐나다, 브라질 등과 어깨를 나란히 하고 있다. 우리나라의 문화콘텐츠산업은 한류 등의 열기에 힘입어 계속 발전하고 있는 추세이다.

1. 문화콘텐츠상품의 정의

문화산업진흥기본법에서는 문화상품을 예술성 · 창의성 · 오락성 · 여가성 · 대중성 등의 문화적 요소가 체화되어 경제적 부가가치를 창출하는 유 · 무형의 재화와 서비스 및 이들의 복합체로 정의하고 있다. 또한, 콘텐츠상품은 '창의력과 상상력을 바탕으로 영화, 음반, 게임 등과 같은 문화콘텐츠의 기획, 제작, 유통, 소비 등과 이에 관련된 서비스를 행하는 산업'을 의미한다. 따라서 문화콘텐츠상품은 "창의력과 상상력을 바탕으로 '문화적 요소'가 체화되어 경제적 가치를 창출하는 문화상품"으로 정의될 수 있다.

문화콘텐츠는 내용과 형식에 따라 음악, 방송영상, 영화, 게임, 애니메이션, 예술, 출판, 디자인, 패션, 공예, 광고 등으로 분류되며, 유통방식에 따라 무선인터넷 콘텐츠, 유선인터넷 콘텐츠, 방송콘텐츠, 극장용 콘텐츠, DVD, PC게임 등 다양하게 분류될 수 있다. [그림 12-2]는 이러한 문화콘텐츠산업의 가치사슬을 나타내고 있다.

그림 12-2 ▸▸ 전체 업종에서 서비스업이 차지하는 비중(%)

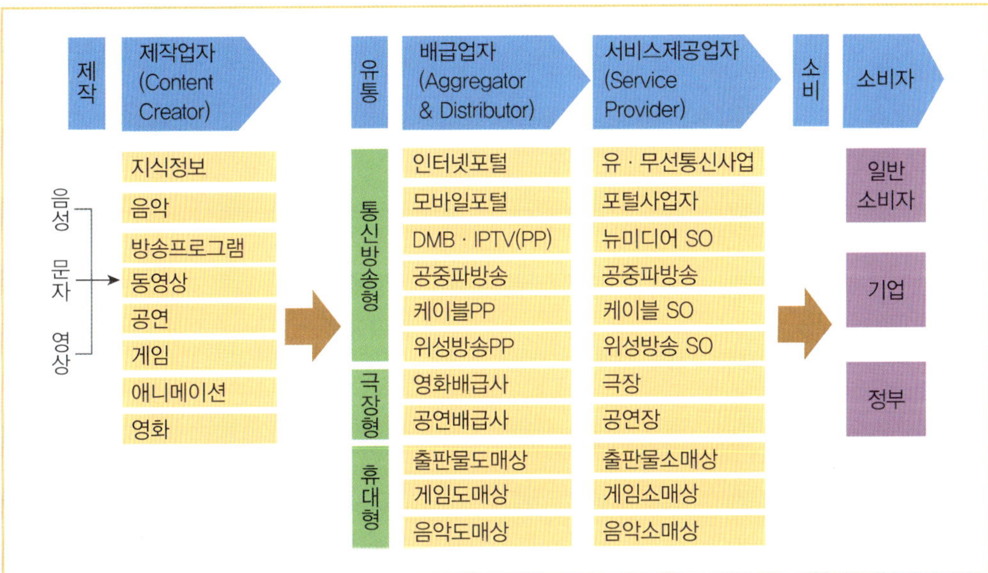

주: PP(Program Provider)는 방송채널사용사업자, SO(System Operator)는 유선방송사업자
자료: 고정민, '한국문화산업의 발전전략', 삼성경제연구소 2008.

2. 문화콘텐츠산업의 범위

문화콘텐츠산업의 범위는 정보통신기기와 미디어기기의 발달로 크게 확대되고 있는 실정이다. 이러한 문화콘텐츠는 [표 12-4]에서 보는 바와 같이 기술적용방식, 콘텐츠 구현매체,

유통경로, 콘텐츠내용 등에 따라 다양하게 분류된다. 또한 콘텐츠 이용형태 측면에서 분류하면, 문화콘텐츠, 정보콘텐츠, 교육콘텐츠산업으로 분류된다. 본 절에서는 문화콘텐츠상품 중 대표적인 방송 · 광고산업, 공연, 영화, 애니메이션, 게임 등을 살펴보기로 한다.

| 표 12-4 | 콘텐츠산업의 분류

<table>
<tr><th colspan="3" rowspan="2"></th><th colspan="3">이용형태</th></tr>
<tr><th>문화콘텐츠</th><th>정보콘텐츠</th><th>교육콘텐츠</th></tr>
<tr><td rowspan="3">기술적용방식</td><td rowspan="2">디지털콘텐츠</td><td>온라인 콘텐츠</td><td>MP3 음악파일, 전자책 콘텐츠, 그래픽, 온라인용으로 제작 및 편집된 방송 프로그램 등의 영상물 등</td><td>웹페이지, 전자메일 등의 형태로 유통되는 교육, 보건, 산업 등 각종 정보콘텐츠, DB콘텐츠 등</td><td>원격강의</td></tr>
<tr><td>오프라인 콘텐츠</td><td>디지털 영화, 디지털 애니메이션, DVD, CD-ROM 타이틀, 음반, CD 등</td><td>디지털로 작성되었으나 온라인에서 유통되지 않은 각종 정보콘텐츠</td><td>교육용 타이틀 및 소프트웨어 등</td></tr>
<tr><td colspan="2">일반 콘벤츠</td><td>영화, 애니메이션, 서적, 그림, 사진 등 디지털화되지 않은 문화콘텐츠</td><td>디지털화되지 않은 일반 정보콘텐츠</td><td>디지털화되지 않은 학교, 학원 등 각종 교육 내용 및 정보</td></tr>
</table>

자료: 이병희 · 문제철(2009), 문화콘텐츠산업의 현황과 과제, 한국은행 조사국

(1) 방송 · 광고

문화상품 중 가장 많은 산업비중을 차지하고 있는 산업 중의 하나이다. 방송은 광고를 매개로 상품과 서비스가 교환 · 거래되는 산업이다. 방송산업은 프로그램을 제작하는 제작연출과 드라마, 쇼, 시사, 뉴스와 같은 프로그램을 날짜별 · 시간별로 어떻게 편성하는가 하는 기획편성의 두 가지 전략을 이용하여 부가가치를 창출한다. 즉, 이 두 가지 전략의 성패에 따라 광고수익이 증가하거나 감소할 수 있다. 따라서 방송국들은 프로그램의 시청률이 광고수입과 직결되기 때문에 시청자에게 인기 있는 프로그램을 제작하기 위해 많은 노력을 기울인다.

(2) 공연

공연 또는 공연예술은 무대 위에서 연기나 음악, 춤 등 다양한 콘텐츠를 직접 관객에게 보여주는 것이다(이명천 · 김요한, 2006). 즉, 연극, 음악, 무용 등이 이에 해당한다고 할 수 있다. 어버이날 트로트가수들이 어머니를 위한 디너쇼를 하는 것 등이 이에 해당한다. 이러한 공연예술은 소비자들과 바로 현장에서 상호작용할 수 있다는 점에서 다른 문화콘텐츠상품과 차별적인 특징을 갖는다.

(3) 영화

영화는 연속촬영으로 기록한 화상을 스크린에 투영하여 움직임이 있는 영상을 보여주는 장치 혹은 그렇게 만든 작품이라고 정의할 수 있다. 영화는 문화상품 중 구전효과가 가장 큰 제품 중의 하나로서 그 자체가 거대한 산업이 되어버렸다. 영화는 영화제작사 → 배급사 → 극장의 유통경로를 가지게 되는데 한 번 제작되어 성공하면 극장수입뿐만 아니라 영화흥행에서 파생되는 비디오, 라이센스, 케이블TV, 공중파TV, 캐릭터 등 많은 수입을 올릴 수 있다.

그러나 이러한 영화는 많은 불확실성과 위험성이 있다. 적은 제작비를 지출하여 많은 흥행수입을 올리는 영화가 있는가 하면, 많은 제작비를 지출하고도 며칠 만에 극장에서 퇴출되는 영화들도 있다. Donahue(1987)에 의하면 10개의 영화 중 7개는 실패하고, 2개의 영화는 득실이 없으며, 오직 1개의 영화만이 성공을 거둔다고 한다. 우리나라의 영화도 1993년에 '서편제'가 최초로 100만 관객을 동원한 이후에 '실미도'가 2003년에 1,000만 관객을 최초로 넘어 1,108만 명을 동원했다. 2017년 상반기까지 가장 많은 관객을 동원한 영화는 2014년에 상영된 '명량'으로 1,761만의 관객을 동원하였으며 이 밖에 '국제시장(1,426만)', '베테랑(1,341만)', '괴물(1,301만)', '도둑들(1,298만)', '7번방의 선물(1,281만)', '암살(1,270만)', '광해, 왕이 된 남자(1,232만)', '왕의 남자(1,230만)', '태극기 휘날리며(1,174만)', '해운대(1,145만)', '변호인(1,137만)', '부산행(1,108만)' 등 총 14편이 1,000만 관객을 동원했다. 국내에서 1,000만 관객을 동원한 영화는 총 18편인데 외국 영화는 '아바타(1,330만)', '어벤져스(1,049만)', '인터스텔라(1,033만)', 겨울왕국(1,029만)' 고작 4편이다. 1,000만 동원 영화의 70% 이상이 한국 영화인 것을 감안하면 한국 영화산업의 경쟁력은 매우 높다고 평가할 수 있다.

(4) 애니메이션

애니메이션(animation)은 만화를 영상물로 표현한 것이다. 애니메이션은 '무생물이 마치 살아있는 것처럼 보인다'라는 뜻을 가진 'animatus'라는 라틴어에서 파생되었다(이명천 · 김요한, 2006). 월트디즈니의 '미녀와 야수', '라이온킹'과 우리나라의 '아기공룡 둘리', '날아라 슈퍼보드', '뽀롱뽀롱 뽀로로' 등이 애니매이션에 해당한다. 애니메이션은 일단 성공하면 캐릭터, 팬시상품 등으로 많은 수익을 지속적으로 올릴 수 있으며, 뮤지컬과 같은 다른 장르의 문화상품으로 탄생하여 수익을 올릴 수도 있다. 또한, 디스니사의 경우처럼 디즈니랜드나 디즈니월드 같은 테마파크로 탄생하여 고객들을 끌어모으기도 한다.

(5) 게임

게임은 '흥겨롭게 뛰다'라는 인도 · 유러피안 계통의 'ghem'에서 파생된 단어로 정신적으로 재미 또는 즐거움을 느낀다는 '흥겹다'와 '뛰다'라는 동작을 나타내는 동사적 의미의 단어가 합성된 용어이다. 인터넷이 발달하면서 이제 기존의 오락실에서 이용했던 아케이드게임뿐만 아니라 온라인게임, 비디오게임, 모바일게임, PC게임 등으로 다양성을 띠게 되었다. 또한 게임산업이 확장됨에 따라 케이블TV에서 게임관련 방송을 하기도 하고 프로게이머들은 일반 스포츠스타처럼 대회에 나가서 경기를 하고 방송사는 중계를 해주기도 한다. 이러한 게임시장은 계속 확대되는 추세인데 우리나라의 엔씨소프트는 세계 최고의 온라인게임 개발회사로 평가받고 있다. 2015년 국내 게임시장 규모는 10조 7,223억 원이며 세계 온라인 게임시장점유율은 세계 최고수준이다. 스마트폰 보급의 확대로 모바일 게임시장이 확대되고 온라인 게임시장의 발전속도는 축소되고 있는 상황이다.

3. 문화콘텐츠상품의 특징

문화콘텐츠상품은 일반적인 상품과 비교할 때 차별적인 특징들을 가지고 있다. 즉, 고성장산업이면서 연쇄적으로 부가가치를 창출하는 원소스 멀티유즈(one source multi use) 상품이라는 점이다. 또한 문화콘텐츠가 디지털화되어 디지털단말기를 통해 확산되는 유비쿼터스(ubiquitous)적인 특징도 가지고 있다. 본 절에서는 문화콘텐츠제품에 보편적으로 해당되는 특징들을 살펴보도록 하겠다.

(1) 원소스 멀티유즈

원소스 멀티유즈(one source multi use)란 한 장르에서 성공한 원작이 영화, 게임, 음반, 애니메이션, 캐릭터상품, 장난감, 출판 등의 다양한 방식으로 재생산되어 부가가치를 극대화하는 방식이다. 해리포터, 반지의 제왕, 매트릭스 같은 영화들이 게임으로도 성공을 거둔 것은 대표적인 원소스 멀티유즈의 사례에 해당한다. 특히 '해리포터' 시리즈나 '반지의 제왕'은 성공한 후에 영화, 게임, 각종 캐릭터로 재생산되어 많은 부가가치를 올린 문화콘텐츠제품이라 할 수 있다. 우리나라의 영화들도 원작이 만화나 소설이 영화로 제작되는 경우가 있는데 '이끼'가 이에 해당하고, 특히 '식객' 같은 경우에는 만화, 영화, 드라마로 제작되기도 하였다. 또한 '포켓몬스터'는 원래 게임이었는데 애니메이션, 만화, 게임, 캐릭터, OST 등으로 재생산되어 많은 매출을 올렸다. '아기공룡 둘리', '뽀롱뽀롱 뽀로로' 등은 애니메이션으로 성공하여 캐릭터매출이 급증한 예이다. 이처럼 문화콘텐츠제품이 한 번 성공하면 다양한 장르로 재생산되어 많은 부가가치를 올릴 수 있다.

(2) 유비쿼터스

무선인터넷의 확산과 스마트폰 같은 최신 휴대용 디지털기기가 발전하면서 문화콘텐츠상품은 언제 어디서나 접근이 가능하게 되었다. 과거에는 책, 신문, 음악CD 등 아날로그제품들을 가지고 다니면서 동시에 업무를 보거나 시간을 보내곤 했다. 그러나 이러한 아날로그제품들이 디지털화되면서 이제는 언제 어디서든지 많은 문화콘텐츠제품을 접할 수 있게 되었다. 즉, 정보통신기술의 발달로 인터넷이 확산되면서 문화콘텐츠산업의 제작과정, 유통구조 등 가치사슬에 유비쿼터스화가 급속히 전개되고 있다.

(3) 고위험-고수익

일반제품과 달리 문화콘텐츠산업은 제작비가 많이 소요된다. 영화, 뮤지컬, 애니메이션과 같은 제품은 대표적인 고위험-고수익제품이다(최봉현 · 이건우 · 민성환, 2005). 즉, 흥행에 성공하면 높은 수익을 얻지만 흥행에 실패하면 많은 손실을 보게 된다. 일반제품처럼 미리 관객이나 고객의 욕구를 파악하기가 어려워 흥행이 될 것이라고 예상된 제품들도 흥행에 실패하는 것이 비일비재하다. 즉 투자리스크, 흥행리스크 등 다양한데 [표 12-5]는 영화산업의 주체별 위험을 나타내고 있다. 예를 들어 영화 같은 문화콘텐츠상품은 각각의 참여자들에게 내재되어 있는데 원래 유비쿼터스(ubiquitous)라는 말은 라틴어로 '언제 어디서나 존재하지만 눈에 보이지 않는'이라는 뜻을 가지고 있다.

문화콘텐츠상품은 위의 특징과 더불어 문화콘텐츠산업의 성장률이 해외 · 국내를 막론하고 경제성장률보다 높기 때문에 고성장 산업이며, 시장규모가 큰 산업이라 문화 · 경제적 파급효과가 높아 한 번 성공하면 우리 국가의 이미지를 상승시키고 이것이 한국상품의 구매나 한국관광으로 연결된다는 점, 그리고 언어적 · 인종적 · 지리적 제약이 없는 산업으로 제조업에 비해 해외진출이 상대적으로 용이한 특징을 가지고 있다. 이외에도 디지털화가 용이하며, 고위험-고수익의 사업, 무형자산이라는 점에서 일반상품과는 다른 특징을 가지고 있다.

| 표 12-5 | 영화산업의 주체별 위험분류

구분	위험의 종류	비고
투자	투자리스크	영화산업 내에서 가장 크고 중요한 위험 포트폴리오투자 등을 통해 부분적으로 리스크 헤징
제작	제작리스크	영화제작의 중단, 제작비 상승 등의 위험 보험제도 등에 의해서 리스크 경감
	사전제작리스크	사전 제작결과가 본 제작으로 이어지지 못할 위험
	브랜드리스크	흥행실패 시 제작사의 명성에 미칠 부정적인 영향
배급	배급리스크	상영관의 확보, 마케팅 등의 배급에 따르는 위험 흥행실패 시 배급수수료 수입감소의 위험
상영	흥행리스크	최종 흥행에서 관객확보에 실패한 경우 따르는 기회비용의 증가 등 흥행과 관련한 리스크

자료: 최봉현 · 이건우 · 민성환(2005), 영화산업의 경쟁력과 경제적 파급효과, 커뮤니케이션북스, 41.

제4절 문화콘텐츠상품의 확산사례: 한류

본 절에서는 문화콘텐츠상품의 확산과 관련한 사례 중 한류에 관한 소개를 하도록 하겠다.

한류(韓流)는 영어로는 '코리안 웨이브(Korean wave)'라고 하지만, 다른 외래어처럼 영어권에서 들어온 것도 아니고, 한자의 본고장인 중국에서 들어왔다. 1997년 한국드라마 '사랑이 뭐길래'가 중국시장을 강타하면서 한국의 대중문화와 연예인에 열광하는 중국의 젊은이들을 일컫는 신조어로 1999년 11월에 베이징 '청년보(青年報)'에 처음 소개되었다고 한다(이어령 2006).

이러한 한류는 2000년대 초반 한국 드라마와 영화의 인기로 인해 일본, 중국, 베트남, 홍콩 등 동북아시아 지역에서 인기를 끌기 시작하여 태국, 베트남, 말레이시아 등의 동남아시아를 거쳐 이란, 우즈베키스탄, 터키, 이집트 등의 이슬람문화권 국가들에서도 인기를 끌었다. 심지어는 루마니아 같은 동유럽 국가들과 페루, 칠레, 브라질 등 남미에서도 인기를 끌고 있다. 이러한 한류는 처음에는 드라마나 영화 같은 영상제품이 이끌어 오다가 2012년 가수 싸이의 '강남스타일'이 전 세계를 휩쓴 이후에는 한국의 가요, 즉 K-Pop이 한류의 확산을 견인하였다. 강남스타일의 유튜브 조회건수는 2017년 7월말 기준 29억 건 이상으로 전무후무한 기록을 세우고 있다. 또한 싸이는 빌보드 메인차트에서 한국 가수로는 최초로 7주 연속 2위에 오르는 기염을 토했다. 이러한 기록은 SNS(Social Network Service)의 힘이 절대적이었는데, 한국에서 출시한 인기가요가 실시간으로 지구 반대편 브라질에서도 동시에 인기를 얻는 것을 감안하면 문화콘텐츠제품의 확산속도가 매우 빠르다는 것을 알 수 있다.

위와 같이 한류가 인기를 끌면서 한국문화, 한국어에 대한 관심이 높아져 직접 한국을 방문하는 관광객이 증가하고 있고, 한국말을 배우려는 사람들이 늘어나 일본에서는 한국어학원이 호황을 누리기도 했다. 배용준의 '겨울연가', 이영애의 '대장금', 전지현과 김수현의 '별에서 온 그대', 송중기와 송혜교의 '태양의 후예' 등은 대표적인 한류드라마로 드라마뿐만 아니라 배우까지 엄청난 인기를 이끈 문화콘텐츠상품이다. 이러한 한류가 인기를 끌면서 국내기업은 물론 외국기업까지도 한류스타를 이용하여 수입을 올리기도 하였다. 2014년에 성공한 '별에서 온 그대'는 중국 전역에 한국문화인 치맥을 확산시켰을 뿐만 아니라 촬영지까지 관광객이 찾아오도록 하여 문화콘텐츠의 힘을 증명하기도 했다. 일본의 경우는 중국과 달리 우리나라 기업들보다는 일본기업이 우리나라 모델을 기용하여 재미를 보았다. 일본 광고계

그림 12-3 ▸▸ 걸그룹 카라를 이용한 청정원 '마시는 홍초'의 일본 광고

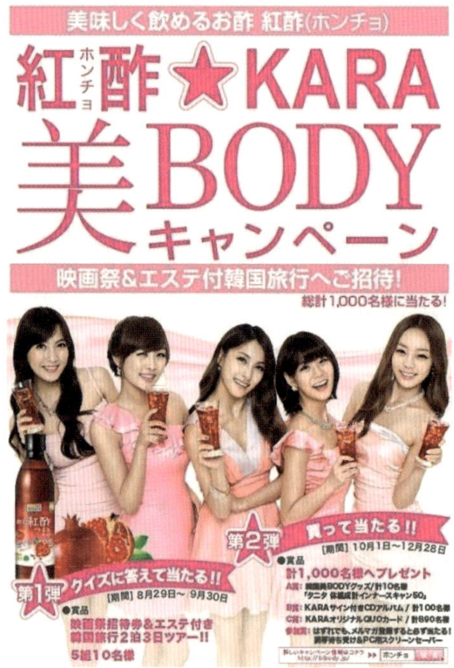

에는 '겨울연가' 히트 후 배용준이 출연하면 대박이라는 공식이 성립하여 많은 일본 기업들이 독특한 재미를 보기도 했다. 한국기업으로는 청정원이 인기 걸그룹 '카라'를 마시는 홍초의 일본 광고모델로 기용해 성공하기도 했다([그림 12-3] 참조).

한편, 중동지역의 전통적 이슬람국가인 이란은 2007년에 방영된 '대장금'과 '주몽' 등이 평균시청률 85%를 상회하면서 한국문화에 대한 인기가 매우 높은 지역이다. 주연배우인 이영애와 송일국은 현지 광고모델로 기용되어 한국제품의 홍보에도 큰 역할을 하였다. 삼성전자의 스마트폰, LG전자의 에어컨, 세탁기 등이 이란 가전시장을 점령하여 한국가전의 시장점유율이 70%를 넘고 있으며, 전자제품뿐만 아니라 BBQ 같은 식품업체도 진출하여 한국 치킨문화를 이란에 전파하고 있다.

기업들은 한류스타들을 이용한 마케팅을 지속적으로 하고 있는데, 전통적인 인기스타인 전지현, 김수현, 이민호, 송중기, 송혜교, 소녀시대, 수퍼쥬니어, 동방신기뿐만 아니라 최근에 인기를 끌고 있는 '레드벨벳', '엑소' 등 각국에서 인기 있는 한류스타를 이용한 마케팅을 지속적으로 하고 있다. 초기의 한류에 비해 지역과 연령층이 넓어졌다는 측면에서는 고무적이지만 이러한 한류의 확산에 저항하는 중국이나 일본 등의 항한류(抗韓流)도 만만치 않기 때문에 한류를 지속적으로 유지하기 위한 전략이 필요하다. 이러한 측면에서 태국인뿐만 아니라 태국을 방문하는 관광객을 대상으로 방콕의 'SHOW DC'몰에 개장한 '한류볼'은 이러한 저항을 극복하려는 방법 중의 하나로 볼 수 있다.

CHAPTER

13

관광 및 이벤트상품

COMMODITY SCIENCE AND TECHNOLOGY

세계로 나가는 보령머드축제

■ 보령머드축제의 개요

보령머드축제는 충청남도 보령시의 대천해수욕장에서 진행되는 관광이벤트상품으로서 지역의 머드자원을 상품화하는 과정과 함께 시작되었다. 보령시는 1996년 대천해수욕장 인근의 청정갯벌에서 채취한 바다진흙을 가공하여 머드상품을 개발하였다. 개발된 머드상품의 우수성을 알리고, 지역의 대표관광자원인 대천해수욕장의 경쟁력 강화를 도모하기 위해 1998년 제1회 보령머드축제를 개최하였다.

2016년 개최된 제19회 보령머드축제는 외국인 관광객 44만여명을 포함한 399만여 명의 방문객을 유치하였다(충청투데이, 2016.7.26). 또한 중국 다롄머드축제, 스페인 토마토축제와 연계한 국제적인 교류프로그램을 운영하고 있다(대전일보, 2017.6.28).

보령머드축제는 대한민국을 대표하는 관광이벤트상품으로서 국제적 수준의 경쟁력을 보유한 것으로 나타나고 있다. 보령머드축제는 문화체육관광부로부터 대한민국 대표축제, IFEA (International Festivals and Events Association)에서 주관하는 Pinnacle Awards에서 수상한 경력을 갖고 있다.

보령머드축제 포스터

자료: 보령머드축제 홈페이지(http://www.mudfestival.or.kr)

■ 보령머드축제의 특성

지역에 다양한 파급효과를 창출함과 동시에 국내외적으로 우수성을 인정받고 있는 보령머드축제는 개발단계와 운영단계에서 몇 가지 특성을 갖고 있다. 특히, 지역의 자원을 연계한 신규상품 개발, 차별화된 프로그램 운영, 국제화를 위한 노력이 보령머드축제의 주요 특성으로 나타나고 있다.

■ 지역 자원의 연계를 통한 경쟁력 있는 관광상품의 개발

보령머드축제는 머드상품과 대천해수욕장을 연계하여 새로운 매력성을 도출한 관광이벤트상품이다. 보령시는 머드축제의 개최를 통해 새롭게 개발한 머드상품의 인지도향상과 지역이미지 개선과 같은 효과를 창출하였다. 또한 머드축제의 개최시기를 방문객이 적은 해수욕장의 개장시기로 선택하여 대천해수욕장의 성수기를 연장하는 효과도 얻고 있다.

대천해수욕장과 머드상품

대천해수욕장

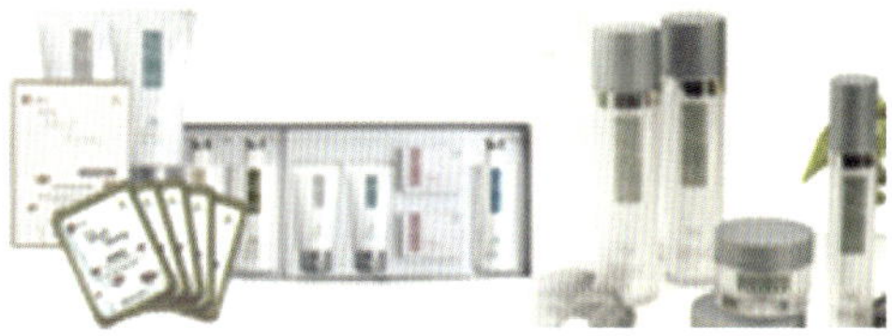

머드화장품

자료: 보령시청 홈페이지(http://www.boryeong.chungnam.kr)

■ 차별화된 소재를 활용한 경쟁력 있는 체험프로그램 운영

보령머드축제는 독특한 소재인 머드를 방문객들이 다양한 형태로 경험할 수 있는 프로그램으로 운영하고 있다. 특히, 머드마사지, 머드슬라이드와 같은 체험형 프로그램의 운영을 통해 방문객의 참여도와 만족도를 향상시키고, 보령머드축제만의 차별성을 강화하고 있다.

보령머드축제의 체험프로그램

머드셀프 마사지

머드슬라이드

머드교도소

머드탕

칼라머드보디페인팅

갯벌극기체험

자료: 보령머드축제 홈페이지(http://www.mudfestival.or.kr)

■ 관광이벤트상품의 국제화

국제화를 통한 새로운 시장의 확보는 보령머드축제의 핵심전략이다. 보령머드축제는 외국인관광객 증대를 위해 외국어지원 홈페이지 운영, 관광국제교역전 참여, 인바운드 여행사 설명회, 재외기자단과 연계한 홍보를 진행하고 있다(정강환, 2004). 또한 보령머드축제를 해외에 수출하는 전략을 선택하여 관광이벤트상품의 새로운 발전모형을 제시하고 있다.

우리는 다양한 형태의 관광을 직접 경험하거나 주변사람들의 관광경험을 간접적으로 접하게 된다. 이때 우리는 멋진 관광자원, 이동경로 및 운송수단, 숙박, 음식, 문화 등 다양한 요소들을 떠올릴 것이다. 관광이란 이처럼 하나의 단일적 차원이 아닌 다양한 요소들이 복합적으로 결합된 활동으로 이해할 수 있다.

인간에게 있어서 초기의 관광은 종교적이거나 교육, 건강과 같은 이유에서 시작된 것으로 알려져 왔다(이영진 · 권대웅, 1999). 이후 이동기술의 발달로 인한 물리적인 접근성의 개선, 정보통신의 발달로 인한 방대한 정보의 습득, 소득증대 및 여가활용에 대한 관심의 증가는 관광의 대중화와 활성화를 가속화하고 있다.

관광시장의 확대는 우리에게 다양하고 새로운 형태의 관광을 지속적으로 제공하고 있다. 세계관광기구(WTO: World Tourism Organization)에서 발표한 자료에 의하면 국제관광시장은 지속적으로 성장하여 2014년을 기준으로 전 세계의 여행객수는 1,135백만 명 수준이며, 관광수입은 $12,450억에 도달한 것으로 나타나고 있다. 또한 동일한 기간 국내의 관광시장도 지속적으로 확대되고 있는 것으로 나타나 국내외적으로 관광산업 전반에 대한 중요성이 더욱 강조되고 있는 실정이다(파이낸셜뉴스, 2015. 5. 20).

그림 13-1 ▸▸ 관광시장 현황

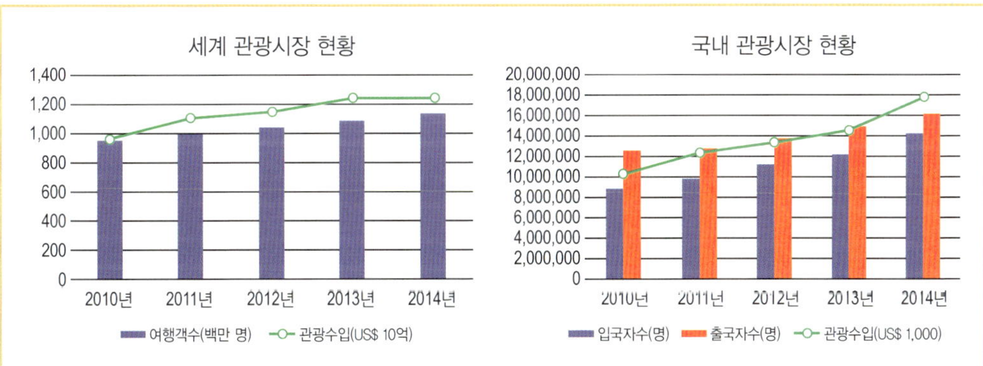

자료: 관광지식정보시스템(http://stat.tour.go.kr)

제1절 관광상품의 이해

1. 관광의 개념

우리가 사용하고 있는 '관광(觀光)'이라는 단어의 사전적 의미는 '다른 지방이나 다른 나라에 가서 그곳의 풍경, 풍습, 문물 따위를 구경한다'는 뜻이다(국립국어원 표준국어대사전, 2017). 서양의 경우 'tour'라는 단어가 우리가 사용하는 관광에 상응하는 단어로 활용되고 있으며, 이는 '돌다, 순회하다'는 뜻을 갖고 있는 고대 그리스어 'tornum'에서 유래된 것으로 알려져 왔다(이주형 등, 2009). 즉, 사전적 의미로서의 관광은 특정 장소로의 이동과 활동이 포함된 개념으로 이해할 수 있다.

관광은 인간의 활동과 관련된 것으로서 관련 개념을 정의한 학자 또는 단체에 따라 다양한 형태로 나타나고 있다. 따라서 관광의 개념을 보다 명확하게 파악하기 위해 기존의 관광에 대한 정의를 살펴보기로 한다.

(1) 세계관광기구(WTO) 및 해외연구자의 정의

WTO(1982)에서는 '즐거움, 위락, 휴가, 스포츠, 사업 · 친구, 친척방문, 업무회의 및 회합, 건강, 연구, 종교 등을 목적으로 하여 방문국을 적어도 24시간 이상 1년 이내 체재하는 행위'로 정의하고 있다.

Schulern(1911)은 관광이란 '일정한 지역에서 체재하고, 돌아가는 외래객의 유입과 유출의 형태를 취하는 모든 현상과 그 현상에 직접 결부된 모든 사상, 그 중에서도 경제적인 현상을 나타내는 것'으로 정의하였고, Glucksmann(1935)은 관광을 '체재지에서 일시적으로 머무르고 있는 사람과 그 지역 사람들 간에 생기는 모든 관계의 총체'로 정의하고 있다(김정옥, 1997에서 재인용).

(2) 국내연구자의 정의

이장춘(1986)은 '주거지를 일시적으로 떠나 휴식 · 휴양 · 위락 · 놀이 · 교육 · 교양증진 ·

수련을 통한 자기발견으로 삶의 가치증대를 꾀하며, 이를 위한 시설 · 자원 · 제도 · 정책이 뒷받침되는 현상'으로 관광을 정의하고 있다.

김성혁(2000)은 '인간이 일상생활권을 떠나 타지역으로의 이동 및 체재로 인해 일어나는 현상 및 행위'로 정의하고 있다.

윤대순 외(2007)는 관광을 '인간이 자기집을 떠나 즐거움, 친교, 건강, 인격도야, 견문확대, 효노, 충성, 생활개선, 일탈 등을 목적으로 여행하여 眞 · 善 · 美를 추구하는 체험과정의 총체'로 정의하고 있다.

기존의 정의들을 종합하면 관광은 다음과 같은 세 가지 요소를 포함하는 것으로 이해할 수 있다. 첫째, 주거지를 일시적으로 벗어났다가 돌아온다. 둘째, 특정한 목적을 갖고 수행한다. 셋째, 목적지에서 수행되는 모든 활동이 포함된다. 따라서 관광은 '특정한 목적을 갖고, 주거지를 일시적으로 벗어나 타지역에서 수행되는 일련의 활동'이라고 이해할 수 있다.

2. 관광상품의 개념

상품이라는 단어의 어의적 개념은 '상(商)'이라는 거래차원과 '품(品)'이라는 물품이 포함된 개념으로 '사고 파는 물품'이라는 뜻을 갖는다. 또한 상품은 생산된 재화가 사용가치 및 교환가치를 갖고, 상거래의 대상으로 시장에 도입될 때 이를 상품으로 이해할 수 있기 때문에 '경제재로서 상거래의 목적물이 되는 것'으로 개념화될 수 있다(김양명, 2008). 따라서 관광상품은 관광을 하나의 경제재로서 상거래의 목적물로 활용하는 것으로 개념화할 수 있다.

관광상품의 개념을 보다 자세하게 알아보기 위해 기존의 관광상품 정의에 대한 내용을 살펴보기로 한다.

(1) 세계관광기구(WTO) 및 해외연구자의 정의

WTO에서는 관광상품을 '관광지, 숙박시설, 교통수단, 서비스와 관광매력물이 결합된 공급물'로 표현하고 있다(김봉규, 1997에서 재인용).

Medlick & Middleton(1973)은 '관광객이 집을 떠난 후 돌아온 시간까지의 경험과 관계되어지는 것으로 관광지 매력, 시설, 접근성과 같은 3가지 요소의 구성물'로 정의하고,

Holloway & Plant(1992)는 '관광지, 각종 관광서비스, 관광관련 유형상품 등을 포함하는 복합체'로 정의하고 있다.

(2) 국내연구자의 정의

최태광(1995)은 관광상품에 대해 '관광객이 자기의 여행을 위해서 그리고 자기의 체재 중 여행지에서 택하고 소비하는 물질적인 제품 및 서비스상품의 결합'으로 정의하고 있다.

이광희 · 김영준(1999)은 '관광객의 욕구를 유발하거나 충족시켜 줄 관광대상을 바탕으로 서비스를 제공하는 유 · 무형의 복합적인 상품'으로 정의하고 있다.

박근수(2005)는 '관광객의 욕구충족 대상이 되고, 관광행동을 만족시킬 수 있는 유 · 무형의 모든 시설 · 대상 · 서비스 등이 복합적으로 결합되며, 시간적 · 공간적 · 기능적으로 적절히 구성되어 판매가능한 모든 재화와 서비스'로 개념화하고 있다.

이미혜(2009)는 '관광객의 욕구를 충족시켜 주는 유 · 무형의 속성을 지녔으며, 관광활동상 구매가치가 있는 매력 있는 경제적 재화와 서비스의 결합물'로 이해하였다.

관광상품 관련 정의들을 분석한 결과 다음과 같은 내용을 포함하는 것으로 나타났다. 첫째, 관광활동과 관련된 구성요소를 포함하고 있다. 둘째, 관광을 관광객의 욕구충족 대상으로 이해한다. 셋째, 유 · 무형상품이 결합된 복합적인 상품으로 설명하고 있다. 따라서 관광상품은 '관광객의 욕구충족을 위해 제공되는 관광활동과 관련된 유 · 무형의 복합상품'으로 정의할 수 있다.

3. 관광상품의 구성요소 및 특성

(1) 관광상품의 구성요소

상품의 구성요소는 상품의 형태와 관련하여 물질적 특성과 비물질적 특성과 같은 두 가지 형태로 나누어지며, 상품의 효용적 측면에서 소비자의 욕구를 충족시키는 능력에 따라 구분할 수 있다(조명환, 1996).

관광상품의 경우 관광객의 욕구충족이라는 목적달성을 위해 숙박시설, 교통수단, 서비스,

관광 매력물과 같은 다양한 요소가 제공된다. 관광상품의 다양한 구성요소 중 호텔의 객실, 레스토랑의 시설, 이동수단의 좌석 등은 물질적 특성이 강한 요소로 구분될 수 있으며, 각종 서비스와 프로그램의 경우는 비물질적인 특성이 강한 요소로 이해할 수 있다. 즉, 관광상품은 물질적인 특성과 비물질적인 특성을 모두 포함하는 복합적인 상품으로 개념화할 수 있다.

관광상품은 관광경험의 제공을 위해 다양한 개별상품이 포함된 패키지 형태로 구성된다. 또한 관광상품을 구성하는 개별상품들이 유기적으로 결합되어 각각의 기능을 발휘할 때 상품으로서 가치가 발생된다. Smith(1994)는 관광상품 구성요소를 물리적 설비, 서비스, 환대, 선택의 자유, 관여와 같은 5가지 영역으로 구분하고, [그림 13-2]와 같은 관광상품 구성 모형을 제시하였다.

장두진 외(2001)는 관광상품을 구성하는 다양한 요인들을 기능적인 차원에서 접근하고 있으며 자연자원, 서비스, 관광자원, 문화자원, 교통수단, 관광시설을 포함하는 형태로 구성하였다. 최태광(1995)은 관광상품의 구성을 생산에 필요한 요소들의 투입으로 이해하고 시설, 노동력, 원료, 각종 서비스 및 소재제공업자와 같은 요소들의 투입에 대해 언급하였다.

그림 13-2 ▸▸ 관광상품의 구성

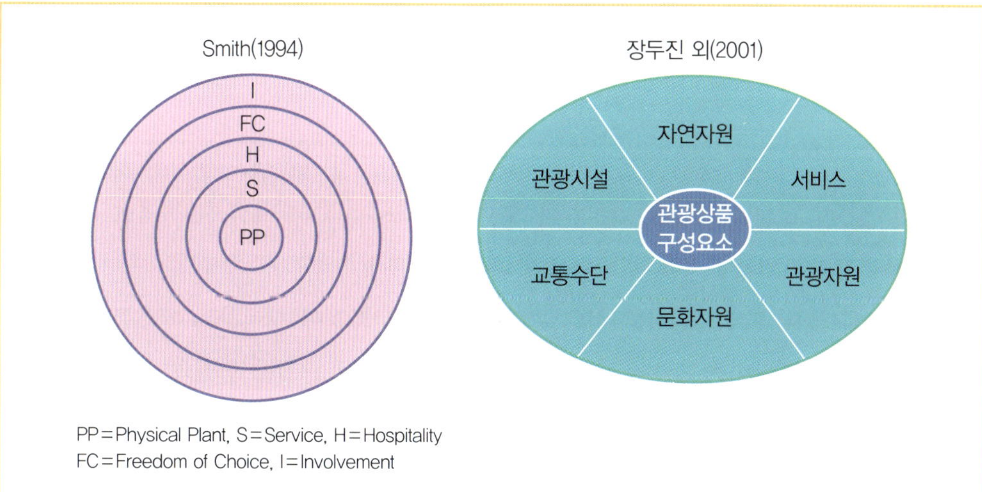

자료: Smith(1994), The Tourism Product, Annals of Tourism Research, 21(3), 587; 장두진 외(2001), 관광이벤트, 서울: 학문사, 72.

(2) 관광상품의 특성

관광상품은 관광활동과 관련된 유 · 무형의 요소가 결합한 복합적인 상품으로 개념화될 수 있다. 따라서 관광상품은 서비스상품이 갖는 특성과 더불어 몇 가지 차별화된 특성들을 포함하게 된다. 관광상품이 갖는 특성은 무형성, 동시성, 소멸성, 계절성, 동질성, 독창성, 보완성이 대표적이다(최태광, 1995; 김성혁, 1998; 김성용, 2006; Burke & Resnick, 2000).

1) 무형성

관광상품은 관광객의 활동과 관련된 부분(숙박, 관광지 방문, 이동, 관광지에서의 활동 등)으로 특정한 형태를 갖고 있지 않다. 관광객의 관광활동에는 일부 유형적인 부분(항공기의 좌석, 호텔의 시설 등)이 포함되지만, 유형적 요소 자체가 관광객들이 추구하는 목적이 아니다. 관광객들은 관광을 통해 즐거움, 편안함, 여유, 흥미와 같은 무형적 차원의 혜택을 얻기 위해 비용을 지불하는 것이다.

이와 같은 관광상품의 무형적 특성은 관광상품을 직접 이용하기 전에는 정확한 평가를 어렵게 할 수 있다. 따라서 공급자는 실체적인 단서의 강조, 구전 커뮤니케이션의 강화, 소비자/공급자의 관계 강화를 위한 다양한 노력이 필요하다.

2) 동시성

우리가 호텔을 이용할 경우 호텔이라는 공간에서 서비스가 제공됨과 동시에 사용되며, 이동수단의 경우도 이동하는 동안 서비스의 제공과 사용이 동시에 일어난다. 반면 제품의 경우 제조과정과 유통과정을 통해 소비자에게 판매되는 과정을 갖는다.

관광상품의 생산 및 소비의 동시성은 관광객들이 생산과정에 참여하는 기회를 제공한다. 관광객의 생산과정 참여는 서비스제공자와 관광객 간의 상호관계를 형성하며, 형성된 관계가 관광경험의 일부분을 만들어낸다.

3) 소멸성

관광상품의 경우 판매와 소비가 동시에 일어나는 특성을 갖고 있다. 이와 같은 특성으로 인해 관광상품은 저장이 어렵고 소비가 되지 않을 경우 소멸되는 특성이 있다. 호텔의 객실,

항공기 및 유람선 좌석은 관광객이 이용하지 않을 경우 자연적으로 소멸되며, 다음 기회에 활용하기 위한 저장이 불가능하다.

4) 계절성

계절성은 기상 및 기후조건에 의해 발생하는 관광객의 편중현상이다. 특히, 관광상품의 경우 계절성으로 인해 성수기와 비수기가 명확하게 구분되는 특성을 갖는다. 예를 들어 해양리조트는 다양한 레저활동을 즐길 수 있는 여름철이 성수기가 될 수 있으며, 스키리조트는 겨울철이 성수기가 될 것이다.

관광상품의 계절성은 수요의 편중을 발생시켜 수요와 공급의 조정 문제를 유발하기도 한다. 따라서 관광상품을 운영하는 기업에서는 비수기 극복을 위해 성수기와 비수기 요금의 차별화, 비수기 시즌의 이벤트 도입을 추진하는 노력을 하고 있다.

5) 동질성

관광상품의 동질성은 관광기업이 제공하는 기초상품의 유사성을 의미한다. 항공사에서 제공하는 좌석, 음식, 기내서비스, 호텔에서 제공하는 객실, 식음료는 본질적으로 유사한 형태를 갖는다. 이와 같이 관광상품이 갖는 본질은 다른 경쟁자와 비교해도 유사한 형태로 나타나며, 상품 간 경쟁을 유발하는 요인으로 나타난다. 따라서 관광기업들은 동질성으로 인한 문제를 극복하고, 경쟁우위를 확보하기 위해 차별화에 많은 노력이 필요하다.

6) 독창성

관광상품은 동질성과 동시에 독창성을 갖고 있다. 예를 들어 관광활동에서 특정 장소를 방문했을 경우 우리는 그 장소만의 독특한 자연과 문화를 경험할 수 있을 것이다. 이와 같은 관광상품의 독창성은 동질성으로 나타날 수 있는 문제를 최소화할 수 있으며, 다양한 관광상품이 지속적으로 발전할 수 있는 기회를 제공하게 된다.

7) 보완성

관광상품은 복합적인 패키지 형태로 구성되어 있다. 특정 관광자원을 방문하기 위해서는 목적지까지의 이동수단 구매가 필요하다. 그 뒤 목적지에서 관광자원의 이용, 숙박, 식사와

그림 13-3 ▶▶ 관광상품의 보완성

같은 상품구매가 연속적으로 이루어진다. 이와 같이 관광상품의 구성요인들은 별도로 존재하고 있으나 서로 밀접한 관계를 갖고 있는 것으로 이해할 수 있다.

제2절 관광이벤트상품의 이해

1. 관광이벤트의 개념

이벤트는 사건 또는 행사와 같은 의미를 갖고 '사건으로서 특히 중요하거나 흥미롭거나 비일상적인 일' 또는 '공연, 운동경기, 모임 등에 참관 또는 참여하기 위해 사람들이 함께 모이는 것'으로 정의된다(Longman, 2011). 관광이벤트는 관광이 목적인 이벤트를 의미하는 것으로 서구사회에서는 Special event, Hallmark event, Mega event와 같은 용어를 사용하고 있다(이경모, 2003; 정강환, 2004).

정강환(2004)은 다양한 각도에서 정의되고 있는 이벤트 정의를 종합하여 관광학적인 측면에서 다음과 같이 정의하였다. 관광이벤트는 '개최지의 이미지 강화와 지역개발 등의 관광관련 목적을 이루기 위해 보다 체계적인 사전계획성을 가지고 지역주민보다는 관광객을 주 대상으로 개최되는 관광매력성을 수반한 이벤트'이다.

| 표 13-1 | 관광 측면에서 이벤트의 정의

명칭	정의
스페셜 이벤트 (special event)	항상 계획에 따라 구성된 것으로 기대감을 유발시키며, 축하하려는 특성 동기와 함께 발생하는 것(Goldblatt, 1990)
	주최 측 입장에서는 일상적 활동이나 프로그램에서 벗어난 일회성 또는 비주기적으로 개최되는 특별한 이벤트를 의미하며, 소비자들에게는 일상생활의 경험을 벗어난 특별한 사회문화적 또는 여가적 경험을 제공하는 것(Getz, 1997)
홀마크 이벤트 (hallmark event)	장·단기적으로 개최지의 인지도향상, 매력창출, 경제효과를 도모할 목적으로 제한된 기간 동안 1회 또는 반복적으로 개최하는 이벤트를 의미(Ritchie, 1984)
메가 이벤트 (mega event)	방문객수, 예산, 정신적 소구력 등의 사항을 통해 측정될 수 있으며, '방문객수는 백만 명 이상이어야 하고, 자본은 최소한 캐나다 달러 5억 달러 이상, 그리고 반드시 보아야 할(must see) 중요성을 지녔을 때' 성립(Marris, 1987)

이와 같은 정의에는 관광이벤트의 목적실현성, 사전계획성, 기본계획적 요소, 특별성과 같은 4가지의 요소가 포함된다. 첫째, '개최지의 이미지 강화 및 지역개발 등의 관광 관련 목적을 이루기 위해'라는 부분에는 목적실현성이 포함된다. 둘째, '보다 체계적인 사전계획을 가지고'라는 부분에는 사전계획성이 포함된다. 셋째, '지역주민보다는 관광객들을 주 대상으로'라는 부분에는 시간, 장소, 대상적인 관점에서 기본계획적 요소가 포함된다. 넷째, '관광

그림 13-4 ▸▸ 관광이벤트 특성에 의한 개념적 접근

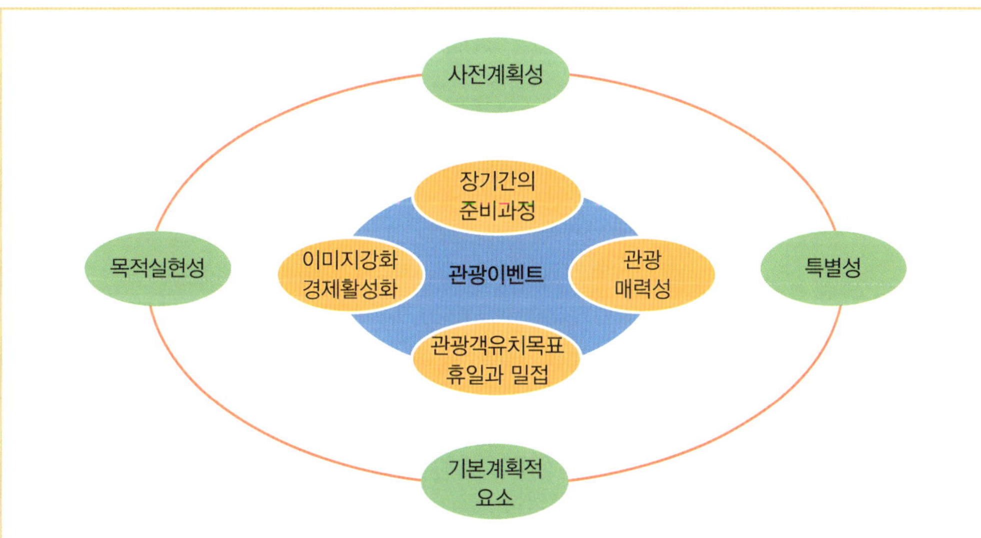

자료: 정강환(2004), 관광이벤트, 서울: 월간이벤트, 28.

매력성을 수반한 이벤트'라는 부분에는 특별성이 포함된다.

기존의 관광이벤트 관련 정의를 종합해볼 때 관광이벤트는 다음과 같이 개념화될 수 있을 것이다. 첫째, 관광활동이 중심을 이루는 이벤트이다. 둘째, 특정 기간, 특정 지역에서 진행된다. 셋째, 개최지의 활성화 또는 발전과 같은 목적을 갖는다. 넷째, 관광객을 유도할 수 있는 특별성을 갖는다. 따라서 관광이벤트는 '관광 매력물로서 개최지의 발전과 같은 목적을 갖고, 사전에 계획된 특정한 시간 · 장소에서 관광객을 대상으로 수행되는 이벤트'로 이해할 수 있다.

2. 관광이벤트상품의 특성

관광이벤트상품은 일반적인 관광상품과는 다른 독특한 특성을 갖고 있다. 특히, 관광이벤트상품은 비일상성, 무형성, 한정성, 장소성, 외부영향의 민감성, 개방성, 주제성, 체험성, 상호교류와 같은 특성을 포함하고 있어, 일반적인 관광상품과는 차별화된 접근을 요구한다(엄서호 · 서천범, 2001; 고승익 외, 2002; 임명재 · 송두범, 2006; Mill & Morrison, 1985).

(1) 비일상성

관광이벤트는 1년에 한 번 또는 그보다 적게 진행된다. 관광이벤트상품은 일반적인 관광상품과 달리 특정 시기에만 관광경험을 제공하며, 이와 같은 비일상성은 잠재방문객에게 새로운 매력을 제공한다.

(2) 무형성

관광이벤트상품은 소프트웨어적인 측면이 강조된 관광상품으로 이해할 수 있다. 관광이벤트는 행사를 위한 영구적인 구조물이 없거나 최소화되는 특성을 갖고 있다.

(3) 한정성

관광이벤트는 특정 기간에만 운영되는 시한부적인 성격을 갖고 있다. 사전에 의도된 계획에 의해 개최일과 폐막일이 지정되어 있다.

(4) 장소성

관광이벤트는 무형의 상품으로 특정 장소 또는 시설에서 운영되며 주로 동일한 장소에서 행사가 진행된다. 관광이벤트는 개최장소 또는 시설에 대해 새로운 매력성을 제공하여 개최지의 활성화를 유도할 수 있다.

(5) 외부영향 민감성

관광이벤트가 갖는 매력성은 특정 기간, 특정 장소에 많은 관광객을 집중시킨다. 그러나 관광이벤트가 개최되는 기간 또는 장소와 관련되어 문제가 발생할 경우 잠재관광객의 관심을 유도하기 어렵고, 관광이벤트를 개최할 수 없는 상황이 발생하기도 한다.

관광이벤트에 영향을 주는 외부요인은 신종인플루엔자, 구제역, 조류독감과 같은 건강위생적인 부분과 함께 개최지의 정치적인 불안요소도 포함될 수 있다. 또한 프로그램의 실외 운영비율이 높은 관광이벤트의 경우 날씨에도 많은 영향을 받을 수 있다.

(6) 개방성

관광이벤트는 대중에게 개방되어 누구나 쉽게 이벤트의 주제에 접근할 수 있도록 한다.

(7) 주제성

관광이벤트는 특정한 주제를 알리거나 기념하기 위해 진행되며 관광이벤트를 구성하는 프로그램과 서비스도 특정한 주제를 바탕으로 구성된다.

(8) 체험성

관광이벤트는 관광객의 오감을 자극할 수 있는 다양한 형태의 체험프로그램을 제공한다. 관광이벤트는 체험을 통해 방문객의 만족도 향상과 더불어 관광이벤트의 주제를 보다 강하고 빠르게 전달할 수 있다.

(9) 상호교류성

관광이벤트는 관광객에게 주제와 관련된 다양한 정보를 전달하는 기능을 갖고 있다. 관광이벤트에서 정보의 전달은 관광객의 현장참여로 쌍방향적인 형태로 진행되어 정보의 상호교류가 가능해진다.

| 표 13-2 | 관광이벤트상품의 특성

특성	내용
비일상성	일년에 한 번 또는 그보다 적게 진행
무형성	행사를 위한 영구적인 구조물이 없거나 최소화되는 특성
한정성	개최일과 폐막일이 정해져 있음
장소성	특정 장소 또는 시설에서 주로 발생하며, 주로 동일한 장소에서 행사가 진행
외부영향 민감성	환경, 정치 및 경제 등 외부환경에 의해 수요의 변화가 민감
개방성	대중에게 개방되어 누구나 쉽게 이벤트의 주제에 접근할 수 있음
주제성	특정한 주제를 알리거나 기념하기 위해 진행
체험성	주제를 전달하기 위해 다양한 체험프로그램이 활용
상호교류성	관광객의 현장참여를 통한 정보의 상호교류

3. 관광이벤트상품의 유형

관광이벤트는 이벤트라는 광범위한 개념을 포함하고 있어 다양한 형태로 활용될 수 있으며 주최자, 개최목적, 내용, 활용자원 등 다양한 경로를 통해 유형화가 가능하다. 관광이벤트는 활용 형태에 따라 올림픽 및 박람회와 같은 대규모이벤트, 지방 및 지역이벤트(축제, 스포츠, 박람회 및 전시회), 기업이벤트(회의, 컨벤션), 테마파크 또는 리조트에서 진행되는 프로그램이벤트 등 다양한 형태를 포함한다(Getz, 1997).

관광이벤트는 주최자의 특성에 따라 공공기관, 기업, 사회단체이벤트로 구분할 수 있으며, 개최목적에 따라서는 전시형이벤트, 컨벤션, 문화이벤트, 판촉이벤트, 스포츠이벤트, 지역이벤트와 같은 형태로 나누어질 수 있다(엄서호 · 서천범, 1996). 또한 내용적인 측면에서 산업, 생태, 예술, 레저, 문화, 역사를 비롯한 종합관광이벤트로 유형화할 수 있으며(문화체육부, 1996), 관광이벤트에 활용된 다양한 자원을 중심으로도 관광이벤트 유형을 구분할 수 있다(정강환, 1996).

| 표 13-3 | 관광이벤트의 유형 분류

분류	유형
활용형태	대규모이벤트, 지역이벤트, 기업이벤트, 프로그램이벤트
주최자	공공기관, 기업, 사회단체
개최목적	전시형이벤트, 컨벤션, 문화이벤트, 판촉이벤트, 스포츠이벤트, 지역이벤트
내용적 측면	산업, 생태, 예술, 레저, 문화, 역사, 종합형
활용자원	농업특산물, 전통 및 공업특산물, 지역 기후 및 지형 특성, 식물, 식음료, 역사적 사건 · 인물, 문화, 레저활동

제3절 관광이벤트상품의 효과와 사례분석

관광이벤트는 단독적으로 많은 관광객을 유입하는 하나의 매력적인 관광상품으로 이해되고 있으며, 동시에 이벤트를 개최하는 지역에 대해 다양한 파급효과를 갖는 것으로 나타나고 있다. 또한 관광이벤트는 소프트웨어 중심의 관광상품으로 기존의 시설 또는 장소를 활성화하는 전략으로 높은 가치를 지니고 있다.

그림 13-5 ▶▶ 관광이벤트 사례

자료: http://rio-carnival.net, http://www.oktoberfest.de, http://www.nicecarnaval.com, http://www.mudfestival.or.kr, www.insamfestival.co.kr, http://www.mimefestival.com

1. 관광수요의 확대와 관광자원 활성화

(1) 관광수요의 확대

관광이벤트는 상품으로서 높은 매력성을 보유하고 있으며, 누구나 참여할 수 있는 개방성이 강한 상품으로 많은 관광객을 유치할 수 있다. 관광이벤트가 갖는 매력성은 관광수요의 창출과 증대, 높은 수준의 관광객 유도, 관광지출 및 체류기간의 연장과 같은 효과를 갖게 한다(Getz, 1997).

[그림 13-6]은 관광이벤트를 통한 관광수요 창출사례를 보여준다. 서울광장의 경우 평상시 도심의 공원으로 활용되고 있으나, 국제경기 응원 및 하이서울페스티벌이 개최될 경우 많은 방문객을 집중시키는 기회를 제공한다. 또한 강원도 인제군은 소양호에서 빙어축제를 개최하여 새로운 관광수요를 창출하고 있다.

엑스포과학공원에서 진행되는 사이언스페스티벌의 경우 이벤트를 통해 관광객의 증대와 더불어 관광객의 체류시간 증가, 가족단위 방문객의 증가와 같은 변화가 나타나기도 하였다(임명재 · 정강환 · 곽용섭, 2005).

그림 13-6 ▸▸ 관광이벤트 개최 효과

자료: http://plaza.seoul.go.kr, http://www.visitkorea.or.kr, http://www.injefestival.co.kr.

(2) 관광자원의 활성화

관광이벤트는 개최지역 및 관광자원에 새로운 매력을 부여하여 관련자원의 활성화를 도모한다. 관광이벤트는 관광객의 체험이 강조되는 상품으로 기존의 정적인 관광자원을 보다 동

그림 13-7 ▸▸ 관광이벤트를 통한 새로운 이미지 부여

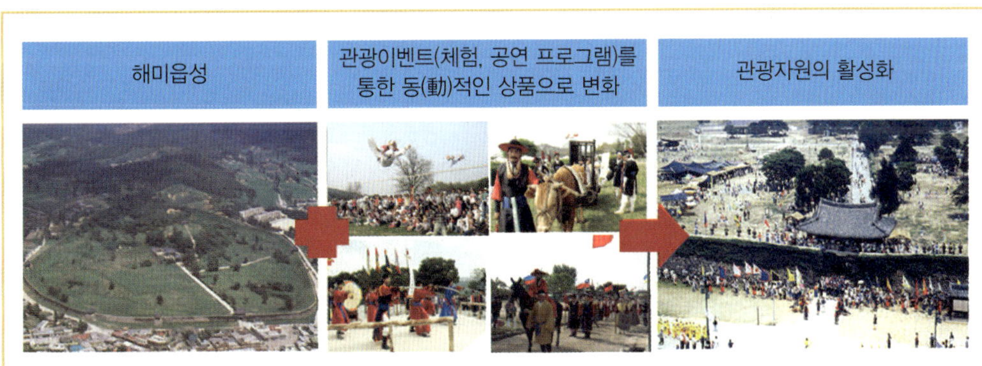

자료: http://www.haemifest.com

적으로 변화시키거나, 새로운 이미지를 부여하는 전략으로 활용되고 있다. 예를 들어 리조트, 테마파크, 역사문화관광자원이 다양한 이벤트를 도입하여 결합하는 형태가 대표적이다.

관광이벤트는 기존 관광상품의 성수기 연장과 비수기 극복전략으로도 활용될 수 있다(정강환, 1996). 보령시의 대천해수욕장에서 개최되는 머드축제의 경우 여름 휴가철 성수기를 앞두고 행사를 진행하여 해수욕장의 성수기를 연장하는 전략으로 활용하고 있다. 또한 강원도의 화천군과 인제군에서는 겨울철축제(산천어, 빙어낚시)를 활용하여 지역의 관광비수기를 극복하는 전략으로 활용하고 있다.

그림 13-8 ▸▸ 관광이벤트 개최를 통한 관광자원 활성화

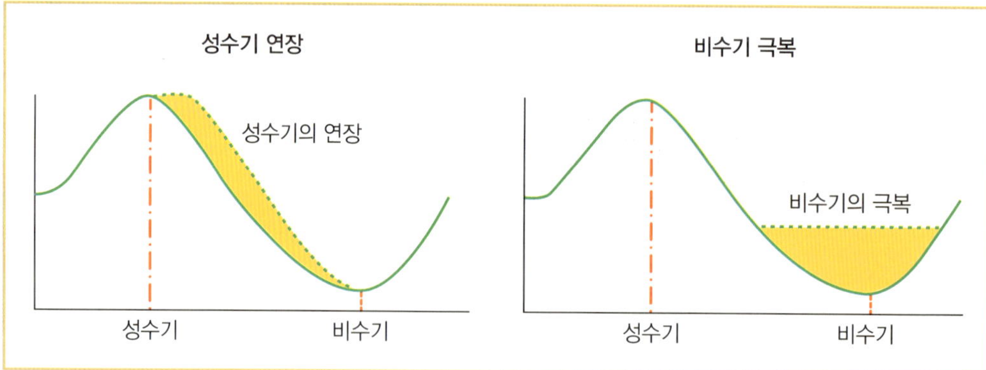

2. 개최지역에 대한 파급효과

국가나 지방자치단체는 관광이벤트가 갖고 있는 광범위한 파급효과에 높은 관심을 갖고, 파급효과를 극대화하기 위한 다양한 노력을 기울이고 있다. 관광이벤트가 갖고 있는 광범위한 파급효과는 경제적인 측면과 사회 · 문화적인 측면, 물리 · 환경적인 측면 등 다양한 분야에 영향을 미치는 것으로 나타나고 있다.

관광이벤트의 파급효과는 관광이벤트 개최를 통해 단기적으로 유발되는 효과와 중장기적인 측면에서 개최지 전반에 미치는 효과로 구분하여 접근할 수 있다. 관광이벤트는 단기적으로 지역의 관광산업 활성화와 관광이벤트의 대상이 되는 일부 산업에서 효과를 유발할 수 있으며, 중장기적인 측면에서는 지역 전반의 활성화로 연계될 수 있다. 또한 대규모 관광이벤트의 경우 지역 기반시설을 강화하고, 지역을 대표하는 시설을 도입하여 지역을 변화시키

그림 13-9 ▸▸ **대형이벤트와 연계한 도입시설 사례**

자료: http://www.expopark.co.kr, http://www.sisul.or.kr

기도 한다(정강환, 2004).

관광이벤트의 파급효과는 개최지의 발전과 활성화에 커다란 도움을 줄 수 있는 요인으로 나타나고 있으나 긍정적인 효과와 동시에 부정적인 효과를 포함할 수 있다. 따라서 관광이벤트를 운영하는 조직에서는 긍정적인 효과를 극대화하고 부정적인 효과를 최소화하는 전략이 필요할 것이다(임명재 · 송두범, 2006).

| 표 13-4 | 관광이벤트의 파급효과

긍정적 효과	구분	부정적 효과
소득증대, 고용증대, 세수확대, 지역산업 진흥, 지역경제 활성화	경제적 효과	물가상승, 지가상승, 생활비상승
문화우수성 홍보, 문화유산 보전관리, 자긍심 증대, 문화교류, 교육여건 개선, 지역이미지 개선	사회 · 문화적 효과	범죄증가, 혼잡에 의한 생활불편, 지역의식 붕괴, 전통문화 상실, 지역이미지 상실
도로망 확충, 여가공간 확충, 미관 개선, 시역 환경 개선	물리 · 환경적 효과	쾌적성 상실, 환경 악화, 생태계 파괴

토의사항

01 관광상품의 개념과 특성에 대해 설명해보시오.

02 관광이벤트상품은 기존의 관광상품과 다른 차별성을 갖고 있다. 관광이벤트상품의 특성을 설명해보시오.

03 관광이벤트는 다양한 효과를 갖고 있는 것으로 알려져 있다. 관광이벤트의 다양한 효과에 대해 설명해보시오.

참고문헌

- 고승익 · 문성종 · 부석현 · 진현식(2002), 관광이벤트 경영론, 서울: 백산출판사.
- 김봉규(1997), 한국관광학 원론, 서울: 학서당.
- 김성용(2006), 관광마케팅, 서울: 기문사.
- 김성혁(1998), 관광서비스: 이론과 실제, 서울: 백산출판사.
- 김성혁(2000), 신판 관광학원론, 서울: 형설출판사.
- 김양명(2008), 상품학의 이해, 서울: 학문사.
- 김정옥(1997), 관광자원관리론, 서울: 대왕사.
- 문화체육부(1996), 한국의 축제.
- 박근수(2005), 관광소비자행동, 서울: 백산출판사.
- 엄서호 · 서천범(2001), 레저산업론 2판, 서울: 학현사.
- 윤대순 외(2007), 관광경영학원론, 서울: 백산출판사.
- 이경모(2003), 이벤트학원론, 서울: 백산출판사.
- 이광희 · 김영준(1999), 체험관광상품 개발 활성화 방안, 한국문화관광연구원.
- 이미혜(2009), 관광상품론, 서울: 대왕사.

- 이영진 · 권대웅(1999), 문화와 관광, 서울: 학문사.
- 이장춘(1986), 복지관광정책론, 서울: 대왕사.
- 이주형 · 송광인 · 최영기 · 류인평(2009), 문화와 관광(제2판), 서울: 기문사.
- 임명재 · 송두범(2006), "관광이벤트 유형에 따른 지역개발 효과분석: 지방자치단체 공무원의 평가를 중심으로", 국제관광연구, 3(1), 101-112.
- 임명재 · 정강환 · 곽용섭(2005), "방문객 만족 측면에서 주제공원 이벤트의 효과: 엑스포과학공원을 중심으로," 관광 · 레저연구, 16(2), 173-192.
- 장두진 외(2001), 관광이벤트, 서울: 학문사.
- 정강환(1996), 이벤트관광전략, 서울: 일신사.
- 정강환(2004), 관광이벤트, 서울: 월간이벤트.
- 조명환(1996), 관광상품의 구성요소에 관한 연구," 관광 · 레저연구, 8(1), 83-93.
- 최태광(1995), 관광경영학, 서울: 백산출판사.
- Burke, J. F. and Resnick, B. P.(2000), *Marketing & Selling the Travel Product*(2nd ed.), Thomson Learning.
- Getz, D.(1997), *Event Managerment & Event Tourism*, New York: Cognizant Communication Corp.
- Goldblatt, J.(1990), *Special Event: The Art and Science of Celebration*, New York: Van Nostrand Reinhold.
- Holloway, J. C. & R. V. Plant(1992), *Marketing for Tourism*, London: Pitman Pub.
- Marris, T.(1987), The role and impact of mega-events and attractions on regional and national tourism development: Resolutions of the 37th Congress of the AIEST, Calgary: *Revuele Tourisme*, 4, 3-12.
- Medlik, S. & W. C. Middleton(1973), The Product Formulation in Tourism, In Tourism and Marketing, No.13, AIEST Publication.

- Mill, R. and Morrison(1985), *The Tourism System*, New York: Prentice-Hall, Enalewoo Cliffs.
- Ritchie, J. R.(1984), Assesing the Impact of Hallmark Events: Conceptual and Research Issuse, *Journal of Travel Research*, 23(1), 2-11.
- Smith, S. L. J.(1994), *The Tourism Product. Annals of Tourism Research*, 21(3), 582-595.

CHAPTER

14

4차 산업혁명과 디지털상품

제1절 4차 산업혁명

1. 얼굴 없는 도전자

겨울철 스키를 즐기는 사람들로 북적대는 스위스의 한 소도시, 인구 1만 명 규모의 아름다운 이 도시의 이름은 다보스(Davos)다. 해발 1,560미터의 휴양도시에 2016년에도 어김없이 학자, 기업인, 정책전문가 등이 세계 여러 곳에서 찾아왔다. 이들이 주축이 되어 매년 진행된 세계경제포럼(WEF: World Economic Forum)은 진지한 토론으로 사람들의 이목을 끌었다. 그러나 2015년 '4차 산업혁명 마스터하기(Mastering 4th Industrial Revolution)'라는 다소 엉뚱한 주제가 제시되었을 당시만 하더라도 2016년 다보스포럼이 어떤 결과를 낳을 것인가에 관한 사람들의 관심은 적은 편이었다.

WEF 2016의 기조 연설을 통해 클라우스 슈밥(Klaus Schwab)은 4차 산업혁명이 본격적으로 시작되었음을 선언했다. "우리는 지금까지 우리가 살아왔고 일하고 있던 삶의 방식을 근본적으로 바꿀 기술혁명의 직전에 와 있습니다. 이 변화의 규모와 범위, 복잡성 등은 이전에 인류가 경험했던 것과는 전혀 다를 것입니다." 기술적 변화는 산업의 주요 주체들의 변화를 요구해 왔기에 슈밥의 선언이 크게 와 닿지는 않는다. 현실적인 증거들이 없다면 말이다. 2016년 1월말 다보스포럼이 끝난 이후 한 달 반이 지난 2016년 3월 9일, 세계 최정상의 바둑기사인 이세돌은 충격적인 강적과 조우하게 된다. 이 적은 얼굴도 영혼도 없는, 그러나 1,920개의 중앙처리장치(CPU)와 280개의 그래픽처리장치(GPU)를 갖춘 기계였으며 황아자(黃士傑)를 자신의 손으로 삼는 인공지능(AI: Artificial Intelligence)이다. 많은 바둑 애호가들이 내심 이세돌의 승리를 응원했을 것이다. 만약 결과가 나쁘더라도 5:5 정도의 승부를 바랐을 수 있다. 대국이 끝난 이후, 지구의 인간들은 다섯 번의 대국에서 이세돌이 단 한 번 승리한 사실에 안도하며 아직 인간의 두뇌가 완전히 패배하지는 않았다는 사실에 한숨을 내쉬어야 했다. 구글 딥마인(Google DeepMind)의 알파고(Alpha Go)는 그야말로 세계 정상급의 실력을 과시하며 이세돌을 압도했다. 2017년 5월, 인간은 또 한 명의 최정상급 바둑기사인 커제(柯洁)를 앞세워 알파고에 도전했지만 완패를 당했다. 같은 시기, 알파고가 은퇴를 선언하며 인간은 명예를 회복할 기회를 영원히 잃어버렸다.

알파고와 인간의 대결이 다소 자극적으로 보이지 않았다면 보다 은밀하게 진행되고 있는 인공지능의 진격을 눈치채는 사람은 많지 않았을 것이다. 1956년 여름, IBM의 주도로 인간 지능의 모든 측면을 그대로 재현하는 기계를 만들기 위한 논의가 다트머스대학(Dartmouth College)에서 진행되었다. 존 매카시(John McCathy)가 제안한 여러 개념들은, 이후 사회적 편견과 기술적 한계들에 묻혀 있다. 2011년 미국의 유명한 퀴즈쇼 제퍼디!(Jeopardy!)의 챔피언인 켄 제닝스(Ken Jennings)를 제압하며 다시금 세상에 드러났다. IBM의 인공지능 왓슨(Watson)은 비록 걸맞지 않은 우스꽝스러운 모습을 하며 사람들의 눈앞에 나타났지만 이후의 행보는 놀라웠다. 인간 의사와 함께 암을 진단하며 수많은 판례를 성공적으로 검토하고 대학 캠퍼스에서 길을 잃은 교환학생을 돕는 친절한 안내자가 되었다. 6년이 지난 2017년 왓슨은 12세 아동 정도의 지능을 갖춘 것으로 겸손한 평가를 받고 있다. 일본의 대표적 IT(정보통신) 기업인 소프트뱅크(SoftBank)의 인간형 로봇인 페퍼와 협업을 진행 중인 왓슨은 전 세계의 네트워크를 신경계로 삼아 여기저기에서 자신의 모습을 드러내고 있다. 지금 이 책을 읽고 있는 여러분의 곁에도 있을지 모른다.

2. 1차, 2차 그리고 3차 산업혁명

4차 산업혁명을 통해 더 효율적이고 효과적인 사업을 수행하려는 시도는 당연하게 받아들여진다. 각국의 정책 입안자들은 보다 더 많은 예산을 기계학습과 인공지능 연구에 투입하고 IT기업을 주축으로 한 거대기업들은 최신기술을 획득하기 위한 연구개발 노력에 박차를 가한다. 4차 산업혁명에 관한 일차적인 이해는 이와 같은 투자노력이 거두고자 하는 성과를 살펴보면서 시작된다.

1차 산업혁명과 2차 산업혁명은 각각 기계화와 전기에너지의 사용으로 특징지워진다. 증기기관과 대량제조가 가능한 공장의 설립 및 기계의 활발한 사용은 가내수공업 중심이었던 산업구조에 큰 변화를 가져왔다. 이것이 1차 산업혁명이다. 전선이라는 비교적 간단하고 저렴한 수단을 활용하여 전기를 먼 곳까지 수송할 수 있다는 사실이 드러나자 전기를 활용하는 각종 기기들이 개발되었다. 모터기술의 진보와 더불어 전선으로 연결된 각종 센서와 조작기기들은 하나의 체계(system)로 연결됨으로써 보다 더 효율성이 높은 생산방법을 구상할 수 있도록 도와주었다. 정보망과 통신망의 확대 및 파생된 결과로 얻어진 세계적 규모의 유통망과 막대한 효율성의 진보는 글로벌기업화를 앞당겨 비즈니스의 지형을 크게 바꾸었다.

이것이 2차 산업혁명이다. 3차 산업혁명은 보다 더 혁명적이었다. 컴퓨터의 등장과 우주를 활용한 인공위성 통신망의 구축은 기업의 물류와 생산 및 유통과 판매전략에 큰 변화를 주었다. 아울러 기업조직을 운영하는 방식과 조직구성원들의 업무방식을 바꾸었고, 기업과 고객이 서로 소통하는 방식에도 큰 영향을 미쳤다. 인터넷을 활용함으로써 보다 더 단순한 형태로 고객과 기업은 소통하며, 정보의 투명성은 높아졌고 비효율은 과감히 제거되었다. IT기술을 활용한 비즈니스는 특정 산업영역의 전유물이라는 인식은 사라졌다. 대신 모든 비즈니스가 IT기술을 활용하는 일을 당연하게 받아들이는 시대가 찾아왔다. 우리가 바로 직전까지 체험하고 지금도 당연히 받아들일 수밖에 없는 이와 같은 사실들이 3차 산업혁명을 특징짓는다.

1차, 2차 산업혁명과 확연히 다른 3차 산업혁명의 특징은 속도다. 1차와 2차 산업혁명이 비즈니스 전반에 영향을 주기까지 걸린 시간은 백 년에서 수십 년에 이른다. 반면 3차 산업혁명은 인터넷 붐(internet boom)이라 불릴 정도로 폭발적인 일반 대중의 지지를 기반으로 불과 십수 년에 걸쳐 정착되었다. 대중적 지지는 그만큼 비즈니스 주체들의 시계추를 흔들었다. 고객들은 보다 더 많은 정보를 네트워크에서 얻었고 필연적인 결과로 삶의 모든 부분이 정보망을 통해 통합되기를 원했다. 기업들은 IT지식과 기술을 갖춘 인재들을 충분히 공급받을 수 있었고 고객을 기업의 충실한 동조자 내지는 동반가치생산자(value co-creator)로 삼기에 충분하다는 사실을 깨닫게 되었다. 치열한 경쟁에서 승리하기 위해 이와 같은 유리한 상황을 활용하지 않을 이유가 없었다.

3차 산업혁명은 정보통신 생태계의 영향력이 산업의 거의 모든 부분에 영향을 미칠 수 있다는 점을 보여주었다. 세계적으로 연결된 월드와이드웹(WWW: World Wide Web)은 아주 저렴한 비용으로 비즈니스 주체들을 연결하는 도구임이 증명되었다. 웹서비스(web service) 기술을 활용하면 비록 서로 다른 기업이라도 막힘없이 정보를 소통할 수 있었다. 이는 일을 하는 사람들의 수고를 덜어주었을 뿐만 아니라 미처 시장에 진입하기 어려웠던 혁신기업들에게 충분한 기회를 주는 일이었다. 하이퍼텍스트 마크업 언어(HTML: Hypertext Markup Language)는 데이터와 그 데이터를 해석하는 방식을 하나의 덩어리로 전송하는 기술이다. 어떤 데이터를 값(value)이라고 하면 이 값을 해석하는 방식을 태그(Tag)라고 부른다. 값을 태그로 감싸서 보내면 어떤 값을 어떻게 해석하기 시작해서 언제 끝내야 하는가 하는 질문에 충분히 대답할 수 있다. 예를 들어 "〈b〉진하게〈/b〉 그리고 〈i〉기울여서〈/i〉"라는 정보를 만들면 어떤 종류의 프로그램이든 HTML을 사용한다면 "**진하게** *기울여서*"라고 출력할 것이다. 정보를 보내주는 쪽에서 해당 정보를 어떻게 사용해야 할 것인지에 관한 결정권을 가질 수 있다는 사실은 곧 웹서비스의 아이디어를 이끌어냈다. 기계가 데이터를 표현하는 방법을 데이터를 활용하는 방법으로 확장하자는 시도는 확장된 마크업 언어(XML: eXtended Markup Language)로 이어졌다. 이제는 값을 표현하는 방법 대신 활용하는 방법을 태그로 사용한다. 예를 들어 '〈price〉2500〈/price〉 〈type〉coffee〈/type〉 〈rule〉service〈/rule〉'라는 데이터를 보내면 가격이 2,500원짜리인 커피 상품을 제공하라는 행동을 일러줄 수 있다. 활용 방법에 관한 정보를 WSDL(Web Service Description Language)로 기술하고 이를 UDDI(Universal Description, Discovery and Integration)라는 서비스로 쉽게 공유하도록 하면 비즈니스 주체들이 SOAP(Simple Object Access Protocol) 표준에 따른 메시지로 정보를 주고받도록 한다. 웹서비스의 WSDL, UDDI 그리고 SOAP는 비즈니스 주체들 간의 협업 과정을 단순하고 명확하게 만들었다. 아울러 누구라도 비즈니스에 참여시킬 수 있었는데 고객들이 보유한 컴퓨터와 각종 제3자 서비스(3rd Party Service) 제공업체 덕분에 곧 고객들 스스로가 비즈니스 생태계의 주요한 구성원이 되었다.

3차 산업혁명의 비즈니스는 보다 더 자율적이고 유연하며 장벽이 낮은 세상에 있다. 많은 성과를 이루었지만 인간은 여전히 주인이다. 컴퓨터는 그다지 똑똑하지 못했고 일을 시키려면 뭐든 일일이 지시를 해야 했다. 혁신적 방법으로 비용을 크게 절감시켰고 의사결정 속도를 대폭 향상시킴으로써 막대한 부가가치 창출이 가능하게 했지만 고객을 이해하는 능력은 영업사원에 비해 턱없이 부족했다. 인터넷으로 방대한 정보가 이미 축적되고 있지만 이를 활용할 생각은 하지 않은 채 잠만 자고 있었다. 고객들은 집단지성의 힘을 발휘하여 각자가 쓴 여행 리뷰를 평가하고 상품에 대한 별점을 달았으며 정보들이 더욱 더 잘 연결될 수 있도록 여러 방법들을 고안했다. 위키피디아(Wikipedia) 같은 온라인 사전이나 깃허브(GitHub)와 같은 소프트웨어 협업 개발 환경은 여전히 멍청한 기계와 대조되면서 인간지성이 방대한 네트워크 속에서 큰 영향력을 발휘한다는 사실을 증명했다.

3. 4차 산업혁명, 네트워크의 바다에서 태어난 변종

4차 산업혁명은 3차 산업혁명의 기술적 진보를 토대로 이미 50년 이상 전에 잊혀졌던 시도들에 생명을 불어넣었다. 1950년대 후반과 1960년대 초반까지 컴퓨터의 위대한 진보를 경험한 초기 컴퓨터공학자들은 기계가 곧 지능을 가진 자율적 주체로 변모될 수 있을 것이라

보았다. 획기적인 초창기 인공지능 연구는 IBM의 왓슨연구소(Watson Research Lab)의 선구적 학자들에 의해 진행되었지만 곧 아주 초보적인 문제조차도 해결하기 어렵다는 사실과 함께 인간의 일자리를 빼앗을 수 있는 위험천만한 발상이라는 점이 지적되면서 역사 속에 묻혔다.

신경망연구 초기를 화려하게 장식했던 코넬대학의 프랭크 로젠블랫(Frank Rosenblatt)은 1957년에 진행한 연구에서 인간 신경망의 모습을 간단하게 흉내낸 퍼셉트론(Perceptron) 프로그램을 소개했다. 흔히 인공신경망(ANN: Artificial Neural Network)이라 불리는 데이터마이닝 기법의 시작이었다. 인간이 차근차근 지시사항을 입력했던 구조화 프로그램(structural programming)과는 달리 기계가 데이터를 학습하여 최적해를 찾아가는 ANN 방식은 완전히 새로운 접근법이었다. 문제는 ANN을 충분히 활용할 정도의 데이터가 없었다는 사실이다. 인공신경망으로 간단한 의사결정을 하려고 해도 학습할 데이터가 충분하지 않으면 결과가 만족스럽지 않았다. 다음으로는 주어진 시간 내에 방대한 계산을 수행할 수 있고 경제적으로 사용할 수 있는 컴퓨터가 부족했다는 점이다. 인공신경망 알고리즘은 상대적으로 적은 데이터를 기반으로 학습되다보니 학습 데이터에서 벗어나 실제 문제를 예측하기에는 부족한, 그러나 학습 데이터에는 지나치게 성공적인 모델이 되는 문제에 반복적으로 빠졌다. 이와 같은 현상을 과적합(overfitting)이라고 부르는데, 3차 산업혁명의 막바지에 이르기까지 인공신경망의 불합리성을 드러내는 대표적인 용어로 사용되곤 했다.

4차 산업혁명의 깃발을 세운 역사적인 시도는 제프리 힌튼(Geoffrey Hinton) 토론토 대학 교수와 얀 레쿤(Yann Lecun) 뉴욕대학 교수, 그리고 앤드류 응(Andrew Ng) 스탠포드 대학 교수에 의해 이루어졌다. 또한 구글, 페이스북 그리고 바이두와 같은 글로벌 IT기업들의 절대적인 지지와 후원도 큰 역할을 했다. 2004년 토론토대학은 NCAP(Neural Computation and Adaptive Perception)이라고 불리는 연구 프로그램을 만들었다. 힌튼은 이 연구를 통해 1980년대에 접어들면서 좌초되었던 ANN을 딥러닝(Deep Learning)이라는 이름으로 부활시키는 일에 성공했다. 2013년 힌튼이 설립한 DNN 리서치(Deep Neural Network Research)를 구글이 인수하면서 인공신경망은 구글의 방대한 데이터베이스에 접근할 수 있었고 동시에 엄청난 컴퓨팅 파워를 획득했다. 이보다 앞선 2012년 응 교수 연구팀은 16,000개의 CPU를 연결하여 1,000만 개 이상의 이미지를 학습하는 딥러닝 프로젝트를 수행했다. 이 연구의 목적은 단순했다. 유튜브(YouTube) 동영상에서 고양이를 찾는 것이다. 컴퓨터가 고양이가 포함된 동영상을 얼마나 성공적으로 가려낼 수 있는가? 자율주행차 개발 프로젝트를 위해 수행된 이 재미있는 실험은 곧 현실적으로 연산가능한 수준이 어디까지인가를 연구자들이 깨닫게 하는 성과를 올렸다. 데이터 과학자들은(Data Scientists) 곧 역사 속에 잊혀졌던 ANN이 이미지 인식(Image Recognition)이나 자연어처리(Natural Language Processing), 강화학습(Reinforcement Learning) 분야에서 충분한 성과를 올릴 수 있는 환경이 조성되었다는 점을 알게 되었다.

만약 전 세계 규모로 연결된 네트워크가 존재하지 않았다면? 그리고 사람들의 활발한 참여로 방내한 데이터를 구분짓고 이름표를 부여하는 협업작업이 없었다면? 또한 전 세계를 대상으로 서비스를 하기 위한 하드웨어를 막대한 자금을 투입하여 갖추지 않았다면 딥러닝 연구가 실용적 서비스 수준에 이르지 못했을 것이다. 무엇보다도 딥러닝의 여러 활용가능성을 탐색하며 인공지능 개발에 필요한 성과를 획득하기도 어려웠을지 모른다. 인공지능 분야를 초기부터 개척해 온 IBM의 움직임을 곧 구글(Google), 아마존(Amazon), 애플(Apple Inc.) 그리고 삼성전자 등 글로벌 IT강자들이 뒤따르면서 이 분야는 크게 확장되었다. 무엇보다 중요한 사실은 이러한 확대가 곧 소비자들의 삶에 직접적인 영향을 미칠 수준이있다는 점이다. 이는 앞으로 살펴볼 ICBMA(IoT, Cloud, Bigdata, Mobile and Artificial Intelligence) 융합기술이 상품과 서비스의 결합을 가속화시키고, 어떻게 상품 생산과 유통에 변화를 미치고 있는지와 연결된다.

제2절 4차 산업혁명과 상품

1. 소비 측면

3차 산업혁명은 유통에 큰 변화를 가져왔다. 정보를 쉽게 교류할 수 있는 기술적 기반은 물류의 흐름을 정보의 흐름으로 대체시켰다. 소비정보를 생산 이전에 반영할 수 있기 때문에 재고를 최소화시키면서도 판매는 안정적으로 진행할 수 있게 된 것이다. 유통의 중심에는 상품이 있다. 최근에 이르기까지 마케팅 분야에서 상품에 대한 이해는 물리적 형태를 갖는 상품에 대한 것을 중심으로 하는 것이었다. 여기에 대해 부가적으로 특수주제로 다루었던 서비스가 독자적인 상품의 형태로 인식되기 시작한 것도 비교적 최근의 일이라고 할 수 있다. 물리적 상품(physical product)에 대해 서비스는 무형성, 분리불가성, 이질성, 재고불

가능성 등의 특징을 가진다. 상품의 흐름과 정보의 흐름이 서로 가까워지면 이와 같은 서비스의 특성이 상품의 생산과 소비 전 과정에 영향을 미치게 된다. 3차 산업혁명에서 사람은 기계와 기계가 서로 간의 거래과정을 자동화하도록 여러 서비스 소프트웨어를 개발하여 사용했다. 이와 관련하여 전자상거래는 우리가 직접적으로 경험할 수 있는 현상이지만 보다 많은, 그러나 직접적으로 체감하기 어려운 변화들이 사람들의 손바닥 위에서 이루어졌다.

2009년 한국인터넷진흥원 무선인터넷 이용실태조사 보고서에 따르면 이동전화 보유자의 52.6%가 무선인터넷을 사용한 경험이 있으며, 최근 1주일 이내 이용자도 14.5%로 나타났다. 이는 통계가 작성된 2007년 이동전화 무선인터넷 이용률보다 6.4%나 증가된 수치다. 아울러 2009년 전체 이동전화에서 스마트폰이 13.3%를 차지했다. 일반 이동전화 이용자의 주 평균 무선인터넷 이용빈도는 평균 1.8회(5.4분)인 반면, 스마트폰 이용자는 평균 3.1회(7.1분)로 스마트폰 이용자의 무선인터넷 이용빈도가 더 높게 나타났다.

Lee & Benbasat(2004)은 무선인터넷의 사용이 상품 유통에 관한 시간적 제약이나 공간적 제약을 상당부분 극복하게 하는 계기를 마련했다고 평가했다. 무엇보다도 상품에 관한 정보를 언제 어디서나 획득할 수 있다는 사실의 중요한 함의를 가진다. 예를 들어 진열대에 상품을 살펴보는 고객을 생각해보자. 스마트폰 사용자는 궁금증을 풀기 위해 점원을 찾을 필요가 없다. 즉시 스마트폰을 꺼내 상품 이름을 입력하면 구체적인 제품사양이나 사용자 평가를 찾아볼 수 있다. 심지어 온라인 상점과 비교하여 가격은 얼마나 저렴한지, 구매혜택은 어떻게 되는지를 살펴본다. 반대로 인터넷 매장에서 상품에 관한 정보를 얻은 다음, 해당 상품을 보유하고 있는 상점을 찾을 수도 있다. 스마트폰 앱(App)은 지도에 매장위치와 재고수량까지 표시하고 즉시 상담직원과 연결할 수 있는 채팅서비스까지 제공한다. 상품구매에 필요한 정보를 획득하기까지 기다릴 이유도 없고, 상품을 찾기 위해 탐색비용을 지불할 이유도 없다. 왜냐하면 기업이 보유한 정보는 사용자의 손바닥 위로 손쉽게 전달되기 때문이다. 여기까지가 3차 산업혁명이 우리에게 보여주는 혜택이다.

4차 산업혁명이 줄 혜택에 관한 이야기에 앞서 상품과 정보의 관계에 대해 정리할 필요가 있다. 상품의 유통과 정보기술이 긴밀하게 결합되고 유통과정에 관한 고객의 정보활용 정도가 높아지면서 유통에 관한 정보는 그 자체가 정보재 특성을 가지게 된다. 정보재(information goods)는 일반적인 상품과는 다른 특성을 가지고 있는, 정보에 담긴 가치를 직접 거래대상으로 삼는 재화다. 정보재의 생산비용은 물리적 상품과는 판이하다. 정보가 한 번 생성되면 이를 복제하여 유통할 때 소요되는 단위당 비용, 즉 한계비용은 거의 없는 수준이다. 물론 네트워크 구축이 완료되었고 정보재를 소비하기 위한 기기 유지비용을 사용자가 부담하며 전기세가 아주 저렴하다는 조건이 있다. 3차 산업하에서 이와 같은 조건들은 충족되었다고 보아도 좋다. 정보재는 무형적이다. 이는 서비스와 비슷하다. 물리적인 상품은 눈으로 볼 수 있지만 정보는 반드시 그렇지는 않다. 그러나 정보재는 데이터베이스에 재고화할 수 있고 다른 정보와 결합됨으로써 실질적인 성격이 변화되기도 한다. 따라서 무형적이라는 표현은 유연성이 높다는 특성과 결부되어야 한다. 또한 정보재는 휘발성의 위험이 내재되어 있다. 시간과 장소에 따라 정보의 가치는 가변적이며 극단적으로 전혀 가치가 없을 수 있다. 한편 전혀 가치가 없어 보이는 정보도 가공기술에 따라 상당한 가치가 있는 정보로 바뀔 수도 있다. 데이터 저장비용이 극단적으로 낮은 경우 단편적인 정보를 결합하여 보유하는 비용도 적게 든다. 정보재의 중요한 또 다른 특징은 네트워크 외부성(network externality)이다. 사용하는 사람이 많을수록 정보재의 가치는 계속 증가한다. 예를 들어 페이스북(Facebook)의 사용자가 늘어나면 더 많은 사람들과 연결될 수 있고, 더 많은 소식을 접할 수 있다.

소비자는 상품과 관련된 여러 정보재를 활발하게 사용하고 있다. 온라인 서점은 출판된 책을 검색하고 구매하도록 서비스를 제공한다. 관련 도서목록을 보여주고 책을 읽고 난 사람들의 후기를 찾아볼 수 있도록 하여 구매의사결정에 도움을 준다. 예상배송시간 등 부가정보도 알려준다. 서비스와 결합된 정보재도 있다. 트립어드바이저(TripAdvisor.com)는 호텔과 음식점의 서비스품질을 가늠할 수 있는 각종 정보 및 여행지 관련 정보를 제공하고 호텔이나 음식점은 이들 정보재 제공 기업과 연계한 판매전략을 실행한다. 스마트폰에 앱(App)이라 불리는 응용소프트웨어를 설치하여 이동 중에도 정보재를 활용하는 경우도 많다. 포스퀘어(Foursquare)는 방문지를 기록하고 다른 사용자가 방문한 곳을 알려주어 상품 및 서비스 구입을 유도한다. 카카오택시(KakaoTaxi)는 사용자와 택시기사의 위치를 기반으로 이 둘을 연결시켜준다.

상품을 둘러싼 정보재는 일 대 일로 결합하지는 않는다. 하나의 상품 및 서비스를 둘러싼 여러 정보재들이 함께 사용될 수 있다. 온라인 상점에서 이런 일은 흔히 발견된다. 여러분이 11번가나 G마켓에서 랩톱컴퓨터를 구매하고자 한다면 구매정보나 후기를 보여주는 정보재와 결제서비스 등이 복합되기 마련이다. 또한 결제 이후 배송 과정 역시 인터넷 쇼핑몰에서 확인할 수 있다. 이는 물류회사의 서버에서 데이터를 제공하기 때문에 가능하다.

인공지능을 활용한 4차 산업의 서비스는 상품을 구매하기 위한 노력이 대폭 감소되는 방향으로 발전될 개연성이 크다. 고객의 구매성향을 분석하고 어떤 물품이 언제 필요한가를 스스로 판단하여 이미 배송을 끝냈을 수도 있다. 고객은 구매의사만 간단히 밝히면 된다. 인공지능은 다른 인공지능과 소통하여 고객이 원하는 장소에 물건을 배달한다는 점은 같지만 배송과정을 확인하지 않아도 될 정도로 신속하게 배송을 끝낼 수 있다. 필요하다면 배송을 위해 제작된 드론이 활용된다. 아마존(Amazon)은 이미 드론을 활용하여 단 13분 만에 고객에게 물건을 배송하는 실험을 완료했다. 무인택배 트럭과 드론, 그리고 물건의 구매예측을 위한 인공지능이 하나의 시스템으로 결합되는 방식은 서비스를 선택하고 정보를 일일이 확인하던 기존의 방법에 큰 변화를 가져온다. 원한다면 인공지능이 구매기록과 후기, 그리고 최저가격 정보 등을 기초로 고객에게 가장 적합한 상품을 골라 결제를 마치고 자동으로 배송까지 완료할 수도 있다. 우리가 흔히 상상하던 모습의 로봇은 아니지만, 컴퓨터에 존재하는 인공지능과 자동화된 운송시스템이 결합되어 충실한 집사의 역할을 해낼 수 있다. 이와 같은 상황에서 기업의 경쟁우위의 원천은 크게 바뀌어 어떤 정보와 서비스를 더 많이 제공하는가에서 어느 정도의 품질로 큐레이션(curation)서비스를 제공할 수 있는가로 변모할 것이다.

2. 생산 측면

가격경쟁력에 기술력까지 확보한 신흥국 기업은 선진국의 제조업에 상당한 위협이 되고 있다. 개도국의 추격을 따돌리고 혁신을 도모하기 위한 선진국들의 제조업 부활 프로젝트는 4차 산업혁명으로 가속도를 받고 있다. 독일의 경우 인더스트리 4.0은 사물인터넷, 클라우드 컴퓨팅, 빅데이터 등 주요 ICT 기술을 제조업에 적용하여 독일의 대표 제조기업들의 제품생산 방법에 근본적 변화를 시험하는 중이다. 지멘스의 암베르그 공장이나 SAP, BMW 등은 스마트 팩토리(smart factory)를 조기에 정착시키기 위한 노력을 기울이고 있다. 미국의 산업 인터넷 컨소시움(Industrial Internet Consortium)이나 일본의 IVI(Industrial Value-chain Initiative) 등도 스마트 팩토리의 가능성에 대하여 큰 관심을 보인 결과다.

스마트 팩토리는 로봇이 어디까지 다른 모습으로 우리 주변에 존재할 수 있는가를 보여주는 극단적 사례이기도 하다. 단적으로 말해 공장이 로봇이다. 공장 내 설비들이 사물인터넷 기술로 연결된다. 데이터는 실시간으로 수집되고 이를 분석하여 공장 전체가 목적된 바, 즉 낭비없는 효율적 생산을 위해 움직인다. 사람이 있는 공장은 불빛이 필요하지만 스마트 팩토리는 그럴 필요가 없다. 지멘스(Siemens)의 헬무트 루드윅(Helmuth Ludwig) 최고경영자는 생산과정 전체를 기계가 관리하는 다크 팩토리(dark factory)가 곧 현실화될 것으로 보았다. 단어의 어감과는 달리 다크 팩토리는 말 그대로 사람이 없어 전등도 필요치 않는 스마트 팩토리를 뜻한다.

스마트 팩토리의 공정을 계획하고 지배하는 역할은 인공지능이 담당한다. 고객의 주문을 유연하게 처리하기 위해 전후 공정 간의 데이터를 자유롭고 유연하게 연계한다. 공장이 여러 곳에 분산되어 있어도 문제가 없다. 공장 간의 데이터는 항상 연결되어 있어서 한 공장의 반제품은 즉시 다른 공장에서 처리될 수 있다. 공정 중 발생되는 비효율은 기계학습을 통해 신속히 제거되고 숙련공이 돌발상황에 대처하며 경험지식을 축적하듯 공장도 새로운 제품 제작에 적응한다. 로봇을 활용하던 기존의 생산과 가장 큰 차이점은 사람의 간섭이 최소화된다는 점이다. 3차 산업혁명 시대의 로봇 조작은 제한된 공간에서 모든 것이 확실하게 통제된 상황에서 이루어진다. 사람은 사전에 로봇이 어떤 일을 수행할 것인지 프로그램하고 정확하게 동작되도록 재료를 어디에 둘 것인지, 어떤 역할을 할 것인지를 계획해야 한다. 사람이 도구를 사용하듯 필요에 따라 도구의 종류를 바꾸는 일도 어렵다. 특정 로봇은 특정 역할을 수행하도록 전문화된다. 4차 산업혁명의 스마트 팩토리는 일을 하는 방식을 스스로 학습한다. 프로그래밍에 따라 수동적으로 움직이기보다 더 나은 방법으로 일하는 법을 스스로 찾아낸다. 수집된 데이터를 비교하여 최적화된 상태로 이행하도록 하는 강화학습(reinforcement learning)을 수행함으로써 문제가 발생된 설비 조건을 스스로 수정하고 최적의 조업이 가능하도록 환경을 개선한다. 이는 불량품이 발생되면 공장의 설비를 멈추고 면밀히 원인을 조사하여 조치를 해야 했던 과거와는 전혀 다른 패러다임으로 공장을 운영한다는 의미다. 불량은 선제적 조치에 따라 제거되며 불필요한 조업 중단의 가능성은 점차 줄어든다.

생산제조기술에 사물인터넷, 빅데이터, 클라우드 컴퓨팅, CPS(Cyber Physical System) 등의 기술이 결합하여 다양한 생산요구에 부응하려면 여러 기술적 과제들이 선결되어야 한다. 교과서를 쓰고 있는 시점에서 스마트 팩토리를 운용하기 위한 기반기술을 선점하기 위한 경쟁이 가열되는 추세다. 우선 가상장비 모델링 및 시뮬레이션이 필요하다. 제조 기계의 능력이나 효율성은 제조시스템의 특성에 따라 결정된다. 기계를 직접 생산에 투입하기 전에 문제를 해결하고 최적화된 상태로 변화시키기 위해 가상 모델링을 충분히 실행할 필요가 있다. 잘못을 수정하고 불량을 제거하는 방향으로 강화학습을 할 필요가 있는데 실제 생산을 통해 이를 수행하려면 큰 문제에 봉착한다. 실제 재료를 소진하여 경험축적을 위한 불량품을 만들 수 있고 학습 자체에도 상당한 시간이 소요될 수 있다. 따라서 컴퓨터상의 가상 실험(즉, 시뮬레이션)을 통해 공정의 최적화된 모습을 학습하고 최종 결과를 바탕으로 실제 생산에 들어가도록 하는 기술적 해결책이 필요하다. 다음으로 복합생산기술(HPS: Hybrid Production System)을 갖춰야 한다. 유연생산방식은 고객의 요구에 대응하는 적극적 방법이다. 고객취향에 맞춰 색상이나 모양 혹은 기능적 옵션을 다르게 생산하되 효율성을 높여 비용상승 요인을 억제한다. 그 결과 만들어진 상품은 보다 큰 가치를 가진다.

결국 스마트 팩토리는 외부의 변화를 감지하고(sensing), 변화에 대하여 개입하며(controlling), 자율적인 조치를 실행하는(acting) 인공지능이 공장을 관리하는 형태다. 사전에 최적화된 공정이 마련되어 예외 없이 실행되는 형태에서 벗어나 공장이 스스로 더 나은 생산공정을 찾아내어 적용한다는 점에서 차별화된다. 주어진 자원(resource)을 최적결합하는 방법을 시뮬레이션으로 찾고 사람의 개입에 따른 품질저하 요인을 최대한 억제한다. 사물인터넷으로 수집된 빅데이터를 기반으로 의사결정을 함으로써 문제를 신속하게 발견하고 대처한다. 예를 들어 공정자동화 전문기업인 독일의 훼스토(FESTO)는 고객의 다양한 요구사항을 반영하면서 공정을 최적화하고 불량을 줄이는 통합시스템을 선보였다. 인공지능의 성능이 개선되고 3D프린팅 기술혁신이 가속화될수록 스마트 팩토리를 활용하는 기업은 더욱 더 늘어날 것으로 예상된다.

제3절 소멸되는 것과 남는 것

스탠퍼드 인공지능연구소(SAIL: Stanford Artificial Intelligence Lab)의 제리 카플란(Jerry Kaplan)은 『인간은 필요 없다(Humans Need Not Apply)』라는 다소 자극적 제목의 책을 통해 4차 산업혁명 시대의 변화에 대하여 기술한다. 인공지능 혹은 인조지능(synthetic intellect)의 긍정적 측면에 관한 기대와 부작용들에 대한 우려와 함께 카플란은 경제주체로서의 인간 역할에 근본적 변화가 있으리라 기대한다. MIT의 에릭 브린욜프슨(Erik Brynjolfsson)과 앤드류 맥아피(Andrew McAfee) 역시 카플란과 마찬가지로 인간은 계획하고 기계는 실행하는 방식의 역할 구분이 사라질 것으로 본다. 미래학자인 마틴 포드(Martin Ford) 역시 더 나은 방법을 찾아내고 실행방안을 고민하는 '인간다운' 역할을 언제까지 지킬 수 있을지 불확실하다며 우려를 표시한다.

보다 더 나은 방법, 보다 더 창의적인 해결책을 찾아내는 일은 인간이 자연으로부터 부여받은 재능이라고 생각하는 사람들에게 기계가 스스로 답을 찾아가는 일을 어떻게 이해시킬 수 있을까? 4차 산업혁명은 단순히 혁신이 이루어졌다거나 새로운 방법으로 상품을 만들고 유통시킨다는 수준에서 벗어나 인간에 대한 본질적 질문을 던진다. 최소한 경제활동 측면에서 인간은 인공지능과 로봇에게 독점적 지위를 내줄 가능성이 커졌다. 사람들에게 컴퓨터라는 위대한 발명품을 사용할 수 있도록 도와준 저명한 수학자 앨런 튜링(Alan Turing)은 『계산 기계와 지성(Computing Machinery and Intelligence)』이라는 저서에서 그 유명한 튜링테스트(Turing Test)를 언급했다. 모방게임의 일종인 튜링테스트는 인간과 인공지능이 섞여 있는 상태에서 질문과 답변으로 누가 인간인지 어떤 것이 인공지능인지를 구분하는 시험이다. 튜링은 '기계도 생각할 수 있는가'라는 질문에 답을 내놓기 위해 튜링테스트를 언급했지만, 사실 '생각한다'거나 '지능'을 가진다는 의미 자체가 심각하게 재고되는 시기에 우리는 살고 있다. 알파고와 이세돌의 대국은 지능을 가진 인간과 지능이 있을 것으로 믿어지는 기계와의 대결이었다. 알파고를 구동하는 구글의 서버 기계 속에 요정들이 들어앉아 조정하고 있다는 믿음이 없는 것과 마찬가지로 알파고가 사람처럼 '생각'한다고 보는 사람은 많지 않다. 그러나 우리가 알파고와 이세돌의 대결을 볼 때 자충수를 둔다고 표현하는 것처럼 사람의 표현을 통해 이야기한다는 사실은 흥미롭다.

사람이 생각할 기회를 기계에 내어준다는 것은 지난날의 사례를 찾아보고 더욱 더 새롭고 나은 방법을 고안한다든지, 품질문제를 해결하기 위해 머리를 맞댄다든지, 내가 주문한 상품이 어디쯤 와 있는지 혹은 결제는 어떻게 하는 것이 최선의 방법인지를 살펴본다든지, 심지어 재고를 최소화하기 위한 최적화문제를 해결하고 고객의 특별한 주문을 처리하기 위해 기계장치를 새로 프로그래밍한다는 등의 문제에 에너지를 덜 쓴다는 뜻이다. 회의주의자의 시각에서 본다면 이러한 변화로 기계가 인간의 일자리를 빼앗고, 인간은 기계를 뒷바라지하는 존재로 격하되는 결과가 초래된다. 한편, 낙관주의자의 시각에서 본다면 본래 기계가 담당해야 할 일들에서 인간이 벗어나 보다 더 인간만이 할 수 있는 창조적인 일에 집중할 시간을 버는 셈이다. 어떠한 입장에서든 인공지능이 산업 전반에 미치는 변화는 거역할 수 없는 흐름이며 상품에 관한 논의도 크게 수정될 수밖에 없는 현실에 처했다.

| 참고문헌 |

- Kaplan, J.(2015), *Humans Need not Apply: A Guide to Wealth and Work in the Age of Artificial Intelligence*, Yale University Press.
- Brynjolfsson, E. and A. McAfee(2014), *The Second Machine Age: Work, Progress, and Prosperity in a Time of Brilliant Technologies*, WW Norton & Company.
- Ford, Martine(2016), *Rise of the Robots: Technology and the Threat of a Jobless Future*, Basic Books.

■ 찾아보기 ■

{ ㅇ }

{ ㅈ }

{ ㅎ }

| 저자약력 |

유인신(수원대 경영학부 교수)
전순환(중부대 국제통상학부 교수)
김경진(한국교통대 교통대학원 교통정책학과)
김　영(동서대 국제통상학부 교수)
이성희(호서대 경영학부 교수)
조부연(제주대 경영학부 교수)
한상린(한양대 경영학부 교수)
문　찬(한성대 제품디자인 전공 교수)
임승희(수원대 경영학부 교수)
배일현(협성대 경영학부 교수)
임명재(한서대 교양융합학부 교수)
김태경(수원대 경영학부 교수)

상품학(제2판)

2011년 5월 27일 1판 1쇄 발행
2018년 2월 25일 2판 1쇄 발행

저　　자 | 유인선 · 전순환 · 김경진 · 김　영 · 이성희 · 조부연
한상린 · 문　찬 · 임승희 · 배일현 · 임명재 · 김태경
발 행 인 | 이수영
발 행 처 | 도서출판 청람
서울시 마포구 독막로 288(대흥동, 세양상가 109호)
전　　화 | 02)3272-2601~2
팩　　스 | 02)3272-2603
이 메 일 | crbooks@daum.net
홈페이지 | www.crbooks.co.kr
등　　록 | 2000년 8월 26일 제6-0509호

ISBN 978-89-5972-618-9　93320　　[정가 29,000원]